Histoire du baptême

Du même auteur

Économie et société sous l'Ancien Régime, Paris, Hachette Supérieur, 2000.

Histoire religieuse : l'Occident chrétien, XVIe-XIXe siècle, avec Natalie Malabre et Aliocha Maldavsky, Paris, Hachette Supérieur, 2001.

Histoire des grands-parents, Paris, Perrin, 2001 ; rééd. 2012.

Liens sociaux et actes notariés dans le monde urbain en France et en Europe, XVIe-XVIIIe siècle, direction avec Scarlett Beauvalet-Boutouyrie et François-Joseph Ruggiu, Paris, Presses de l'université Paris-Sorbonne, 2004.

Baptiser. Pratique sacramentelle, pratique sociale (XVIe-XXe siècles), direction avec Guido Alfani et Philippe Castagnetti, Saint-Étienne, Presses universitaires de Saint-Étienne, 2009.

Spiritual Kinship in Europe, 1500-1900, direction avec Guido Alfani, Londres, Palgrave, 2012.

Le Parrainage en Europe et en Amérique. Pratiques de longue durée (XVIe-XXIe siècle), direction avec Guido Alfani et Isabelle Robin, Bruxelles, Peter Lang, 2015.

Morts avant de naître. La mort périnatale, direction avec Philippe Charrier, Gaëlle Clavandier, Catherine Rollet et Nathalie Sage Pranchère, Tours, Presses universitaires François-Rabelais, 2018.

Les Mariages mixtes dans les sociétés contemporaines. Diversité religieuse, différences nationales, direction avec Michaël Gasperoni et Cyril Grange, Rome, Viella, 2019.

Le Sacrement oublié. Histoire de la confirmation, XVIe-XXe siècle, direction avec Michaël Gasperoni, Tours, Presses universitaires François-Rabelais, 2022.

Vincent Gourdon

Histoire du baptême

DU MOYEN ÂGE À NOS JOURS

PASSÉS/COMPOSÉS

Ouvrage publié avec le soutien du Centre national du livre (CNL).

ISBN : 979-1-0404-0088-2
Dépôt légal – 1re édition : 2024, octobre

170 bis, boulevard du Montparnasse, 75680 Paris Cedex 14

Sommaire

Introduction

Au Moyen Âge et à l'époque moderne, rares étaient les enfants nés en France qui ne recevaient pas le baptême. Pour les familles, les personnes qu'elles fréquentaient en ville ou à la campagne, et bien entendu les membres du clergé, il s'agissait là d'un des tout premiers gestes d'accompagnement des nouveau-nés. Et, à tout le moins, de leur premier rite religieux : celui qui les faisait entrer dans la communauté des enfants de Dieu et qui, plus largement, marquait leur accès à la qualité d'être humain à part entière. Les parents et leurs proches attendaient peu de temps avant de porter leurs enfants à l'église paroissiale ou au temple afin qu'ils y reçoivent ce sacrement inaugural d'une vie de chrétien. La célébration religieuse et ses à-côtés profanes annonçaient à la communauté locale l'arrivée d'un nouveau membre.

Progressivement, à partir du XVe siècle, le clergé ne s'est plus contenté d'administrer le baptême ou de contrôler sa validité lorsque, dans l'urgence, il avait été conféré par un laïc. Il a commencé à coucher dans des registres particuliers les actes qui conservaient mémoire de cette étape fondamentale de l'existence. Grâce aux livres de baptêmes, nous gardons une trace, minimale mais précieuse, de tous ces êtres qui virent le jour au fil des décennies, y compris de ceux dont la vie fut très brève. Le plus souvent, on peut y lire les dates de la célébration baptismale et de la naissance, les identités du baptiseur, du baptisé, de ses parents, des parrains et marraines. Ces livres nous renseignent aussi sur les circonstances d'administration du sacrement et livrent bien d'autres informations individuelles, au gré des réglementations des autorités religieuses et de l'État ou des habitudes d'écriture du clerc rédacteur. Ils font aujourd'hui le bonheur des généalogistes et des historiens, ouvrant une fenêtre irremplaçable sur le quotidien des Français d'alors. S'y devinent leurs espoirs et leurs craintes à la venue d'un enfant. S'y révèlent leurs pratiques et leurs convictions religieuses. On peut aussi y observer leurs relations sociales, dont certaines étaient justement tissées à l'occasion du baptême.

Passé la Révolution française, le baptême a perdu son caractère d'obligation légale aux yeux des autorités civiles. Il n'en est pas moins resté un sacrement conféré de manière quasi universelle jusqu'aux années 1960. Bien peu de parents entendaient à l'époque se soustraire à ce devoir religieux. Dans les hôpitaux et les cliniques, où exerçaient parfois des aumôniers dédiés, le personnel soignant, en particulier les sages-femmes, était formé à l'administrer. Et ce, aussi bien à la demande d'une parturiente qu'en se passant de son aval quand la vie de l'enfant était menacée.

Cet unanimisme baptismal est révolu dans la France actuelle. Pour autant, d'après les annuaires statistiques publiés par le Vatican[1], plus de 400 000 baptêmes par an ont été célébrés par l'Église catholique dans les années 1990, et au moins 200 000 dans les années 2010. Si l'on y ajoute les cérémonies protestantes et orthodoxes ainsi que les parrainages civils en mairie, il faut se rendre à l'évidence : le recul du nombre de baptêmes dans la société française contemporaine ne signifie pas que la demande rituelle y a perdu son caractère massif.

Partant de ces constats, nous avons voulu retracer l'histoire de la pratique du baptême en France de la fin du Moyen Âge à nos jours : une histoire plus complexe et surprenante que la simple description du passage récent d'un geste unanime dans un pays catholique à un rite minoritaire dans une société plurielle et sécularisée. Le projet est ambitieux. Mais sauf à transformer cet ouvrage en somme encyclopédique, il impliquait d'opérer certains arbitrages. Afin d'embrasser le temps long – plus de cinq siècles – et un espace aussi ample et divers que celui de la France, il nous a paru indispensable de privilégier une vision synthétique sur une approche monographique. Nous nous appuyons donc sur une bibliographie fournie et en rapide expansion depuis quelques années, complétée sur certains points par des recherches encore inédites[2].

Par ailleurs, du fait des enjeux multiples qui traversent le rite baptismal, bien au-delà de la seule dimension religieuse, il a fallu choisir une focale d'analyse parmi toutes celles qui s'offraient de prime abord. Pour l'heure, la plupart des études de synthèse sur le baptême dans le long terme se concentrent sur les conceptions théologiques de ce sacrement et s'intéressent à ses composantes liturgiques. Elles confèrent donc une importance primordiale aux débats doctrinaux des théologiens des différentes confessions chrétiennes ainsi qu'aux discours et textes normatifs émanant des autorités des Églises. Il serait absurde de faire l'impasse sur ces travaux, notamment pour aborder certaines périodes : la première époque moderne, marquée par la longue phase des Réformes protestante et catholique, et aussi la seconde moitié du XXe siècle, quand d'importants débats pastoraux et liturgiques animent la vie de l'Église catholique en amont et en aval du concile de Vatican II, débouchant sur des expérimentations et des modifications rituelles significatives. Mais cet ouvrage vise à apporter une compréhension sinon concurrente, du moins complémentaire, des évolutions de la pratique baptismale. Avec Guido Alfani, chercheur à l'université Bocconi de Milan, nous avons fondé en 2006 Patrinus, le réseau européen d'histoire sociale et culturelle du baptême et du parrainage. La centaine de membres qui composent ce collectif pluridisciplinaire s'attachent à promouvoir une approche historique qui, sans négliger les objectifs et politiques de terrain des différents clergés, mette davantage en lumière la capacité d'action des fidèles et leur aptitude à négocier le rite en fonction de leurs objectifs propres, qu'ils soient religieux ou « profanes ». C'est la démarche adoptée dans ce livre. Il s'agit de saisir les visions multiples et parfois conflictuelles que les acteurs laïques (individus, familles, communautés locales, pouvoirs civils, et même entrepreneurs de morale, comme les intellectuels ou les médecins) ont eu du premier sacrement. Nous cherchons également à en décrypter les usages : religieux, certes, mais aussi familiaux, socio-relationnels, économiques et politiques. Et ce, en fonction de l'époque, du cadre spatial, de l'appartenance confessionnelle, de la position sociale, du genre ou encore de l'orientation idéologique. Ces éléments pèsent d'un poids aussi crucial que les normes des institutions religieuses dans la manière dont les Français du dernier demi-millénaire ont reçu, concrètement, le baptême. Ils expliquent de même une très large part des mutations de la pratique baptismale sur la longue durée, en particulier la lente décomposition, depuis la Révolution française jusqu'au concile de Vatican II, du modèle de « baptême d'Ancien Régime » ou, sur un second plan, la victoire du parrainage intra-familial.

Synthétique, la démarche qui a donné naissance à cet ouvrage se fonde sur une bibliographie foisonnante. Ce n'est pas surprenant. Le baptême, comme premier sacrement de la vie chrétienne, introduit l'individu dans la vie ecclésiale, familiale, communautaire voire civile (avant la constitution d'un état civil moderne et laïque) et le définit souvent comme accédant à l'humanité pleine et entière. En somme, il est pourvoyeur d'identités multiples et rassemblement d'acteurs variés. Il est donc susceptible de devenir un objet d'investigation pour l'ensemble des sciences sociales. Dans le champ de l'histoire proprement dit, il intéresse *a priori* un grand nombre de sous-secteurs disciplinaires. Quatre courants historiographiques principaux sont à distinguer à cet égard[3].

Le premier, par son ancienneté comme par la moisson de ses acquis, est celui de l'histoire religieuse classique, centrée sur l'histoire de la théologie ou de la liturgie du baptême dans les différentes Églises chrétiennes. La parution en 1881-1882 de la somme de l'abbé Corblet, l'*Histoire dogmatique, liturgique et archéologique du sacrement de baptême*, en fut une étape décisive. Il s'agit toujours d'une référence essentielle, même si elle est discutable dans le détail[4]. Ce filon de recherches a été largement creusé dans le passé par une constellation de prêtres savants, théologiens, canonistes, liturgistes, et reste une source d'exploration active et féconde[5]. Nous ne l'avons pas utilisée en priorité mais en avons intégré des apports à notre réflexion.

Un deuxième courant d'études, né lui aussi au sein des Églises, est constitué par la sociologie religieuse historique. Elle est apparue en

France dans les années 1930 sous l'impulsion de Gabriel Le Bras[6], qui reçut le renfort de l'abbé Boulard et de ses collaborateurs à partir des années 1940[7]. C'est le fruit d'une réflexion pastorale et intellectuelle issue du clergé et d'universitaires catholiques se penchant sur la supposée « déchristianisation » du pays depuis le XIXe siècle. Elle a abouti à des enquêtes locales de sociologie religieuse intégrant une part variable d'éclairages historiques. Son objectif de départ est de comptabiliser et cartographier la pratique religieuse, catholique en premier lieu. Elle distingue des degrés d'observance, c'est-à-dire de plus ou moins grande conformité aux préceptes essentiels de la foi (tels que voulus par l'Église catholique dans sa tradition du XIXe siècle). Ceci l'amène à définir des indicateurs fondés sur la pratique pascale, la participation à la messe dominicale et la pratique baptismale. Il existe dès lors de nombreuses études locales ou régionales, à caractère sociologique ou historique, comportant des informations chiffrées intéressantes pour notre histoire du baptême. On y trouve notamment les taux de baptisés[8], ce qui permet de distinguer un niveau d'appartenance minimale à l'Église. Les études renseignent aussi sur les délais plus ou moins longs mis par les familles à faire administrer le premier sacrement à leurs enfants[9] (délais considérés dans cette optique comme une approximation du degré d'adhésion ou de soumission des fidèles aux volontés de l'Église qui exigeait jusqu'au concile de Vatican II que le baptême soit conféré le plus tôt possible après la naissance[10]). Ces données sur la pratique des fidèles à l'époque contemporaine ont nourri ce livre, en particulier son quatrième chapitre.

À partir des années 1950, l'école française de démographie historique, qui se structure autour des propositions méthodologiques de Louis Henry, apporte à son tour une contribution significative à la connaissance de la pratique baptismale à l'époque moderne[11]. Elle mobilise en effet les registres de baptême pour retracer le mouvement des naissances et les parcours vitaux des Français sous l'Ancien Régime. Or exploiter les actes de baptême à des fins d'analyse démographique ne suppose pas seulement de recenser les sources disponibles, y compris les documents les plus anciens. Elle implique également de comprendre les modalités d'enregistrement. Cette école de recherche s'intéresse donc à l'évolution de la réglementation sous le double contrôle de l'Église et de l'État[12], aux formulations usitées, aux informations mentionnées et exploitables, aux variations des usages découlant du statut des enfants (légitimes, illégitimes, abandonnés) ou de la position sociale des parents. La question - cruciale pour le démographe - de l'adéquation entre baptême et naissance enclenche d'emblée une réflexion sur trois sujets : la part des enfants morts avant le premier sacrement, les procédures de baptême d'urgence (ou ondoiement) et les délais écoulés entre accouchements et cérémonies baptismales. Dans un second temps, à partir des années 1980, galvanisés par l'histoire des « mentalités » ou l'anthropologie historique, les historiens démographes élargissent leurs interrogations hors du périmètre strict de leur discipline. Ils tirent profit de la masse d'informations nominatives collectées dans leurs bases de données pour défricher un autre champ d'études très lié au baptême : la prénomination[13]. Grace à leurs méthodologies quantitatives, ils décrivent alors les évolutions des stocks de noms de baptême et suivent le développement de la prénomination multiple, en fonction des milieux sociaux, des provinces et de l'appartenance confessionnelle.

L'anthropologie historique, enfin, constitue le quatrième secteur principal d'analyse de la pratique baptismale sur le temps long. Deux axes sont privilégiés. Le premier est l'étude de la place de la parenté spirituelle[14] et des liens de parrainage dans les sociétés européennes traditionnelles, sur laquelle le sixième chapitre de ce livre revient en détail. Le second est l'anthropologie historique de la naissance. Sa figure tutélaire est Arnold Van Gennep. Reprenant dans son *Manuel de folklore français*[15] plus d'un siècle de publications folkloriques régionales, il a opéré une analyse systématique des grandes étapes de l'existence individuelle, « du berceau à la tombe », en commençant par la naissance et le baptême. Il a pu ainsi dégager des séquences communes au sein de la variété apparemment infinie des pratiques décrites. Son influence - en particulier avec la notion de « rite de passage », qu'il a fixée - s'est mêlée à celle d'autres folkloristes comme Pierre Saintyves[16], ainsi qu'à la portée croissante des thèses de Philippe Ariès sur l'histoire de l'enfance[17]. Cette dynamique a débouché à partir des années 1970 sur des travaux (ceux de Mireille Laget, Marie-France Morel ou Jacques Gélis[18]) dont l'ambition était de comprendre l'ensemble des pratiques et significations symboliques touchant à la question de la naissance dans les sociétés traditionnelles. Ces travaux ont puisé à de multiples sources, du témoignage ethnologique aux statuts synodaux, du conte aux conseils de médecin, du livre de raison à l'ordonnance royale. Tous ont mis en perspective les représentations cléricales, populaires et médicales du rite de baptême.

Il aurait été impossible de retracer l'histoire du baptême sans cette bibliographie aussi vaste que diversifiée. La multiplicité des traditions historiographiques a néanmoins son revers : l'éclatement patent des études. À cet égard, on ne peut que déplorer la faiblesse du dialogue entre l'histoire religieuse *stricto sensu*, concentrée sur les évolutions théologiques et pastorales ou la sécularisation de la société française sur le long terme, et les autres approches, plus intéressées par le fonctionnement global de la société. Avec cet ouvrage, nous espérons contribuer au rapprochement nécessaire entre des champs d'études solidement constitués mais qui ont eu trop longtemps tendance à s'éviter, voire s'ignorer[19]. Y sont aussi intégrés des regards différents, jusqu'alors négligés dans l'étude du premier sacrement. Sont ainsi mobilisées l'histoire économique, celles de la santé, de la sociabilité, des migrations, et, plus cruciale encore, l'histoire de la famille. Nous sommes convaincus que leur confrontation évite nombre d'idées reçues et de conclusions erronées, fruits de méconnaissances réciproques. Il nous semble également qu'elle éclaire d'une lumière nouvelle leurs résultats particuliers, offrant une compréhension moins segmentée et plus cohérente des transformations de la pratique baptismale en France sur les cinq derniers siècles.

Les pages qui suivent se placent donc de manière résolue dans la perspective d'une histoire sociale des sacrements, dont il faut souligner et saluer le développement récent[20]. Nous espérons qu'elles en montreront la fécondité, d'abord pour l'étude du fait religieux, et plus largement comme mode d'approche original de l'ensemble des grandes transformations des sociétés de tradition chrétienne sur le long terme.

À l'attention du lecteur

Pour connaître les pratiques baptismales des Français, il ne peut être question de se contenter des textes normatifs des Églises. L'ouvrage présent s'appuie en large part sur l'étude des actes de baptême, rédigés par les prêtres catholiques et les pasteurs protestants depuis le XVIe siècle à l'échelle du pays, voire depuis le XVe siècle dans quelques diocèses. Les lecteurs en trouveront ici quatre exemples, tirés de registres catholiques allant du règne d'Henri II à l'entre-deux-guerres[1]. Les informations qu'ils recèlent sont aussi précieuses que mouvantes quant à leur contenu et à leur degré de précision. Elles évoluent en fonction des modèles fournis par les autorités religieuses et, sous l'Ancien Régime, par l'État royal, mais aussi selon les habitudes rédactionnelles propres à chaque curé ou pasteur. Jouent enfin le type de cérémonie - baptême classique, ondoiement, complément de cérémonies - et le cadre de célébration - en paroisse, à domicile ou à l'hôpital.

Paroisse Notre-Dame-des-Vertus d'Aubervilliers, 1553

> Le XVe jour [de juin] a esté baptisé un filz nommé Jehan a Loys Luquet et Perrette Bourgeoys ses pere et mere les parrains Jehan Dailly et Nicolas Le noir la marraine Katherine Le noir
> Le dernier jour a esté baptisé une fille nommée Marie a Estienne Musnier et Jehanne Grimperel ses pere et mere le parrain Pierre Le bouc les marraines Jehanne et Perrette Dailly[2].

Paroisse Saint-Pierre d'Avon, 1781

L'an mil sept cent quatre vingt un ce jourdhui vendredi dix neuf du mois de janvier a étée Baptisée par moi Prêtre chanoine R[é]g[u]lier de l'ordre de la Ste Trinité faisant les fonctions curiales en l'Eglise paroissiale de st Pierre d'avon cure matrice de fon[taineble]au soussigné Marie Anne née d'hier du légitime mariage de Jean Besnault, carrier, et de Marie jeanne Chaulet Ses pere et mere tous deux de cette paroisse : le Parrein a été jean amand Besnault, et la Marreine Marie anne Barbier, aussi de cette Paroisse lesquels ont déclarés ne Savoir Ecrire.
Prudhomme vic[3].

Paroisse Saint-Pierre de Laleu, 1881

L'An du Seigneur mil huit cent quatre vingt et un et le vingt six juin
Je, soussigné, curé de l'Eglise St Pierre de Laleu et de St Maurice de La Rochelle, ai ondoyé à domicile, pour cause d'absence du futur parrain et par permission de Monseigneur l'Evêque, en date du vingt cinq juin, un garçon né vingt juin 1881, de Mr Charles Souslebien et Sainton son épouse légitime demeurant sur cette paroisse
auquel enfant on a donnés les noms de Marie Charles René
témoins ; Henri Dairault, prêtre et Eva Sainton.
Biard, curé
[en marge : « L'enfant est mort »][4]

Hôpital Saint-Louis de La Rochelle, 1925

L'An du Seigneur mil neuf cent vingt cinq et le 15 février
Je, soussigné, aumônier de l'Eglise St Louis, ai baptisé une fille née le 5 février à la M[aterni]té La Rochelle de Julien Georges Rousseau et de Simone Neveur (unis civilement) demeurant à La Rochelle.
L'enfant a reçu les noms de Georgette Pierrette
Le parrain a été Louis Brunereau
La marraine a été Emilie Neveur
G. Papon[5].

CHAPITRE 1

Réformer le baptême médiéval

Au cours du Moyen Âge, le baptême, rite d'accès à la chrétienté et premier des sept sacrements retenus par l'Église à partir du XIIe siècle, s'impose comme la porte d'entrée vers le salut mais aussi comme le rite de naissance par excellence des sociétés christianisées. Sa célébration est alors propice à des manifestations de sociabilité que les autorités religieuses ont les plus grandes difficultés à encadrer. À partir du XVIe siècle, le modèle médiéval subit un double assaut. La Réforme protestante s'engage dans une remise en cause de la théologie des sacrements, qui débouche sur une large refonte du rite baptismal. De son côté, l'Église catholique maintient l'essentiel de la doctrine du premier sacrement, mais intensifie sa lutte contre ce qu'elle désigne comme des « abus ». Dans les deux cas, les autorités religieuses expriment une volonté de « purification » et de contrôle des pratiques baptismales, qui bouscule et contrarie les coutumes et croyances des fidèles.

L'HÉRITAGE MÉDIÉVAL

Dans les sociétés christianisées de l'Europe médiévale, l'universalité du baptême ne souffre pas discussion. En effet, prenant appui sur l'Évangile – « En vérité, en vérité, je te le dis, à moins de naître d'eau et d'Esprit nul ne peut entrer dans le royaume de Dieu » (Jean, III, 5) –, le baptême constitue depuis les origines du christianisme le rite d'accès à la qualité d'enfant de Dieu, et, par là même, une étape obligatoire pour celui qui veut s'agréger à l'Église.

Il est le sacrement qui donne droit à tous les autres. En outre, avec la victoire de saint Augustin (354-430) sur la doctrine pélagienne, qui croyait en la capacité de l'homme à choisir entre le bien et le mal même sans secours divin[1], s'est renforcée la conviction que la grâce reçue lors du baptême, en effaçant le péché originel, est indispensable pour gagner son salut. Pour tout chrétien du Moyen Âge, l'affaire est donc entendue : sans la régénération baptismale, point de paradis.

La domination de la conception augustinienne comporte un second aspect. Alors que le christianisme primitif se caractérise par la fréquence des baptêmes d'adultes, parfois à la veille de sa mort comme dans le cas de l'empereur Constantin[2], elle encourage le baptême systématique des très jeunes enfants, afin d'assurer leur protection spirituelle au plus vite. Si la tradition d'un baptême retardé jusqu'aux samedis de Pâques ou de Pentecôte se maintient dans des textes normatifs de l'époque carolingienne, il semble qu'une administration au plus près de la naissance l'emporte en pratique dès le VIIIe siècle[3], voire plus tôt[4]. Jusqu'au XIIe siècle, il est admis que l'enfant mort sans baptême va en enfer ; par la suite, une nouvelle géographie de l'au-delà se dessine dans les discours des théologiens, et ce type de défunt est réorienté vers le limbe des enfants (*limbus puerorum*). Dans cet espace moins cruel, il échappe aux peines infernales mais il continue de subir la peine du dam, c'est-à-dire la privation de la vision de Dieu[5]. À la fin du Moyen Âge, ce discours dramatisant de l'Église semble parfaitement assimilé par les parents[6]. C'est du moins ce que suggèrent de multiples sources, parmi lesquelles les premiers registres paroissiaux : ainsi, entre 1481 et 1500, à Porrentruy, petite ville de la frontière franco-suisse dépendant du diocèse de Besançon, 86 % des enfants enregistrés sont baptisés le jour même de leur naissance[7].

En cas de nécessité, le baptême peut être conféré licitement par tout un chacun ; mais dans les circonstances ordinaires, comme le rappelle en 1439 le concile de Florence, il ne peut l'être que par les évêques et les prêtres ayant juridiction[8], soit, pour l'essentiel, ceux de la paroisse d'appartenance du baptisé. Le contrôle de la cérémonie représente un défi permanent pour le clergé médiéval.

Il s'agit en premier lieu d'éviter les dérives théologiques potentielles, les sacrements conférés par des laïcs qu'une erreur dans la formule rendrait invalides – par exemple l'omission des mots *Ego te baptizo*[9] (« Je te baptise ») –, ou encore les pratiques superstitieuses. Mais, pour les prêtres officiants, même si l'Église en réaffirme régulièrement la gratuité, le baptême représente aussi une source conséquente de revenus. Ainsi, au début du XVIe siècle, à Bruges, les offrandes, qui dans la pratique ont acquis un statut de quasi-obligation, sont complétées par des honoraires, et la somme totale obéit à une forme de barème modulé en fonction des circonstances : un baptême urgent à domicile ou celui d'un enfant illégitime coûtent le double d'une cérémonie classique, en raison d'une notification spéciale au doyen. À l'unité, la somme, qui tourne autour de 3 ou 4 deniers, reste minime, mais le total annuel des revenus encaissés par l'église Saint-Jacques atteint des niveaux importants, comparables à ceux des enterrements payants[10].

Le contrôle clérical est d'autant plus délicat à exercer que le baptême constitue aussi un rite de naissance et d'intégration dans la vie sociale et le cercle familial. Il comporte dès lors une forte dimension profane et relationnelle, qui s'exprime par des dons et contre-dons permettant de construire du lien social, de la cohésion. Premier élément du cycle d'échanges entre familles qu'il enclenche, le banquet de baptême est l'occasion pour les parents de mobiliser des relations existantes ou désirées. Comme à Ypres au XIVe siècle, des cadeaux servent de prix d'entrée pour l'admission à ces repas qui sont très courus[11]. L'invitation est un honneur qui marque le rang social, et ce n'est pas sans raison que les membres des élites de la fin du Moyen Âge énumèrent leurs participations dans leurs diaires ou livres de raison[12]. Il faut croire qu'une certaine emphase se met rapidement en place dans les échanges de présents tant sont précoces les réactions hostiles de la part des autorités religieuses – un concile tenu à L'Isle, près d'Avignon, en 1288 interdit aux parrains d'offrir autre chose à leur filleul que le vêtement blanc du néophyte[13] – comme des autorités civiles. Pour ces dernières, il s'agit d'établir une de ces lois somptuaires récurrentes[14], destinées à maintenir l'ordre public, à éviter la ruine des familles – dont on craint qu'elles ne pèsent ensuite sur la communauté –, et à garantir les hiérarchies sociales menacées par la concurrence des prodigalités. En 1333, un article de la coutume de Castelnaudary interdit au parrain de se rendre dans la maison de l'accouchée et de faire un cadeau à l'enfant, prohibition reprise en 1343 par les consuls de la cité voisine de Rieux[15]. En 1371, à Ypres, une ordonnance échevinale récapitule pour les restreindre ou les interdire toutes les formes de dons et contre-dons en usage autour du baptême. Le nombre d'invités à la fête de famille est limité sous peine d'une très lourde amende ; il est désormais interdit de faire des cadeaux avant ou après celle-ci, à moins d'être un des proches parents admis à participer aux festivités. Encore ces cadeaux voient-ils leur valeur cantonnée à 12 *grooten* de Flandre. Enfin, les dîners avant et après le baptême sont proscrits. Dans le même esprit, une ordonnance de l'échevinage d'Abbeville en 1467 interdit aux parrains de faire des présents lors du désaubage[16], à moins qu'ils ne soient destinés aux prêtres ayant assisté à la cérémonie ou, par charité communautaire, à de pauvres femmes en couche[17].

Bien plus qu'une simple cérémonie, le baptême est conçu comme une seconde naissance, une naissance selon l'Esprit, qui fait entrer le nouveau-né dans une nouvelle parenté, la parenté spirituelle. Cette conception émerge dès le début du Moyen Âge, lorsque la montée du pédobaptisme transforme les anciens garants (*sponsores*) des catéchumènes adultes en parrains et marraines des petits enfants baptisés, leur confiant comme mission de s'engager en leur nom lors de la célébration sacramentelle avant de veiller à leur éducation religieuse aux côtés des parents charnels[18]. Très tôt, l'Église d'Orient émet des prohibitions sexuelles entre le parrain et sa filleule, puis entre le parrain et la mère veuve de son ou sa filleule (c'est-à-dire sa commère). Par ces interdits, repris en Occident au VIIIe siècle, parrainage et compérage se muent en véritable parenté. Dans le même mouvement, s'impose l'idée d'une opposition théologique entre cette parenté spirituelle, supérieure, et la parenté charnelle, inférieure. Ce que traduit en 813 le concile de Mayence, qui refuse aux pères et mères le droit de devenir parrains ou marraines de leurs propres enfants[19].

Spécifiquement chrétienne, la notion de parenté spirituelle voit son champ d'application s'étendre au cours du Moyen Âge. En 1140, le décret de Gratien, récapitulant les règles canoniques, reconnaît la *paternitas spiritualis* (parrainage), qui lie le parrain, la marraine - et le ministre du baptême - au baptisé, et la *compaternitas spiritualis* (compérage), qui les lie aux parents du filleul, mais aussi la *fraternitas spiritualis* entre le baptisé et les enfants de son parrain et de sa marraine. Diverses relations indirectes se surajoutent bientôt à ce premier ensemble. Celle existant entre un parrain ou une marraine et les conjoints de leurs compères et commères est reconnue dès le XIIe siècle. Puis vient le tour d'autres liens plus éloignés, comme celui qui s'établit entre un parrain et les enfants ou petits-enfants de sa filleule. Le processus d'extension est si puissant que le concile de Prague en 1355 en vient à admettre jusqu'à vingt et un cas différents d'empêchements matrimoniaux résultant de telle ou telle forme de parenté spirituelle[20].

L'expansion de la parenté spirituelle dans la société médiévale se manifeste d'une autre manière. Elle passe par une montée tendancielle du nombre de parrains et marraines par baptisé, qui répond à la volonté des fidèles d'établir ainsi un maximum de relations d'amitié et de protection ou de mettre en scène leur position sociale lors du rite[21]. Là encore, le mouvement est précoce. Lors du concile de Metz en 893, les participants s'en inquiètent déjà et réclament un retour au modèle originel, à savoir un parrain unique par enfant, de même sexe. Sans grand succès, semble-t-il. Les statuts synodaux des XIVe et XVe siècles montrent des évêques cherchant encore et toujours à fixer un nombre maximal de parrains et marraines pour restreindre les usages intéressés du compérage et éviter les problèmes d'inceste spirituel suscités par la multiplication des acteurs impliqués. Signe sans doute des obstacles rencontrés, cette action régulatrice se traduit par une forte disparité des normes proclamées, à l'échelle de la catholicité[22] comme à celle, plus restreinte, du royaume de France. Un seul parent spirituel est ainsi accepté à Dax ou Cahors, un ou deux à Bourges, deux à Châlons, trois à Bayeux ou Nantes, trois ou quatre à Chartres[23]. Dans le diocèse de Cambrai, sous la pression populaire, l'évêque doit même autoriser en 1550 deux parrains et deux marraines[24]. La lecture des premiers registres baptismaux de la fin du XVe siècle et du début du XVIe confirme au niveau des pratiques cette singulière fragmentation territoriale. Un système ternaire (deux parrains et une marraine pour un garçon, deux marraines et un parrain pour une fille) couvre globalement la moitié nord de la France, tandis que le modèle du couple parrain-marraine semble dominer plus au sud, par exemple à Brive[25] ou à Marseille[26]. Mais cela n'interdit en rien le recours plus ou moins fréquent au multi-parrainage. À Porrentruy dans les années 1480-1490, si la quasi-totalité des baptêmes comportent un parrain et une marraine, trois enfants de roturiers possèdent chacun deux couples de parrains et marraines et un fils de noble a trois parrains et une marraine[27]. Rappelons, pour l'anecdote, le cas bien connu de Jeanne d'Arc, qui déclare deux parrains et trois marraines lors de son procès de 1431, mais qui en aurait eu peut-être douze (quatre parrains et huit marraines) selon les témoins interrogés en 1456 lors du procès en nullité de sa condamnation[28].

Les réformés et le baptême

L'émergence du protestantisme dans le royaume au deuxième tiers du XVIe siècle bouleverse les pratiques baptismales de la minorité qui adopte les nouvelles conceptions religieuses. Dans le contexte français, c'est avant tout la vision calviniste, « réformée », qui prend son essor et celle-ci, sur le plan de la théologie des sacrements, aboutit à des ruptures plus marquées encore que le luthéranisme avec le catholicisme médiéval.

Le principe du retour à l'Écriture et du refus des ajouts humains, commun aux différents protestantismes, conduit d'emblée à une réduction du nombre des sacrements. Parmi les sept retenus dans le catholicisme, le calvinisme n'en reconnaît plus que deux institués par le Christ : le baptême et la cène. La préservation du premier sacrement suggère une certaine continuité. Elle est néanmoins trompeuse, dès lors que la conception même du baptême, sa signification dans l'économie du salut, sont remises en question[29].

Calvin (1509-1564) présente sa position dans l'*Institution de la religion chrétienne*, dont la première version latine est publiée en 1536 et traduite en français en 1541. Comme chez Luther (*Prélude sur la captivité babylonienne de l'Église*, 1520), le sacrement est d'abord un signe, celui des promesses faites par Dieu aux hommes : « un témoignage de la grâce de Dieu envers nous, confirmé par signe extérieur, avec attestation mutuelle de l'honneur que [nous] lui portons[30] ». En ce sens, il continue d'être une aide pour soutenir et affermir la foi des croyants, et constitue également un encouragement à mener la vie la plus vertueuse possible, mais en tant que rappel de la parole divine, non comme réception par le fidèle d'une qualité surnaturelle ou de « vertus secrètes[31] ». Dans le cas du baptême, le sacrement a dès lors deux dimensions liées. Il est le signe qui marque publiquement l'accueil dans l'Église du Christ, celui qui proclame l'appartenance chrétienne du bénéficiaire, comme l'explique le chapitre xv (« Du baptesme ») dans le livre IV de l'*Institution de la religion chrétienne* : « Le baptême est la marque de notre chrétienté, et le signe par lequel nous sommes reçus en la compagnie de l'Église, afin qu'étant incorporés en Christ, nous soyons réputés du nombre des enfants de Dieu. » En second lieu, il exprime pour l'individu baptisé la promesse divine, à savoir la rémission de ses péchés et sa justification : « Que tous ceux qui auront cru et seront baptisés, auront salut. »

Cependant, sur ce dernier point, Calvin propose une vision élargie. La promesse concerne aussi bien les péchés passés que les péchés à venir « tout le temps de notre vie ». Le rapport du baptême réformé au péché originel se place ici en rupture avec la vision catholique, ce qui aura, nous le verrons, de fortes conséquences dans la ritualisation du sacrement et les pratiques baptismales des fidèles. Chez les catholiques, le baptême efface le péché originel, ce qui le rend absolument nécessaire au salut ; il en est de même chez les luthériens. Mais non chez Calvin. Reprenant l'Écriture, ce dernier conserve la notion du péché originel, commencé par Adam et affectant toute sa lignée, mais il conteste que le baptême ait un quelconque effet sur lui : il perdure après la réception du sacrement. Si le baptême n'efface donc pas le péché originel, il est néanmoins la promesse que celui-ci - comme les péchés en général - ne sera pas imputé au fidèle.

Seule la foi en la promesse liée au signe justifie, non l'eau reçue lors du sacrement[32]. Mais si le baptême n'est pas nécessaire au salut, il n'est pas pour autant permis de le négliger. Il reste d'obligation, ne serait-ce que parce que Dieu l'a ordonné[33]. Il perd néanmoins son caractère d'urgence pour le nouveau-né, car l'enfant de chrétiens est sanctifié « dès le ventre de sa mère[34] ». Pour les petits enfants, le baptême est conçu comme une cérémonie publique d'entrée dans l'Église du Christ, à laquelle ils appartiennent de fait déjà par la foi de leurs parents[35]. Calvin s'oppose à cet égard aux anabaptistes, qui pratiquent le baptême des croyants adultes, et défend avec insistance le pédobaptisme. Le parallèle entre la circoncision de l'Ancien Testament et le baptême du Nouveau Testament, mais aussi le fait que la promesse divine s'adresse aussi bien aux enfants qu'aux adultes[36], suffisent à justifier qu'il faille présenter « hardiment » les nouveau-nés au sacrement et à l'assemblée des fidèles. L'enjeu est décisif : par le maintien du baptême comme rite de passage, il s'agit en somme de créer une communauté chrétienne complète, c'est-à-dire une église composée de tous ses membres, enfants comme adultes, sauvés ou damnés, et non une secte séparée d'élus ou de convertis, comme le propose l'anabaptisme[37].

La vision réformée du baptême, ici brièvement exposée, prend corps dans la cité de Genève, quand celle-ci adopte en 1541 les Ordonnances ecclésiastiques, après le retour en ville de Calvin qui parvient à y imposer ses vues. Mais dans le royaume de France, la situation est plus délicate que dans la cité passée à la Réforme. Le modèle genevois, qui suppose une Église locale fixe, et non un rassemblement ponctuel de croyants lors du passage éphémère d'un prédicateur, une communauté de fidèles organisée disciplinairement et disposant d'un ministère de la parole, et pour le moins d'un pasteur à la rigueur itinérant mais régulier, bref, ce que l'on appelle bientôt une « Église dressée[38] », n'existe pas avant le milieu des années 1550.

Dans un premier temps, l'adhésion aux conceptions réformées n'entraîne pas le rejet du baptême catholique, que ce soit pour les petits enfants ou pour les croyants adultes. Calvin récuse la vision anabaptiste qui supposerait de rebaptiser le converti[39]. À ses yeux, subsiste un reste d'Église dans la papauté, ce qui implique que le baptême catholique, fait au nom du Père, du Fils et du Saint-Esprit, est admis comme valide, sans que joue ici le statut religieux du baptisant. Sauf lorsque par extraordinaire elles peuvent se rendre à Genève, les premières familles françaises qui rejoignent les conceptions calvinistes continuent de porter leurs nouveau-nés dans les paroisses catholiques, ce qui a l'avantage de garantir l'état civil de leur progéniture, mais aussi de limiter leur singularité au sein de leur réseau familial et social, ainsi que leur visibilité face à la répression des autorités royales, accentuée depuis les années 1540. En outre, à ce stade, bien des fidèles ne conçoivent pas leur intérêt pour les thèses réformées comme une rupture absolue avec l'Église romaine[40].

La détermination du premier baptême réformé conféré en France par un ministre devant une assemblée reste incertaine ; selon la tradition issue du récit de Théodore de Bèze dans l'*Histoire ecclésiastique des Églises réformées au royaume de France* (1580), il aurait eu lieu en septembre 1555 à Paris, dans le faubourg Saint-Germain, sur la demande du sieur de La Ferrière, un gentilhomme du Maine alors réfugié dans la capitale. Désirant que son enfant échappe aux « superstitions » polluant la cérémonie de l'Église romaine, il aurait poussé pour que l'assemblée à laquelle il prenait part élise un ministre apte à administrer le baptême, provoquant ainsi l'établissement d'une Église dans la capitale du royaume[41]. Dans les années suivantes, les Églises dressées (entre 1 200 et 1 400 vers 1562, selon les historiens[42]) se multiplient à travers tout le pays, surtout dans sa moitié méridionale, de La Rochelle à Lyon en passant par le sud du Massif central. Cette floraison conduit, malgré les persécutions, à la tenue d'un premier synode « national » des Églises réformées de France, à Paris le 25 mai 1559, au cours duquel sont adoptées une Confession de foi (dite « de La Rochelle » à la suite de sa ratification lors du synode rassemblé en cette ville en 1571) et une Discipline ecclésiastique, toutes deux inspirées par le calvinisme genevois.

La Confession de foi reprend et synthétise les points essentiels de la doctrine calvinienne sur la place du baptême dans la justification de l'homme pécheur. Les articles 34 et 35 affirment son statut de sacrement institué par le Christ (comme la sainte Cène), sa qualité de témoignage de l'adoption divine, destiné à soutenir la foi du chrétien par la confirmation de la grâce de Dieu, enfin l'obligation de le recevoir, en particulier pour les petits enfants. L'article 28, quant à lui, refuse que l'on rebaptise les fidèles venus de l'Église romaine, le sacrement conféré par cette dernière étant reconnu comme suffisant. Mais cette reconnaissance ne vaut pas indifférence, et la présentation des nouveau-nés dans une église catholique est désormais perçue comme une détestable compromission : « À cause des corruptions qui s'y trouvent, on ne peut, sans se souiller, y présenter les enfants au Baptême » (art. 28). La logique de séparation est désormais bien assumée.

De son côté, la Discipline ecclésiastique, organisée en quatorze chapitres (ou « titres »), précise l'organisation des Églises et du culte. Le chapitre XI, consacré aux enjeux du baptême, comporte pas moins de dix-neuf articles[43]. Ses fondements sont posés en 1559 mais des modifications, des ajustements, sont adoptés lors des synodes nationaux qui se tiennent à intervalles plus ou moins réguliers jusqu'en 1659. Dès 1596, les lignes directrices sont néanmoins fixées[44] ; elles orientent l'organisation du baptême réformé jusqu'à la révocation de l'édit de Nantes en 1685.

La question principale est celle du mode d'administration. La centralité de la Parole dans la conception calviniste de l'Église et du sacrement (le « Sacrement n'est jamais sans que la parole de Dieu précède[45] ») ainsi que l'accent mis sur la présentation du baptisé à sa communauté d'appartenance débouchent logiquement sur la nécessité d'une célébration publique dans le cadre d'une « assemblée ecclésiastique où il y aura Église dressée » (art. VI), avec prédication. De ce fait, elle réserve l'administration à un ministre, apte à transmettre la parole divine, et considère comme nul le baptême conféré par « celui qui n'a commission ni vocation » (art. I)[46] pour le faire, dans le droit fil de la position de Calvin rappelant que c'est aux apôtres, et non à tous ses fidèles, que Jésus a confié le soin d'enseigner et de baptiser les peuples[47]. Concrètement, les parents sont donc conduits à présenter leur enfant à l'occasion de la tenue d'un culte, c'est-à-dire pendant les assemblées dominicales ou lors d'un autre jour de prêche. Ils doivent le faire dans un délai court[48], l'article XVI de la Discipline chargeant même les consistoires d'avoir « l'œil sur ceux qui sans grandes considérations [gardent] leurs enfants longtemps sans être baptisés ».

La Confession de foi et la Discipline ecclésiastique ne se donnent pas pour mission de fixer dans le détail les modalités de la cérémonie. Si l'accent est mis sur l'action du ministre au cœur de l'assemblée, il n'est nulle question de récapituler gestes, rites et paroles, à l'image des longues descriptions des rituels catholiques. D'ailleurs, l'article 28 de la confession de La Rochelle condamne avec fermeté toutes les « superstitions » et « idolâtries » qui, aux yeux des réformés, corrompent et falsifient les sacrements conférés par l'Église romaine[49]. Sont ainsi visés les rites d'exorcisme, les cierges, les crachats, le sel et les autres « ajouts humains » qui éloignent du baptême institué par Jésus Christ. Pour les réformés, le déroulement du baptême doit exprimer la priorité donnée à chaque instant à la Parole de Dieu, au rappel de sa promesse. Suivant Calvin, la prédication est donc requise au sacrement[50], ce qui suppose l'utilisation exclusive du français[51]. Pour le reste de la célébration, considéré comme indifférent, les Églises locales bénéficient d'une grande latitude, et en ceci prennent volontairement le contrepied de la minutie revendiquée de la liturgie catholique. C'est donc un cadre minimal qui apparaît dans un document régulièrement publié, à Genève puis en France, aux XVIe et XVIIe siècles, la *Forme d'administrer le baptême* : un accueil par le ministre, l'invocation du nom de Dieu, un sermon préalable, une prière, le rappel de la promesse d'instruire l'enfant dans la foi, l'imposition d'un nom, enfin le baptême par infusion[52].

Cette nouvelle proposition baptismale met l'accent sur la compréhension par les fidèles de la signification du rite ; elle néglige à l'inverse sa matérialité et la part d'efficacité qu'il recelait dans la version médiévale[53]. Dans sa radicalité, elle prend à rebours de nombreux fidèles restés attachés à certains aspects de la pratique antérieure. Le sort des enfants morts sans baptême apparaît ainsi comme un point de crispation durable, voire d'incompréhension. Aux yeux de Calvin, l'idée que les « enfants sont forclos [exclus] du Royaume de Paradis, s'ils n'ont reçu le Baptême » est une « fantaisie » à arracher des esprits des hommes[54]. Mais beaucoup de parents réformés continuent de s'en inquiéter. Faire baptiser en urgence leurs fragiles nourrissons offre à leurs yeux plus de sûreté. En France comme à Genève, certains s'adressent à des sages-femmes[55] - catholiques - alors même que Calvin a vertement condamné toute administration du premier sacrement par les femmes[56] et que la Discipline ecclésiastique déclare nul tout baptême administré par celui qui n'a ni vocation ni commission (chap. XI, art. I). D'autres se présentent dans les églises paroissiales, *a fortiori* quand l'enfant est issu d'un couple mixte. D'autres encore multiplient les infractions à la doctrine en doublant le baptême réformé d'un baptême catholique, jugé encore plus sécurisant. Toutes ces attitudes, qui sont dénoncées comme de regrettables restes de « papisme », sont condamnées par les consistoires de la fin du XVIe siècle, mais nombre de fidèles persistent dans leur attitude : ainsi ce Gibert, convoqué en 1601 devant le consistoire de Nîmes « pour avoir fait rebaptiser un enfant à la messe quelque temps après qu'il fut baptisé »[57].

La question, parce qu'elle taraude en profondeur les familles, ressurgit sous un autre angle dans la première décennie du XVIIe siècle[58]. Il s'agit désormais de savoir si l'on peut baptiser d'urgence un enfant qui serait présenté à l'assemblée avant la prédication, ou s'il faut absolument attendre que celle-ci ait eu lieu, quitte à prendre le risque de voir mourir le fragile nourrisson. C'est une affaire secouant en 1602 le temple d'Ablon, où se rassemblent alors les réformés parisiens interdits de culte dans l'enceinte de la capitale, qui lance le sujet. Un Parisien, Nicolas Brisset, y a porté son bébé malade ; or, malgré ses supplications, le ministre a refusé de le baptiser avant d'avoir prêché en chaire, et l'enfant est mort. Le douloureux épisode, habilement repris par la controverse catholique en 1604-1605, suscite l'émoi, obligeant les ministres protestants à justifier leur décision. Le bien-fondé théologique et pratique d'une telle inflexibilité est bientôt débattu lors du synode provincial d'Ablon de mars 1605 qui réunit des ministres d'Île-de-France, de Champagne et de Picardie, puis au synode national de 1609 à Saint-Maixent, sur la demande des représentants de la province du Haut-Languedoc, confrontés eux aussi à des réclamations de parents. S'ouvre alors une longue phase d'hésitation des instances réformées, qui traduit moins la difficulté à s'accorder sur la doctrine que la forte pression des fidèles. Les délégués réunis à Saint-Maixent admettent dans un premier mouvement que les pasteurs pourront baptiser « au jour des prêches ordinaires » avant le sermon ou bien lors des « prières publiques et ordinaires qui se font sans prédication », sur l'attestation de la maladie de l'enfant par le consistoire ou les anciens de l'Église locale. Mais dès le synode national suivant, à Privas en 1612, s'exprime la crainte que cette position souple ne donne « quelque ouverture à l'opinion de la nécessité du baptême », validant ainsi pour partie la vision catholique du sacrement qui pèse encore dans bien des consciences.

Une commission de quatre ministres est alors nommée pour examiner en détail les arguments favorables ou défavorables, tandis que la question continue d'animer les synodes provinciaux et les consistoires locaux confrontés aux demandes des familles. En 1614, le synode national de Tonneins tente un compromis : il « ne sera permis de baptiser sans une prédication précédente, *ou immédiatement suivante* ». Cette solution, qui aurait convenu à Ablon en 1602, est cependant loin de régler toutes les situations qui se présentent. Le problème rebondit dès 1626 au synode national de Castres quand les députés de la province de Dauphiné signalent que des enfants sont souvent portés à baptiser « lors des jours de prières publiques, sans tenir compte des jours de prédication » ! Finalement, en 1631, le synode de Charenton se résout à une tolérance de fait : il déclare « que la prédication avant ou après le Baptême n'est de l'essence de celui-ci, ainsi de l'ordre dont l'Église peut disposer » ; renonçant à une position de principe, il « laisse les Églises et provinces aux coutumes et usages qu'elles jugeront plus convenables à leur édification ». C'est en définitive reconnaître, non que le baptême est nécessaire au salut, du moins que l'angoisse des parents d'enfants mourants doit être bel et bien prise en compte malgré la clarté de la doctrine calvinienne, et qu'un aménagement de la procédure baptismale est indispensable, en fonction du contexte local. La tension reste cependant palpable tout le siècle : en 1674 encore, le synode du Bas-Languedoc interdira aux pasteurs d'interrompre leur prédication pour administrer un baptême en urgence, dénonçant une « pratique superstitieuse et contraire à la parole de Dieu »[59].

Le parrainage, institution dont nous avons signalé l'importance dans le christianisme médiéval, pourrait constituer un deuxième enjeu problématique. En effet, le calvinisme, comme le luthéranisme, a pour principe de se fonder uniquement sur l'Écriture (*Sola Scriptura*), ce qui *a priori* doit déboucher sur un rejet complet de cette relation mi-religieuse, mi-sociale, absente de l'Ancien comme du Nouveau Testament. Pourtant, dans les deux confessions protestantes, le choix opéré est, au final, moins tranché. La notion de parenté spirituelle instaurée au baptême est abandonnée comme une « superstition humaine » créatrice d'absurdes empêchements matrimoniaux[60], mais l'institution du parrainage est conservée (sauf exceptions, par exemple chez les Puritains anglais au milieu du XVIIe siècle[61]).

Cette position, pointée comme une incohérence par la controverse catholique[62], traduit de nouveau la prise en compte des réalités sociales et de l'attachement des familles à des pratiques traditionnelles entourant la célébration du premier sacrement. En la matière, Luther et Calvin font en effet preuve de prudence et, plutôt que de viser l'éradication, préfèrent utiliser un usage devenu à leurs yeux une simple « coutume », pour renforcer l'accompagnement spirituel du baptisé, d'une part, et l'harmonie sociale de la communauté réformée locale, d'autre part. Calvin lui-même accepte d'ailleurs de parrainer des enfants de concitoyens genevois[63].

Les réformés français s'engagent dans la même voie. L'article VII du onzième chapitre de la Discipline ecclésiastique admet en 1565 qu'il n'est certes pas de « commandement du Seigneur de prendre des parrains et marraines pour présenter [des] enfants au Baptême ». Mais il ajoute aussitôt qu'il s'agit d'une coutume « ancienne » et « introduite pour bonnes fins ». Elle permet de témoigner de la foi du père et de la mère du nouveau baptisé et de désigner des responsables de son instruction religieuse si « la mort lui ôte ses parents ». En outre, à l'image du compérage catholique, elle tisse des liens de solidarité et d'amitié entre les membres de l'Église (« entretenir la société des fidèles par conjonction d'amitié ») et participe ainsi à la construction concrète de chaque communauté réformée. Sans institution divine, il ne peut être question d'en faire une nécessité ou une loi ; cependant, les parents qui présenteraient seuls un enfant seront « exhortés » par les instances locales à « se ranger à l'ordre ancien et coutume qui est bonne et profitable ».

Si l'on exclut la reconnaissance de la parenté spirituelle et des empêchements matrimoniaux qui en découlent, la continuité entre les visions catholique et réformée du parrainage est ici patente, voire reconnue par les autorités protestantes. Elle se poursuit d'ailleurs dans les critères d'admission à la fonction de parrain, exprimés dans les articles suivants de la Discipline ecclésiastique. Hors l'appartenance religieuse à la Réforme, évidemment cruciale, ceux-ci se différencient somme toute assez peu des normes retenues du côté catholique : âge minimal - 14 ans - et initiation religieuse achevée - déterminée en l'espèce par l'accès autorisé à la cène (art. X) ; bonne connaissance de la doctrine, permettant d'envisager un enseignement (art. XII) ; conformité aux règles religieuses - en l'occurrence, ne pas être suspendu de la cène (art. XI) ; bonnes mœurs, enfin (art. XII).

La Discipline ecclésiastique reste en revanche silencieuse sur le nombre de parrains ou marraines admissibles pour chaque enfant présenté. On sait que dans un certain nombre d'Églises luthériennes, notamment scandinaves, le rejet de la parenté spirituelle créatrice d'interdits matrimoniaux et la valorisation des liens sociaux passant par le parrainage encouragent une pratique souple qui s'accompagne au cours de l'époque moderne d'une progressive multiplication du nombre de parrains et marraines par enfant[64]. Les études disponibles, encore rares hélas, suggèrent que les communautés réformées du royaume de France ne suivent guère cette pente. Ainsi, les recherches de Margreet Dieleman sur les cinq provinces synodales de l'Ouest (Normandie, Bretagne,

Anjou-Touraine-Maine, Poitou, Saintonge-Aunis-Angoumois) montrent que les registres baptismaux protestants, dont la tenue est prescrite dès le synode national de 1559, ne contiennent, à de très rares exception près, jamais plus d'un parrain et une marraine par enfant. Dans diverses régions, il y a donc plutôt une réduction du quorum par rapport aux usages catholiques en vigueur avant le concile de Trente.

Une fois encore, en l'absence de substrat biblique, aucune norme nationale ne s'impose par principe. Malgré l'avertissement de la Discipline ecclésiastique, il arrive même, au XVIIe siècle surtout, que des enfants soient présentés au temple sans aucun parrain, ce qui se produit aussi, exceptionnellement, à Genève sous Calvin[65]. Mais cette pratique ne concerne jamais qu'une étroite minorité (0,5 % des baptêmes à Preuilly-sur-Claise, en Touraine, au XVIIe siècle[66]). D'emblée, deux principaux modèles de parrainage se partagent les préférences des multiples Églises réformées françaises : soit le choix d'un unique parrain masculin - pour un garçon comme pour une fille -, soit l'attribution d'un parrain et d'une marraine. Dans les années 1560, la première option, qui est celle des registres genevois des années 1550-1557[67], l'emporte à Caen, Rouen, Vitré, Loudun, Montauban[68] ; la seconde est en revanche systématique à La Rochelle. Expression d'une méfiance globale vis-à-vis de la compétence religieuse des femmes, le recours à une marraine unique est partout exclu, même pour un baptême de fille, et la Discipline ecclésiastique depuis 1561 (chap. XI, art. VIII)[69] comme les décisions des synodes nationaux postérieurs imposent la présence d'au moins un parrain[70]. La rupture est ici nette avec la position de l'Église catholique pré- ou post-tridentine.

À la fin du XVIe siècle néanmoins, la pratique du parrain unique recule. Elle ne résiste bientôt que dans les communautés de Normandie (Caen, Fécamp, Falaise, Frênes, etc.[71]), où elle perd par ailleurs son caractère exclusif à l'échelle locale, surtout quand le nourrisson baptisé est de sexe féminin. Sa légitimité s'effrite au fil des décennies et, en 1669, le synode provincial de Caen en vient même à désapprouver cette coutume restée en usage « en certaines églises lorsque se célèbre le baptême des enfants mâles » ; il est alors demandé qu'y soit lu devant l'assemblée l'article VII du chapitre XI de la Discipline ecclésiastique qui parle de « parrains » et de « marraines ». Le choix d'un duo parrain/marraine s'affirme comme le modèle à privilégier. Les marraines apparaissent ainsi dans les registres baptismaux de Montauban dès la décennie 1570[72]. Puis, dans les années 1590, le couple parrain/marraine l'emporte massivement en Saintonge (La Tremblade), en Poitou (Chef-Boutonne) ou en Bretagne (Vitré). Le constat est semblable à Courthezon, dans la principauté souveraine d'Orange, en 1576-1589[73], de même qu'à Preuilly-sur-Claise dans toute la période 1590-1683[74]. Les protestants du royaume adoptent ainsi avec précocité l'usage qui s'impose aussi côté catholique au XVIIe siècle, et qui sera fixé par la législation royale sur l'enregistrement des baptêmes (Code Louis de 1667).

Contrairement au baptême catholique, une certaine ambiguïté existe dans la doctrine du baptême réformé sur la qualité - parents ou parrains - de ceux qui « présentent » l'enfant au sacrement et à l'assemblée des fidèles. De là, l'existence de ces quelques cérémonies sans parrains désignés. Pour autant, les rédacteurs de la Discipline ecclésiastique parviennent à justifier par des motivations religieuses le maintien du parrainage. Ce discours normatif ne doit pas tromper : en pratique, comme leurs homologues catholiques, les fidèles réformés suivent des objectifs plus profanes lorsqu'ils sollicitent un parrain ou acceptent, à l'inverse, d'accompagner un enfant au temple. Il s'agit toujours d'établir ou de maintenir pour soi et sa famille des liens utiles à court ou moyen terme. La recherche de protection et de soutien auprès de supérieurs sociaux explique ainsi les sollicitations nombreuses dont font l'objet les notables protestants. À Courthezon entre 1576 et 1589, nobles et bourgeois concentrent trois quarts des charges de parrains et marraines, alors qu'ils ne représentent que la moitié des parents de baptisés[75]. À Preuilly-sur-Claise au XVIIe siècle, les professions de justice et les possesseurs de seigneurie cumulent également les parrainages, surtout s'ils sont membres du consistoire, tandis que les simples artisans sont très rarement choisis[76]. À défaut d'indications des professions dans les actes de baptême, Margreet Dieleman, quant à elle, constate dans les communautés de l'Ouest une fréquente surreprésentation des parrains sachant signer ou possédant un avant-nom (sieur, honnête homme, noble homme, etc.) par rapport aux pères des baptisés[77]. Les élites protestantes s'ouvrent aisément à ces requêtes venues de plus bas, qui leur offrent honneur et prestige publics. Les accepter présente en outre un intérêt plus collectif, celui de souder les membres de l'Église et d'éviter que les plus modestes se détachent du groupe[78], un enjeu vital pendant les guerres de Religion comme après la proclamation de l'édit de Nantes.

Dans le royaume de France, l'attachement à l'institution du parrainage tient notamment à la relation étroite qu'elle entretient traditionnellement avec la dation du nom à l'enfant baptisé. Les parrains réformés se montrent tout aussi sensibles que leurs homologues catholiques à l'honneur de transmettre leurs propres noms à leurs filleuls[79]. Dans certains registres, en particulier en Normandie dans les années 1590, « nommer » et parrainer un enfant apparaissent comme des termes presque synonymes. Ainsi à Caen en 1593, la plupart des actes désignent le parrain comme celui qui « présente » et « nomme » l'enfant porté au temple ; parfois, lorsque l'enfant est une fille et que des représentants des deux sexes sont mobilisés, le rédacteur distingue le parrain qui « présente » la baptisée et la marraine qui la « nomme »[80].

Néanmoins, la doctrine réformée ne laisse pas une liberté complète aux parrains dans l'attribution et la transmission des noms. Reprenant les règles posées par Calvin à Genève, la Discipline ecclésiastique des Églises réformées de France pose un certain nombre d'interdictions dont la liste est définie lors du troisième synode national d'Orléans en 1562 :

> Touchant les noms qui sont imposés aux enfants, les Ministres rejetteront ceux qui restent du vieux Paganisme ; & pareillement n'imposeront aux enfants les noms attribués à Dieu dans l'Écriture Sainte, ni pareillement les noms d'office, comme *Baptiste, Archange*. Et au reste ils avertiront les Pères et les Parrains de choisir les noms approuvés dans l'Écriture, tant que faire se pourra[81].

Le panel restrictif qui se dessine ne se réduit pas aux noms de l'Ancien Testament, contrairement à ce qui est trop souvent affirmé ; il intègre aussi ceux du Nouveau, à commencer par les apôtres ou les femmes de l'entourage de Jésus. Il n'empêche que sont bel et bien écartés tout un ensemble de noms de saints médiévaux (Claude, Antoine, Marguerite, Louis, Nicolas, François, Guillaume, etc.) ou encore ceux rappelant des fêtes « papistes » (Toussaint, par exemple), qui ont bénéficié jusqu'alors d'une grande popularité, et qui, logiquement, sont portés par de nombreux membres adultes de la première génération réformée.

À Genève, on sait que l'interdiction faite aux parrains et aux pères de transmettre le prénom Claude, fréquent dans la ville, suscite dans les années 1550 de fortes tensions entre une fraction des élites citadines et Calvin lui-même[82]. Peut-être ces péripéties pèsent-elles, peu après, dans le choix de l'expression « tant que faire se pourra » de la décision du synode d'Orléans de 1562 ? Quoi qu'il en soit, la plupart des études disponibles sur les Églises réformées françaises à l'échelle locale indiquent une bonne acceptation des nouvelles règles de nomination dans la phase ascendante du protestantisme, c'est-à-dire dans la décennie 1560, ce qui se traduit par une faible transmission du prénom du parrain ou de la marraines à leur filleul.

Signe de continuité néanmoins, ce sont plutôt les noms néotestamentaires, déjà prisés, qui dominent le classement : Marie en premier lieu, puis Anne, chez les filles ; Jean, puis Pierre ou Jacques, chez les garçons. Les noms vétérotestamentaires, qui, pour la plupart, n'étaient guère en usage jusqu'alors, font cependant une apparition remarquable : par exemple Daniel, Isaac, Abraham, Élie ou David, pour les garçons ; Judith, Esther, Rachel ou Sara parmi les filles. Suzanne, qui relève des deux registres testamentaires, connaît aussi une belle progression. La nouvelle norme, bien qu'elle soit un mélange d'exclusions et d'innovations, conduit souvent à une moindre diversité des corpus onomastiques locaux, surtout côté féminin. Ainsi, à Vitré en 1560-1566, on recense 11 noms féminins pour 76 baptisées, dont 21 Marie et 17 Anne, puis 15 Suzanne, 6 Judith et 5 Esther ; 18 noms suffisent pour les 87 garçons : Jean arrive largement en tête (31 occurrences), devant Pierre (19), puis, loin derrière, Daniel (6), Isaac (6), Jacques (5) et Paul (5). Dans cette ville bretonne, les prénoms vétérotestamentaires ne rassemblent qu'une part limitée des noms donnés (17 ou 27 % - selon la place donnée à Suzanne - pour les filles ; 23 % pour les garçons). Mais à Caen en 1561-1563, la même proportion monte à 26-31 % parmi les baptêmes féminins et 44 % dans les masculins. Les noms issus de l'Ancien Testament sont même parfois majoritaires parmi les garçons : ainsi à La Rochelle en 1561-1563 (52 %), à Loudun en 1566-1567 (53 %) et Rouen en 1561-1563 (59 %)[83]. Au temps de l'expansion et des rêves de triomphe protestant, la logique d'affirmation de l'identité réformée l'emporte ici sur celle, traditionnelle, de transmission des noms par le biais du parrainage.

Mais ce mouvement ne dure guère. Dès la fin du XVIe siècle, s'opère une forme de « normalisation ». D'une part, l'attribution des prénoms des parrains ou marraines, voire de ceux des parents, est facilitée par l'arrivée à l'âge adulte de fidèles portant les noms requis par l'Église réformée. D'autre part, les synodes nationaux adoptent assez vite des directives plus souples. Ainsi, celui de Nîmes en 1572 demande aux ministres de « ne pas faire naître tant de difficultés sur des questions purement de nom », tandis que celui de Figeac, en 1579, tout en rappelant la règle antérieure, admet qu'il faut « s'accommoder à la nécessité présente ». Une étape supplémentaire est franchie lors du synode de Montpellier en 1594 : « Les Ministres seront exhortés de ne faire plus difficulté de donner aux enfants qu'ils baptiseront les noms qui ne se trouveront pas dans l'Écriture sainte, pourvu qu'ils ne contiennent rien d'indécent[84]. » Ce relâchement des contraintes a des effets immédiats : le nombre d'enfants réformés recevant le nom d'un parrain ou d'une marraine va croissant. C'est le cas à Caen pour 47 % des garçons en 1593 contre un tiers seulement en 1561-1563. Une fille caennaise sur cinq reprend le nom de sa marraine, une pratique totalement disparue dans les années 1560 du fait de la suppression locale du marrainage. L'exemple de La Rochelle est encore plus spectaculaire. Dans les registres de 1562-1563, à peine 25 % des garçons et 21 % des filles reçoivent le nom de leur parrain ou marraine ; en 1629-1630, les proportions atteignent respectivement 61 % et 64 %.

Le mouvement de retour aux logiques sociales de fonctionnement du parrainage est donc net et rapide. Il a pour conséquence un repli tendanciel des prénoms vétérotestamentaires dans les registres réformés. À Caen, ces derniers ne concernent plus que 15 % des filles et 25 % des garçons baptisés au temple dès 1593, des chiffres comparables à ceux de Niort en 1629-1630. À La Rochelle, une majorité des baptisés masculins portent un nom issu de l'Ancien Testament vers 1560 ; ils ne sont plus que 29 % en 1629-1630. Dans le port atlantique, la liste des six premiers prénoms masculins comporte désormais quatre apôtres - Pierre (33), Jean (29), Jacques (21) et André (6) - pour un Isaac (6) et un Élie (6), tandis que le trio de tête féminin se compose de Marie, Anne et Jeanne, et non plus Marie, Esther et Élisabeth comme en 1561-1563. L'analyse des registres baptismaux de différentes Églises de l'Ouest indique même que des prénoms non scripturaires réapparaissent dans les cinq premières places des corpus. Par exemple, côté masculin, René à Vitré en 1593-1597 ou à Rennes en 1668-1683, François à La Tremblade en 1593-1597, à Saumur en 1668-1674 ou à Niort en 1672-1673. Et côté féminin, Charlotte à Saumur en 1593-1599, Renée à Vitré en 1593-1597, Louise et Françoise à Niort en 1629-1630, Marguerite à Barbezieux en 1680-1684[85]. Dans la cité de Montauban, Catherine et Marguerite, qui s'étaient évanouis dans les années 1570, font leur retour dès 1590, de même que des noms de saints locaux comme Ramond et Peyronne[86]. Antoine, Marguerite ou Catherine figurent aussi aux premières places dans certaines communautés réformées de Provence au début du XVIIe siècle, tandis qu'à Lourmarin, bastion protestant du Luberon, à peine 1 % des baptisés portent désormais un prénom vétérotestamentaire[87].

La Réforme catholique et le baptême

Face au défi protestant, la réaction catholique est rapide. En France, sur la demande de François Ier, les théologiens de la Sorbonne présentent en 1543 une liste de vingt-cinq articles fixant ce qui est à croire dans le royaume : le premier d'entre eux rappelle que le baptême est un sacrement nécessaire et que par lui est donnée la grâce du Saint-Esprit[88]. Mais l'impulsion cruciale est donnée hors de France, par le concile de Trente, dont les sessions s'étalent de manière discontinue de 1545 à 1563, au gré des péripéties politiques. Il faut cependant préciser que l'enjeu du concile est double. Certes, il s'agit bien de réaffirmer les dogmes catholiques face à la vague de contestations doctrinales submergeant l'Europe chrétienne depuis la proclamation des quatre-vingt-quinze thèses de Luther en 1517. Mais l'objectif est aussi de répondre enfin à l'exigence de réforme des « abus » au sein de l'Église qu'exprime, depuis un siècle, une part croissante des laïcs et du clergé, et qui s'est traduite, dès avant la convocation du concile, par les nombreuses initiatives réformatrices lancées par les évêques français dans leurs diocèses respectifs. La réflexion sur le baptême et les mesures adoptées relèvent de ces deux aspects.

Parce que la théologie sacramentaire est un point de tension fondamental avec le protestantisme, elle occupe aussitôt les pères conciliaires rassemblés dans la cité de Trente. En 1546 et début 1547, plusieurs sessions permettent d'entériner l'intégralité de la doctrine catholique en la matière. Sans surprise, la liste des sept sacrements est conservée, tous étant réputés institués par le Christ et porteurs d'une grâce efficace qui participe au salut du fidèle. Concernant plus spécifiquement le baptême, la Ve session du concile, dès juin 1546, confirme qu'il est nécessaire pour laver le fidèle du péché originel et, par suite, indispensable pour obtenir la vie éternelle. Dans le même mouvement, les pères condamnent ceux « qui nie[nt] que les enfants nouveau-nés doivent être baptisés même s'ils sont nés de parents baptisés », rejetant ainsi d'emblée toutes les formes d'atténuations de l'urgence baptismale, et plus globalement les visions calviniste et anabaptiste du premier sacrement. La VIIe session, en mars 1547, détaille un certain nombre de propositions jugées contraires à la « vraie doctrine sur le sacrement de baptême ». Toutes celles qui prétendent retarder le baptême jusqu'à l'âge adulte (voire jusqu'au moment du décès) ou qui envisagent des réitérations de l'engagement baptismal des petits enfants sont ainsi repoussées avec fermeté. Puisque le baptême « imprime dans l'âme un caractère, c'est-à-dire une marque spirituelle et indélébile », il ne peut sous aucun prétexte être reçu deux fois. Rare rapprochement avec le camp adverse, la décision s'applique y compris aux baptêmes « hérétiques » administrés « au nom du Père, du Fils et du Saint-Esprit »[89]. La reconnaissance de la validité du baptême protestant fait ainsi écho à celle, inverse, du baptême catholique par les Églises luthériennes et réformées[90].

La discipline des sacrements est abordée dans un deuxième temps. En juillet 1547, alors que les pères conciliaires se sont déplacés à Bologne, une liste des « abus » en matière de baptême, de confirmation et d'eucharistie, leur est fournie par la Députation de la Réforme, l'instance chargée de préparer les débats des sessions plénières. Le texte dessine l'esprit qui guidera la remise en ordre tridentine du premier sacrement. Trois axes principaux se dégagent. Un premier ensemble concerne le contrôle du comportement des acteurs du rite avant, pendant ou après la cérémonie : sont ainsi dénoncés les prêtres qui se font payer pour administrer le baptême, les fidèles peu attentifs ou qui perturbent la célébration sacrée par leurs cris ou leurs paroles inconvenantes. Un deuxième groupe de condamnations porte sur les conditions d'administration du baptême. Sont notamment visés les fidèles qui, hors du cas de nécessité (maladie ou péril de mort) et du privilège accordé aux princes, font baptiser un enfant en dehors de l'église, c'est-à-dire dans un cadre privé et non paroissial, ou qui se rendent dans une église dépourvue de fonts baptismaux, par exemple une simple chapelle. Un troisième ensemble, enfin, s'en prend à l'esprit de « lucre » des familles : alors que le but du sacrement est d'obtenir la grâce divine, on s'offusque qu'elles cherchent surtout à tirer avantage du parrainage baptismal, en invitant des parrains riches et puissants, en multipliant les titulaires, voire en envoyant ensuite l'eau baptismale à des personnes absentes dans l'espoir de créer malgré tout avec elles un lien de parenté spirituelle.

Des solutions sont alors suggérées par la Députation de la Réforme et soumises à discussion. Mais en raison du fonctionnement du concile (examens par des commissions, débats contradictoires entre pères, puis votes en session plénière), et de son déroulement heurté, beaucoup d'entre elles passent finalement à la trappe[91]. Lors de la clôture du concile par Pie IV en 1563, force est de constater que peu d'éléments de « réformation » du premier sacrement sont officiellement retenus et adoptés dans les Saints Canons. Parmi eux, figurent toutefois la nécessité de tenir un registre de baptêmes et la reconfiguration de la parenté spirituelle, nous le verrons.

La réforme tridentine du baptême n'est cependant pas épuisée par la publication des actes conciliaires. Impulsée par ces derniers, elle passe ensuite par d'autres canaux normatifs, qui en poursuivent et affinent la logique. Dans les premières décennies qui suivent la clôture du concile, l'un des plus importants lieux d'élaboration de la norme tridentine du baptême est Milan, où Charles Borromée, neveu du pape Pie IV, est nommé archevêque en 1564. Les décisions prises lors des différents conciles provinciaux ou synodes diocésains qu'il préside jusqu'à sa mort, en 1584, sont rassemblées et imprimées (*Actes de l'Église de Milan*). Diffusées à travers toute la catholicité, elles constituent, sinon une norme obligatoire, du moins une référence majeure et une source d'inspiration pour tous les prélats réformateurs, sur le Vieux Continent comme dans le Nouveau Monde. En 1566 est par ailleurs publié le Catéchisme du concile de Trente, dont les chapitres 15 et 16 traitent du premier sacrement. Un autre texte plus tardif joue enfin un rôle décisif : le Rituel romain, publié en 1614 par le pape Paul V. S'il ne se substitue pas aux rituels locaux en vigueur, il se présente néanmoins comme un modèle, et contribue à normaliser l'administration du sacrement, en indiquant des règles sur son ministre ordinaire (le curé du baptisé) ou extraordinaire, sur sa matière (l'eau), sur les formules à employer, sur le choix des parrains, sur le déroulement de la célébration et sur son enregistrement[92]. En quelques décennies, se déploie à travers ces références un ensemble d'interdictions, de prescriptions, de rappels, qui dessinent au final ce que l'on peut appeler une réforme catholique de l'administration baptismale.

Quels en sont les principaux contours ? Sans prétendre à l'exhaustivité, il semble se dégager cinq grandes priorités. La première est le contrôle renforcé du clergé sur la pratique baptismale, qui s'inscrit dans la vision hiérarchique et cléricale de l'Église, caractéristique de l'esprit tridentin. Il implique, comme l'avait indiqué la

Députation de la Réforme en 1547, de faire de l'église paroissiale le lieu normal d'administration du sacrement et du propre curé – celui de la paroisse d'appartenance – son ministre ordinaire, mais aussi de tenir un enregistrement strict des cérémonies et de ses acteurs (le registre, ou livre, de baptêmes), pour lequel le Rituel romain fournit des modèles rédactionnels précis. Certes, contrairement à Calvin, les textes normatifs catholiques continuent d'admettre les baptêmes de nécessité conférés par des laïcs. Mais cette acceptation s'accompagne d'une grande méfiance. Le clergé paroissial est prié d'exercer sa vigilance : deux témoins fiables sont exigés pour attester de la validité des baptêmes d'urgence et une vérification préalable et régulière des compétences sacramentelles des sages-femmes est requise[93].

Un deuxième enjeu tourne autour de la décence de la célébration. Des prescriptions sur la bonne tenue des fonts baptismaux[94] ou la qualité de l'eau et du saint-chrême utilisés[95] se doublent de rappels sur la « modestie chrétienne[96] » et le recueillement dont doivent faire preuve parents, parrains et invités. Il faut que le curé veille à ce que leur attention, respectueuse voire silencieuse, soit tournée vers la dimension sacrée de la cérémonie. D'autant que, troisième enjeu – également présent dans le protestantisme –, il importe désormais que les participants en comprennent la signification profonde[97] et n'y assistent pas comme à un spectacle magique. Pour ce faire, le prêtre baptisant continue de prononcer des formules et oraisons latines[98], mais « d'une voix claire et intelligible », et, surtout, il est appelé à expliquer auprès de l'assemblée, en langue vulgaire, le sens des différentes étapes du rite et « l'utilité du sacrement »[99]. De même lui faut-il exposer aux parents spirituels la lourdeur de leur engagement religieux.

Le refus du mélange entre les aspects profanes et sacrés du rite forme la quatrième priorité. Sont ainsi visées comme des pollutions plus ou moins scandaleuses toutes les manifestations de joies collectives (cris d'allégresse), les présents communautaires traditionnellement offerts au cours de la célébration (par exemple, le fait de déposer les bébés baptisés sur l'autel et de les faire racheter par des dons des parents spirituels[100]), les fêtes postérieures à la cérémonie religieuse, et bien entendu les éventuelles demandes pécuniaires du prêtre baptisant.

Enfin, cinquième aspect qui prolonge le précédent, les tenants de la vision tridentine du baptême entendent réduire, voire annihiler, l'instrumentalisation socio-relationnelle du rite. Les usages intéressés du parrainage, déjà dénoncés en 1547 par la Députation de la Réforme, et en particulier la tentation du multi-parrainage et les cadeaux entre compères, sont spécialement ciblés. Après un certain nombre de débats inaboutis[101], c'est curieusement de manière indirecte que le principe d'une régulation du parrainage refait surface en toute fin de concile. En effet, lors de la XXIVe et avant-dernière session, la question nourrit le chapitre II du « Décret de réformation touchant le Mariage », à travers l'enjeu des empêchements matrimoniaux. Le problème posé est alors celui du péché et du scandale suscités par les unions contractées malgré l'existence d'une relation de parenté spirituelle entre les époux, dont ces derniers n'ont pas toujours connaissance ou dont ils ignorent la portée en matière matrimoniale. Devant cette difficulté, les pères conciliaires se refusent bien sûr à suivre l'option radicale des protestants, c'est-à-dire supprimer la notion de parenté spirituelle, et avec elle tous les empêchements qu'elle entraîne. Ils décident plutôt de limiter le risque d'inceste spirituel en réduisant l'amplitude des liens établis par le biais du baptême (et de la confirmation). Trois décisions sont prises en ce sens. La première mesure consiste à abaisser drastiquement le nombre de parents spirituels par enfant : désormais, chaque baptisé n'aura plus qu'un parrain ou une marraine, ou tout au plus un parrain et une marraine. Il est ensuite décidé de cantonner le champ de la parenté spirituelle aux seuls liens qui unissent le parrain, la marraine et le baptisant (le prêtre, en règle générale), d'une part, à l'enfant baptisé (*paternitas spiritualis*) et ses père et mère (*compaternitas spiritualis*), d'autre part. La notion de fraternité spirituelle, reliant le baptisé aux enfants de son parrain et de sa marraine, est donc abandonnée, rejoignant dans l'oubli toutes les autres formes étendues de parenté spirituelle qui s'étaient développées au cours du Moyen Âge. Enfin, les pères conciliaires n'accordent le statut de parrain ou marraine qu'à ceux qui sont présentés comme tels au prêtre qui va conférer le sacrement, et qui seront inscrits dans le registre : en dehors de ce cadre restrictif, aucune alliance spirituelle n'est officiellement contractée par l'enfant et ses parents charnels, en particulier avec ceux qui, lors de la cérémonie, se contentent de « mett[re] la main sur celui qui sera baptisé[102] ».

Selon l'argumentaire du concile, ces mesures ont pour objectif avoué d'élaguer l'entrelacs touffu des liens de parenté spirituelle au sein des communautés locales, réduisant le risque de mariages interdits entre personnes spirituellement apparentées et tarissant les demandes de dispenses auprès des autorités. Mais elles font en réalité d'une pierre deux coups, puisque, répondant aux aspirations originelles des prélats réformateurs, elles réduisent aussi la capacité des familles à tisser de vastes réseaux relationnels par le biais des baptêmes de leur progéniture, et limitent par là même l'ampleur des échanges coutumiers qui les entourent.

La volonté de reprise en main du parrainage par les autorités religieuses ne s'arrête d'ailleurs pas là. La qualité des personnes choisies fait également l'objet de prescriptions plus strictes. Dès le premier concile provincial de Milan (1564), Charles Borromée commande que l'on présente des parrains aptes à remplir la mission spirituelle et d'éducation religieuse qui leur incombe, et non des personnes choisies pour leur richesse. Les curés doivent ainsi s'assurer de leur « foi » et « mœurs » et sont en droit de refuser les excommuniés ou les non-pascalisants[103]. En 1614, le Rituel romain récuse à son tour les parrains « indignes et incapables », les hérétiques, les ignorants, les pécheurs publics. Il exige aussi un âge minimal, celui de la puberté « qui est environ quatorze ans aux mâles, & environ douze ans aux filles », de même que l'achèvement de l'initiation religieuse, sanctionné par la réception du sacrement de confirmation[104]. Chaque curé obtient ainsi un moyen supplémentaire d'exercer son contrôle moral sur le troupeau de fidèles dont il est le pasteur. Il est en mesure de s'immiscer dans les stratégies de parrainage de ses ouailles, voire de les contrarier au besoin.

Reste à traduire concrètement ce programme sur le terrain. Dans le nord de l'Italie, sous l'impulsion de Charles Borromée, la réforme du baptême s'engage presque immédiatement après la clôture du concile de Trente. Au Portugal, en Espagne ou en Pologne, son application est favorisée par la reconnaissance étatique rapide des décisions conciliaires[105]. Mais, dans le royaume de France, la situation se révèle autrement compliquée. L'opposition gallicane des Parlements et la prudence royale bloquent toute adoption des décrets tridentins comme lois de l'État[106], et il faut attendre 1615 pour que l'assemblée du clergé, en désespoir de cause, n'en proclame unilatéralement la réception. En outre, les guerres de Religion, qui déchirent le pays de 1562 à l'édit de Nantes en 1598, forment un obstacle de poids à la mise en place effective des nouvelles règles dans les diocèses et paroisses, *a fortiori* là où évêques et curés ont été tout bonnement chassés par la poussée protestante. L'action réformatrice obéit dès lors en France à des chronologies locales : il faut que l'arrivée de prélats soucieux de s'engager dans la voie tridentine s'accompagne de conditions politiques favorables, à l'échelle nationale comme au niveau diocésain.

En règle générale, le mouvement s'enclenche par la convocation d'un synode diocésain par un évêque réformateur impatient (ainsi dans le diocèse d'Évreux en 1576 ou à Lyon en 1577) ou, mieux encore, par celle d'un concile provincial. Un premier concile, isolé, se tient à Reims dès 1564, sous la direction du cardinal de Lorraine, un autre à Avignon en 1574[107], mais le rythme s'accélère surtout dans les années qui suivent l'édit de Melun d'Henri III (1580) exigeant leur tenue régulière : Rouen en 1581, Bordeaux en 1582, Embrun en 1583, Bourges en 1584, Aix en 1585, Toulouse en 1590, etc.[108]. Dans la province ecclésiastique de Narbonne, celui-ci ne se réunit toutefois qu'en 1609. Lors de ces rassemblements, les canons tridentins sont repris et souvent complétés par des mesures directement inspirées par le modèle borroméen - ainsi à Aix, Bordeaux ou Toulouse[109]. Les évêques suffragants sont ensuite censés réunir des synodes diocésains déclinant auprès de leurs clergés les prescriptions adoptées à l'échelon supérieur, mais, là encore, de longs délais peuvent s'écouler avant leur tenue - celui du diocèse de Senlis n'a lieu qu'en 1620, par exemple[110]. Parfois, pour mieux faire passer le message, des évêques mettent en place, toujours suivant l'exemple borroméen, des assemblées foraines qui réunissent en divers lieux du diocèse des groupes de prêtres ruraux pour les former aux nouvelles règles. Ainsi, dans le diocèse de Bordeaux, François de Sourdis (1600-1628) use de cette méthode pour faire réfléchir ses curés sur le chapitre *De baptismo* du concile provincial de 1582[111]. Lorsqu'ils résident dans leurs diocèses (selon l'exigence tridentine), les évêques peuvent aussi profiter des tournées pastorales, au cours desquelles ils visitent une à une les paroisses, pour vérifier la bonne application de leurs directives et reprendre le clergé local défaillant. L'ensemble de ce processus prend du temps : il faut parfois des décennies avant qu'une prescription tridentine en matière de baptême ne soit adoptée dans un diocèse, et surtout reprise dans les paroisses. D'autant qu'à chaque moment, peuvent se dresser des formes de résistance locale.

De fait, l'application de la logique tridentine varie selon les mesures concernées. Ces dernières sont bien entendu plus aisément entérinées lorsqu'elles ne font que prolonger des pratiques déjà en usage avant le concile. On songe en particulier à l'obligation de tenir un registre de baptêmes. En vigueur dans de nombreux diocèses français depuis le début du XVIe siècle (Angers, 1504 ; Lisieux, 1505 ; Tours, 1510 ; Paris, 1515, etc.), voire plus tôt dans le cas de la Bretagne (Nantes, 1406 ; Saint-Brieuc, 1421 ; Rennes, 1464), elle est devenue norme générale grâce à la célèbre ordonnance royale de Villers-Cotterêts en 1539, que renforce l'ordonnance de Blois en 1579. Dans ce contexte, la prescription tridentine de 1563 contribue surtout à stimuler le zèle du clergé local. La publication du Rituel romain en 1614, quant à elle, en proposant des « formules à employer dans les livres que doivent tenir les curés[112] », conduit certains prêtres à modifier légèrement la rédaction des actes. Dans quelques cas, elle les pousse même à adopter - fort provisoirement - la langue latine, comme une reconnaissance de la prééminence de la règle romaine sur la législation royale : ainsi en est-il de Jacques Gallemant, très lié au milieu dévot de la capitale, qui, fraîchement nommé curé d'Aubervilliers, passe au latin le 5 février 1615, pratique poursuivie par ses successeurs jusqu'en 1624[113].

D'autres dispositions tridentines ont pour elles l'avantage d'avoir été anticipées dans les premières décennies du XVIe siècle par des prélats réformateurs. Ainsi, les critères d'âge ou de formation religieuse pour devenir parrain ou marraine sont loin d'être inconnus dans les diocèses de France avant 1563. Les statuts synodaux de l'évêché de Beauvais en 1554 exigent déjà des titulaires une instruction suffisante « puisqu'ils jurent la foi des tout-petits[114] ». Ceux d'Eustache du Bellay, évêque de Paris de 1551 à 1563, sont tout aussi clairs : « Nous défendons absolument qu'en conférant le Baptême aux enfants, on admette des parrains et marraines qui n'aient pas un âge convenable et qui ne sachent pas les articles de la foi. » Dans les statuts de 1608, qui entérinent enfin les décisions conciliaires, son successeur Henri de Gondi ne fait donc que préciser à la marge une norme proclamée depuis près d'un demi-siècle dans le diocèse : « Nous défendons qu'on admette au baptême des enfants, des parrains qui n'aient pas atteint l'âge de sept ans et ne sachent par cœur l'un et l'autre symbole de la foi ; ce qui s'applique aussi aux marraines. »[115]

Il est important de noter que l'adoption de la réforme tridentine du baptême ne se traduit pas forcément par des prescriptions absolument identiques dans tous les diocèses. Si l'optique est commune, les modalités divergent dans le détail. Ainsi, la limite d'âge au parrainage fixée à Paris en 1608 n'est pas celle retenue au synode de Toulouse de 1596 (10 ans et demi), ni celle de Lyon en 1577 (14 ans pour les garçons et 12 ans pour les filles), non plus que celle de Saintes en 1618 (14 ans, tous sexes confondus). Chaque évêque a sa sensibilité propre et ses priorités, mais une partie des variations découle aussi de la nécessaire prise en compte du contexte pratique, qui contredit l'idéal prôné. Le refus des parrains non confirmés en est un bon exemple. Les statuts de Lyon en 1577 et de Bourges en 1608 sont stricts sur ce point, mais d'autres (Toulouse, 1596 ; Paris, 1608 ; Saintes, 1618) se contentent d'exiger une connaissance de certains articles de foi. À mi-chemin, les ordonnances de Clermont en 1653 demandent de refuser les parrains n'ayant pas reçu la confirmation « tant que faire se pourra »[116]. Tout porte à croire que ces hésitations normatives sont la conséquence de la pénurie de fidèles confirmés, qui s'explique quant à elle par l'absence, conjoncturelle, de nombreux évêques pendant les guerres de Religion et par la rareté, plus structurelle, de leurs passages dans les paroisses, en raison de la grande taille de bien des diocèses français.

Au-delà, elles interrogent sur le degré d'application effective des mesures tridentines. Le faible zèle ou l'ignorance du clergé, surtout dans le premier demi-siècle postconciliaire, peuvent en ralentir la mise en route, mais l'obstacle majeur vient d'abord des réticences des fidèles eux-mêmes, brusqués dans leurs habitudes communautaires et leurs stratégies relationnelles.

Prenons le cas de la lutte engagée contre les manifestations profanes ou les comportements inappropriés lors de la cérémonie. La lecture des statuts synodaux à la fin du XVIe siècle et au XVIIe siècle rappelle Sisyphe portant sans fin son rocher sur la montagne. Il s'agit pourtant d'une thématique antérieure à la réforme tridentine *stricto sensu* : pour ne citer qu'un exemple, les paroles vaines (*colloquia vana*), les propos malhonnêtes, les moqueries et autres plaisanteries (*risus et alia joca*) pendant la célébration sont déjà réprouvées dans les statuts de l'évêque pré-réformateur d'Angoulême, Antoine d'Estaing (1506-1523)[117]. Mais il est indéniable que cette préoccupation concentre l'attention des évêques post-tridentins, car leur vision normative de la célébration baptismale s'appuie sur une série d'oppositions binaires : sacré *versus* profane ; intériorité *versus* extériorité ; simplicité (ou dépouillement) *versus* faste ; sacrement *versus* festivités ; esprit religieux *versus* esprit humain. Parmi les habitudes dénoncées, le bruit figure en bonne place. En 1585, lors du concile provincial d'Aix, l'archevêque Alexandre Canigiani, disciple de Charles Borromée, ordonne aux curés de ne pas admettre ceux qui portent l'enfant au son des tambourins, et dont les rires et cris de joie offensent le sacrement[118]. Tenues et attitudes ne sont pas oubliées : l'évêque de Grasse, en 1665, interdit de venir au baptême avec son épée ; celui de Riez, en 1675[119], comme les archevêques de Toulouse[120], condamne les échanges de baisers entre parrains, marraines et autres participants pendant le sacrement. Or on peut douter de l'efficacité de ces condamnations, quand on les voit reprises dans les statuts et ordonnances épiscopales pendant tout le XVIIe siècle, et, surtout quand on lit dans les témoignages des folkloristes que certains usages demeurent en vigueur en plein XIXe siècle, notamment l'accompagnement musical des cortèges baptismaux se rendant à l'église[121].

Il semble que les décisions qui heurtent de front un monde laïc attaché à ses usages communautaires donnent surtout lieu à des formes d'application partielle. Citons ainsi le combat mené contre les sonneries de cloches avant, pendant ou après le baptême. Le clergé paroissial se plaint en effet que les sonneurs, parce qu'ils reçoivent à cette occasion une petite rétribution, se précipitent pour agir parfois en pleine cérémonie. Des rituels (Beauvais, 1637 ; Bourges, 1666[122]) condamnent bien cette pratique, qui n'a rien d'une obligation liturgique, mais sans grand succès, tant parents et parrains y sont attachés. En région parisienne, au milieu du XVIIe siècle, certains curés, avec le soutien de leur hiérarchie, tentent alors de circonscrire le problème en réservant du moins l'accès aux cloches aux seuls prêtres et marguilliers, et, comme l'archidiacre de Gonesse en 1642, en exigeant que l'on sonne « avec modération »[123]. Autre exemple, celui des repas festifs postérieurs à la cérémonie religieuse. Comme à Milan en 1582[124], des statuts synodaux, tels ceux de Saint-Malo en 1611[125], veulent les interdire complètement ; d'autres, plus souples, préfèrent concentrer leur ardeur répressive sur les banquets qui se tiennent dans les « tavernes » (Saint-Omer, 1640 et 1698 ; Angers, 1617[126]). L'objectif est plus réaliste mais il n'en reste pas moins ambitieux, d'autant qu'il n'est pas compris par une partie du clergé paroissial qui n'a pas pleinement intégré l'idéal tridentin de mise à distance du prêtre, homme du divin, par rapport aux simples fidèles : ainsi, des curés du diocèse de Saintes prétendent encore vers 1650 qu'il leur est nécessaire de se rendre à la taverne à l'occasion des baptêmes pour s'intégrer à la communauté de leurs ouailles[127].

Les pratiques de parrainage, grâce aux registres baptismaux et aux plaintes qui remontent vers les autorités diocésaines, constituent le meilleur observatoire pour saisir l'impact concret des décisions tridentines. Les statuts synodaux, nous l'avons vu, imposent un certain nombre d'exclusions, à commencer par les hérétiques ou les très jeunes enfants. Sur le terrain, ces orientations, reprises avec plus ou moins de zèle et de rigidité, provoquent régulièrement du mécontentement chez les fidèles froissés dans leurs choix. En 1662, les paroissiens de Sannois en appellent - avec succès, d'ailleurs - à l'officialité du diocèse de Paris contre leur curé, François Cochon, qui veut étendre aux individus n'ayant pas fait leur première communion l'interdiction de parrainer que le Rituel de Paris de 1654 réserve aux enfants de moins de 7 ans. De même à Herblay en 1659, le curé Le Petit découvre que, lorsqu'il récuse des parents spirituels pour manque de connaissance de la doctrine chrétienne, certaines familles n'hésitent pas à contourner sa décision en se rendant, contre la règle canonique, dans une autre paroisse pour y demander le baptême de leur enfant[128]. Les laïcs ne sont pas les seuls à faire montre de résistance. En témoigne la question des parrainages assumés par les curés ou vicaires au sein de leurs paroisses d'exercice. La norme tridentine veut en réduire la fréquence, en exigeant désormais une autorisation préalable des autorités diocésaines[129]. Comme le résume en 1623 l'archevêque de Bordeaux, il faut que « les Ecclésiastiques soient éloignés de toute hantise & familiarité du peuple »[130], bref, qu'ils se placent au-dessus de leurs troupeaux et ne s'insèrent pas dans les réseaux et querelles de leurs paroisses, sinon pour tenter de trouver des accommodements équilibrés et pacificateurs[131]. Mais lorsque certains statuts synodaux laissent planer un doute sur le fait que cette restriction pourrait concerner aussi les sollicitations extérieures, par exemple celles venues de parents issus d'une paroisse limitrophe, ils suscitent aussitôt réclamation, comme l'illustrent les demandes d'éclaircissement du clergé de Beauvais en 1672 ou de la conférence ecclésiastique de Saint-Claude, dans le diocèse de Lyon, en 1705[132].

Le principal problème demeure néanmoins celui de la réduction du nombre de parents spirituels. Les pères conciliaires n'ont en effet admis que deux possibilités, soit un parrain ou une marraine unique, soit un binôme parrain-marraine. Si bien des diocèses méridionaux ne sont guère affectés par cette décision, une large part du territoire français conserve d'autres usages : dans la moitié nord du royaume, domine le modèle ternaire (deux parents spirituels du sexe du baptisé, un du sexe opposé), tandis qu'en basse Auvergne pour le moins, certains secteurs ruraux connaissent des pratiques variées de multi-parrainage. Une transition est donc nécessaire, et elle est actée au cours des conciles provinciaux et synodes diocésains qui s'étalent des années 1570 à la décennie 1620. Mais à l'échelle des paroisses, le passage s'avère des plus délicats. L'adoption du binôme parrain-marraine - systématique en France, contrairement à l'Italie ou à l'Espagne où le mono-parrainage est fréquent à l'époque moderne - se produit avec retard, souvent dans la douleur. Au Mans, par exemple, les paroisses urbaines refusent de se plier à la règle imposée par le concile provincial de Tours en 1583. Après un premier mandement en 1588, l'évêque Claude d'Angennes doit de nouveau publier une ordonnance sur le sujet en 1598 ; avec succès cette fois : dans la paroisse Saint-Benoît par exemple, le duo parrain-marraine devient enfin la règle en 1600[133]. À Orléans, en revanche, l'évolution est plus tardive et surtout très progressive. Dans les deux paroisses Saint-Benoît et Sainte-Catherine, des familles commencent à délaisser le modèle ternaire en 1610, mais il faut attendre 1632 pour que la règle tridentine y soit systématiquement suivie[134]. On constate la même lenteur dans le diocèse de Paris. Alors que la fin du modèle ternaire est prescrite lors du synode de 1607, la pratique ne cesse qu'en août 1624 dans le village d'Aubervilliers, et même en 1635 dans la ville de Saint-Denis[135]. Dans les paroisses rurales du diocèse auvergnat de Clermont où le modèle du couple n'est pas en vigueur avant 1563, le passage se fait là aussi après plusieurs décennies : en 1600 à Herment, en 1612 à Pontgibaud, en 1624 au Monestier. Certaines communautés suivent des trajectoires surprenantes, en tout cas pour un observateur tridentin : ainsi, à Augerolles, en Livradois, où vers 1570 les baptêmes comportent majoritairement deux marraines et un parrain, voire trois marraines et un parrain, il se produit contre toute attente une montée, dans les premières années du XVIIe siècle, des parrainages quaternaire et quinquénaire, suivi d'un effondrement vers 1608-1610 au profit du modèle ternaire, ce dernier ne disparaissant quant à lui qu'en 1622-1623[136].

Ces transitions étalées s'expliquent par la réticence des paroissiens à changer leurs habitudes, par leur désir de conserver un moyen de se forger un réseau le plus large possible, mais aussi parfois par le faible enthousiasme d'un clergé de terrain bien conscient de brusquer les stratégies socio-relationnelles de ses ouailles. Les curés qui se décident à agir savent qu'il leur faut faire preuve de prudence, de pédagogie, voire de ruse. La politique développée par les prêtres oratoriens dans leur cure d'Aubervilliers[137] en est une parfaite illustration. Alors que, jusqu'en 1621, seules une poignée de familles ont renoncé au modèle ternaire, toute trace de ce dernier disparaît en cinq ans. La méthode suivie ? Convaincre, à partir de mars 1622, un nombre croissant de familles, mais aussi jouer habilement sur la rédaction des actes, la présence de prêtres à la place des laïcs, et la nuance entre parrains et « témoins » du baptême. La mutation en douceur se lit au sein des registres. En mars 1624, certains actes commencent à distinguer le second parrain ou la seconde marraine et font suivre son nom de la formule « y assista ». À partir du 29 août 1624 et jusqu'au 25 janvier 1625, tous les enfants n'ont qu'un parrain et une marraine, mais les actes comportent la mention « en présence de » suivie du nom de deux autres « témoins ». Parmi eux, figure régulièrement l'un des sacristains de l'église. À cette date, pour le prêtre rédacteur, il n'y a donc déjà plus que deux parents spirituels, même si le troisième laïc sollicité par les parents est toujours cité et honoré. Les Oratoriens ont-ils expliqué à leurs paroissiens cette innovation capitale à leurs yeux, qui leur permet de présenter des registres conformes aux autorités diocésaines ? C'est loin d'être certain. Une nouvelle étape est franchie entre le 26 janvier 1625 et le 17 décembre 1626. Cette fois, l'acte n'indique plus qu'un nom après la formule « en présence de », et il s'agit systématiquement d'un sacristain ou d'un prêtre. Le troisième acteur laïc a disparu et le dernier « témoin », parce qu'il est membre de l'encadrement clérical, n'intervient que comme une simple présence religieuse à la cérémonie. Cet ultime souvenir du parrainage ternaire s'efface à partir du 12 janvier 1627 : la mention « en présence de » disparaît des actes qui ne comportent plus que les noms du prêtre baptisant, du parrain et de la marraine. La norme du Rituel romain est enfin atteinte.

Les stratégies relationnelles des fidèles doivent alors s'adapter rapidement aux nouvelles règles du parrainage. Aubervilliers, unique paroisse française étudiée sur ce point, permet de le vérifier. Concernant le parrainage ecclésiastique, on note une stabilité de la part d'enfants ayant des parrains prêtres (autour de 1 %) entre les décennies 1550 et 1620, mais au prix d'une transformation de leurs profils : au XVIe siècle, les familles mobilisent en premier lieu des prêtres en exercice dans le village, s'attachant ainsi une figure éminente de la communauté ; en revanche, en fin de période, les prêtres sollicités sont tous extérieurs à la paroisse et souvent choisis en tant que parents du baptisé. Quant au passage de trois contacts mobilisables à deux, il oblige les familles à choisir de façon plus serrée les individus prioritaires. Comme l'a montré Guido Alfani pour l'Italie septentrionale, il se produit alors un mouvement de verticalisation du parrainage[138], c'est-à-dire une concentration des choix vers les élites, un renforcement du parrainage clientélaire. À Aubervilliers, l'indice en est la part croissante de parrains enregistrés avec des avant-noms d'honneur dans les actes baptismaux (« maître », « honorable homme », « noble homme », etc.), qui double entre 1615-1624 et 1625-1631. En clair, les couches inférieures de cette paroisse agricole dépourvue de grandes familles nobles résidentes se tournent vers les quelques sommités locales que sont les officiers ou laboureurs du village ou des environs, soit directement, soit indirectement en sollicitant leurs épouses ou leurs enfants[139], et font moins appel à de simples voisins ou amis.

Pourcentage de parrains laïcs pourvus d'avant-nom à Aubervilliers (1552-1631)

	1552-1614	1615-1624	1625-1631	1552-1631
Nombre de parrains	3 395	733	426	4 554
Dont laïcs avec avant-nom	68	20	22	110
En %	2,00	2,73	5,16	2,42

Source : Camille Berteau, Vincent Gourdon et Isabelle Robin-Romero, « Réseaux sociaux et parrainage... », art. cité, p. 305.

Les réformes protestante et catholique du baptême qui s'enclenchent au XVIe siècle présentent, cela est bien connu, de fortes divergences, qu'il s'agisse de la doctrine sacramentelle, de la théologie du salut ou de la forme de la cérémonie. Elles comportent toutefois un certain nombre de points communs. Dans les deux cas, les autorités religieuses reconnaissent la validité du baptême concurrent, conservent le pédobaptisme, offrent plus de place à l'explication du rite au cours de la célébration, valorisent la centralité du prêtre ou du ministre dans l'administration du sacrement et se donnent pour objectif de lutter contre les supposées « superstitions » qui l'accompagnent.

Les ambitions réformatrices sont spécialement élevées du côté calviniste. Le modèle baptismal proposé constitue une rupture forte vis-à-vis des pratiques médiévales. La disparition de la parenté spirituelle suscite peu d'émois parmi les fidèles car elle est compensée par le maintien du parrainage en tant que simple coutume « introduite pour bonnes fins ». La critique des baptêmes d'urgence se heurte en revanche à des réticences nombreuses et durables, qui occupent les débats lors des synodes provinciaux et nationaux. Quant au nouveau système de nomination baptismale, il rencontre un succès indéniable dans la phase conquérante du protestantisme, mais régresse au XVIIe siècle.

Un constat comparable peut être fait du côté catholique. La lutte, multiforme, contre les « abus » du baptême apparaît comme une entreprise de longue haleine qui à divers niveaux bouscule les pratiques des laïcs – et parfois celles du clergé paroissial –, suscitant incompréhensions et résistances plus ou moins larvées. Les autorités religieuses sont souvent conduites à tenir compte des réalités du terrain et à négocier l'application de leurs ambitions. Si les sources sont précises sur le contenu et les motivations de la nouvelle régulation baptismale, elles permettent plus difficilement de mesurer leur impact concret dans les pratiques quotidiennes des Français. Il est cependant un secteur où une transformation apparaît de manière claire, celui de la réduction du nombre de parents spirituels. L'adoption de la norme tridentine est acquise dans le premier tiers du XVIIe siècle. Mais ce qui peut apparaître comme un succès pour le clergé contient sa part de paradoxe. Car cette mesure destinée pour partie à restreindre les usages relationnels du parrainage censés polluer la célébration baptismale renforce au final la concentration des choix sur des supérieurs sociaux et favorise un parrainage clientélaire très éloigné du but proclamé. Peut-on trouver meilleure illustration des limites de la Réforme catholique, voire, en certains cas, de ses contradictions ?

CHAPITRE 2
Le baptême d'Ancien Régime

Le processus enclenché par la Réforme catholique débouche sur la mise en place d'un modèle de baptême qui ne sera pas remis en cause avant la Révolution française. Par ce sacrement à vocation universelle, le nouveau-né entre bien entendu dans l'Église, mais aussi dans sa famille, en se voyant doté d'un nom et d'une parenté spécifique, la parenté spirituelle, et dans son environnement social, par une liturgie et des pratiques ritualisées qui le présentent à sa paroisse d'appartenance et à son voisinage. Mais il intègre aussi la communauté civile du royaume, puisque la cérémonie baptismale et son enregistrement ont une fonction légale d'état civil. L'importance cruciale de ces différents enjeux, qui synthétisent l'essentiel de ce qui constitue sous l'Ancien Régime l'entrée dans l'humanité, explique le consensus dont bénéficie le principe d'une immédiateté baptismale, tant auprès des autorités catholiques que du pouvoir royal et des familles. Elle favorise par ailleurs une implication croissante de l'État monarchique dans la régulation de la pratique baptismale, même si l'Église conserve le premier rôle, en définissant la signification prioritaire du sacrement, son cadre, ses ministres et l'essentiel de ses règles d'administration.

L'Église et l'urgence baptismale

Dans les statuts diocésains qu'il édicte en 1745, Mgr de Souillac, évêque de Lodève, écrit :

> Jésus-Christ a voulu que le Baptême, le plus nécessaire de tous les Sacrements, pût être administré dans un pressant besoin par toutes sortes de personnes. À cet effet, les curés instruiront avec beaucoup de soin leurs paroissiens de tout ce qui regarde la matière, la forme de ce sacrement, la manière de le bien donner et l'intention qu'il faut avoir. Ils leurs apprendront combien le retardement est dangereux, et l'omission irréparable, puisque le Ciel est fermé à tous ceux qui meurent sans avoir été régénérés [...] nous leur ordonnons de faire baptiser leurs enfants nouvellement nés aussitôt que faire se pourra, et nous leur défendons sous peine d'excommunication de laisser passer trois jours après leur naissance sans les porter à l'Église pour leur faire donner le Baptême (*Du baptême*, art. 1)[1].

Ce long article qui ouvre le chapitre sur le premier sacrement est caractéristique du discours tenu par l'Église catholique pendant les XVIIe et XVIIIe siècles sur l'immédiateté du baptême. Conséquence directe de la réaffirmation tridentine de son absolue nécessité pour le salut, il exprime à la perfection la crainte permanente qu'inspire à cet égard la fragilité intrinsèque des nouveau-nés. Pour cet évêque français comme pour l'ensemble des autorités de l'Église, un sentiment d'urgence doit guider tous ceux qui sont impliqués par une naissance : clergé local, sages-femmes, familles... De là, l'exposition des divers moyens d'éviter la condamnation éternelle qui frapperait le nourrisson mort sans avoir reçu le baptême.

L'adoption officielle d'un délai maximal pour baptiser l'enfant constitue la première mesure à prendre. Certes, la règle énoncée lors du concile de Florence en 1442 et reprise dans le Rituel romain de 1614[2] est claire dans son principe : les parents doivent présenter leur enfant au baptême « le plus tôt possible » (*quam primum*). Mais aucune échéance précise n'est indiquée qui pourrait valoir à l'échelle de la catholicité. C'est pourquoi il revient à chaque prélat de fixer le retard maximal autorisé dans sa province ou son diocèse. Fin XVIe et début XVIIe, la norme la plus courante en France est celle d'un délai acceptable de huit jours, seuil au-delà duquel les parents négligents risquent l'excommunication[3]. C'est elle que l'on retrouve dans les décrets des provinces de Bordeaux en 1582[4], de Tours en 1583, de Bourges en 1584[5], d'Aix en 1585 (repris en 1708)[6], de Toulouse en 1590[7], de Narbonne en 1609[8], puis dans les statuts synodaux de Beauvais en 1646[9], d'Auch en 1698[10], etc. Cette relative unanimité n'a rien de surprenant. La règle ne fait que reprendre celle prescrite dès 1565 au premier concile provincial de Milan (« avant le neuvième jour ») par Charles Borromée, dont nous avons déjà signalé l'influence décisive en France dans la période. Il convient néanmoins de noter que certains prélats, en particulier dans la province d'Avignon qui dépend du pape, se veulent plus stricts et fixent d'ores et déjà des délais plus réduits encore : trois jours à Avignon en 1594, deux jours à Carpentras en 1593, voire un jour à Vaison en 1586[11].

Au cours du XVIIe siècle et au début du XVIIIe, l'obsession du baptême immédiat ne se relâche pas. Elle se renforce au contraire, conduisant à un resserrement des délais tolérés. Ainsi, dans les statuts diocésains de 1706, l'archevêque de Narbonne continue d'accepter un retard d'une semaine, mais uniquement avant les fêtes de Pâques et de la Pentecôte et seulement si l'enfant n'est pas en danger[12]. Un nouveau seuil maximal, celui des trois jours suivant la naissance, est adopté dans un nombre croissant de diocèses - Avranches (1647), Bayeux (1662), Paris (1673), Grenoble (1690), Marseille (1712), Aix (1742)[13], etc. -, et s'impose peu à peu comme la norme religieuse habituelle dans le royaume. Ce qui n'empêche pas certains évêques de prescrire des délais encore plus courts, tel Claude de Saint-Georges à Lyon en 1705, qui ne veut plus de baptême administré au-delà de deux jours.

La lutte contre les risques du baptême tardif ne s'arrête pas à la proclamation de ces nouvelles normes. Les autorités veillent aussi à leur parfaite application par le clergé paroissial. Lors des visites pastorales, l'évêque s'en assure en consultant les registres baptismaux rendus obligatoires lors du concile de Trente, et surtout en sondant directement les fidèles sur les possibles manquements de leur pasteur. En 1673, le questionnaire type de Mgr Le Camus, lors de sa tournée dans le diocèse de Grenoble, interroge ainsi les paroissiens sur la résidence effective des curés ou vicaires, de même que sur la présence éventuelle de décès sans sacrement de baptême « par faute, négligence, absence [du prêtre] ou autrement[14] ».

Par ailleurs, à l'image de l'évêque de Lodève en 1745, les prélats ordonnent aux curés d'instruire les laïcs, et singulièrement les matrones et sages-femmes, des modes d'administration du baptême dans les cas d'urgence, c'est-à-dire, pour l'essentiel, lorsque, dans le moment de l'accouchement ou à sa suite, il y aurait grand péril à attendre le transport du nouveau-né jusqu'à l'église paroissiale pour conférer le sacrement. Une procédure simplifiée est en effet définie qui consiste à ondoyer sur place l'enfant en prononçant, en langue vulgaire à défaut du latin, la simple formule « Je te baptise, au nom du Père, du Fils et du Saint-Esprit ». Ce n'est que dans un second temps, si l'enfant a la chance de survivre, qu'il est conduit, sans trop attendre, à l'église paroissiale pour « compléter les cérémonies » du baptême, et en particulier recevoir son nom et des parents spirituels.

Comme on le voit, le caractère dérogatoire du baptême en danger de mort est triple. Sont concernés à la fois son lieu d'administration, sa formule et son ministre. Dans le baptême normal, dit solennel, il s'agit du curé ou vicaire de la paroisse propre des parents. Dans un baptême d'urgence, en revanche, le Rituel romain et les rituels diocésains préviennent que tout individu, clerc ou laïc, homme ou femme, et même un fidèle excommunié, un hérétique ou un païen, est habilité à agir. Parmi ceux qui seraient présents autour du bébé, il existe néanmoins un ordre strict de priorité. Il faut préférer un prêtre à un diacre, un diacre à un sous-diacre, un clerc à un laïc, et un homme à une femme, sauf dans le cas où cette dernière maîtriserait mieux la pratique - en clair, s'il s'agit d'une sage-femme - ou lorsque « la décence et l'honnêteté » l'imposerait, « comme quand l'enfant ne seroit encor hors du ventre de la Mère »[15].

Devant l'importance de l'enjeu, toutes les situations extrêmes sont envisagées par les autorités religieuses. Comme le baptême ne peut être administré sans sacrilège à un mort, une formule de baptême sous condition est prévue dans le cas où la survie du bébé ne serait pas certaine : « Si tu es vivant, je te baptise... »[16]. Une variante existe lorsque, plus rare encore, la qualité humaine de l'être à baptiser d'urgence semblerait douteuse (« Si tu es homme, je te baptise... »). Elle est en général employée lors des naissances de « monstres », même si, selon les principes en vigueur à l'époque moderne, celui qui « n'a point forme ou figure humaine » est jugé extérieur à l'humanité et n'a donc pas vocation à être baptisé[17]. Des procédures spécifiques sont aussi stipulées pour les différentes sortes de siamois[18], dont bien peu survivent après la naissance. Surtout, lors des accouchements périlleux, l'urgence peut commander de baptiser par exception un enfant vivant qui n'est pas complètement sorti du ventre maternel. Là encore, les normes diocésaines s'inspirent du Rituel romain et développent, avec lui, différentes modalités d'administration sacramentelle en fonction du processus d'expulsion ; le baptême conféré sur la tête, conforme à la procédure habituelle, est ainsi distingué de celui administré sur une autre partie du corps, dont la validité incertaine débouche sur un second baptême sous condition à l'issue de l'accouchement :

> On ne doit point baptiser aucun enfant tandis qu'il est dans le ventre de sa mere : mais s'il avoit sorti la teste dehors, & qu'il y eust peril de mort, il le faudra baptiser sur la teste, sans qu'il fust besoin par apres de repeter ou reïterer le Baptesme quand il seroit sain & sauve. Que s'il avoit tiré dehors quelqu'autre membre qui eust vie, & qu'il fust en danger de mourir, il pourroit estre baptisé sur ce membre, & en ce cas, si l'enfant sortoit par apres en vie, il le faudroit baptiser en la façon cy dessus dite. *Si non es baptizatus, Ego te Baptizo, in nomine Patris, etc.*[19].

Peut-on aller plus loin, en cas d'accouchement désespéré, pour sauver l'âme de l'enfant à naître ? Bien qu'en principe seuls les êtres nés puissent recevoir le sacrement et qu'il existe nécessairement un doute sérieux sur la qualité exacte de l'être ainsi baptisé (est-il vivant ? est-ce un être humain ?) comme sur la réussite de l'opération (l'eau a-t-elle atteint le corps de l'enfant ?), la question d'une administration intra-utérine est posée dès le XVIIe siècle par les innovations de certains accoucheurs. Ainsi le fameux chirurgien Mauriceau (1637-1709) qui invente une seringue à cet effet et la présente dans son *Traité des maladies des femmes grosses* (1681)[20]. En 1733, un chirurgien accoucheur interroge même les théologiens de la Sorbonne sur la possibilité de conférer un baptême sous condition, par le moyen d'une petite canule, aux enfants qui seraient désespérément renfermés dans le sein de leurs mères et qui ne présenteraient aucune partie de leurs corps. Il obtient une réponse plutôt favorable du Conseil de théologiens, ces derniers estimant que Dieu n'a sans doute pas « laissé ces sortes d'enfants sans aucun secours ». Le Conseil, conscient de toucher là à l'enjeu fort délicat de la définition du moment de la naissance, fait cependant montre de prudence et renvoie le demandeur vers l'évêque, voire le pape, pour obtenir un avis définitif[21].

La pratique de la césarienne afin d'extraire le bébé et de l'ondoyer s'il est toujours en vie constitue une autre possibilité. Concernant celle pratiquée sur une mère encore vivante (*in vivo*), l'Église catholique de l'époque moderne s'y oppose résolument. Deux objections principales la guident dans son opinion. La première est la crainte d'intervenir dans un processus naturel, l'accouchement, qui est somme toute considéré dans la main de Dieu. La seconde est la certitude que l'opération, dans les conditions hygiéniques de la période, entraînera le décès de la parturiente (par infection ou péritonite) ; dès lors, les autorités religieuses suivent la position de saint Thomas exprimée au XIIIe siècle dans la *Somme théologique* : « On ne doit pas faire le mal pour obtenir un bien et donc un homme ne peut tuer la mère pour baptiser l'enfant. » Si un choix doit être fait entre la survie de la parturiente et celle de son enfant, la plupart des théologiens de l'époque moderne - cela changera au XIXe siècle[22] ! - considèrent d'ailleurs qu'il faut sauver la première, car elle est en situation de « légitime défense » face à un agresseur certes involontaire, le fœtus.

Le problème se pose de manière très différente pour la césarienne *post-mortem*. De fait, l'intervention n'a plus aucune conséquence pour la mère, tandis que subsiste l'espoir d'extraire un fœtus encore vivant, apte dans ce cas à recevoir l'eau du baptême. Légitimée par saint Thomas et prônée par plusieurs conciles médiévaux, dont celui de Langres en 1404, la césarienne *post-mortem* est rendue obligatoire par le Rituel romain de 1614[23]. Peu fréquente, l'opération n'est pas pour autant exceptionnelle au XVIIe siècle. On en trouve trace dans des livres de raison, comme celui, en Forez, du docteur Pierre Boyer, qui décrit la mort en 1625 de sa sœur Ysabeau, grosse de quatre mois : « Elle n'avorta point, [...] mais par la grâce de Dieu, estant ouverte après qu'elle eust expiré, son fruit donna des amples marques de vie et fût baptisé par M. Popalin, prestre de Saint-Bonnet. » Consolation dont est privée, quelques décennies plus tard, la famille du marchand stéphanois Claude Dumarest, quand la nièce de ce dernier meurt des suites d'une chute, après avoir appelé à son chevet prêtre, médecin et chirurgien : « [Elle] expira, elle estoit enceinte de huict mois, son enfant n'eust pas de baptesme. Le chirurgien qui louvrit croyait mesme quil estait mort depuis quelque tems. »[24]

Même s'ils demeurent des procédures rares, tout porte à croire que les baptêmes consécutifs à une césarienne *post-mortem* ou conférés *in utero* sont plus nombreux au cours du XVIIIe siècle, singulièrement après la publication en 1745 par un théologien sicilien, Francesco Emanuele Cangiamila, de l'*Embriologia sacra ovvero dell'Uffizio de' Sacerdoti, Medici e Superiori circa l'eterna salute de' Bambini racchiusi nell'Utero*, livre qui connaît un grand succès européen et dont une version abrégée paraît en français en 1762. L'auteur, très au fait des avancées scientifiques dans la connaissance de la génération et du développement de l'embryon, y considère comme probable l'animation immédiate du fœtus, c'est-à-dire l'idée selon laquelle l'infusion de l'âme humaine créée par Dieu s'opère dès la conception. Il développe alors l'idée que la véritable naissance n'a pas lieu au moment de la venue au monde (*ex utero*) mais au cours de la vie intra-utérine[25]. S'adressant aux prêtres, il leur commande donc d'être très « attentifs, quand une femme enceinte périt dans une maladie quelleconque, à ne pas laisser ensevelir avec elle l'enfant enfermé dans son sein, mais à l'en faire retirer au plutôt par l'opération césarienne, pour lui conserver la vie, ou du moins le faire baptiser[26] », quitte à se charger eux-mêmes de l'incision. De même, balaye-t-il longuement tous les doutes théologiques qui s'élèvent contre la validité des baptêmes *in utero*[27]. Le livre est approuvé dès 1748 par le pape Benoît XIV[28]. Il ne débouche pas en France sur une traduction législative de la part de la monarchie, contrairement à certains États allemands (duché de Wurtemberg) et italiens (duché de Milan, royaume des Deux-Siciles) ou à l'Espagne, qui obligeront à procéder à une césarienne sur chaque femme enceinte décédée[29], mais il influence à l'évidence le regard des prêtres paroissiaux sur les accouchements difficiles et stimule leur empressement à baptiser - ou faire baptiser - par tous les moyens dans de telles circonstances.

Dans sa promotion d'un baptême à la fois universel et immédiat, le clergé français n'est pas isolé. Il bénéficie en effet d'un soutien décisif, celui de l'État royal. Cet intérêt convergent répond pour partie à des motifs d'ordre juridique et administratif. N'oublions pas que le baptême est nécessaire à l'entrée dans la communauté civile du royaume et que son inscription dans le registre paroissial fait fonction d'état civil. L'acte de baptême contient ainsi les éléments qui permettent d'établir la filiation d'un individu, ce qui détermine ensuite les successions ou la situation de bâtardise. En outre, l'article 51 de l'ordonnance de Villers-Cotterêts en 1539 impose aux curés d'y indiquer « le temps et l'heure de la nativité », et c'est par ce moyen que les autorités civiles sont en mesure de connaître l'âge d'un individu (et, par suite, sa minorité ou sa majorité). La monarchie veille donc à travers différentes ordonnances (code Louis de 1667 ; déclaration royale d'avril 1736) à la rédaction adéquate des registres baptismaux ainsi qu'à leur bonne conservation[30], mais, avant la fin du XVIIe siècle, elle ne va pas jusqu'à prescrire elle-même un délai maximal d'administration du premier sacrement. Elle s'en remet encore aux règles fixées par les différents diocèses (ou par les Églises réformées dans la période où elles sont autorisées). Il est cependant évident qu'elle a besoin que celui-ci soit court, pour répondre aux multiples enjeux ainsi posés.

L'intervention directe de l'État royal en faveur d'une administration rapide du baptême ne vient que dans un second temps. Elle découle cette fois de motifs religieux et de principes politico-idéologiques. Dans son essence, la monarchie française est en effet un État chrétien. Le roi tient son pouvoir de Dieu, dont il est le lieutenant dans le royaume. Une de ses missions est d'assurer le salut de ses propres sujets. Ce postulat a une conséquence immédiate : l'unité religieuse du royaume autour de la foi catholique, celle du monarque, et donc l'universalité de la pratique baptismale catholique, qui forme la première étape indispensable du salut collectif. Le projet est certes contrarié pendant plus d'un siècle par les guerres de Religion puis par l'édit de Nantes de 1598, qui, prenant acte de la puissance des protestants, tolère l'exercice du culte réformé dans un cadre protecteur mais restrictif. Il reste néanmoins l'horizon de la politique monarchique au point de conduire, sous Louis XIV, à l'édit de Fontainebleau de 1685, qui révoque l'édit de Nantes. À partir de cette date, et durant un siècle, tous les parents français - à l'exception des protestants d'Alsace qui bénéficient des clauses protectrices des traités de Westphalie (1648), confirmées par le traité de Ryswick de 1697[31] - sont obligés de faire baptiser leurs enfants dans la foi catholique. Une telle contrainte légale est censée garantir d'emblée l'unité des Français dans le baptême, qui participe à l'unité des membres du royaume et renforce la légitimité et l'autorité du monarque.

La mesure est néanmoins très vite jugée insuffisante par le pouvoir royal. Pour contrecarrer les stratégies d'évitement des familles protestantes, il décide par la déclaration du 13 décembre 1698 de ne plus laisser aux parents que vingt-quatre heures après la naissance pour se conformer à cette obligation impérieuse, sous peine de poursuite. Il exige en outre des matrones et sages-femmes qu'elles avertissent immédiatement les curés des accouchements auxquels elles ont participé[32]. La déclaration royale impose un délai plus court que ceux alors admis dans la quasi-totalité des diocèses français. Dans les décennies suivantes, certains évêques se font un devoir d'insérer la nouvelle obligation royale dans le répertoire de leurs législations religieuses. Ainsi, à Rouen, le rituel de 1739 de Mgr de Saulx-Tavannes se réfère à la déclaration de 1698 et prescrit de porter l'enfant à l'église « *quamprimùm ergo, & non ultra viginti quatuor horas*[33] ».

Des pratiques conformes

Qu'en est-il des fidèles catholiques ? Comment perçoivent-ils ces règles baptismales de plus en plus drastiques ? On peine à trouver dans la documentation d'archives des éléments qui indiqueraient une réticence de leur part, encore moins une résistance. La nécessité du baptême ne fait, il est vrai, aucunement question parmi eux jusqu'à la Révolution. Au contraire, les familles veulent pouvoir baptiser au plus vite leurs nourrissons et exigent de leur clergé paroissial une disponibilité de tous les instants. Les prêtres négligents en la matière sont d'ailleurs régulièrement dénoncés auprès des autorités diocésaines, comme le montrent, parmi tant d'exemples, deux plaintes de 1697 émanant de communautés rurales normandes. Dans la première, adressée au vicaire général lors de sa visite pastorale, les paroissiens de La Houssaye se scandalisent qu'un parent venu chercher le curé pour qu'il baptise son « enfant en péril » l'ait trouvé « passé de boisson et qui buvait encore » puis ait essuyé son refus et ses injures ; dans la seconde, les fidèles du hameau de Caudecoste, paroisse de Villy, protestent contre le prêtre local qui « néglige ses fonctions pour aller poursuivre ses procès », les forçant à porter leurs enfants à baptiser dans les paroisses voisines[34]. Ces affaires et ces récriminations sont prises très au sérieux par les évêques lorsqu'elles parviennent à leurs oreilles. Quand, en 1673, lors de sa tournée pastorale dans les paroisses de Savoie, l'évêque de Grenoble, Mgr Le Camus, apprend que le curé de Saint-Sulpice, un certain Claude Meyer, s'absente régulièrement à Chambéry et, entre autres manquements, laisse mourir des personnes sans confession et sans baptême, il se démène pour le déloger de sa cure, et obtient même de le faire emprisonner[35] !

L'analyse des délais de baptême est le second point suggérant que les familles, convaincues de son bien-fondé, ne cherchent pas à se dérober à la prescription du baptême immédiat. Il apparaît en effet que les populations la respectent dans la très grande majorité des cas, et même de mieux en mieux. Prenons le cas de la paroisse de Chambonas, qui relève au XVIIe siècle du diocèse d'Uzès : dans la décennie 1645-1654, l'âge moyen des baptisés fluctue selon les années autour de 7 ou 8 jours. Cela correspond *grosso modo* au seuil maximal admis en 1609 par le concile de la province ecclésiastique de Narbonne, dont dépend l'évêché d'Uzès. Certes, une telle moyenne implique qu'une petite proportion des familles dépassent encore légèrement le délai prescrit. Mais il faut tenir compte du rôle joué par les conditions climatiques : les enfants nés en hiver ont globalement un ou deux jours de plus lors du baptême célébré à l'église paroissiale. Par ailleurs, une partie des retardataires provient de Chassagnes, un hameau situé au-delà de la rivière qui borde le village central. Une quinzaine d'années plus tard, en 1660-1663, c'en est fini de ces délais « longs » : les baptisés ont désormais 3 jours en moyenne, avec une variation saisonnière devenue résiduelle. La norme du baptême immédiat est universellement assimilée, et ce sans qu'aucune décision nouvelle n'ait été prise au niveau diocésain[36].

La paroisse de Chambonas n'a rien d'exceptionnel. Les données disponibles pour la seconde moitié du XVIIe siècle montrent que, de manière générale, seule une poignée de baptisés reçoit désormais le sacrement plus d'une semaine après la naissance. Dans les registres des cinq paroisses catholiques de La Rochelle en 1668-1669, environ un enfant sur neuf est baptisé après 10 jours, alors qu'un sur deux (45 %) n'en a pas plus de 3 quand il est présenté à l'église. Plus net encore, en 1690-1698 dans le village de Bouafles, en Vexin normand, 31 % des baptêmes ont lieu le jour de la naissance, 50 % le lendemain, et seulement 19 % ensuite. Dans la petite ville de Meulan, en Vexin français, dès 1670-1690, 70 % des baptisés sont nés dans la journée ou la veille, 20 % depuis deux ou trois jours, et à peine 10 % au-delà. Certaines communautés se montrent très radicales : on se contentera de citer Sailly, un village ardennais, où, dans la décennie 1686-1695, tous les nouveau-nés sont baptisés dans la journée ou le lendemain.

Comme on le voit, la déclaration royale de 1698, qui impose un retard maximal de vingt-quatre heures, n'initie pas cet impressionnant mouvement de resserrement effectif des délais baptismaux. Elle l'accompagne et le renforce. Prenons l'exemple de Guéret. Dès 1720-1724, 30 % de baptêmes se font le jour même de la naissance, 35,5 % le lendemain. Néanmoins, un bébé sur dix est encore baptisé au-delà de trois jours. Soixante ans plus tard, en 1780-1784, cette proportion n'est plus que de 0,5 %, tandis que la part des bébés portés aux fonts le jour de leur naissance est montée à 62,5 %. La plupart des autres enfants sont baptisés le lendemain (32,5 %), situation conforme à la déclaration royale de 1698 quand l'accouchement a eu lieu dans l'après-midi ou dans la soirée. À l'image de Guéret, ce sont plus de 90 % des enfants des villes qui, dans la seconde moitié du XVIIIe siècle, reçoivent le baptême le jour de la naissance ou le lendemain : ainsi à Meulan peu avant la Révolution (95 %) ou encore à Verdun en 1750-1790 (93 %). Dans les paroisses villageoises, qui abritent peu de familles des élites, plus enclines à demander - et obtenir - une dérogation auprès de l'évêque, les pourcentages atteignent des niveaux encore supérieurs. Parmi un échantillon de vingt et une localités bretonnes et angevines dans la période 1740-1792, les historiens démographes Yves Blayo et Louis Henry ne comptabilisent que 0,9 % d'enfants baptisés le surlendemain de la naissance ou plus tard, dont aucun passé le quatrième jour. De même, dans les dernières années de l'Ancien Régime, tous les nouveau-nés des villages normands de Bouafles ou de Crulai (Perche) reçoivent le baptême avant le troisième jour[37].

Un tel empressement influe sur les modalités d'administration du sacrement. L'impact le plus évident concerne le calendrier des célébrations. Que la répartition mensuelle des baptêmes suive étroitement celle des naissances n'est guère une nouveauté. En revanche, on constate une évolution sensible du calendrier hebdomadaire des cérémonies au cours du XVIIIe siècle. Au XVIIe siècle, en effet, les familles disposent encore d'une petite marge de manœuvre qui leur permet souvent de choisir le jour de la semaine où elles désirent porter leur enfant aux fonts baptismaux. Les dimanches et jours de fêtes sont alors privilégiés - au point de regrouper quelquefois jusqu'à la moitié des célébrations, comme à Chambonas en 1646 (18 sur 34) - car la famille et les autres participants profitent du déplacement habituel à l'église paroissiale pour assister au baptême et peuvent festoyer sans perdre un jour de travail[38]. Le reste des cérémonies se répartit de manière assez équilibrée sur les autres jours, à l'exception néanmoins du vendredi, rejeté puisque, jour de la mort du Christ, il est jugé néfaste et peu propice aux réjouissances. Dans la cité de

Meulan en 1670-1699, le dimanche accueille ainsi 21 % des célébrations contre moins de 11 % pour le vendredi. Les écarts sont encore plus marqués à La Rochelle en 1685-1686 : 45 % des célébrations ont lieu un dimanche, contre seulement 5 % un vendredi, chacun des cinq autres jours rassemblant environ un dixième des baptêmes.

Avec l'application de la déclaration royale de 1698, cette souplesse n'est plus de mise : le jour du baptême dépend désormais étroitement de celui, aléatoire, de la naissance. Ce qui conduit dès la mi-XVIIIe à une répartition presque étale sur la semaine, comme on l'observe, par-delà les hasards statistiques, dans l'exemple de la paroisse de Trouville-sur-Mer. Au sein de ce mouvement global, le vendredi perd peu à peu sa singularité, tandis que le dimanche enregistre un fort recul, rassemblant dans la communauté normande une cérémonie sur six en 1783-1792 contre une sur trois un siècle plus tôt. Il conserve néanmoins souvent un léger avantage, certains parents de bébés nés un samedi préférant repousser le baptême. Ainsi à La Rochelle en 1788-1789, où le dimanche arrive en tête (18 %), devant le jeudi (16 %), alors que le samedi ferme la marche (10 %)[39].

Jours de baptême à Trouville-sur-Mer (XVIIe-XVIIIe siècles)

	Dimanche	Lundi	Mardi	Mercredi	Jeudi	Vendredi	Samedi	Nombre de baptêmes
1682-1702	34,6 %	13,5 %	11,5 %	9,6 %	11,5 %	5,8 %	13,5 %	52
1703-1722	23,5 %	6,2 %	9,9 %	14,8 %	18,5 %	13,6 %	13,6 %	81
1723-1742	17,8 %	10,0 %	16,7 %	11,1 %	20,0 %	10,0 %	14,4 %	90
1743-1762	21,6 %	12,2 %	14,9 %	13,5 %	12,2 %	13,5 %	12,2 %	74
1763-1782	18,2 %	18,2 %	10,9 %	16,8 %	13,9 %	11,7 %	10,2 %	137
1783-1792	17,0 %	6,8 %	12,5 %	15,9 %	15,9 %	13,6 %	18,2 %	88

Source : Gaëlle Gautier, *Parrains, marraines et témoins de mariage au Pays d'Auge. La paroisse de Trouville-sur-Mer aux XVIIIe et XIXe siècles*, maîtrise d'histoire, sous la direction de Jean-Pierre Bardet, Université Paris-IV, 2002, vol. annexe, p. 29.

L'extrême précocité du baptême a un second effet crucial : elle restreint la capacité des familles d'organiser de grandes fêtes autour de la cérémonie sacramentelle. La liste des personnes susceptibles d'être informées de la célébration dans les vingt-quatre heures, puis capables de se dégager de leurs obligations en dehors du dimanche, ne peut que se réduire, ce qui n'est pas sans satisfaire le clergé, toujours prêt à combattre le mélange entre sacré et profane. Le constat vaut *a fortiori* pour les parrains et marraines : leur aire de recrutement tend à se resserrer dans un étroit périmètre autour du foyer parental. Même si l'appartenance paroissiale des parents spirituels n'est pas toujours indiquée dans les actes baptismaux avec la rigueur espérée par l'historien, il est clair que la plupart vivent dans le voisinage immédiat de leurs filleuls : 85 % des 940 parrains et marraines inscrits dans les registres d'Aubervilliers en 1785-1790 sont recrutés dans la paroisse, les autres se répartissant entre Paris (4 %) et des localités proches, souvent limitrophes (Saint-Denis, Pantin, La Courneuve, pour l'essentiel). L'exemple de Bouafles est encore plus parlant : fin XVIIIe siècle, à peine 6 % des parents spirituels sont choisis hors du village. Quant à La Rochelle aux XVIIe et XVIIIe siècles, moins de 1 % des parrains et marraines connus y sont indiqués dans les registres comme extérieurs à la ville[40]. L'évêque rochelais, dans les statuts synodaux de 1711, ordonne d'ailleurs aux curés de bien rappeler aux parents qu'ils n'ont que deux ou trois jours pour faire baptiser un nouveau-né et qu'ils ne sauraient retarder la chose sous prétexte d'attendre un parrain ou une marraine[41]. Une telle contrainte pèse sans doute plus sur des marchands, des officiers ou des nobles aux amples horizons relationnels que sur des familles paysannes à la forte sociabilité intra-villageoise ; elle n'en reste pas moins présente dans tous les milieux.

Sauver l'âme à tout prix

Cet accord général sur l'immédiateté du baptême n'est guère difficile à comprendre. La raison majeure en est la peur de voir le nouveau-né, dont le sort incertain est connu de tous, mourir sans avoir reçu la grâce du sacrement. Si l'enfant décède peu après son baptême, il bénéficie du moins d'un enregistrement dans le livre paroissial, mais aussi d'obsèques chrétiennes au sein de l'église paroissiale puis d'une inhumation auprès des siens dans le cimetière communautaire. Surtout, son sort céleste est heureux puisque, régénéré par le sacrement, il meurt sans péché et accède au Paradis. La liturgie de ses obsèques cherche d'ailleurs à marquer le caractère joyeux de ce passage promis vers le peuple des élus de Dieu[42]. À l'inverse, s'il expire sans baptême, le nourrisson, condamné par le péché originel et non racheté, n'accède pas à la dignité de chrétien que marquerait son inscription dans le registre paroissial. Il est également privé d'obsèques religieuses et, en principe, son corps est relégué hors de l'espace bénit du cimetière (« Nous défendons d'enterrer les enfants morts sans Baptême dans un lieu béni », article 6 du chapitre « Des cimetières et sépultures » des statuts synodaux de Comminges, en 1751[43]). Dans la conception catholique classique, celui-ci n'est en effet ouvert qu'aux seuls baptisés en règle, puisque, véritable prolongement de la communauté paroissiale, il constitue un lieu sacré qui protège les restes mortels des fidèles dans l'attente de la résurrection[44]. Y déposer d'autres corps - ceux des enfants morts sans baptême, mais aussi des hérétiques, des suicidés, des non-pascalisants, des duellistes, des pécheurs impénitents, etc.[45] - est considérée comme une profanation intolérable, une pollution[46]. Enfin, plus terrible encore que cette marginalisation funéraire, l'absence du premier sacrement signe l'exclusion du Paradis et la relégation éternelle de l'âme du bébé mort dans une destination spécifique, le Limbe des enfants (*Limbus puerorum*), où, sans subir les flammes de l'Enfer, elle souffre néanmoins cruellement de l'absence de la vision de Dieu[47].

Deux destins opposés donc, dont les perspectives déterminent à leur tour la manière qu'ont les parents d'affronter la perte de leur enfant. Si le baptême a été conféré, il représente une consolation véritable qui s'écrit dans les livres de raison où les pères énumèrent leurs fils et filles morts en bas âge en remerciant le Seigneur de leur avoir ainsi offert le salut[48]. En revanche, son absence ajoute à la détresse des parents endeuillés, la culpabilité de n'avoir pu assurer le salut de leur enfant. Bien pis, la pastorale met en avant que toute négligence en la matière constitue un grave péché, pour eux comme pour toutes les personnes présentes au moment de l'accouchement ou lors des premières heures d'existence. Dans un monde où se mêlent croyances ancestrales et conceptions chrétiennes, enfin, l'enjeu prend une dimension supplémentaire, engageant, au-delà de la seule famille du bébé décédé, l'ensemble de la communauté locale. En effet, le nourrisson mort sans baptême rejoint le groupe disparate des victimes de la « male mort », soit tous ces êtres qui ont connu un décès violent, tragique, soudain ou prématuré, et qui n'ont pu accéder à l'au-delà selon les règles et en bénéficiant des rites funéraires accoutumés. Dans un tel contexte mental, baptiser au plus vite un enfant, c'est donc aussi garantir à soi et aux autres qu'en cas de mort rapide, il ne restera pas à errer aux lisières du monde des vivants, simple présence inquiétante voire menace hostile, avide de se venger de tous ceux qui n'ont su lui éviter sa triste condition, à commencer par son père et sa mère[49].

Comme on le voit, un vaste consensus existe autour de la nécessité de réduire au minimum les cas de bébés morts sans baptême. Les procédures d'urgence, telles que l'ondoiement en péril de mort, permettent d'en sauver d'ores et déjà un grand nombre. Au XVIIIe siècle, alors que la qualité de l'enregistrement s'est nettement améliorée, Louis Henry estime à environ 3 % la part des « ondoyés-décédés » (c'est-à-dire morts avant de rejoindre l'église paroissiale pour y compléter les cérémonies du baptême) parmi les baptisés. Mais il s'agit d'une moyenne, et les proportions peuvent monter bien plus haut : un sur douze à Lodève dans le premier quart du XVIIIe siècle, voire un sur sept dans la paroisse bretonne de Guimaëc dans les années 1780[50]. C'est alors souvent le signe qu'une sage-femme ondoie de manière plus ou moins systématique les nouveau-nés, y compris des mort-nés, avec le regard complice de la société locale, des familles et du curé, prêt à admettre les témoignages complaisants sur les signes de vie de l'enfant.

En dépit de ces arrangements, il demeure toujours des cas douloureux. Les nourrissons pour lesquels même l'ondoiement est trop tardif et surtout les enfants manifestement mort-nés, donc inaptes à recevoir le premier sacrement. Les fidèles tentent alors de trouver des parades variées. Ainsi, dans certaines localités, les cadavres des mort-nés, exclus du cimetière, sont inhumés là où ruissellent les eaux de pluie tombant de la gouttière ou du toit d'une église, dans l'espoir que cette eau aux vertus désormais considérées comme « sacrées » par les populations - au grand dam du clergé - agisse comme une forme de substitut du baptême manquant[51]. Mais, surtout, une dernière solution connaît un grand succès au cours de l'époque moderne : le sanctuaire à répit. Le mécanisme en est à la fois simple et spectaculaire. Parents et proches se rendent dans un de ces lieux de culte spécialisés - Jacques Gélis en recense plus de 200 dans les frontières de la France actuelle, comme Notre-Dame des Vertus, à Aubervilliers, ou Notre-Dame des Aviots, à Barbonville, en Lorraine. Ils y portent le petit cadavre devant la statue d'un saint ou de la Vierge, afin d'y prier pour qu'un miracle s'accomplisse, celui d'un retour éphémère à la vie (le « répit »). Si des « signes de vie » surviennent, qu'il s'agisse d'un vague mouvement des lèvres ou de la langue, d'un changement de couleur du visage, d'une palpitation, de l'apparition de sueurs, de larmes, de selles, etc., le bébé est alors baptisé en hâte par un membre de l'assistance avant une seconde mort corporelle, définitive cette fois. Ayant reçu la grâce sacramentelle, rien ne s'oppose plus à son inhumation chrétienne, dans le cimetière de la paroisse des parents, ou très souvent dans celui qui jouxte le sanctuaire lui-même[52].

Pour les ondoiements d'urgence conférés sous condition comme pour les sanctuaires à répit, il est clair que ces procédures servent fréquemment à normaliser le sort spirituel et le parcours funéraire de bébés qui sont bel et bien morts dès avant la réception du sacrement, soit en contrebalançant la relative incertitude qui pèse sur leur état physique par la confiance dans la décision divine, soit en en appelant au miracle. Ces deux modes de contournement de l'exclusion des non-baptisés présentent l'avantage de répondre aux attentes des parents, sans contester ouvertement le principe théologique de la séparation des morts. Ils n'en suscitent pas moins une méfiance croissante des autorités religieuses entre le XVIIe et le XVIIIe siècle. Divers évêques, notamment parmi ceux qui s'inscrivent dans la mouvance janséniste, s'inquiètent de telles pratiques, dont ils pressentent les dérives, et renforcent les formes de contrôle. Dans les statuts synodaux, par exemple ceux de Lodève en 1745, il est précisé que l'ondoiement d'urgence doit être administré par le prêtre lui-même, ou, à défaut, par un laïc, mais en présence alors de témoins pouvant garantir au curé la conformité de l'acte sacramentel[53]. Dans le même esprit, les sanctuaires à répit, largement tolérés par l'Église au XVIIe siècle, dans le cadre d'une pastorale miraculaire et mariale utile au combat antiprotestant, sont dénigrés au XVIIIe siècle comme une « superstition populaire » menaçant le sérieux du sacrement : après une longue enquête, l'exposition des mort-nés est condamnée par la Curie en 1729[54]. Ce qui n'empêche pas la pratique de bénéficier d'une large tolérance et de perdurer plus ou moins clandestinement jusqu'au XIXe siècle, voire davantage.

Parrains contre parents ?

Si les parents sont religieusement - et légalement - responsables de l'administration rapide du premier sacrement à leur enfant, leur place dans l'ensemble du processus rituel est concurrencée par celles d'autres acteurs. De manière logique, puisque le baptême est une seconde naissance, selon l'Esprit, ce sont les parrains et marraines, parents spirituels de leur filleul, qui sont à l'honneur.

Lors des célébrations religieuses *stricto sensu*, les mères sont les grandes absentes. Dans un contexte de baptême immédiat, leur santé affaiblie par l'accouchement ne leur permet pas de se rendre à l'église. Même rétablies, elles en sont de toutes manières exclues par la signification de la cérémonie, naissance spirituelle et accès à la qualité d'enfant de Dieu, qui dévalorise la naissance proprement charnelle et la renvoie du côté du péché. La parturiente, qui a fait advenir cet enfant de la chair, est socialement considérée comme impure, donc jugée indigne de se présenter au sanctuaire paroissial. La coutume (mais non l'Église) veut alors qu'elle soit mise à l'écart de toute la vie communautaire, au point, parfois, d'être cantonnée à domicile pendant quarante jours. Sa réintégration sociale suppose une cérémonie religieuse spécifique, les « relevailles », où, selon le discours officiel de l'Église, elle reçoit une simple bénédiction (*benedictio mulieris post partum*), mais qui, dans les représentations communes, constitue avant tout un rite de « purification »[55]. Compte tenu de cette exclusion maternelle, c'est en principe la sage-femme qui prend l'enfant au domicile parental pour le conduire jusqu'au lieu du baptême. Celle qui a « levé » l'enfant lors de l'accouchement puis l'a lavé est, dans les communautés traditionnelles, l'« instrument des passages » entre vie et mort ; elle possède le privilège de porter le bébé dans l'espace sacré où s'effectue sa seconde naissance[56].

Au retour du baptême, l'enfant est rendu à sa mère. Désormais, celle-ci accueille non plus une simple « créature », voire un « criminel » ou un « captif du démon » (*Rituel de Toul*, 1700[57]), mais un chrétien, libéré des forces de Satan et protégé par le souffle de l'Esprit divin. S'ouvre alors dans la maison un moment festif où, en signe de fertilité et abondance, parentes et voisines offrent pains et gâteaux à la parturiente. Ces réjouissances profanes font, comme d'habitude, l'objet de la réprobation du clergé post-tridentin, qui les estime teintées de « superstitions » et propices aux « abus ». Prenant leurs relais et partageant leurs préjugés vis-à-vis des usages populaires, les médecins s'en inquiètent tout autant, au nom cette fois de la santé maternelle, qui selon eux exige repos complet et calme absolu. François Mauriceau, dans son *Traité des maladies des femmes grosses*, s'en prend ainsi aux « parentes et amies » qui, dans les familles « bourgeoises », à l'issue du baptême, « viennent faire la collation dans la chambre de l'Accouchée, où étant, elle est obligée de tant parler et répondre au compère et à la commère et à tous venant, durant une après-dîner entière, pour faire les compliments de cette cérémonie, qu'elle en a la tête tout étourdie, et quoi qu'il n'y ait personne dans la compagnie qui ne boive à sa santé, elle la perd néanmoins par le bruit qu'on lui fait aux oreilles ; outre aussi qu'elle est souvent contrainte par honneur de s'abstenir de demander le bassin ou ses autres nécessités, pour raison de quoi elle est grandement incommodée ; et cela se pratique justement dans le temps où elle devrait avoir plus de repos »[58].

Les pères ne pâtissent pas d'une relégation sociale aussi sévère que les mères dans le processus rituel du baptême. Ils n'en demeurent pas moins au second plan. Certes, comme la sage-femme ou un simple voisin, un père peut être amené à contacter le curé pour l'informer de la naissance de son enfant puis préparer le baptême en s'accordant sur l'horaire et les identités du parrain et de la marraine. De même, lui est-il laissé le droit, dans certaines régions, de porter l'enfant au retour de la cérémonie. Mais, hors ces moments, il ne joue presque aucun rôle, particulièrement pendant la célébration religieuse *stricto sensu*. Il ne lui revient pas de présenter l'enfant au prêtre avant de pénétrer dans l'église, et, comme le montrent les rituels, il n'intervient pas non plus dans la liturgie baptismale catholique (contrairement aux baptêmes protestants). Comme père charnel, il doit en effet lui aussi s'écarter au profit des parents spirituels. Il est d'ailleurs fréquent qu'il s'abstienne de venir à l'église, ce qui doit être indiqué dans le registre baptismal à partir de l'ordonnance royale de 1667 qui lui impose de signer l'acte « s'il est présent » (ce que ne prévoit pas, de manière significative, le Rituel romain de 1614)[59]. Dans les actes rochelais des XVIIe et XVIIIe siècles, 5 % des pères sont ainsi signalés absents, tandis que seuls 55 % sont certifiés présents (l'information manque dans les cas restants[60]). Stéphane Minvielle recense quant à lui 75 % de pères présents dans les baptêmes des élites bordelaises à la fin du XVIIIe contre 84 % au début du siècle – la légère baisse pouvant s'expliquer par la précocité accrue de la cérémonie[61]. Il est même des lieux où l'absence paternelle relève de l'usage commun. Par exemple à Labarthe-Rivière, dans le Piémont pyrénéen, dans les années 1760-1780[62], ou encore à Mouvaux, près de Lille ; dans cette paroisse, le curé note en 1781 dans son registre : « Je n'ai point marqué dans les baptêmes le père absent ou présent parce qu'ils ne s'y trouvent jamais[63]. » Cette situation, compréhensible d'un point de vue religieux, suscite cependant des problèmes pour l'état civil : un malentendu voire une mésentente entre le père et les parents spirituels quant aux prénoms du baptisé sont toujours possibles. Pour l'éviter, le parlement de Bretagne, dans une ordonnance de

1784, estime utile d'enjoindre aux pères « d'assister au baptême ou de s'y faire représenter par un notable, afin de donner aux prêtres les instructions dont ils ont besoin[64] ».

Parrains et marraines sont à l'inverse au cœur de tout le processus rituel. Leur rôle est d'abord décisif dans la célébration religieuse elle-même, comme interlocuteurs du prêtre pendant la phase des demandes prévues par la liturgie. À Bourg-en-Bresse, fin XVIe, il arrive même qu'on laisse le parrain rédiger l'acte de baptême à la place du prêtre, ce qui lui permet d'ajouter une note personnelle sous la forme d'un vœu pour l'avenir de l'enfant[65] ! Conséquence de cette implication de tous les instants, la présence des parents spirituels apparaît indispensable. Même si les normes religieuses autorisent leur substitution pendant le sacrement, cette procédure n'est presque jamais utilisée à l'époque moderne, en dehors du petit monde des élites sociales. Et quand elle l'est, il ne s'agit pas forcément de remplacer une personne physiquement absente à la cérémonie religieuse, mais souvent de suppléer un parrain trop jeune pour remplir l'intégralité de ses devoirs liturgiques, c'est-à-dire effectuer les gestes requis, répondre aux interrogations du curé et prononcer l'engagement religieux au nom du bébé.

Mais l'engagement du parrain et de la marraine va bien au-delà des seules étapes prévues par les rituels catholiques. Selon la logique dégagée par Marcel Mauss[66], le baptême, don d'un enfant aux parents spirituels, enclenche toute une série de contre-dons ritualisés, dans un cycle créateur de lien social et de cohésion. Le parrain, qui paie les sonneurs et les divers frais d'église (présents au prêtre, au bedeau, etc.) puis distribue à la ronde friandises voire pièces de monnaie, est généralement le plus sollicité, même si dans quelques régions comme la Normandie, certains témoignages postérieurs – à la fin du XIXe siècle – suggèrent une implication supérieure de la marraine lorsque l'enfant est une fille[67]. La famille du baptisé, les invités sont les premiers bénéficiaires de ces présents coutumiers, mais la communauté locale en profite aussi, comme si le parrain devait s'acquitter envers elle de la dette créée par le don symbolique d'un de ses nouveaux membres. Dans la vallée d'Oueil, dans les Pyrénées, un témoignage de 1664 signale que la paroisse exige trois livres de chaque parrain sollicité, tandis qu'à la même époque en val d'Aran, le parrain non membre de la paroisse doit donner deux *migeras* de vin aux chefs de famille du village. En 1722, ce tribut obligatoire est abaissé par le conseil de fabrique à 3,5 *pichells* (6,5 litres), mais non supprimé[68]. Les tournées offertes à la taverne à la sortie du baptême s'inscrivent bien entendu dans la même logique. Des ordonnances, comme celle du parlement de Bretagne en 1784 déjà citée, tentent de bannir ces haltes dans les cabarets, au nom de la décence et au prétexte de protéger le fragile nourrisson[69] ; des édits, comme celui du parlement de Dole le 30 juillet 1626, cherchent à réduire le coût financier pour les intéressés de la « solemnité du baptême des enfants », qu'il s'agisse des sommes déboursées pour les « torches et flambeaux » ou de dons en nature (« confitures, sucres, dragées, hypocras ») faits à l'accouchée et à ses proches[70]. Mais rien n'y fait : la fonction de parent spirituel, celle de parrain surtout, suppose générosité et prodigalité, sous peine de déshonneur.

Nommer au baptême

Les parents spirituels ont enfin une mission fondamentale, celle de prénommer l'enfant, ou plus exactement de lui donner son « nom de baptême » (le terme « prénom » n'est pas utilisé avant la fin du XVIIIe siècle). Jusqu'à la cérémonie baptismale effectuée dans l'église, le bébé n'est en effet qu'une « créature » sans nom, sans identité, sans rattachement ; c'est un être liminaire qui n'a pas entièrement franchi le seuil de l'humanité dont la nomination est la marque définitive. L'enfant ondoyé bénéficie certes de la grâce du sacrement et de l'inscription dans le registre des baptêmes, mais il ne reçoit son nom que lorsqu'il parvient à compléter les cérémonies dans le sanctuaire paroissial en présence du parrain et de la marraine. Il existe un lien si fort entre dation du nom et parenté spirituelle que, dans de nombreuses régions, les expressions « nommer au baptême » et « être parrain » sont synonymes : par exemple en Bourgogne ou en Basse-Normandie – et ce jusqu'à la Seconde

Guerre mondiale dans ce dernier cas[71]. Bien qu'il ne s'agisse pas d'une obligation canonique, l'opération suit le plus souvent une logique genrée, le tout avec l'aval des autorités religieuses. En 1674, l'évêque de Paris, Mgr de Harlay, interdit ainsi aux « Curés, Vicaires ou autres Prêtres par eux commis à l'administration du sacrement de Baptême » de tolérer que « par respect humain, et par une mauvaise coutume, les parrains donnent le nom aux filles, ou que les marraines le donnent aux garçons »[72]. Le rituel de Rouen en 1739 adopte le même principe : « Les parrains autant que possible doivent imposer le nom aux garçons, et les marraines aux filles[73]. » On trouve cependant des variations locales et des situations particulières où cette règle n'est pas appliquée. Un parent spirituel peut renoncer à son privilège en hommage à un compère ou une commère de plus haut rang ou de plus grand prestige, « sous prétexte de civilité » (comme le dénonce le Rituel de Toul en 1700[74]), ou bien en signe d'humilité chrétienne. À Thury-Harcourt, une paroisse normande, dans les années 1780, les prêtres qui parrainent des garçons cèdent la place aux marraines quand il s'agit de les nommer[75].

Le droit de nommer l'enfant ne consiste pas seulement à indiquer au curé le prénom retenu pour le baptisé, il confère une responsabilité éminente dans son choix. Ce privilège reconnu, vécu comme une marque de grand honneur par les parrains et marraines et auquel ils sont très attachés, doit s'exercer dans le cadre des quelques règles ou orientations que l'Église a fixées en la matière. Depuis le XIIe siècle, celle-ci encourage la reprise des noms de saints, en premier lieu ceux des saints évangéliques et apostoliques, des martyrs et des fondateurs d'ordre religieux. Cette politique au long cours visant une christianisation de l'onomastique se renforce dans la phase post-tridentine[76]. En 1566, le catéchisme rédigé à la suite du concile de Trente pose comme principe d'attribuer à l'enfant un nom emprunté « à un personnage que sa piété et ses vertus éminentes ont fait placer au nombre des Saints ». L'enjeu est double. Il s'agit de fournir dès le baptême un modèle moral et spirituel au nouveau-né, mais aussi de lui attribuer un protecteur céleste : « La ressemblance du nom le portera à imiter sa justice et sa sainteté ; et non seulement il l'imitera, mais encore il voudra l'invoquer comme un Protecteur et un Avocat auprès de Dieu, qui l'aidera à sauver tout ensemble, et son âme et son corps. » Sont alors blâmés tous ceux, à commencer par les parrains et marraines, qui « affectent de donner aux enfants des noms de personnages païens, et particulièrement de ceux qui ont été les plus impies. Ils font bien voir par là le peu d'estime et de respect qu'ils ont pour la Piété chrétienne, puisqu'ils prennent plaisir à rappeler la mémoire de ces hommes mauvais, et qu'ils veulent que les Fidèles aient continuellement les oreilles frappées de ces noms profanes »[77]. Le corpus des noms à éviter ne s'arrête pas là. S'y ajoutent les prénoms « lascifs, fabuleux, ridicules » (Rituel romain, 1614) ou encore les formes féminisées de noms masculins (Honnorade, Pierrette, Josephe, Vincende, Huguette, Roberte, etc.) – une pratique réprouvée par l'Église dès le Moyen Âge mais largement tolérée jusqu'au XVIe siècle –, puisqu'elles ne renvoient pas *stricto sensu* à une sainte véritable[78]. La lutte contre le protestantisme n'est bien entendu pas oubliée. Elle se traduit par un rejet des prénoms vétérotestamentaires, perçus comme des manifestations d'attachement à la Réforme, alors que, comme l'exprime le concile de la province de Bordeaux en 1582, « la grâce et la lumière du Nouveau Testament est plus grande et plus excellente que celle de l'Ancien[79] ».

Par le biais des statuts synodaux, les prélats font passer dans les décennies suivantes les consignes auprès des prêtres de leurs diocèses. En 1674, Mgr de Harlay, l'évêque de Paris, commande de ne retenir que les noms « usités dans l'Église, et connus dans les Offices et dans les Martyrologes ecclésiastiques » ; il ordonne même à son clergé de se substituer aux parents spirituels s'ils persistent dans un choix inapproprié : « Que si les parrains et les marraines n'en veulent donner que de profanes, ils ne les reçoivent pas, et qu'ils fassent donner ou qu'ils donnent eux-mêmes aux enfants le nom qu'ils enregistreront dans leurs livres baptismaux »[80]. Une sévérité que l'on retrouve dans les statuts de l'évêque de Comminges en 1751 : « Défendons d'imposer au Baptême aucun nom qui ne soit celui d'un Saint ou Sainte du nouveau Testament reconnu par l'Église[81] ».

En revanche, dès lors qu'ils acceptent de se placer dans ce cadre normatif, les parents spirituels sont libres de leur choix et l'Église catholique n'émet aucune prescription spécifique[82]. Pendant l'époque moderne, cette liberté n'est cependant pas utilisée pour faire montre d'originalité, pour suivre des modes éventuelles, ou au contraire s'en démarquer, comme c'est souvent le cas de nos jours ; elle est avant tout mise au service d'une logique de transmission. Parrains et marraines ont plusieurs options devant eux. La première consiste à attribuer le nom d'une personne précise - un ancêtre, un membre de la parenté, un parrain, une marraine - à laquelle l'enfant rend ainsi hommage et dont il porte la mémoire. Une autre possibilité est de reprendre celui d'un saint vénéré à l'échelle de la paroisse ou de la province (Eutrope en Saintonge ; Claude dans le Jura ; Nicolas en Lorraine[83] ; Léonard en Limousin, etc.), marquant ainsi une référence à une forme d'identité locale. Autres logiques enfin, donner le nom d'un saint promu à travers toute l'Europe par la Réforme catholique, ou, tout simplement, celui du saint du jour de baptême.

À la fin du XVIe siècle et jusqu'au XVIIe siècle, la grande majorité des parrains et marraines français restent fidèles à la pratique médiévale[84] : ils n'imposent qu'un nom à leurs filleuls de même sexe, en l'occurrence le leur. C'est notamment l'usage en Limousin (plus de neuf cas sur dix dans la paroisse d'Ayen, au milieu du XVIe siècle[85]), en Provence (89 % à Arles entre 1620 et 1630[86]), à Bordeaux (90 % en 1580[87]) ou à Bourg-en Bresse (environ 80 % en 1577-1580)[88]. À Fronton, près de Toulouse, entre 1620 et 1639, à peine un baptême sur quinze ne suit pas ce schéma dominant. Une partie des exceptions correspondent à des parrains ou marraines portant des noms fleurant le protestantisme (Aaron, Balthazar, Isaac, Judith), impossibles à transmettre à la nouvelle génération. Parfois, le parent spirituel porte un prénom démodé (Astorg, Gaillarde, Pouisse, Soubirane, etc.) qui ne s'inscrit plus dans la politique onomastique de l'Église centrée sur les figures saintes du Nouveau Testament, qu'il s'agisse des apôtres ou des membres féminines de la Sainte Famille (Marie, Anne)[89]. Le constat n'est pas propre à la France méridionale. À Aubervilliers, entre 1552 et 1631, dans une période où domine encore le parrainage ternaire, 84 % des enfants reçoivent comme prénom unique celui d'un parent spirituel, en général le premier parrain ou la première marraine.

Parmi les cas dérogeant à la règle, figurent certains enfants nés et baptisés aux alentours des grandes fêtes chrétiennes, auxquels sont imposés des prénoms rappelant cette circonstance particulière : Pasquier, Pasque, Paquette, Noël, Noëlle, Toussaint, Toussainte. Seul un petit nombre des bébés baptisés (4,7 %) reprend le nom d'un père ou d'une mère[90]. Citons aussi l'exemple de La Rochelle en 1628-1633, les années qui suivent la prise de la ville par l'armée royale de Richelieu et le retour du catholicisme dans la cité : 99,8 % des baptisés catholiques n'y ont qu'un prénom et il s'agit trois fois sur quatre de celui du parrain ou de la marraine[91]. La Bretagne enfin, étudiée par Pierre-Yves Quémener, ne fait pas exception avec des taux de transmission dépassant les 80 % voire les 90 % (par exemple à Beignon, dans le diocèse de Saint-Malo, au XVIe siècle). On y observe néanmoins une nuance entre sa partie occidentale, où les filles portent le nom de leurs marraines, et sa partie orientale, où elles reçoivent en majorité des versions féminisées des prénoms de leurs parrains (Thomasse, Julienne, Françoise, Raoulette, etc.)[92].

On ne saurait trop souligner qu'à cette période la transmission des noms des parents spirituels se fait au détriment de celle des noms des ancêtres ou des pères et mères, dès lors qu'au début de l'époque moderne le parrainage intrafamilial ne constitue pas encore la pratique dominante. Sur ce point, les usages français se rapprochent de ceux en vigueur en Angleterre à la fin du Moyen Âge et jusqu'au XVIIe siècle[93], mais ils se distinguent de ceux adoptés dans d'autres pays catholiques. En Italie[94] par exemple, les enfants reçoivent avant tout des noms puisés dans le bassin onomastique familial et très rarement ceux de leurs parents spirituels si ces derniers sont extérieurs à la parenté du baptisé.

Néanmoins, une évolution se fait jour à partir du XVIIe siècle dans de nombreuses régions françaises. Elle se caractérise dans un premier temps par une poussée des prénoms de dévotion, en particulier du côté des filles (Marie et Anne), donnés soit en prénom simple, soit comme premier nom dans un système de double prénomination, mais aussi par une progression des prénoms paternels ou maternels transmis comme prénoms uniques à la place de ceux des parrains et marraines[95]. Puis, dans un second temps, ce mouvement débouche sur une croissance continue des prénoms doubles, bientôt suivie de celle des prénoms triples voire quadruples. Il ne saurait être question de détailler la chronologie et l'ampleur de ce processus qui sont très variables selon les provinces et les localités. Signalons simplement que la prénomination double semble apparaître à Perpignan à la toute fin XVIe - peut-être sous l'influence espagnole[96] –, mais entame véritablement sa progression au milieu du XVIIe siècle lorsque elle atteint des villes comme Chartres[97], Bordeaux[98], La Rochelle, et certaines campagnes, comme les villages vignerons d'Île-de-France vers 1660[99] ; elle touche le monde rural normand au XVIIIe siècle, mais des régions ou localités, dans le sud en particulier (Fronton, le pays de Sault, le Limousin), restent à l'écart du mouvement jusqu'au milieu du XIXe siècle, voire plus tard[100]. Elle dépend en outre fortement des milieux sociaux. Initiée par les élites, selon une logique classique de distinction, elle suit un processus de diffusion verticale descendante. Dans les villages de la plaine de Caen au XVIIIe siècle, par exemple, les laboureurs adoptent les nouvelles pratiques avant les simples journaliers[101] ; à Verdun, entre 1750 et 1790, 63 % des enfants de maîtres n'ont encore qu'un prénom, contre à peine 30 % des fils de bourgeois et de nobles[102].

Nombre de prénoms par baptisé catholique à La Rochelle, 1628-1789

	Un seul prénom	Deux prénoms	Trois prénoms	Quatre prénoms	Nombre de baptêmes
1628-1633	99,8 %	0,2 %	0 %	0 %	1 255
1668-1669	90,6 %	9,2 %	0,1 %	0 %	1 374
1685-1686	76,5 %	23,2 %	0,3 %	0 %	1 407
1721-1722	52,0 %	44,7 %	3,2 %	0,1 %	1 443
1788-1789	35,3 %	52,0 %	11,9 %	0,9 %	1 116

Source : Alix Favre, « La prénomination des catholiques rochelais à l'époque moderne (1628-1789) », *Écrits d'Ouest*, 2020, n° 28, p. 11-33, p. 14.

Comment comprendre ces transformations ? Différentes pistes ont été suggérées par les historiens. La plupart prennent en compte le grand avantage que présente la prénomination multiple : elle offre un moyen de cumuler plusieurs logiques de nomination (dévotion à un saint ; hommage à un individu) ou d'honorer simultanément plusieurs personnes. Il s'agit parfois de donner à un même enfant le nom de son parrain et celui de sa marraine, ainsi que l'ont observé, pour le XVIIIe siècle, Maurice Gresset chez les parlementaires franc-comtois ou Agnès Fine dans les villages des Pyrénées audoises[103]. Quelques études ont aussi évoqué le désir d'honorer plusieurs saints, par crainte d'en mécontenter certains et de susciter leur hostilité envers l'enfant[104]. Il semble néanmoins que l'un des enjeux majeurs soit de répondre à une demande plus pressante de transmission des prénoms paternels et maternels sans pour autant conduire les parents spirituels à renoncer entièrement à leurs prérogatives, c'est-à-dire à leur droit d'imposer leur propre prénom à leur filleul de même sexe.

Ce mécanisme a été analysé par Jérôme Viret au sein du village normand de Camembert au XVIIIe siècle[105]. À partir des années 1660 et jusqu'aux années 1730, parmi les enfants qui reçoivent un prénom unique, le taux de transmission du nom du parrain ou de la marraine ne cesse de baisser, passant de 80 % environ à 20 %, tandis que celui du père ou de la mère progresse légèrement, d'environ 10-13 % avant 1690 à 15-20 % dans le premier tiers du XVIIIe siècle. Mais la forte montée des prénoms multiples change bientôt la donne. Devenus majoritaires chez les garçons comme chez les filles depuis la décennie 1740, puis systématiques dans les années 1770 (plus de 90 %), ils permettent de juxtaposer les deux objectifs de transmission au lieu de les opposer : en 1780-1789, respectivement 85,5 % et 87,5 % des garçons et des filles pourvus au baptême d'un prénom multiple récupèrent ainsi celui de leur parent spirituel de même sexe ; les mêmes sont 64,5 % et 78,1 % à recevoir le nom de leur père ou de leur mère, le plus souvent en seconde position. Le fait que les aînés d'une fratrie soient bien plus concernés par cette pratique que leurs cadets souligne l'importance que les parents y attachent : il s'agit d'assurer la transmission des noms parentaux dès les premiers-nés, quitte à laisser plus de marge de manœuvre pour les suivants. La précocité des évolutions dans le cas de la Normandie – des recherches sur des villages de la plaine de Caen indiquent des tendances comparables au XVIIIe siècle[106] – semble tenir au système de parenté de la province, caractérisé sous l'Ancien Régime par un héritage lignager et la force du principe du sang. Mais le phénomène se retrouve, à un moindre niveau, dans d'autres parties du royaume, par exemple à Bordeaux[107] ou, mieux encore, à La Rochelle. En 1628-1633, alors que les baptisés rochelais n'ont qu'un prénom, seuls 17 % sont transmis par le père ou la mère. Un siècle et demi plus tard, en 1788-1789, deux tiers des enfants ont désormais deux prénoms ou plus et 28 % proviennent des parents charnels. Cette progression ne signifie pas pour autant une moindre reprise des noms des parrains et marraines : en effet, leur part globale passe certes de 75 % à 62 %, mais parmi les seuls prénoms de rang 1, elle monte à 78 %. En clair, grâce à la double prénomination, les parents spirituels rochelais peuvent continuer à donner leurs propres noms – majoritairement en premier prénom –, tout en offrant une plus grande place à ceux des pères et mères[108]. Ce processus de rééquilibrage n'en traduit pas moins un affaiblissement tendanciel de l'opposition théologique entre parenté spirituelle et parenté charnelle, et une forme de déhiérarchisation dans leur mode d'articulation, dont on verra plus avant les conséquences dans le chapitre sur les pratiques de parrainage.

Selon que l'on soit riche...

Les pratiques baptismales que nous venons de décrire valent pour la grande majorité de la population française sous l'Ancien Régime, tant urbaine que rurale. Cette vision globale masque cependant de grandes différences en fonction des milieux sociaux des baptisés, ou selon les conditions de leur naissance.

Les familles puissantes ou aisées, que l'on pense aux élites urbaines, aux nobles ruraux ou aux grands lignages de la cour, présentent une caractéristique commune, à savoir une forte propension à « négocier » la manière de baptiser leurs enfants. Comme pour d'autres rites religieux, la cérémonie baptismale, par son cadre singulier ou par les personnes d'importance qu'elle mobilise, prend souvent parmi eux une dimension spectaculaire qui dépasse sa signification chrétienne pour devenir une manifestation de supériorité sociale. Demander au clergé diocésain ou à l'évêque une dérogation par rapport aux règles fixées par l'Église est dès lors une pratique récurrente, sinon banale, qui affiche une forme de distinction par rapport au reste de la population en même temps qu'elle proclame une puissance sociale d'autant plus éclatante qu'elle est reconnue par l'Église elle-même.

Les pratiques dérogatoires ou d'exception prennent les formes les plus variées. Il peut s'agir d'obtenir le privilège de faire baptiser le nouveau-né par un prêtre extérieur à sa paroisse, par exemple un parent entré en religion ou un membre du haut-clergé. Ou encore, comme à Lyon au milieu du XVIIIe siècle, de recevoir pour son enfant le parrainage prestigieux d'un membre du chapitre cathédral[109]. Plus courant est le droit de différer le baptême au-delà des normes diocésaines. Les baptêmes « tardifs » (par rapport aux normes en vigueur) sont en effet, sous l'Ancien Régime, l'apanage des élites. Dans les dernières décennies du XVIe siècle à Bourg-en-Bresse, trois quarts des pères qui attendent plus de quatre jours pour baptiser leur enfant appartiennent au sommet de la société urbaine : professions de justice (procureurs, notaires, avocats), grands administrateurs (capitaine du fort, capitaine de la ville, gouverneur de la province) ou nobles seigneurs[110]. La surreprésentation des couches supérieures est tout aussi visible parmi les cinquante-quatre pères qui présentent leur enfant au baptême au-delà de trois jours à Guéret en 1720-1724 : parmi eux, on recense deux nobles, quatre conseillers du roi, un procureur, un huissier, un avocat, quatre praticiens, un capitaine, six bourgeois, cinq marchands, contre seulement un manœuvre, deux domestiques, un cordonnier, un menuisier, un métayer[111]... Dans le monde rural, les rares baptêmes retardés impliquent souvent des nourrissons issus de familles extérieures au village et appartenant aux élites urbaines.

Ainsi dans la paroisse d'Estivareilles, en Forez, dans le premier tiers du XVIIIe siècle, tous les nouveau-nés sont baptisés dans les délais prescrits par la déclaration royale de 1698, à la seule exception de l'enfant d'un bourgeois de Montbrison qui a attendu d'être dans sa demeure campagnarde pour lui faire administrer le sacrement[112].

L'une des explications de ces retards est la difficulté à mobiliser rapidement un parrain ou une marraine éloignés, sachant que les réseaux sociaux des catégories sociales concernées sont plus étendus que ceux des paysans ou des familles populaires urbaines. En outre, il s'agit de se donner le temps de préparer des festivités de plus grande ampleur, impliquant des dizaines voire des centaines d'invités dans de vastes banquets. À cet égard, l'exemple est donné d'en haut par les usages de l'aristocratie et des maisons princières[113], qui multiplient les dépenses de prestige (bals, banquets, feux d'artifice, etc.) à l'occasion des naissances ou des baptêmes de leur progéniture, et qui, pour les plus puissantes familles, n'hésitent pas à organiser des fêtes non seulement là où l'enfant est né ou baptisé, mais encore dans les principales cités de leurs domaines, marquant ainsi leur emprise territoriale[114].

Pour assurer le salut spirituel des nouveau-nés malgré le retard de la cérémonie religieuse et des réjouissances profanes qui l'accompagnent, les familles de l'élite ont recours à une dernière forme de pratique dérogatoire, l'ondoiement par permission. Il s'agit d'obtenir de l'évêque le privilège de procéder, à domicile ou à l'église, à un baptême simple, en promettant de conduire dans un délai plus ou moins long l'enfant au sanctuaire paroissial pour compléter les cérémonies baptismales et désigner les parrains et marraines. Parce qu'ils désirent attendre la venue de Monsieur de Fénélon, le futur parrain, François Ignace Labat de Savignac, conseiller au parlement de Bordeaux et son épouse Angélique Fénelon obtiennent ainsi de faire ondoyer à domicile leur fille aînée Marie Thérèse Angélique le 31 décembre 1706, le lendemain de sa naissance ; ils ne font compléter les cérémonies que trois ans plus tard, en février 1710, en même temps d'ailleurs qu'un frère cadet, Jean-Baptiste François Hiacinthe, né le 16 février 1709 et ondoyé le jour suivant dans l'église Saint-André de Bordeaux[115]. S'il est un lieu où l'ondoiement par permission est une pratique banale, c'est à la cour de France. Sous Louis XIV ou Louis XV, chaque naissance royale ou princière est suivie d'un ondoiement, effectué par le curé de Versailles et le Grand Aumônier de France si le bébé est un Enfant de France, ou par l'aumônier du père s'il s'agit d'un prince ou d'une princesse. Le nourrisson présenté par le roi à la foule des courtisans prend alors le nom d'une province (Anjou, Berry, Bourgogne, Normandie...) et ne reçoit son nom de saint que lors des compléments de cérémonies[116], qui ont lieu des années plus tard[117]. En outre, lorsque le roi, la reine ou un autre membre de la famille royale accepte de parrainer un enfant - ce qui se produit des centaines de fois aux XVIIe et XVIIIe siècles pour des rejetons de grands nobles, d'ambassadeurs étrangers, ou de serviteurs de rang plus ou moins élevé (valet de chambre, concierge d'une résidence royale, jardinier, etc.) -, celui-ci a toutes les chances d'être ondoyé dans l'attente du moment où le prestigieux parent spirituel pourra participer personnellement ou désigner un substitut adapté. Né le 5 février 1722, le fils de Charles Hollande, simple concierge garde-meuble du château de Marly, reçoit ainsi le 8 du même mois la permission écrite de l'archevêque de Paris :

> Louis-Antoine de Noailles par la permission divine Cardinal Prêtre de la sainte Église Romaine du Titre de sainte Marie sur la Minerve, Archevêque de Paris, Duc de Saint Cloud, Pair de France, Commandeur de l'Ordre du Saint Esprit, Proviseur de Sorbonne, & Supérieur de la Maison de Navarre, Nous permettons au Sieur Curé ou Vicaire de Marly le Roy de nôtre Diocèse d'ondoyer l'enfant dont la Dame Hollande est accouchée, attendu que le Roi veut bien en être le Parrain. Donné à Paris le huit de février de mil sept cent vingt deux[118].

Tout porte à croire que le modèle de la cour inspire à son tour la noblesse provinciale. Une enquête menée dans les dossiers des demoiselles nobles accueillies à la maison de Saint-Cyr depuis sa fondation en 1686 par Louis XIV et Mme de Maintenon jusqu'en 1766, montre que 13 % d'entre elles - pour le moins - ont été ondoyées à la naissance[119].

... OU MISÉRABLE

La splendeur de certaines des cérémonies précédentes contraste du tout au tout avec la modestie voire la semi-clandestinité des baptêmes conférés à une catégorie d'enfants particulièrement précaires, les enfants illégitimes. Ces derniers sont peu nombreux à l'époque moderne : moins de 1 % des nouveau-nés au XVIIe siècle dans l'ensemble du royaume, de même que dans la majeure partie des paroisses campagnardes au siècle suivant[120], mais davantage dans les villes du XVIIIe, qui voient affluer des mères célibataires venues des campagnes pour y cacher leur grossesse ou qui accueillent, comme à Verdun, des soldats en garnison aux mœurs moins contrôlées[121]. Quoi qu'il en soit de son incidence, le phénomène de l'illégitimité est vu comme un fléau social par les autorités civiles et un péché par le clergé et les fidèles. Pour autant, il ne saurait être question de priver ces nourrissons de la grâce baptismale[122]. Au regard de l'Église, les bâtards sont comme tous les enfants, et, pour leur salut éternel, ils doivent être lavés du péché originel et donc recevoir au plus vite le premier sacrement. Leur situation marginale suscite néanmoins problème. L'Église insiste notamment pour que l'identité du géniteur soit connue et inscrite dans le registre baptismal. Le Rituel de Paris en 1654 indique ainsi aux curés qu'ils doivent interroger les participants au baptême sur les parents et l'origine du bébé[123]. Il n'est pas exceptionnel que des pères d'enfants naturels se signalent d'eux-mêmes, par exemple lorsque la naissance précède un mariage déjà prévu. Mais dans le cas contraire, les responsables diocésains rappellent aux sages-femmes qu'elles ne sont pas censées accoucher des femmes « sans aveu » de l'identité du père[124]. L'accouchement, plus précisément le moment où la parturiente est en proie aux douleurs de l'enfantement, est considéré comme l'instant idéal pour obtenir cette information, puisqu'on estime à l'époque qu'elle ne saurait mentir en la circonstance[125]. Selon les lois de l'Église, l'homme alors désigné, enregistré dans l'acte baptismal, a une responsabilité vis-à-vis du fruit de ses œuvres, et lui doit aliment.

Derrière cette demande, c'est bien la question cruciale de l'entretien futur des nouveau-nés illégitimes, majoritairement issus de mères pauvres, qui est posée. Le même enjeu pèse sur le choix du lieu de célébration, sachant qu'il risque de déterminer la paroisse qui, par la suite, aura l'obligation de soutenir l'enfant si la mère se trouve dépourvue de ressources ou si elle l'abandonne. En principe, les enfants illégitimes ne peuvent être portés qu'à l'église paroissiale de leur mère. Les sages-femmes négligeant cette règle se font réprimander, à l'image de celle de Conflans qui essuie le 26 avril 1672 les reproches de l'archidiacre de Paris, reprenant en l'espèce les directives du rituel diocésain[126]. Certains curés réticents vont jusqu'à récuser le baptême du bâtard qui leur est présenté s'ils estiment qu'il ne relève pas de leur paroisse. Alain Lottin cite l'exemple, en 1755, d'une mère de passage, ayant accouché dans un village près de Courtrai, dont le curé du lieu refuse de baptiser le fils illégitime. La mère envoie alors le bébé à Lille, où un prêtre accepte, lui, de procéder à la cérémonie mais « seulement pour que ledit enfant ne mourut point sans baptême[127] ». Les autorités civiles urbaines se montrent souvent plus sensibles encore que le clergé à ce problème, car elles veulent à tout prix contrôler leurs populations pauvres et n'entendent pas prendre à leur charge les enfants abandonnés issus de mères étrangères. Comme le Magistrat de Lille en 1726, elles insistent à leur tour pour que les sages-femmes déclarent les identités des filles accouchées et des pères, évitant ainsi que les parturientes campagnardes ne fassent tranquillement baptiser leurs enfants en ville[128].

Au-delà de ce désir de contrôle, des formes de discriminations envers les illégitimes sont-elles observables dans l'administration du sacrement ? Oui, ponctuellement, pour ce qui touche à l'enregistrement, malgré l'option égalitaire défendue par le Rituel romain de 1614 qui demande d'éviter « tout subjet d'infamie[129] ». Des curés, comme à Bourg-en-Bresse et à Saint-Similien de Nantes fin XVIe siècle ou à Lille vers 1720-1730[130], inscrivent les actes baptismaux des bâtards dans un livre séparé ; d'autres les rejettent en fin de registre[131] ou bien, comme le signale François Lebrun dans certaines localités bretonnes, prennent leur cahier à l'envers pour les rédiger[132]. Il est plus difficile de répondre pour ce qui concerne les célébrations baptismales en elles-mêmes. Des folkloristes du XIXe siècle pointent des stigmatisations rituelles, comme l'interdiction d'entrer par la grande porte de l'église[133] et la privation de cloches à l'issue de la cérémonie, alors que les enfants légitimes sont, eux, accueillis dans la communauté paroissiale par des démonstrations sonores - en Lorraine au XIXe siècle les enfants naturels sont d'ailleurs appelés *sansonnets* (c'est-à-dire sans sonnés)[134]. Mais sous l'Ancien Régime, les rituels n'indiquent pas de liturgie particulière et aucun statut synodal n'aborde ce sujet de manière explicite. Il est significatif qu'un grand pourfendeur de croyances et pratiques déviantes comme le prolixe curé Jean-Baptiste Thiers (1636-1703), auteur du fameux *Traité des superstitions selon l'Écriture sainte, les conciles, les Pères de l'Église et les théologiens* (1679), ne signale aucune cérémonie particulière ni ne dénonce de superstition concernant les bâtards[135].

Leur relégation sociale se lit en revanche dans le parrainage, plus précisément dans la difficulté à leur procurer des parents spirituels. Jean-Claude Polton, dans une étude sur Coulommiers et Chailly-en-Brie aux XVIe-XVIIe siècles, note ainsi que bien des enfants illégitimes n'ont ni parrain, ni marraine, les actes baptismaux mentionnant que « personne n'a voulu[136] ». Face à ce risque de pénurie, il est courant de se replier sur des personnes présentes dans l'église du fait de leur fonction, comme le sacristain ou le bedeau, ou sur les sages-femmes qui ont accouché les enfants et les ont portés au baptême. Dans la paroisse d'Aubervilliers, tout au long de l'époque moderne, un quart au moins des petits bâtards ont une marraine sage-femme, alors que c'est l'exception pour les baptisés légitimes[137]. Parfois, la mobilisation s'étend aux proches de la matrone. Un bon exemple est fourni, dans la ville de Charleville, par la sage-femme Marie-Élisabeth Fievet, épouse de Jean-Baptiste Bougrel. Entre 1782 et 1791, elle apporte huit nouveau-nés illégitimes à Saint-Rémi, l'unique paroisse de la ville, pour les faire baptiser : elle n'en devient jamais la marraine, mais sur les seize parents spirituels désignés au final, dix sont son mari ou ses enfants, dont certains ont à peine 7 ans. Dans de telles circonstances, le lien de parrainage répond à une demande rituelle, mais il peine à créer une relation de protection spirituelle.

Enfants illégitimes parrainés par les Bougrel à Charleville fin XVIIIe siècle

Année	Enfant baptisé	Parrain	Marraine
1783	Hubert Joseph Labiousse	Hubert Bougrel	Anne Joseph Bougrel
1783	Hubert Pinchart	Hubert Bougrel	Marie Nicole Nagniot
1784	Marie Joseph Pauline Linet	Jean Baptiste Bougrel	Marie Joseph Marée
1785	Pierre Simon Coliquon	Jean Simon Hoclet	Marie Pauline Bougrel
1786	Catherine Joseph Hubertine Sequin	Hubert Bougrel	Jeanne Joseph Marée
1788	Charles Joseph Mornant	Charles Sébastien Prunier	Anne Joseph Bougrel
1788	Françoise Adelaïde Pauline Filleur	Pierre Prunier	Marie Pauline Bougrel
1790	Jean Baptiste Lefort	Jean Baptiste Bougrel	Pauline Bougrel

Source : Cécile Alexandre, *Parrainer à Charleville aux XVIIIe et XIXe siècles*, mémoire de mastère 1, université Paris-Sorbonne, 2013.

Le sort des enfants abandonnés présente en matière baptismale bien des points communs avec celui des simples bâtards. S'ajoute cependant pour eux une interrogation cruciale : est-on en droit de les baptiser ? La question ne porte pas sur la légitimité d'administrer un baptême à des enfants trouvés ou exposés alors même que leurs parents ne peuvent directement en faire la demande et sans attendre qu'ils soient en âge de le réclamer par eux-mêmes : assurer leur salut prévaut sur toute considération. En revanche, il faut trouver des moyens d'éviter de conférer le premier sacrement à un enfant qui serait déjà baptisé[138], ce qui est formellement interdit par la doctrine de l'Église. Le problème est donc avant tout pratique.

Dans le cas où aucun élément d'information sur le statut baptismal de l'enfant n'est disponible, la réponse des théologiens et de l'institution est fixée depuis les conciles médiévaux : il faut recourir à un baptême sous condition, la solution proposée pour tous les enfants dont le baptême serait douteux. Le Rituel romain de 1614 l'expose à son tour lorsqu'il décrit la « Manière d'inscrire les baptisés dans le premier livre » : « Si l'enfant a été exposé, on exprimera le jour, le lieu, & par qui il a été trouvé, & combien de jours à peu près il peut avoir, & ne sachant s'il est baptisé on le baptisera avec condition[139]. »

Le problème est en revanche plus aigu quand des éléments (billets, mots, objets) peuvent laisser croire à un baptême administré avant l'abandon. Certains présentent en effet une forte ambiguïté, notamment la présence de sel auprès de l'enfant exposé. Au Moyen Âge, des conciles l'interprètent comme un appel parental à conférer le baptême ; d'autres, en particulier le concile de Bordeaux en 1234, y voient à l'inverse le signe d'un sacrement déjà administré ; un troisième groupe, enfin, considère que l'indication n'est pas suffisamment explicite et exige de recourir au baptême sous condition[140]. Ces hésitations perdurent parfois au début du XVIIe siècle. Dans la province ecclésiastique de Malines (Flandres), dont dépendent quelques zones du nord de la France actuelle, un concile de 1607 prescrit de baptiser les enfants trouvés sur lesquels ou près desquels du sel aurait été déposé, comme signe d'absence du premier sacrement, mais deux ans plus tard, en 1609, un synode tenu à l'échelle du diocèse reconnaît que cet indice a une signification variable selon les lieux et le baptême conditionnel est alors imposé à tous les enfants exposés, qu'ils aient ou non du sel[141].

Des informations beaucoup plus explicites, les déclarations de baptême laissées par le ou les parents sur des billets accrochés aux langes, engendrent aussi des débats au long cours entre théologiens. Certains (par exemple Suarez, Vasquez, Ledesma, Navarre, Soto, Layman, Bonacina, Palaus, Sylvestre, Tabiena, Ochagavia, etc.) estiment qu'il ne faut pas baptiser l'enfant dans ce cas, parce qu'il n'est pas raisonnable de supposer que les parents qui ont exposé cet enfant ont voulu, par un mensonge auquel ils n'ont nul intérêt, le priver d'un sacrement nécessaire au salut. D'autres (Marchant, Leander, Gonzalez, Ramirez, Munoz, Mendoza, Liguori, Gury, etc.) jugent au contraire qu'aucune confiance ne devrait être accordée à ce témoignage anonyme, quand il ne fournit pas de preuves. Cette dernière position l'emporte et détermine l'avis pratique de la sacrée Congrégation du Concile dans une décision du 15 janvier 1624, comme celui de beaucoup de conciles provinciaux (conciles de Rouen en 1581, d'Aix en 1585, de Toulouse en 1590, de Narbonne en 1609) ou de rituels[142].

De fait, au cours de l'époque moderne, la tendance est à un renforcement sensible des procédures d'attestation. De moins en moins d'éléments sont considérés comme des preuves valides de l'administration préalable du baptême. Progressivement, les seules informations avalisées par les autorités prenant en charge les enfants abandonnés deviennent l'extrait baptistaire en bonne et due forme, délivré par un prêtre paroissial, ou la consultation même du registre baptismal en paroisse. Le cas de Paris est éclairant à cet égard. Au début du XVIe siècle, les écrits des parents signalant que leur enfant exposé a reçu le baptême peuvent encore être considérés comme des éléments suffisamment probants. Sœur Helaine, petite prieure de l'Hôtel-Dieu de Paris, décrit dans une déposition du 28 juillet 1531 comment les enfants déposés sur les marches de l'hôpital sont reçus : « les recueilloient et recueillent faisoient et font penser traicter et alimenter par les officiers et servantes dudict Hostel Dieu et les aucunes baptiser quant ils n'avoient escripteaulx d'estre baptiser[143] ». En revanche, au XVIIIe siècle, la fiabilité de l'écrit est mise à l'épreuve de manière beaucoup plus stricte, le contenu du billet n'est pris en compte que s'il indique précisément comment retrouver l'acte baptismal, donc grâce aux noms de baptême de l'enfant et au lieu de son administration. C'est ce qu'explique le *Mémoire instructif concernant le gouvernement de l'hôpital des Enfans-Trouvez*, rédigé après 1720 :

> Le baptême de ces enfants se fait ordinairement le lendemain de leur réception, s'il n'y a pas danger de mort, s'il y a danger on les baptise à toutes heures de nuit et de jour.

> Ceux des enfants sur lesquels il ne se trouve aucun billet qui puisse indiquer leurs noms et le lieu où ils peuvent avoir été baptisés sont baptisés à l'hôpital ou maison de la couche sous tels noms qu'il plaît aux parrains et marraines leur donner ; ceux sur qui il y a indication de nom sont baptisés sous les noms indiqués[144].

Concrètement, des commis de l'hôpital sillonnent donc la capitale pour s'assurer des informations fournies par les billets trouvés auprès des enfants abandonnés. En 1765, face à l'augmentation du travail à fournir – conséquence de la montée de l'abandon en ville –, le bureau des Enfants-Trouvés délibère de la gratification à offrir aux quatre commis concernés qui portent dans les différentes paroisses de Paris les messages demandant vérification des déclarations de baptêmes faites par les parents abandonneurs[145] : à l'issue, les quatre employés reçoivent collectivement 400 livres pour leurs efforts. Il est à noter que les indications des billets sont en revanche retenues pour l'attribution des noms de baptême : l'enfant conserve les prénoms mentionnés par les parents même si le baptême est réitéré sous condition dans la chapelle de l'hôpital.

Cette procédure qui se montre d'une prudence extrême uniquement sur le fait de savoir si l'enfant a bel et bien reçu le premier sacrement se retrouve ailleurs qu'à Paris, par exemple dans l'hôpital de Dijon fin XVIIIe siècle ou dans l'hôpital Saint-Charles d'Amiens, si l'on en croit son règlement de juillet 1785[146]. Mais d'autres mécanismes existent dans le royaume à la fin de l'Ancien Régime. À Rennes par exemple, le processus d'abandon est très encadré en amont de la naissance et juste avant l'arrivée dans l'institution. L'économe de l'hôpital Saint-Yves y est habilité à recevoir des déclarations de grossesse et il semble que les filles enceintes viennent auprès de cet agent en considérant leur déclaration comme la première étape pour aboutir à leur objectif, c'est-à-dire la réception de l'enfant à l'hôpital. Après cette démarche préalable, la fille enceinte se rend chez une sage-femme de Rennes et y loge jusqu'à son accouchement. Une fois l'enfant né, la sage-femme en informe tout de suite l'hôpital, et l'économe lui remet un billet par lequel il demande au recteur de la paroisse de naissance du bébé de lui administrer le baptême. Puis la sage-femme porte l'enfant à l'église avec ce billet et ce n'est qu'après le baptême que le nourrisson est reçu à l'hôpital[147]. Cette procédure bien huilée garantit donc un baptême valide et rapide du bébé dans le cas normal, rendant inutile toute administration d'un baptême sous condition dans la chapelle de l'hôpital ; il n'en demeure pas moins quelques situations d'exception (bébés trouvés dans la rue) qui obligent à recourir à des sacrements conditionnels.

Bien entendu, aucune festivité particulière n'accompagne le baptême sous condition des petits abandonnés. Ceux-ci se voient en outre attribuer des parrains et marraines choisis par l'institution qui les recueillent. À l'hôpital d'Amiens, on puise parmi le personnel ou les pensionnaires[148]. De même, à l'Hôtel-Dieu de Nevers, en 1777-1786, 85 % des parrains connus appartiennent à l'hôpital : parmi eux, 55 % sont des enfants, 22 % des domestiques, 8 % des chirurgiens[149]. Quant aux enfants exposés et baptisés dans l'église paroissiale de La Trinité d'Angers entre 1660 et 1765, leurs parents spirituels sont choisis de préférence parmi les domestiques de l'abbaye de Ronceray, détentrice de la seigneurie dont dépend la paroisse, ou parmi quelques employés et résidents des hôpitaux voisins. Signe du peu d'importance donnée en l'occurrence à la relation entre filleuls et parrains, certains enfants exceptionnellement ne reçoivent qu'un parent spirituel[150]. Dans tous les cas, il est clair que le parrainage possède un caractère plus administratif que moral ou spirituel. Comme pour les bâtards baptisés en paroisse, les liens ainsi établis ont très peu de chance de conduire à des relations durables et individualisées, qui pourraient jouer comme des formes de compensation protectrice pour des enfants que leur abandon a par définition privés de tout soutien familial.

Baptiser dans le monde colonial

En théorie, rien ne distingue les colonies de la métropole en matière baptismale. Dans le cas du Canada français, par exemple, l'ordonnance du 5 février 1677 impose aux parents de porter leur enfant à l'église aussitôt après la naissance, sous peine d'excommunication[151], et Mgr de Saint-Vallier publie en 1703 un *Rituel du diocèse de Québec*[152] dont le contenu s'avère tout aussi strict que ceux en vigueur dans les provinces de France. En revanche, les conditions d'application sont souvent bien plus compliquées dans les espaces coloniaux, du fait de la faiblesse récurrente de l'encadrement religieux au quotidien. Dans les premiers temps d'installation, il n'existe en effet pas de paroisses au sens strict, et lorsque le maillage se met peu à peu en place, ces dernières couvrent un espace dont la taille dépasse de beaucoup celles des paroisses métropolitaines. À cela s'ajoute une difficulté à fournir un personnel permanent dans les structures existantes. En l'absence de recrutement local, la desserte sacramentelle des populations est souvent confiée à des ordres religieux, comme les Récollets de Bretagne sur l'île Royale avant 1758[153] ou les Lazaristes sur l'île Bourbon. Mais cela n'empêche pas les cures de connaître de fréquentes périodes de vacance, comme le constate Jacques Houdaille pour la paroisse de Jacmel, à Saint-Domingue, dans la seconde moitié du XVIIIe siècle[154].

En somme, la demande de baptêmes est tout aussi forte qu'en métropole, mais l'accès au sacrement, c'est-à-dire la possibilité concrète de présenter son enfant à un prêtre, est entravé par les faibles effectifs du clergé et l'ampleur des distances à parcourir pour les parents, qui implique un temps rallongé de transport, faisant craindre de surcroît un danger mortel pour le nourrisson sorti trop vite de son foyer. Dans la plupart des colonies, l'empressement au baptême est donc logiquement plus faible en moyenne que dans les paroisses de France. Sa réception le jour de naissance est ainsi « rarissime » aux Antilles vers 1760, à en croire Gabriel Debien, mais la plupart des enfants sont présentés aux alentours des quinze jours, ce qui reste un délai court compte tenu des circonstances[155]. Dans les paroisses de Saint-Domingue étudiées par Jacques Houdaille, le retard serait en revanche de trois mois en moyenne pour les enfants légitimes blancs avant 1760, voire presque cinq mois dans les décennies suivantes. On trouve aussi un nombre important d'enfants baptisés après vingt jours (8,6 %) parmi les nouveau-nés blancs de l'île Bourbon en 1750-1789[156]. Au Canada français, la situation diffère selon les localités. Le baptême reste précoce fin XVIIe dans les paroisses du vieux Québec - le retard moyen est de quatre ou cinq jours - et seuls 3 % des baptisés ont plus d'1 mois[157], mais dans l'île Royale, qui vers 1750 ne contient que six paroisses, cette dernière proportion monte à 7 %[158]. Les délais s'allongent en revanche, vers l'ouest, dans les établissements les plus éloignés de la vallée du Saint-Laurent, qui ne sont sillonnés que par quelques missionnaires[159].

Une deuxième particularité des baptêmes en situation coloniale est le recours assez fréquent aux parrains de substitution. À la Martinique au XVIIIe siècle, par exemple, cet usage dérogatoire est bien toléré par les prêtres locaux[160]. Le phénomène s'explique par la volonté d'une partie des habitants d'origine européenne de maintenir, malgré la distance, des liens de compérage avec des amis, des partenaires commerciaux ou des parents vivant en métropole.

Mais la principale spécificité des colonies est la coexistence de groupes ethno-sociaux aux statuts juridiques différenciés et hiérarchisés. Pour autant, toutes les populations coloniales ont vocation à être baptisées - dans son article 2, le Code noir de 1685 impose le baptême catholique des esclaves[161] -, et en suivant le même rituel que la population libre. À cet égard, le baptême possède une dimension universelle qui, en un sens, entraîne la fusion de tous les habitants, Blancs, Libres de couleur ou esclaves, dans une même communauté chrétienne. Bien entendu, cette vision théorique est largement contredite en pratique et les distinctions sont partout présentes. La monarchie prête ainsi une forte attention à la précision des actes baptismaux quant à la qualité libre ou servile du baptisé ou quant à sa nuance de couleur, car les documents paroissiaux, considérés comme des actes d'état civil, sont susceptibles de servir par la suite de garantie ou de preuve du statut libre d'un enfant ou d'un adulte. Craignant les erreurs ou les fausses déclarations qui permettraient un affranchissement, elle impose par les ordonnances du 24 octobre 1713 et du 15 juin 1736 aux curés des îles d'Amérique une grande vigilance en la matière[162]. De même, au cours du XVIIIe siècle - dès 1726 à la Martinique, par exemple –, d'autres ordonnances exigent que des registres soient tenus séparément pour les Blancs et Libres de couleur, d'une part, et pour les esclaves, d'autre part[163]. Ces mesures, réitérées tout au long des dernières décennies de l'Ancien Régime, ne sont pas toujours parfaitement suivies. À l'île Bourbon, jusque vers 1770, dans certains quartiers, aucune distinction de registre n'est faite entre les Blancs et Libres, d'un côté, et les esclaves, de l'autre[164].

Comme on pouvait s'y attendre, les baptêmes d'esclaves possèdent leurs caractéristiques propres. Néanmoins, les conditions dans lesquelles le premier sacrement leur est conféré ne découlent pas uniquement de leur statut servile commun, mais aussi de leurs différences de parcours au sein de la colonie. Si l'on en croit l'exemple de la paroisse martiniquaise du Macouba au tournant du XVIIe et du XVIIIe siècles, ceux qui viennent à peine de débarquer des bateaux négriers reçoivent le baptême par groupes correspondant aux lots de leurs différents acheteurs[165] et reçoivent tous, à cette occasion, un nouveau nom chrétien. Mais d'autres témoignages évoquent des baptêmes collectifs retardés jusqu'à Pâques ou la Pentecôte. La question du niveau d'instruction religieuse reçue par les nouveaux baptisés suscite des polémiques récurrentes entre ordres religieux qui s'accusent réciproquement de laxisme[166]. En revanche, ce caractère collectif n'est pas synonyme de cérémonies bâclées. Au contraire, afin d'en faire un rite fort d'intégration à la communauté chrétienne et à la colonie même, il est fréquent que de nombreux Blancs assistent à la célébration et qu'une messe l'accompagne pour lui donner plus de lustre[167]. Très différent est le sort des enfants des esclaves marrons, c'est-à-dire qui sont parvenus à fuir puis à se cacher dans des zones reculées et peu accessibles : ils sont baptisés de manière aléatoire, au moment de leur capture, avec ou sans leurs parents. Le 16 novembre 1735, le curé de Saint-Pierre, dans l'île Bourbon, administre ainsi le sacrement à « Geneviève âgée d'environ six mois prise dans le camp des marrons dont on ignore le père et mère ayant pour parrain Hubert Posé et marraine Pélagie Lebon femme de Wilhem Leighnic qui a pris l'enfant[168] ». Les baptêmes des enfants esclaves nés dans la colonie se font quant à eux sous le regard de leurs maîtres. Malgré les normes ecclésiastiques et la législation royale qui impose aux maîtres un « délai raisonnable » (Code noir, art. 2) pour administrer le baptême, les propriétaires ne sont pas forcément pressés d'autoriser les parents à se rendre à l'église, surtout dans les phases d'intense activité agricole. Contrairement aux pratiques métropolitaines, il arrive même que l'on attende le passage du curé dans la plantation pour y faire baptiser les nourrissons. En attendant, des ondoiements de précaution ou en danger de mort permettent, semble-t-il, de garantir le salut des fragiles nouveau-nés[169].

Les maîtres peuvent aussi peser dans le choix des parents spirituels. Sans pour autant les imposer, conformément aux souhaits de l'Église. Aux yeux du clergé, en effet, il est important, dans le contexte d'évangélisation des esclaves, d'être en mesure de favoriser le choix de parrains, de statut servile ou non, sur des critères strictement religieux, suscitant ainsi une émulation parmi les fidèles[170]. Cependant, la marge de manœuvre des parents esclaves est sans doute plus faible dans les plantations que dans le monde ouvert des villes.

Quoi qu'il en soit, pour tous les esclaves, le baptême et son corollaire, le parrainage, sont loin d'être des institutions indifférentes : en témoignent les fêtes qui accompagnent la cérémonie religieuse, en ville ou au sein même des plantations, ainsi que la force du lien entre parrains et filleuls dont attestent les écrits de l'époque, à la Martinique comme à Saint-Domingue[171]. Au-delà des convictions religieuses, le sacrement permet à l'esclave de construire rituellement une dignité individuelle comme chrétien, voire d'accéder, lorsqu'il devient parrain, à un statut reconnu, à une position de responsabilité. En outre, le lien de parrainage tisse des solidarités utiles, notamment avec les Libres - qu'ils soient Blancs ou de couleur - qui acceptent de prendre un enfant esclave comme filleul.

Baptiser les protestants après l'Édit de Fontainebleau

Il convient de clore ce tour d'horizon des pratiques baptismales sous l'Ancien Régime par l'évocation du cas, spécifique, des enfants nés dans des familles restées fidèles à la « Religion prétendue réformée » (RPR) malgré l'interdiction en octobre 1685 du culte protestant dans le royaume de France (hors Alsace).

En réalité, des formes de restriction de la pratique baptismale se multiplient pour les protestants français à partir des années 1660. Les autorités royales interdisent par exemple de donner le baptême réformé aux enfants exposés en 1669, aux enfants bâtards de parents ou de mère réformés en 1682, puis aux enfants de pères décédés « dans la RPR » et de mères catholiques en juillet 1685. En février 1680, est imposé le recours à des sages-femmes catholiques, qui peuvent dès lors ondoyer des enfants protestants en danger de mort, contre l'avis de leurs parents[172]. Enfin, la monarchie engage une politique de réduction drastique des lieux d'exercice du culte réformé qui oblige les familles à des trajets de plus en plus longs pour trouver un ministre et une assemblée auxquels présenter leurs nouveau-nés. Vers 1680, la destruction du temple de La Tremblade force ainsi les parents à se rendre à celui d'Arvert, puis, après sa fermeture en 1682, à celui de Marennes, avant qu'il ne soit à son tour supprimé en 1684[173]. Dans ce contexte, de plus en plus d'enfants sont baptisés à la maison par des ministres itinérants, selon une procédure dérogatoire qui, du moins, évite tout recours à l'Église catholique[174].

L'édit de Fontainebleau du 17 octobre 1685, qui révoque l'édit de Nantes et supprime l'exercice public de la religion réformée, met fin à ces derniers baptêmes protestants légaux. Son article VIII oblige les parents de la RPR à envoyer les enfants auprès des curés de leur paroisse afin qu'ils y soient baptisés « à peine de cinq cens livres d'amende, et de plus grande, s'il échet », puis à les faire élever dans la religion catholique[175]. Comme nous l'avons vu, l'ordonnance royale de 1698, qui vise prioritairement les familles protestantes, renforce ce dispositif en imposant un délai maximal de vingt-quatre heures. La situation des parents réformés qui envisageraient d'éviter le baptême catholique devient particulièrement difficile : non seulement ils risqueraient les poursuites des autorités royales, mais encore, l'acte baptismal faisant fonction d'état civil, ils remettraient en cause le lien de filiation avec leur enfant, ce qui pourrait entraîner des conséquences redoutables pour la vie familiale et pour les pratiques de succession. Pendant plus d'un siècle, malgré les mesures de censure émises par les synodes réformés du Désert, la plupart des familles demeurées fidèles au protestantisme se résolvent dès lors à conduire leurs nouveau-nés devant le curé catholique, surtout dans le nord du royaume, où elles sont plus isolées[176].

Des modes de contournement de la législation se mettent néanmoins en place à l'échelle locale. Dans la seconde moitié du XVIIIe siècle par exemple, des dizaines de protestants français du nord du royaume se rendent aux églises réformées de Namur et Tournai (Pays-Bas autrichiens), et s'y marient ou y font baptiser leurs enfants, souvent à Pâques ou à la Pentecôte, comme l'indiquent de nombreux actes des registres ouverts dans ces deux églises en 1749, le gouverneur Charles de Lorraine choisissant de fermer les yeux malgré les protestations de l'ambassadeur de France à Bruxelles[177]. À Paris même, les chapelles des ambassades de Suède (à partir de 1626), du Danemark (à partir de 1744) et de Hollande, d'abord destinées à recevoir les sujets de ces pays protestants résidant en ville, s'ouvrent aux nombreux domestiques, artistes et artisans luthériens ou réformés, d'origine germanique ou suisse, qui migrent vers la capitale et y font souche[178]. Leurs enfants sont alors baptisés dans le protestantisme, sauf lorsque le voisinage s'en mêle et force les parents à un baptême catholique préalable – comme dans le cas de la fille du musicien allemand Friedrich Hailman que la foule entraîne à l'église Saint-Sulpice le 6 août 1763 alors que le père tente de la porter à la chapelle danoise[179].

La politique royale de répression demeure sévère jusque dans les années 1750-1760. Des campagnes de rebaptisations catholiques d'enfants baptisés au Désert ont lieu dans le Poitou, les Cévennes, le Languedoc ou le Dauphiné en 1751-1752[180]. S'ouvre ensuite une phase de relative tolérance des autorités. Les registres protestants clandestins deviennent de plus en plus fréquents, par exemple à La Rochelle depuis 1761[181], à Marseille à partir de 1767[182] ou à Lyon dès 1768[183], et ceux-ci accueillent localement un nombre croissant d'actes de baptêmes. Ce qui peut aboutir à un net dégonflement des registres baptismaux catholiques, comme dans le cas de Saint-Jean-de-Gardonnenque, une paroisse cévenole presque entièrement réformée[184]. Il faut cependant attendre quelques décennies encore, et l'édit de tolérance du 28 novembre 1787, pour que la pratique baptismale protestante sorte entièrement de la clandestinité et que l'enregistrement des cérémonies soit reconnu comme des actes d'état civil (art. 25 et 26[185]).

Cette réapparition des célébrations baptismales dans des temples plus ou moins tolérés n'empêche pas le modèle catholique du « *quam primum* », ultra-majoritaire dans le pays, de peser lourd sur les pratiques des familles protestantes. Alors qu'à Genève, en 1770-1772, seul un nouveau-né sur treize est présenté au temple dans la journée ou le lendemain[186], cette proportion atteint presque la moitié (44 %) dans la décennie 1770 au sein de la petite communauté protestante de Lyon. La répartition des célébrations entre les différents jours de la semaine y apparaît équilibrée, assez loin de la logique calviniste originelle (de 15 % le jeudi à 19 % le dimanche). Il faut souvent une intervention ferme du corps pastoral pour contrer cette influence catholique relayée par la législation royale. C'est ainsi que dans les années 1780, la reprise en main par les pasteurs de la communauté lyonnaise se traduit par la montée des baptêmes dominicaux (35 %) et une régression des baptêmes immédiats (27 %)[187].

L'unité de vue entre État monarchique, Église catholique et fidèles en matière de pratiques baptismales forme un trait majeur de la France des XVIIe et XVIIIe siècles. Elle est à l'évidence un facteur favorable à l'implication croissante de l'État dans la régulation du premier sacrement. Ce modèle consensuel, que l'on peut qualifier à bon droit de « baptême d'Ancien Régime », n'est contesté qu'en toute fin de période lorsque le pouvoir royal s'engage dans une politique de tolérance vis-à-vis des protestants, qui débouche sur la reconnaissance d'un état civil hors baptême catholique. Mais l'inflexion ne touche qu'une part mineure de la population et ce sont bel et bien les bouleversements de la Révolution qui signent son effondrement définitif à l'échelle du pays entier.

CHAPITRE 3

Révolutionner le baptême

La période qui s'écoule de la convocation des états généraux en 1789 aux premières années d'application du nouveau Concordat de 1801 marque une rupture cruciale dans la pratique du baptême en France. Pouvait-on imaginer qu'il en soit autrement dans un moment si riche en bouleversements dans tous les secteurs de la vie sociale et au cours duquel la question religieuse occupe une place centrale ? Aux lentes évolutions des pratiques des deux siècles précédents, sous l'impact de la pastorale tridentine et de la politique d'encadrement de l'État monarchique, succède une suite frénétique d'événements - application de la Constitution civile du clergé, mise en place d'un état civil laïcisé, répression du clergé réfractaire, déchristianisation de l'an II et promotion du culte de l'Être suprême, oscillations de la politique religieuse du Directoire, essais de mise en place de cultes patriotiques, signature et application du Concordat - qui tous ont un effet significatif sur le geste de baptême. Au final, s'opère, dans la douleur, la séparation entre baptême et naissance civile.

1789-1791 : LE BAPTÊME DU « CHRÉTIEN-CITOYEN »

Ce découplage est pourtant loin d'être inscrit au programme révolutionnaire lorsque se réunissent les états généraux. Comme l'a écrit Albert Mathiez : « En 1789, personne ou presque personne parmi les révolutionnaires, même les plus avancés, ne songeait à attaquer de front le catholicisme et à lui opposer une religion nouvelle. Personne ou presque personne parmi eux ne désirait séparer l'Église de l'État, tous étaient étrangers à l'idée d'un État entièrement laïque[1]. » De fait, si certains philosophes montrent un indéniable anticléricalisme, rares sont ceux qui se conçoivent antireligieux[2], c'est-à-dire, dans le contexte de la France de 1789, antichrétiens. L'ordre du jour n'est pas à la séparation de l'Église et de l'État, bien au contraire. L'option qui domine les conceptions des acteurs au début de la Révolution est celle d'une fusion entre la notion de chrétien et celle de citoyen. Il s'agit de construire une « religion nationale », à la fois chrétienne et patriotique, tournée vers le bonheur spirituel et matériel des Français, au service de la Loi et de la Foi, dont les contradictions éventuelles ne sont pas envisagées à ce stade. L'État et les Églises, et tout spécialement l'Église catholique, sont censés participer de plein gré à ce projet, auquel se rallie avec enthousiasme la masse des délégués issus du bas-clergé[3]. Il revient bientôt à la Constituante de dessiner cet État nouveau, chrétien, destiné à des « chrétiens-citoyens ».

Concernant le baptême, une telle conception a une conséquence majeure. Celui-ci demeure un sacrement autant qu'un acte d'état civil qui confère l'existence civile aux individus naissants. Suivant la logique de la « religion de l'État » défendue par Voltaire contre la « religion théologique » dans son *Dictionnaire philosophique*[4], le clergé continue, en dispensant le sacrement baptismal et en en tenant registre, à faire fonction d'officier d'état civil pour l'État royal et se rend ainsi utile à la société.

En l'espèce, la continuité avec la politique menée par la monarchie est remarquable : même souci d'encadrement de l'enregistrement et de conservation des registres paroissiaux ; même délégation au clergé séculier de leur rédaction. Rien ne bouge à cet égard, sur le plan légal, jusqu'en septembre 1792. La Constitution civile du clergé adoptée par la Constituante le 12 juillet 1790 marque d'ailleurs dans un premier temps l'apogée de cette conception d'une Église au service de la nation, elle-même constituée de « chrétiens-citoyens ». Elle comporte une réorganisation des paroisses et des évêchés, et la mise en place, par élection citoyenne, d'un nouveau bas-clergé constitutionnel, composant un service public de la religion, dont l'une des missions est la délivrance des sacrements habituels, à commencer par le baptême.

Lors des débats préalables à la définition de la Constitution civile du clergé, seule une poignée de personnalités, issues d'une frange réduite du parti philosophique, expriment des visions discordantes. Parmi elles, Jean-Baptiste Cloots, violemment anticlérical et hostile à tout financement des prêtres par l'État[5] ; l'athée Naigeon, favorable à une séparation de l'Église et de l'État ; ou encore Sylvain Maréchal, qui prône non la suppression de l'idée religieuse, mais un culte domestique sans caste sacerdotale, inspiré d'un idéal patriarcal, dans lequel le prêtre-chef de famille marie, enterre, « atteste la naissance des enfants » et où les baptêmes disparaissent au profit d'une célébration collective des nouveau-nés vers la Noël, deux mois après celle destinée aux morts, située opportunément aux alentours de la Toussaint catholique[6]. L'imaginaire de ce culte domestique, loin d'être une rêverie isolée, ressurgira avec force sous le Directoire, nous le verrons.

Ces contre-projets restent à cette date très marginaux et leur impact social est nul. Dans les pratiques baptismales des Français, rien n'indique encore une quelconque évolution. Nulle trace de refus absolus de baptême pour les nouveau-nés en 1790 ou 1791 - mais il est vrai que la confusion entre sacrement et acte civil les rend indétectables. Le test des délais de baptême est plus probant. Ainsi, dans les onze villages des environs de Paris qu'a étudiés Philippe Daumas, et dont certains sont loin avant 1789 d'être des chrétientés idéales sans conflits entre paroissiens et curé, l'âge moyen au baptême (en jours) ne bouge pas jusqu'en 1792 : 0,72 en 1789 ; 0,72 en 1790 ; 0,84 en 1791, soit des délais équivalents à ceux d'avant la Révolution[7]. Le baptême immédiat imposé par la déclaration royale de 1698 demeure la règle.

Il y a cependant dans ces deux premières années révolutionnaires une innovation en matière baptismale : les baptêmes civiques. Loin d'exprimer une hostilité à l'encadrement clérical de la naissance ou d'être des contre-cérémonies, ils traduisent au contraire l'idéal alors dominant du « chrétien-citoyen ». En effet, il s'agit de baptêmes catholiques normaux au cours desquels le parrain, certainement avec l'accord préalable des parents, complète son engagement religieux au nom de l'enfant par un second engagement civique et patriotique. En témoigne cet acte tiré d'un registre de catholicité de Montvianeix, dans le Forez :

> Le vingt-deux juin mil sept cent quatre-vingt et dix est né de légitime mariage de giraud dassaud, coutelier habitant de la croix de mon charbonnier, et de Françoise douroux, ses pere et mere, Claude, son parrain qui a promis pour l'enfant d'etre fidel a la loy a la nation et au roy a été claude Gorce et la maraine, antoinette Dassaud qui nont scu signer de ce enquis. signe, Francon curé[8].

Ou encore ce récit du premier baptême civique marseillais célébré, le 24 mai 1790, dans la paroisse Saint-Martin. Étienne Seytres, avocat au Parlement et « postulant au siège de cette ville », qui parraine Étienne Balthazard Marius, fils de Balthazard Dauron, officier royal,

> a dit qu'après avoir coopéré à faire un chrétien, il lui reste à remplir un autre devoir non moins sacré et non moins important, celui de faire contracter au nouveau-né par son organe, l'engagement solennel que tout véritable citoyen doit former avec la patrie ; en conséquence il a juré au nom du nouveau né, entre les mains de nous curé soussigné, de maintenir de tout son pouvoir la Constitution du royaume et d'être fidèle à la nation, à la loi, et au roi, lequel serment il promet et s'engage de le faire ratifier et renouveler à son filleul lorsqu'il aura l'âge de raison et qu'il sera à même de connoître la nécessité du serment civique pour se dire français et a signé avec la marraine.

Par cet ajout du serment civique « à la Nation, à la Loi et au Roi », il est clair que les familles désirent faire immédiatement de leur nouveau-né non seulement un chrétien, mais un futur citoyen patriote, bref, un « Français », comme cela apparaît quelquefois dans les registres. Cette innovation, qui montre à quel point le baptême est vu comme une cérémonie d'entrée globale dans la société et non dans la seule communauté religieuse, suscite parfois quelques doutes auprès des curés, mais pas nécessairement leur opposition. Ainsi, celui de la paroisse Saint-Martin, le chanoine-curé Jean-Pierre Mérentier, hésite et préfère demander l'avis de la municipalité marseillaise, qui se révèle positif. Un mois plus tard, le 27 juin, c'est lui qui invite ses paroissiens à prêter « avec joie ce serment », proposition suivie par cinq familles dans les semaines suivantes[9].

Le moment d'émergence des baptêmes civiques est tout sauf fortuit. Le premier exemple répertorié date du 17 janvier 1790 (baptême d'Henry Louis Cousin, à Aubervilliers[10]), mais la pratique se développe surtout au printemps 1790, dans les semaines précédant la célébration de la fête de la Fédération de Paris le 14 juillet, une période d'effervescence patriotique où la population prend plaisir à affirmer sa communion mystique avec la Patrie en proclamant le serment civique en toutes circonstances[11]. L'exemple le plus connu est d'ailleurs celui du double baptême civique qui s'improvise lors de la fête de la Fédération de Strasbourg. Alors qu'à la demande de plusieurs citoyens, le fils d'un garde national catholique doit être baptisé sur l'autel de la Patrie, un garde national luthérien obtient la même faveur pour son nouveau-né. L'accord est aisément scellé car il permet de marquer à point nommé la réconciliation patriotique des membres des deux principales religions de la capitale alsacienne. La cérémonie a lieu en trois temps. D'abord, un pasteur protestant et un prêtre catholique célèbrent les baptêmes religieux des deux enfants, pourvus chacun d'une marraine de l'autre confession et d'au moins un prénom rappelant les circonstances exceptionnelles du sacrement (Fédéré pour le petit catholique, Civique pour le petit luthérien). Puis les ministres échangent un baiser « de paix et de fraternité » et laissent place aux parrains et marraines qui prononcent le « serment solennel d'être fidèles à la Nation, à la Loi, au Roi, et de maintenir de tout leur pouvoir la Constitution décrétée par l'Assemblée nationale et acceptée par le Roi », sous les vivats de la foule. Enfin, tandis que commandants et chefs militaires forment, avec leurs épées nues, une voûte d'acier au-dessus de la tête des enfants, voûte elle-même surmontée par le drapeau de la fédération, leur doyen attache aux bébés une cocarde en prononçant ces mots : « Mon enfant, je te reçois garde national. Sois brave et bon citoyen comme ton parrain[12]. »

Il est difficile de mesurer l'ampleur que prend ce phénomène inédit des baptêmes civiques. Il reste à l'évidence très minoritaire, surtout à partir de mi-1791 lorsque les événements nationaux rendent caducs les serments « à la Nation, à la Loi et au Roi ». Mais localement, en fonction de critères multiples, la proportion peut atteindre des niveaux conséquents. Ainsi dans le terroir de Marseille, à Mazargues, la présence d'une Société populaire explique que l'on recense vingt et un serments pour cinquante-cinq baptêmes en 1790 et encore onze sur soixante-sept en 1791. L'effet d'entraînement est ici indéniable[13].

Même si des familles populaires, en Forez ou à Mazargues, sont bien impliquées, les baptêmes civiques émanent avant tout des couches supérieures. À Marseille, parmi les pères, dominent les membres du négoce et de la bourgeoisie (capitaines de navire par exemple), auxquels s'ajoutent quelques maîtres-artisans[14]. Ailleurs, ce sont des magistrats, des hommes de loi, et bien entendu des citoyens spécialement actifs au niveau local (en particulier des officiers de la garde nationale), qui font appel comme parrains ou comme prêtres baptiseurs à des notabilités ou des autorités du cru. Lors d'un baptême célébré à Lons-le-Saunier, en mars 1792, le parrain n'est autre que le marquis de Châteaurenaud, membre de la Constituante puis de la Convention[15].

Par la présence de personnalités importantes, par la mobilisation de nombreux participants (membres de société patriotique ou troupes de la garde nationale), par la pompe exceptionnelle qui les entourent, ces baptêmes acquièrent parfois un statut de fête civique locale, à moins qu'ils ne s'insèrent dès le départ dans le cours d'une manifestation patriotique de plus grande ampleur, comme à Strasbourg en juillet 1790. Cependant, même les cérémonies les plus étoffées ne font pas oublier qu'il s'agit d'abord de baptêmes religieux dont l'ordonnancement obéit presque toujours aux règles habituelles : immédiateté du baptême après la naissance, célébration à l'église par le curé paroissial, présence d'un parrain et d'une marraine, engagement religieux, prénomination. Les processions qui s'organisent à l'aller et au retour de l'église, avec la foule des gardes nationaux ou des volontaires, correspondent en plus extrême à des pratiques profanes classiques en matière de cortèges baptismaux. L'heure n'est donc pas encore aux grandes innovations rituelles. Le recours à l'autel de la Patrie, alors que cette innovation civique se répand dès 1790 dans de très nombreuses communes, n'est attesté que dans le double baptême si particulier de Strasbourg le 14 juillet 1790, et dans un autre célébré à Beauvais le 21 juillet, en présence des gardes nationaux de la région et des fédérés à peine revenus de la fête de la Fédération parisienne[16]. Drapeaux tricolores et chants patriotiques sont quelquefois signalés, de même que des influences maçonniques dans la liturgie (par exemple, la voûte d'acier des épées), mais de manière ponctuelle. Quant à la prénomination, elle continue d'obéir à des schémas anciens - fréquente transmission des prénoms des parents spirituels, par exemple. Il n'est pas rare de voir apparaître des prénoms révolutionnaires : Liberté, Fédéré, etc. Mais l'ajout s'opère souvent à des rangs secondaires, et, surtout, cela n'est pas systématique, loin de là, dans les baptêmes civiques. Signalons d'ailleurs que ces prénoms apparaissent dès 1790 - en mai à Marseille, par exemple - essentiellement dans des cérémonies baptismales ne comportant aucun serment civique[17].

L'impact de la Constitution civile du clergé

La Constitution civile du clergé représente le premier véritable tournant en matière de baptême. À un niveau global, son échec entraîne la ruine du projet de « religion nationale » dont elle est *a priori* l'émanation. Son rejet par la moitié du clergé séculier français et par le pape en mars 1791 enclenche non seulement la montée d'un anticléricalisme de plus en plus intense, mais encore la mise en marche du processus de laïcisation de l'État républicain, dont l'étape majeure est, en ce qui nous concerne, la loi du 20-25 septembre 1792 créant un état civil laïque[18].

Le serment à la Constitution civile du clergé, que les prêtres séculiers doivent prêter dans les premières semaines de 1791, focalise d'emblée les tensions. Le clergé se divise bientôt en deux ensembles, de taille à peu près équivalente au plan national, mais présentant de grandes fluctuations à l'échelon local[19] : d'un côté, ceux qui acceptent, les prêtres assermentés ou constitutionnels (dits aussi jureurs) ; de l'autre, les prêtres réfractaires ou insermentés, qui sont dès lors considérés comme démissionnaires, privés de traitement et, théoriquement, de fidèles.

Ce véritable schisme pose, pour une partie au moins des catholiques, une question cruciale. Si l'on refuse le clergé constitutionnel, par fidélité aux prêtres réfractaires, soutenus par leurs anciens évêques et par le pape, si l'on considère les jureurs comme des « intrus » à l'intérieur d'un espace paroissial dont le légitime titulaire est le prêtre insermenté forcé à la démission, peut-on en toute conscience faire administrer les sacrements par le nouveau pasteur « illégitime » ? Un baptême donné par le prêtre constitutionnel serait-il d'ailleurs valable ? Ne fait-on pas planer un doute sur le sort spirituel de l'enfant, notamment en cas de décès précoce ? N'est-on pas en état de péché en se contentant en la circonstance du prêtre assermenté ?

La situation est d'autant plus délicate dans le cas du mariage et du baptême que ces cérémonies religieuses font fonction de déclaration d'état civil. Dans un souci d'apaisement, la Constituante tente bien d'établir un début de coexistence pacifique, en acceptant en mai 1791 que les prêtres insermentés puissent célébrer la messe, mais elle refuse qu'ils puissent administrer baptêmes et mariages[20]. Par ailleurs, dans le camp adverse, le pape, par son bref *Caritas* du 13 avril 1791, interdit aux fidèles tout contact avec les prêtres jureurs, considérés comme hérétiques.

Confrontés à ce dilemme, de nombreux parents veulent rester fidèles à leur « bon curé » réfractaire et lui portent leur enfant pour le baptême. Comme les nouveau-nés ne passent plus dans les mains du clergé constitutionnel, ils échappent par là même à l'enregistrement officiel et se retrouvent dépourvus d'état civil. À Strasbourg en 1792, l'évêque constitutionnel refuse même de donner des obsèques à certains de ces enfants morts en bas âge[21]. D'autres parents trouvent une solution en suivant la voie proposée le 15 mars 1791, quelques jours avant son émigration, par Mgr La Luzerne, dans son *Instruction donnée par M. l'évêque de Langres aux curés, vicaires et autres ecclésiastiques de son diocèse qui n'ont pas prêté le serment ordonné par l'Assemblée nationale* : éviter tout contact avec les schismatiques (les prêtres constitutionnels), faire baptiser le bébé par un prêtre réfractaire, puis utiliser les ressources de l'édit de Tolérance de novembre 1787 sur l'état civil des non-catholiques, c'est-à-dire s'adresser aux officiers municipaux ou aux juges de paix pour faire constater leurs naissances, mariages ou décès[22]. Cette subtile reprise des procédures destinées aux protestants pour des enfants de catholiques se défiant de l'Église constitutionnelle radicalise les tensions locales. À Bédarieux, dans l'Hérault, où la pratique se développe avec la complicité du maire et de son fils juge de paix, une pétition de soixante citoyens actifs, scandalisés par ce qu'ils voient comme un triomphe du « fanatisme », en appellent le 16 octobre 1791 à une réaction vive des autorités départementales[23].

La montée des conflits et l'anarchie croissante de l'enregistrement de l'état civil par le biais des baptêmes constitutionnels entraînent les premières mesures répressives. Dans les Bouches-du-Rhône, l'administration du département se tourne vers les sages-femmes et les met en garde contre les séductions des insermentés, car, précise-t-elle, « les prêtres réfractaires saisissent l'homme à sa naissance[24] ». À Rennes, le 14 janvier 1792, le tribunal de police correctionnelle condamne à une amende de 200 livres un avocat qui n'a pas présenté au curé de sa paroisse son fils né le 18 décembre, et l'oblige à le porter à l'église Saint-Pierre dans les trois jours[25]. En Vendée fin 1791 et début 1792, des parents ayant refusé de s'adresser au curé constitutionnel pour le baptême de leurs enfants, la force armée intervient, s'empare des nouveau-nés et fait procéder à des baptêmes forcés, suscitant une première poussée de tension entre populations et pouvoir, bien avant l'insurrection proprement dite[26].

À Paris, de nombreux députés comprennent vite que le problème est en train de devenir plus large et que c'est la logique même de la Constitution civile du clergé, celle de la « religion nationale » du « chrétien-citoyen », qui est en cause. Pour eux, le maintien coûte que coûte de l'intégralité du projet menace la stabilité du pays et constitue un obstacle à la pérennisation des autres acquis révolutionnaires. Un premier mouvement s'opère en direction d'une plus grande séparation entre Église et État. Abandonnant le projet strict d'une religion dominante, la Constitution du 3 septembre 1791 reconnaît la liberté de culte (titre premier). Dans le titre II, article 7, elle affirme en particulier concernant l'état civil : « La loi ne considère le mariage que comme contrat civil - Le pouvoir législatif établira pour tous les habitants, sans distinction, le mode par lequel les naissances, mariages et décès seront constatés ; et il désignera les officiers publics qui en recevront et conserveront les actes[27]. » Censé répondre au désordre de l'état civil comme aux demandes croissantes d'instauration du mariage civil (pour les anciens prêtres ou les comédiens qui se voient refuser le mariage religieux)[28], cet article promet donc l'instauration prochaine d'un enregistrement des naissances en dehors de la seule compétence du clergé constitutionnel et des baptêmes conférés par lui.

Cependant cet engagement ne trouve pas de concrétisation sur le plan législatif. Car la réorientation politique envisagée présente un double risque, celui d'affaiblir l'Église constitutionnelle, dont la fidélité au nouvel ordre des choses est appréciée, et, à l'inverse, celui de renforcer le camp de l'Église romaine et des ennemis de la Révolution. En novembre 1791, lorsque la Législative s'interroge sur la mise en route d'un projet de décret pour faire constater par des officiers civils les naissances, mariages et morts[29], le débat débouche sur des propositions de séparation de l'Église et de l'État. Le tir de barrage des évêques constitutionnels présents dans l'assemblée (Le Coz, en particulier) reçoit alors le renfort de la majorité des députés, certains favorables au principe d'une évolution, mais jugeant la mesure prématurée, d'autres misant avant tout sur une répression accrue du clergé réfractaire[30]. La discussion se clôt le 29 du mois, sans que rien ne bouge dans le mode de déclaration des naissances.

Ces blocages à l'Assemblée n'empêchent pas le débat de se poursuivre dans le pays lors des premiers mois de 1792, à Paris surtout où l'opinion patriote est la plus active, avec le soutien de la Commune, dont le maire Bailly a proposé dès mai 1791 le remplacement des prêtres par des officiers publics en matière d'enregistrement de l'état civil[31]. L'idée de développer, pour les événements vitaux, un cérémonial national hors de la religion catholique, y compris constitutionnel, fait bel et bien son chemin dans les esprits. D'autant que l'anticléricalisme et l'effervescence patriotique grandissent avec le déclenchement de la guerre au « roi de Hongrie et de Bohême[32] », le 20 avril 1792, suivi des premiers revers militaires. Le 19 juin, le député Gohier, à propos de la laïcisation des actes de l'état civil, alors discutée à l'Assemblée, suggère d'entourer d'un rite civique la constatation des baptêmes, des mariages et des décès. La célébration des nouveau-nés aurait lieu non plus à l'église, mais devant les autels de la Patrie, qui se sont répandus sans instruction officielle depuis deux ans dans toute la France. Pour le reste, le cérémonial envisagé forme un décalque de la liturgie du baptême. Lors de l'inscription de l'enfant, les magistrats du peuple, faisant fonction de prêtres, prendraient en effet l'engagement solennel, au nom de la patrie, de l'affranchir de la servitude et de l'ignorance en lui procurant une instruction digne d'un homme libre. Et le père et/ou le parrain feraient serment, au nom du nouveau citoyen, de fidélité à la nation, de soumission à la loi, et de respect des autorités. La cérémonie se clôturerait par le cri de « Vivre libre ou mourir ». Le projet de Gohier est applaudi à la Législative, qui n'en reprend pas pour autant l'intégralité. Elle en retient cependant un élément important, le 26 juin 1792, lorsqu'elle décrète que « dans toutes les communes de l'Empire, il serait élevé un autel de la Patrie, sur lequel serait gravée la Déclaration des droits avec l'inscription : le citoyen naît, vit et meurt pour la patrie[33] ». Quelques jours plus tard, le 8 juillet, Camille Desmoulins, habitant à Paris la section du Théâtre-Français, se rend à la municipalité et, arguant du décret du 26 juin, demande à présenter « à la Patrie » son fils de 2 jours, en présence de deux témoins : « Laurent Lecointre et Antoine Merlin, citoyens députés à l'Assemblée nationale ». L'acte, rédigé sur sa demande « pour constater la naissance et l'état civil de son fils »[34], est un appel pressant à la mise en place d'une officialisation non chrétienne des événements vitaux. Pour Desmoulins comme pour de nombreux révolutionnaires, l'affaire est entendue : le sujet dont il convient de célébrer et enregistrer la naissance n'est plus le futur « chrétien-citoyen » de 1789, mais un citoyen tout court, par ailleurs possiblement chrétien. Il est libre à chacun de conserver la cérémonie sacramentelle, mais l'entrée dans la Patrie ne saurait plus passer par le biais du seul baptême, une cérémonie propre à une dénomination religieuse parmi d'autres.

La loi du 20-25 septembre 1792

C'est la chute de la monarchie, à la suite de la journée du 10 août 1792, qui conduit l'Assemblée nationale à opérer le saut décisif. Le veto royal ayant disparu, les mesures de répression du clergé réfractaire peuvent s'appliquer. Le décret du 26 août, qui donne huit jours aux prêtres insermentés pour quitter le département de leur résidence et quinze pour quitter le royaume sous peine d'être déporté en Guyane, entraîne leur émigration massive, et par conséquent une chute sensible des baptêmes administrés par leurs soins. Par ailleurs, l'heure n'est plus à protéger les prérogatives de l'Église constitutionnelle, mais à la soumettre entièrement aux désirs de l'État. Comme l'exprime un décret le 14 août, « l'église constitutionnelle ne doit rien avoir à refuser à la Patrie ». Non seulement les autorités politiques (Commune insurrectionnelle de Paris, Assemblée) se sentent complètement autorisées à légiférer en matière d'Église, n'hésitant pas à réquisitionner les objets religieux, à supprimer le casuel et à soumettre en clair le catholicisme à la législation d'État en lui niant toute constitution particulière[35], mais encore elles rejettent l'idée que le baptême puisse constituer l'entrée dans la communauté civile de l'État (devenu une république le 21 septembre). Il faut au contraire établir une procédure commune à tous les citoyens, de quelque confession qu'ils soient : catholiques, protestants – l'édit de 1787 est supprimé –, juifs, etc. C'est le sens du décret du 20-25 septembre 1792 sur « le mode de constater l'état civil des citoyens[36] », qui dispose dans son titre II (« de la tenue en dépôt des registres ») :

> Art. 1er : Il y aura dans chaque municipalité trois registres pour constater, l'un les naissances, l'autre les mariages, le troisième les décès. [...]
> Art. 6 : Les actes contenus dans ces registres, et les extraits qui en seront délivrés feront foi et preuve, en justice, des naissances, mariages et décès.

Pour autant, le titre III, qui concerne plus spécifiquement les naissances, définit un mode d'enregistrement très inspiré des prescriptions antérieures du baptême catholique. L'article 1er énonce en effet que « les actes de naissance seront dressés dans les vingt-quatre heures de la déclaration qui sera faite par les personnes ci-après désignées, assistées de deux témoins de l'un ou de l'autre sexe, parens ou non parens, âgés de vingt-un ans ». Il s'agit ni plus ni moins du délai de baptême prévu par la déclaration royale de 1698. Quant aux deux témoins, le fait qu'ils puissent être de sexe différent, alors que la jurisprudence royale en France avait exclu très tôt le témoignage féminin en matière d'état civil[37], indique assez que le modèle du couple parrain/marraine est présent dans l'esprit du législateur. Quant au contenu de l'acte, défini par l'article 7, il reprend celui des actes de baptême, si ce n'est que les parrains sont des « témoins » et que les noms de baptême deviennent des « prénoms », terme alors neuf en matière de désignation des Français.

Conscients de leur audace, les législateurs entendent rassurer la population[38] : la loi du 20-25 septembre n'a pas vocation dans son principe à s'attaquer au culte et, par exemple, à interdire les baptêmes chrétiens – du moins lorsqu'ils sont administrés par des ministres jureurs, et non des réfractaires théoriquement exilés. C'est ce qu'énonce avec force l'article 8 du titre VI qui clôt la loi :

> L'Assemblée nationale, après avoir déterminé le mode de constater désormais l'état civil des citoyens, déclare qu'elle n'entend ni innover ni nuire à la liberté qu'ils ont tous de consacrer les naissances,

mariages et décès, par les cérémonies du culte auquel ils sont attachés, et par l'intervention des ministres de ce culte.

Cependant, les registres paroissiaux existants, en tant qu'ils contiennent l'état civil des Français, doivent être remis rapidement aux autorités municipales après un inventaire et « déposés dans la maison commune » (titre VI, art. 1 et 2). L'article 5 spécifie bien que le clergé est désormais absolument exclu de la rédaction des registres d'état civil (sauf, comme il sera précisé en novembre, si le prêtre est membre du conseil général de la commune et agit alors comme officier d'état civil)[39]. En outre, les baptêmes ou autres ne devront plus donner lieu à aucune inscription en leur sein, dès lors que toute validité civile leur est ôtée.

Face à la loi nouvelle, à laquelle les évêques constitutionnels députés donnent leur approbation[40], le clergé jureur fait preuve de bonne volonté. La remise des registres paroissiaux aux municipalités s'opère sans grande difficulté dans les derniers mois de 1792 ou en janvier 1793. Bien plus, certains prêtres cherchent à rassurer leurs fidèles en minimisant les changements en cours. Dans une lettre datée du 27 octobre 1792, le curé de Clérey (Aube), le « Citoyen et Électeur Lejeune », explique ainsi avec quelques regrets, mais sans rancœur, l'abandon de la fusion conceptuelle entre chrétien et citoyen :

> Mes frères, je trahirois mon ministère, si vous voyant prendre l'alarme sur les changemens décrétés dans la police et la manière de déterminer l'état civil des citoyens, je ne vous rassurois contre ce que vous regardez comme une entreprise sur la religion. Je désirerois comme vous que tous les habitans de la République française professassent la religion catholique, il n'auroit pas été nécessaire d'abroger le mode ancien. Mais puisque l'État renferme dans son sein des non-croyans et des sectaires, il faut bien les laisser agir selon leur manière de penser, comme nous voulons être libres de professer notre culte ; la différence de nos opinions n'en doit point mettre dans notre soumission aux lois civiles. [...]
> Nos législateurs sont appelés à former des citoyens, et non pas à former des chrétiens ; or tout chrétien doit être citoyen, mais tout citoyen

n'est pas chrétien. En votre qualité de citoyens, vous devez donc vous conformer aux loix civiles, et en votre qualité de chrétiens, vous devez de plus obtempérer aux préceptes évangéliques. Faisons donc l'application de ces principes à la conduite que vous devez tenir relativement à la loi qui détermine le mode de constater les naissances, mariages et décès[41].

Son discours insiste sur le respect nécessaire de la nouvelle loi, qu'il explicite, tout en réitérant les devoirs du baptême immédiat. Comme il s'agit surtout de convaincre que rien d'alarmant n'a eu lieu, le curé Lejeune met l'accent sur la concordance des deux logiques en confondant témoins et parents spirituels, « prénom » de l'état civil et nom de baptême, ou encore en laissant entendre que la déclaration à l'état civil et le baptême sont fondamentalement deux cérémonies équivalentes, distinctes par le seul fait qu'elles se déroulent dans des sphères différentes, l'une civique, l'autre chrétienne :

> Ces témoins que vous ferez comparoître devant l'officier public chargé du registre des naissances, seront le parrain et la marraine que vous destinerez à votre enfant ; le prénom que vous lui ferez donner sera le nom du saint ou de la sainte sous l'invocation et le patronage desquels sera consacrée sa renaissance spirituelle. L'officier public aura constaté sa naissance, et par là seront mis en sûreté son existence et ses droits politiques. Le prêtre le baptisera, et par là il sera inscrit dans la société des fidèles, et deviendra membre de l'église[42].

L'ouverture et la tenue de nouveaux registres de baptême suscitent cependant très vite une vraie incompréhension entre les autorités politiques et le clergé constitutionnel. Dans la pure logique tridentine, les prêtres jureurs veulent conserver trace d'une manière ou d'une autre des sacrements conférés. Il s'agit de maintenir le contrôle de leurs fidèles (d'autant que le clergé réfractaire fait concurrence), mais aussi de transmettre l'information aux pasteurs qui prendront leur suite. Sollicités par leur clergé, les évêques constitutionnels prennent en compte cette demande, à l'image de

Mgr Gratien, évêque de Rouen, qui fait passer le 19 octobre 1792 une lettre circulaire pour clarifier ses positions sur le mariage, le divorce, les actes de décès et l'enregistrement des baptêmes[43]. Comme l'explique Mgr Lemasle, évêque du Morbihan, dans un courrier du 22 décembre au président de la Convention, le maintien des registres de catholicité correspond à l'esprit de la Loi qui garantit le bon déroulement des cérémonies habituelles (« chacun a donc la liberté de faire pour son culte et à l'égard de son culte uniquement ce qu'il avoit coutume de faire ») et la liberté du culte, et ne peut absolument pas être vu comme une volonté de concurrencer ou contester la déclaration civile. Dans la mesure où l'acte civil ne reconnaît que la naissance, la tenue parallèle de registres baptismaux pourrait même être utile à un citoyen français dans le cas où il désirerait s'installer « en Espagne, en Italie, etc. », pays où on serait susceptible de lui demander « des preuves de sa catholicité, de son baptême »[44].

Mais ces argumentaires sont rejetés par les autorités républicaines, au niveau local comme au niveau national. L'évêque constitutionnel des Bouches-du-Rhône Mgr Roux en fait l'expérience. Il a beau demander à son clergé, dans sa lettre pastorale du 8 novembre 1792, d'encourager les parents à faire constater les naissances à l'officier municipal et de tenir, non des registres, mais « des espèces de diptyques ou catalogues sur papier commun », il fait l'objet des soupçons du conseil général de la commune de Marseille, qui déclare le 20 janvier 1793 : « Il faut examiner si un tel journal ne deviendra pas dans la suite un registre pernicieux dont chaque dévot fera talisman de superstition [...] ; voilà par conséquent l'Église qui lutte clandestinement contre la Loi. » Les prêtres ont alors huit jours pour remettre au secrétariat de la commune ces fameux diptyques entamés après la remise des anciens registres paroissiaux, et défense leur est faite d'en tenir de semblables à l'avenir, « sous peine d'être poursuivis comme réfractaires à la Loi par devant les tribunaux ». L'affaire remonte à la Convention, qui ordonne le 11 février 1793 un rapport sur la lettre pastorale de l'évêque Roux, obligeant ce dernier à se justifier auprès de Cambacérès, rapporteur du Comité de législation. Rappelant son républicanisme et son patriotisme, et laissant planer le doute sur une possible démission qui ne pourrait que profiter aux ennemis de la Révolution, Mgr Roux se défend en s'étonnant à son tour que l'on puisse trouver quelque chose de contraire à la loi dans ce « qu'un père tienne une liste des noms de ses enfants, un pasteur celle de ses ouailles »[45].

En réalité, le débat est déjà tranché depuis quelques semaines à la Convention. Considérant que le clergé constitutionnel est au service de l'État, qu'il doit appliquer la loi sans broncher et même l'approuver, et que ses réticences (spécialement sur la question du mariage des divorcés) manifestent une forme détestable de corporatisme au sein de la nation, les députés interdisent solennellement le 22 janvier 1793, sur proposition du Conseil exécutif provisoire, la rédaction de tout procès-verbal des cérémonies de baptême ou de sacrement de mariage[46]. Désormais, tous les registres de baptême comme toutes les traces écrites sont hors-la-loi, qu'ils émanent d'un prêtre réfractaire ou d'un membre de l'Église constitutionnelle ! À Paris, les curés de Saint-Ambroise, La Madeleine et Saint-François sont dénoncés pour cette raison au printemps 1793. Celui de Saint-Thomas-d'Aquin manque être emprisonné par les commissaires de la Fontaine-de-Grenelle le 28 juin 1793 quand on découvre ses registres secrets ; le 24 septembre, il est cette fois arrêté pour avoir tenu de simples notes[47]. Ainsi s'enclenche à son tour pour le clergé constitutionnel l'ère du soupçon et des tracasseries, annonciatrice de la vague déchristianisatrice de l'an II, dont l'impact sur la pratique baptismale est immense.

La déchristianisation de l'an II

Ce mouvement complexe s'étale d'octobre 1793 à août 1794 dans certains départements (vers Nice par exemple), malgré le coup d'arrêt donné par Robespierre dès frimaire et le rappel à la Convention du principe de la liberté des cultes[48]. Son impact, plus ou moins limité dans le temps, varie selon les régions, certaines, notamment à l'ouest et au nord-est, conservant un culte catholique public. Parmi ses multiples manifestations, trois ont un impact décisif sur la pratique baptismale des Français. La chasse impitoyable aux membres du clergé réfractaire constitue la première. Les abdications massives des prêtres jureurs, telles celles de Mgr Godel, évêque de Paris, et de son clergé le 17 brumaire an II, forment la deuxième. Elles entraînent un évanouissement du clergé constitutionnel (la moitié environ au niveau national selon Michel Vovelle, parfois les deux tiers dans certains départements, comme Paris, le Cher, la Nièvre, l'Allier). Enfin, troisième aspect, de nombreuses municipalités arrêtent le culte et ferment les églises. Le phénomène est assez général dans les villes, plus variable en zone rurale[49]. Le culte protestant n'est pas épargné : sous la pression, 69 % des pasteurs du Languedoc abandonnent leur fonction pastorale en 1793-1794[50].

On comprend que dans un tel contexte, il soit très difficile de faire baptiser son enfant par un ministre du culte. Au-delà des variations locales, les registres clandestins des réfractaires[51], des prêtres assermentés, voire des protestants[52], montrent que la période la plus creuse de l'époque révolutionnaire est la fin de 1793 et les premiers mois de 1794. À Avignon par exemple, l'analyse de trente registres de prêtres réfractaires contenant 3 300 actes de mariages et de baptêmes allant du 7 décembre 1793 au rétablissement du culte vers 1800, prouve l'extrême rareté des actes de l'année 1794 : six baptêmes et mariages seulement sont consignés avant thermidor an II[53].

Mais difficulté ne signifie pas toujours impossibilité. Dans de nombreuses paroisses, le clergé constitutionnel étant resté en place, les baptêmes se déroulent à peu près normalement. À Phaffans, en Alsace, le registre - clandestin - du curé jureur Berdolet montre que tous les enfants sont baptisés entre janvier 1793 et juillet 1794, date à laquelle le prêtre est arrêté comme la totalité des ministres de tous les cultes du département du Haut-Rhin le 6 thermidor an II -, avant d'être relâché le 24[54]. Plus original, à Paris même, le pasteur Gambs de la chapelle de Suède et le pasteur Göricke de la chapelle de Danemark parviennent, à force d'interventions auprès des autorités françaises, à maintenir le culte protestant sans discontinuer pendant la Terreur : non seulement, comme après la révocation de l'édit de Nantes, des enfants de la religion réformée sont accueillis avec les nouveau-nés luthériens, mais on trouve dans les deux chapelles des cas de baptêmes d'enfants catholiques[55].

La crise de l'an II n'est pas qu'affaire d'accès au baptême. C'est toute une logique culturelle et sociale dont il constituait un élément clé qui se trouve bouleversée. La vague des prénoms révolutionnaires[56], souvent considérée comme une « révolution culturelle[57] », en est sans doute l'un des meilleurs témoignages. La laïcisation de l'état civil en septembre 1792, quoiqu'elle en ait introduit la possibilité, n'a pas été perçue immédiatement comme une remise en cause du mode de prénomination chrétien (nomination au baptême, rôle des parents spirituels, choix de prénoms ayant une signification religieuse, etc.) : pour de nombreux prêtres, prénoms civils et noms de baptême pouvaient et devaient coïncider ; quant aux parents, ils sont restés *a priori* dans le répertoire chrétien, même si depuis 1790 on trouve trace ici ou là de prénoms explicitement reliés au contexte de la Révolution (National, Liberté, etc.). L'explosion des prénoms révolutionnaires en l'an II - 150 000 pour 1 300 000 naissances, selon Serge Bianchi[58] - revêt une signification plus ample : il s'agit pour de nombreuses familles de sortir de la culture chrétienne au profit d'autres référents, patriotiques, révolutionnaires, républicains. Fruit de ce mouvement, le décret du 24 brumaire an II (14 novembre 1793) sur la faculté de chaque citoyen « de se nommer comme il lui plaît[59] » autorise la dation de prénoms profanes à l'état civil. Beaucoup de parents patriotes se contentent d'une demi-mesure, en attribuant en seconde position un prénom révolutionnaire à leur enfant, tandis que le premier prénom relève toujours du registre chrétien classique et lui est transmis par le père, la mère ou un témoin de naissance - agissant en l'occurrence comme un parrain « à l'ancienne[60] ». Mais pour les plus convaincus, le choix est plus radical : plus question de baptême ou de rappel des saints par le prénom, plus question de lier nomination et entrée dans la communauté des chrétiens, plus question d'un contrôle par le clergé de la prénomination, plus question enfin de reprendre les prénoms nécessairement chrétiens des parents spirituels éventuels de l'enfant.

Les nouveau-nés ne sont pas seuls concernés par cet abandon de la prénomination baptismale. Il arrive ainsi, comme à Élincourt (Oise) le 16 nivôse an II (5 janvier 1794), qu'un père républicain vienne en compagnie des parrains et marraines à la maison commune pour faire débaptiser officiellement tous ses enfants, laissant à chaque couple de parents spirituels le soin d'attribuer à son filleul, non plus les noms « de ci-devant saints, qui ne se sont rendus mémorables qu'à force de momeries superstitieuses », mais ceux de « grands hommes qui ont deffendu la République ou qui l'ont inventée dans un tems même où personne n'y croyait » - en l'occurrence Rousseau, Brutus, Marat et Lepeletier[61]. Plus fréquemment, des adultes engagés dans le mouvement de déchristianisation délaissent leur nom de baptême au profit d'un prénom républicain. Ainsi de nombreux membres de la société populaire de Perpignan, considérée comme un repaire d'hébertistes et d'ailleurs dissoute à ce titre le 25 germinal an II pour être « régénérée », se présentent le mois suivant à la commission de réadmission et déclinent des prénoms tels que Fer, Absinthe, Asperge ou Haricot[62].

La rupture évidente ne doit pas cacher la puissance maintenue de la grammaire du « modèle baptismal ». Pour de nombreux acteurs, le rejet du christianisme s'apparente à un changement de religion, mais leur adhésion à l'idéal national s'exprime en reprenant la terminologie ou les formes rituelles du premier, qui constituent l'un des rares codes disponibles. D'où l'émergence en l'an II de « baptêmes » républicains, qui se distinguent de ceux de 1790-1792 par l'absence d'encadrement par le clergé. Les témoignages variés - à Reims, à Tonneins[63], à Bagnols[64], etc. - indiquent que ces cérémonies publiques de célébration de naissance se mettent en place sous l'égide des sociétés populaires ou des représentants en mission, envoyés par la Convention dans les départements. Dans le Gers, l'idée émane de la Société montagnarde d'Auch. Le procès-verbal de la séance du 29 novembre 1793 indique en effet qu'à la suite de la demande d'un membre désireux d'offrir son enfant à la Société « pour être baptisé le jour de la décade », celle-ci a accepté de procéder à une cérémonie le lendemain devant l'arbre de la liberté, et a décrété « que tous les enfants qui lui seraient offerts seraient tenus par le président ou un autre membre sans distinction de personne ». Quelques jours plus tard, le citoyen Gros, en mission dans le district de Nogaro, rapporte qu'il a procédé sur place à un baptême civique. Le 1er février 1794, toujours au cours d'une séance de la Société montagnarde d'Auch à laquelle participe l'envoyé de la Convention Dartigoeyte, un enfant est présenté « à la Société pour recevoir le baptême civique » et le représentant en mission « le prend en ses mains » et « saisit l'occasion de déraciner des dogmes et des cérémonies gothiques »[65].

Pour les parents demandeurs, il s'agit bien de présenter des nouveau-nés à une communauté choisie, la Société populaire, incarnation locale de la nation révolutionnaire - cette dernière étant la véritable réceptrice du don patriotique des parents -, qui remplace la paroisse, figure de l'Église universelle. La tendance est à s'adresser pour ce faire aux dirigeants de la Société, ou à ceux qui président les réunions et qui, parfois, sont l'incarnation de la Nation en province parce que députés (Dartigoeyte). Ceux-ci font dès lors office à la fois de parrains, puisqu'ils s'engagent pour l'enfant, et de prêtres, au point d'en profiter pour délivrer à l'assistance des sermons républicains, selon une logique didactique et de mobilisation politique collective présente dans l'ensemble des fêtes jacobines[66].

Le lien traditionnel entre baptême et imposition du nom n'est pas rompu. À Nogaro, Gros prénomme Marat le nouveau-né qui lui est présenté, tandis que le 1er février 1794 Dartigoeyte reçoit cet honneur de nommer et choisit Chalier-Montagne. Lors des cérémonies, les vertus des nouveaux martyrs républicains sont rappelées et le don du prénom sonne comme un appel à suivre leur chemin glorieux au service de la patrie, suivant la logique catholique du saint patron. Évoquant son baptême de Nogaro, Gros précise ainsi : « Je dis au peuple qui m'entourait : Félicitons tous cet enfant d'être né dans un état républicain... Promettons de lui rappeler quelles étaient les vertus de Marat dont il portera le nom, et c'est alors qu'il sera digne des bienfaits de l'Être suprême ». L'acte de nomination constitue de fait le cœur de l'intervention de celui qui apparaît comme le « parrain patriotique » du nouveau-né. Certes, tous les témoignages ne parlent pas explicitement de « parrainage ».

Mais, à Tonneins, un parrain et une marraine sont bien présents et le président de la Société populaire les rappelle au cours de la cérémonie à leurs devoirs envers leurs filleuls[67].

Certaines cérémonies donnent néanmoins lieu à quelques innovations liturgiques. Dartigoeyte, lors d'un baptême célébré à Auch au pied d'un arbre de la liberté, fait ainsi voltiger trois fois le drapeau tricolore sur la tête de l'enfant[68]. C'est aussi sur un drapeau tricolore, qui porte l'inscription « Tremblez tyrans. La France est libre. L'univers entier le deviendra », qu'un enfant de sans-culotte est déposé lors d'une cérémonie à Clermont-de-l'Oise, le 31 octobre 1793[69]. La célébration devant l'arbre de la liberté revient souvent. On peut le comprendre si l'on rappelle, avec Christian-Marc Bosséno, « la fréquence, dans le discours révolutionnaire, de l'analogie établie entre l'enfant et l'arbre de la liberté, emblème par excellence de la régénération : comme l'enfant, il grandira et verra la cité idéale à venir[70] ». À Bagnols, en floréal an II, c'est devant lui qu'a lieu la présentation du nouveau-né à la Patrie par la jeune citoyenne Vogüé, après qu'une procession s'est formée depuis le temple de la Raison, regroupant la garde nationale battant tambours, les membres du comité de surveillance, les notables patriotes et un groupe de vingt-quatre femmes ou filles sollicitées à l'avance[71]. Le baptême civique d'un enfant devient un élément rituel courant des multiples fêtes patriotiques de la période : par exemple, celle du 10 brumaire an II organisée par la Société populaire de Clermont-de-l'Oise comporte musique, chœurs et cortèges, puis une marche vers la montagne de la Liberté, au terme de laquelle, sous la protection de deux citoyennes incarnant la Liberté et la Vertu, le jeune Orain reçoit les noms de Brutus, Marat, Le Peletier, Barbier[72].

C'est au cours de l'an II que ces cérémonies connaissent le plus grand succès. Mais elles ne disparaissent pas avec la chute de Robespierre et le relatif apaisement de la répression religieuse à partir de l'an III. De nombreux patriotes continuent par la suite de se reconnaître dans la logique de la déchristianisation et dans l'avènement d'un culte de la nation. Ils trouvent dans le baptême citoyen une forme de ritualité permettant à la fois d'exprimer leur engagement et de satisfaire une partie des demandes sociales et familiales (publicisation d'un événement familial et d'un réseau social, nomination) auxquelles le baptême catholique donnait une réponse. Ainsi, le 11 brumaire an III, lors d'une séance des autorités départementales du Gers, un administrateur signale à ses confrères que sa femme a accouché d'un « gros républicain » et les prie de bien vouloir le nommer (ce sera Bara)[73].

Baptêmes légaux et clandestins sous le Directoire

La période qui s'ouvre après la chute de Robespierre est marquée par un retour des cultes publics. Confrontée à l'insurrection vendéenne, désireuse de trouver enfin une forme de paix religieuse, la convention thermidorienne adopte en effet le décret du 3 ventôse an III (21 février 1795) qui inaugure la séparation de l'Église et de l'État et la neutralité de ce dernier en matière religieuse. Ce décret est repris dans la Constitution de l'an III qui instaure le régime du Directoire. Mais la méfiance reste vive, et c'est une liberté des cultes très encadrée qui est mise en place : les rassemblements sont surveillés par la police ; les locaux ne sont pas fournis par l'État, même si ce dernier, en prairial an III, restitue aux fidèles les églises non aliénées ; l'entretien est à la charge des fidèles ; les manifestations extérieures du culte sont prohibées. Le décret du 11 prairial an III dispose aussi que « nul ne pourra remplir le ministère d'aucun culte dans lesdits édifices, à moins qu'il ne se soit fait décerner acte, devant la municipalité du lieu où il voudra exercer, de sa soumission aux lois de la République ». Dès lors que ce serment est prêté, la loi ne reconnaît plus aucune hiérarchie entre les cultes et ceux-ci doivent se partager la jouissance des bâtiments d'église, utilisés en outre pour les cérémonies du culte décadaire[74].

Cette liberté relative entraîne immédiatement un vaste retour du religieux en France, ou plutôt un retour du religieux « dans les églises[75] ». Bien que désormais coupée de l'État, l'Église constitutionnelle – qui se renomme bientôt Église gallicane – se relève[76] grâce aux prêtres jureurs toujours en place et aux abdicataires forcés revenant sur leur démission, qui tous prêtent volontiers le serment de soumission aux lois de la République. Côté réfractaires, la situation est plus complexe, certains acceptant le nouveau serment et exerçant un culte public, d'autres le refusant et continuant leur sacerdoce dans la clandestinité[77].

Pour la pratique baptismale, ces évolutions contrastées ont des effets immédiats. Là où il est présent, le clergé d'origine constitutionnelle reprend les baptêmes sans être plus menacé. À Phaffans (Haut-Rhin), le curé Berdolet, arrêté un temps en thermidor an II, est de retour à son ministère le 15 mars 1795. Il note aussitôt dans son registre clandestin la liste de cinquante-cinq enfants nés en 1793 et 1794 et « ondoyés par les femmes », dont il régularise la situation en à peine un mois en leur administrant le sacrement de baptême sous condition « avec les cérémonies de l'Église », non dans l'église, qu'il ne récupère que le 20 avril, mais dans la chapelle particulière qu'il a établie dans son propre domicile[78]. Dans le Pays de Caux, des registres clandestins tenus pour une dizaine de paroisses par des curés jureurs en 1791, puis forcés à abdiquer par la Convention le 18 germinal an II, montrent également une reprise du culte constitutionnel régulier à partir de mars-avril 1795 : à Doudeville, dans les six jours suivant la réouverture de l'église locale, soixante-quatorze enfants sont ainsi présentés pour être baptisés, soit 70 % des naissances survenues lors de l'année d'interruption du culte. De l'an III (78 %) à l'an IX (86 %), la très grande majorité des nouveau-nés de la zone sont désormais baptisés par les prêtres de l'Église ex-constitutionnelle, qui ne laissent donc échapper ici qu'un cinquième des enfants - au grand maximum - dans les mains des réfractaires[79]. Cette solide implantation tient au fait que, comme à Phaffans, les prêtres constitutionnels étaient individuellement déjà présents dans le secteur avant 1791.

La concurrence est vive avec les réfractaires. En 1795, certains évêques constitutionnels n'hésitent d'ailleurs pas à parcourir très vite leurs diocèses pour y effectuer enfin des visites pastorales et y baptiser des centaines d'enfants avant que leurs rivaux ne le fassent[80]. À Sedan, le clergé constitutionnel récupère rapidement la cathédrale et entame un registre le 16 juin 1795, poursuivi sans interruption jusqu'en 1802. Environ trois quarts des enfants sedanais y sont inscrits ; le clergé réfractaire, installé dans ses propres oratoires, baptise la minorité restante[81]. À Toulouse, en revanche, le clergé constitutionnel est submergé par le retour des réfractaires et privés d'accès aux églises rouvertes : seule la répression relancée contre les insermentés après 1797 permet de maintenir un certain équilibre entre les baptêmes constitutionnels et ceux de leurs adversaires[82].

Peu de changements sont à noter en pratique dans les baptêmes conférés par les prêtres issus de l'Église constitutionnelle. Dans les villages qui bordent Paris, Philippe Daumas constate un très léger retard du baptême à partir de l'an III : il s'écoule 2,01 jours en moyenne entre la naissance et la célébration baptismale en 1795 ; 2,93 en 1796[83]. Il est toutefois difficile de l'interpréter : signe discret d'une vague prise de distance vis-à-vis du précepte baptismal en vigueur avant la Révolution, ou bien simple conséquence de la fin en 1792 de l'obligation légale de baptiser les nouveau-nés dans les vingt-quatre heures (la déclaration d'état civil devant *a priori* se faire dans les trois jours depuis une clarification de décembre 1792) ? Plus significative est la réflexion qui s'amorce, lors du premier concile national de l'Église gallicane en 1797, autour de la langue de la liturgie : faut-il conserver le latin par respect des formules sacramentelles ou introduire la langue nationale par souci de compréhension des fidèles[84] ? La question est ajournée, faute de consensus, mais des essais de baptêmes en français ont lieu dans le diocèse de Versailles en 1798-1799, à l'initiative du vicaire épiscopal Ponsignon. Non sans succès, prétend-il :

> Sur près de quatre cent baptêmes qui ont été administrés en cette forme, il n'en est pas un qui n'ait inspiré un vif intérêt : à la dissipation a succédé le recueillement : des chrétiens attentifs réclament la piété par leur silence : les cérémonies expliquées et comprises impriment le respect même à ceux qui apportent des dispositions contraires ; et des hommes d'une religion très-équivoque, témoins de ces cérémonies, n'ont pus se défendre d'en être touchés jusqu'aux larmes et en ont fait l'aveu. (Lettre aux Évêques réunis datée du 1er thermidor an VII, 19 juillet 1799[85].)

Du côté du clergé réfractaire, dont les effectifs s'accroissent grâce aux retours de milliers de prêtres émigrés, la situation sous le Directoire est très fluctuante[86]. Une partie, derrière M. Émery, supérieur de Saint-Sulpice, accepte le serment exigé en 1795 par les autorités (ce qu'on appelle « la méthode de Paris ») et obtient un culte public ; une autre la refuse (« la méthode de Lyon ») et continue d'exercer son magistère dans la clandestinité. Par ailleurs, si la tendance est à une moindre répression, le mouvement général cache des phases de reprise en relation avec les oscillations politiques du régime. La loi du 3 brumaire an IV (25 octobre 1795) relance la législation de 1792-1793 contre les prêtres réfractaires, puis l'apaisement prévaut en 1796-1797 dès lors que l'élimination des babouvistes (mai 1796) a fait pencher les assemblées vers la droite[87]. Mais le coup d'État jacobin du 18 fructidor an V (4 septembre 1797) signe le retour d'une politique d'hostilité résolue vis-à-vis des tenants de l'Église romaine. Dès le lendemain, par décret, les membres du clergé se voient imposer un serment de « haine à la royauté », que le pape interdit et que la plupart des réfractaires refusent[88], ce qui les renvoient vers la clandestinité. Ces allers-retours politiques se traduisent immédiatement dans les nombreux registres réfractaires conservés. À Avignon, mariages et baptêmes connaissent un premier pic début 1795, se raréfient ensuite, reprennent vigoureusement fin 1796 et surtout début 1797, avant une chute sévère dans la seconde partie de l'année, suivie d'une lente reprise au premier semestre 1798[89]. Plus globalement, on note un contraste entre 1796-1797, où les baptêmes sont nombreux, et 1798-1799, années de basses eaux : ainsi en Vendée, Loire-Inférieure et Maine-et-Loire, dans le district de Saint-Pol (Pas-de-Calais), ou à Caen[90].

La situation de clandestinité pèse lourdement sur les modalités de la pratique baptismale des réfractaires. Au départ, en 1791-1792, de nombreux prêtres insermentés agissent de manière dispersée, et dispensent les sacrements clandestinement dans les lieux où ils sont installés. Si certains s'activent dans leur ex-paroisse auprès de leurs anciennes ouailles (notamment avant les mesures de déportation), d'autres ont dû fuir ou sont sollicités dans des cadres qui n'ont pas de rapport avec une circonscription dûment attribuée à leur ministère. Ainsi l'ex-moine bénédictin Benoit Lempereur, qui quitte son abbaye de Maroilles fin 1792 pour rejoindre sa famille à Viesly, près de Cambrai, y baptise de nombreux enfants en 1794[91]. Cette situation pose un problème de légitimité au sein d'un clergé très attaché aux règles tridentines - d'autant plus qu'il s'agit là d'un angle d'attaque du clergé jureur –, et renforce le besoin d'organisation que suscite la situation même de la clandestinité. Très rapidement, des tentatives sont faites pour offrir une structure hiérarchisée et cohérente sur le plan matériel et spirituel au culte réfractaire. Si la plupart des anciens évêques non constitutionnels ne sont plus sur place, des responsables présents dans chaque diocèse sont désignés qui délivrent mandat aux prêtres pour exercer leur ministère dans des zones élargies. Par exemple, dans l'ancien diocèse de Bayeux, Mgr de Cheylus, au moment de son émigration en 1791, demande à son vicaire général et archidiacre de Bayeux, Audibert de la Villasse, de le représenter, et ce dernier délègue à son tour ses pouvoirs à trois autres ecclésiastiques, Nicolas Renault, Jean-Joseph Maffre, ancien official, et Jean-François de Marguerie, l'ancien doyen du chapitre : ces quatre responsables fédèrent alors les nombreux prêtres réfractaires demeurés sur place[92].

Dans de nombreux diocèses, en pleine Terreur et surtout sous le Directoire, se mettent en place des structures clandestines très hiérarchisées. Le système le plus fameux est celui instauré par l'abbé Linsolas, vicaire général de Mgr de Marbeuf, archevêque de Lyon émigré. Dès 1794, Linsolas divise l'immense diocèse en plusieurs « quartiers », comprenant chacun quarante à soixante paroisses. Chaque « quartier » dispose d'un chef qui répartit les simples missionnaires dans les paroisses sur l'avis du conseil archiépiscopal, se charge de la correspondance et de la surveillance des prêtres de terrain, et enfin visite deux fois par an la terre de mission. Les prêtres missionnaires desservent quant à eux de huit à dix paroisses : avec l'aide de laïcs de toute confiance (les « catéchistes »), ils y administrent les sacrements et célèbrent des messes clandestines. Pour plus de sûreté, le principe est d'éloigner les prêtres revenus de l'étranger de leurs anciennes paroisses, afin d'éviter qu'ils ne soient reconnus et arrêtés[93]. Le mode d'organisation de l'abbé Linsolas inspire de nombreux membres de la hiérarchie réfractaire qui organisent des systèmes de mission approchants dans leurs diocèses (Rouen, Sées, Metz, Saint-Claude)[94].

Les tactiques d'action clandestine sont aussi régulées. En 1794, l'abbé Linsolas fait passer ses instructions : ne pas conserver de bréviaire ou de papiers ; se présenter « comme un petit marchand forain ou comme un ouvrier qui demande du travail » ; avoir dans chaque paroisse l'indication d'une maison sûre ; cheminer la nuit et « par des sentiers détournés » ; loger plutôt chez des pauvres, voire dans des granges ; ne tenir un registre de baptême « que là où il n'y a point de risque de les voir passer aux mains de leurs ennemis »[95]. De fait, de nombreux témoignages narrent les péripéties de prêtres déguisés en marchand ou en domestique, usant d'un langage populaire, circulant de nuit, célébrant des messes ou administrant des baptêmes chez des particuliers ou dans des granges isolées. Cela n'empêche évidemment pas certains réfractaires d'adopter des techniques originales. Jean-Baptiste Yon, qui couvre vingt-deux paroisses du district de Saint-Pol (Pas-de-Calais) entre 1794 et 1802 (400 actes rédigés), utilise les moyens d'une poulaillère, qui passe, la nuit, par les maisons des nouveau-nés. Les parents demandant le baptême déposent leur bébé dans sa hotte et cette femme de confiance, accompagnée du parrain et de la marraine, l'emporte chez le prêtre caché dans le voisinage[96].

Une question importante suscite les interrogations des prêtres de terrain et pousse la hiérarchie réfractaire à clarifier ses positions : comment considérer les baptêmes administrés par le clergé constitutionnel ? Dans le diocèse de Luçon, un synode clandestin se réunit le 4 août 1795 et recommande la réhabilitation des baptêmes conférés par les jureurs[97]. Généralement adoptée, cette politique de non-reconnaissance de ses actes est condamnée par le clergé constitutionnel, par exemple dans un mandement de 1795 de l'évêque d'Amiens, Desbois de Rochefort. Mgr Gratien, à Rouen, note avec inquiétude qu'elle suscite chez certaines familles une attitude de neutralité entre les clergés, qui se traduit concrètement par la « paresse et l'indévotion » et par une hausse du nombre d'enfants grandissant sans instruction religieuse et sans étapes rituelles : communion, confession, etc.[98].

De cette foisonnante activité baptismale réfractaire, nous avons un aperçu grâce aux registres clandestins, terme qui regroupe aussi bien des livres en bonne et due forme, que de petits cahiers où des actes établis sur feuilles séparées ont été collés ou épinglés[99], voire de simples billets aux informations lacunaires[100]. Compte tenu des circonstances, l'immédiateté du baptême n'y est souvent plus qu'un vœu pieux. Dans la région d'Avignon, seuls 44 % des sacrements sont administrés dans les trois jours suivant la naissance, un autre quart se fait dans le mois de naissance, 20 % lorsque l'enfant a entre 1 mois et 1 an, 9 % au-delà de cet âge. Ces délais dépassent ceux enregistrés sous le Directoire dans les paroisses tenues par le clergé constitutionnel qui dispose, lui, d'un culte public. Chez les réfractaires, le moment du baptême découle en effet de la disponibilité d'un prêtre, elle-même conséquence de l'intensité de la répression. Vers Avignon, les délais les plus longs correspondent à des enfants nés en 1793 et 1796, deux années de chasse impitoyable au clergé insermenté[101]. En Forez, le curé Perrin, qui baptise de 1794 à mars 1796, n'a dans son registre que 11 % d'enfants recevant le premier sacrement le jour de leur naissance contre 21 % au-delà de six mois ; en revanche, son confrère Coudour, qui remplit son registre de 1794 à 1797 - donc sur une période proportionnellement plus paisible - en comptabilise respectivement 39 % et 3 %[102]. Le caractère épisodique des passages de prêtres réfractaires explique aussi la fréquence des baptêmes tardifs et « groupés », c'est-à-dire conférés le même jour en un lieu donné. Dans le district de Saint-Pol, la fin de 1796 et le début de 1797 marquent une phase d'apaisement religieux après une période répressive qui a duré jusqu'au printemps 1796 ; le clergé réfractaire se réimplante et procède à des « fournées » de baptêmes, le record étant détenu par l'abbé Régnier qui, le 9 février 1797, baptise pas moins de vingt-deux enfants[103].

Une partie de ces baptêmes tardifs correspond en réalité à des compléments de cérémonie (quelquefois appelés « baptêmes solennels »). Étudiant son corpus de paroisses de l'Ouest, Patricia Lusson-Houdemon constate en effet que des ondoiements ont souvent été administrés à des nouveau-nés à domicile par des laïcs. Ces derniers sont des membres de la famille (des grands-pères, en premier lieu), ou des sages-femmes, comme sous l'Ancien Régime, ou encore de véritables « spécialistes paroissiaux », vraisemblablement des fidèles plus compétents dont les noms reviennent d'acte en acte. Lorsque l'ondoiement semble douteux (manque de témoins, incertitude sur la conformité du mode d'administration), le prêtre réfractaire qui reçoit l'enfant préfère parfois parler de « baptêmes sous condition[104] ».

Les cérémonies réfractaires clandestines font exploser le cadre paroissial. En effet, la disponibilité en prêtre devient primordiale, non le principe canonique de la circonscription ecclésiale. Dès lors, les insermentés, qu'ils soient fixés, itinérants, en mission, etc., baptisent en général des enfants présentés par des parents relevant de diverses paroisses, soit que ces derniers leur amènent leurs enfants, soit qu'eux-mêmes se déplacent dans un périmètre plus ou moins étendu. En Haut-Vallespir (Pyrénées-Orientales), le curé Sicre, qui a fui Saint-Laurent en septembre 1792, s'installe entre 1796 et 1800 dans la chapelle Sant-Cornélis, de l'autre côté de la frontière espagnole : il y baptise 331 enfants de son ex-village, et 281 autres provenant de toute la vallée et même des environs de Perpignan et de Carcassonne[105]. Ce phénomène de zonage n'est pas propre au seul clergé réfractaire : lorsqu'un prêtre constitutionnel est installé dans une paroisse et qu'un concurrent réfractaire réside dans un village proche, il se dessine bientôt un bassin de recrutement élargi au sein duquel les deux cultes se disputent les familles[106]. Dans ce double contexte de clandestinité et de concurrence, le repère paroissial s'efface devant la relation qui s'instaure entre « des prêtres et des fidèles » (Jean de Viguerie[107]).

Autre transformation essentielle, le baptême réfractaire clandestin perd par définition sa dimension publique et, comme l'écrit Bernard Cousin, « son caractère de cérémonie sociale[108] », impliquant une dimension festive communautaire, ou du moins collective, et l'affichage de relations sociales par le biais des invitations à la cérémonie et au banquet traditionnel ou par l'entremise des parrainages. La sélection des parrains et marraines chez les insermentés est perturbée par le contexte de répression, qui pousse parfois les prêtres à conserver en blanc les noms des parents spirituels dans les registres clandestins[109] ou à inscrire des surnoms[110]. Par ailleurs, les prêtres de terrain ont pour consigne d'élargir les critères habituels de refus des parrains : le *Règlement pour les missionnaires du diocèse de Laon* indique par exemple que les parents devront présenter des parrains et marraines capables de proclamer une profession incluant « obéissance, attachement, fidélité à Pie VI » et au « suprême évêque de Laon » ainsi que la renonciation au « schisme établi par la prétendue Constitution civile du clergé »[111]. De telles demandes écartent *de facto* un grand nombre de personnes et font obstacle aux mécanismes sociaux traditionnels de sélection des parents spirituels par les familles. La présence d'une minorité de parrains « de circonstance » est évidente. Dans le registre forézien du curé Coudour, 1,6 % des parrains et marraines portent le même nom que le parent d'un autre enfant baptisé le même jour, et 5,5 % ont le même nom de famille qu'une autre personne présente pour un autre baptême : ceci suggère que, pour le parrainage, dans le cas de baptêmes groupés d'enfants, on s'adresse dans l'urgence aux individus présents, c'est-à-dire à des parents d'autres enfants baptisés ou à des membres de leur parenté, pratique qui n'a pas lieu d'être dans les cérémonies d'avant 1789. La relation spirituelle revêt ici un caractère de simple conformité à la règle administrative exigeant la présence d'un ou deux parents spirituels, sans portée sociale durable. La clandestinité et la difficulté à réunir les personnes adéquates au moment voulu expliquent aussi la part élevée de parrains et marraines absents mais « remplacés » à la cérémonie (un sixième dans le registre de Pierre Coudour[112]).

Présentations civiques et baptêmes théophilanthropiques

Le reflux de la politique déchristianisatrice lors de la convention thermidorienne puis du Directoire ne signifie pas pour les dirigeants révolutionnaires l'arrêt de toute tentative de remplacement du christianisme, et singulièrement du catholicisme, par des formes cultuelles en adéquation avec le message républicain, l'idéal patriotique, les valeurs des Lumières françaises.

Une première piste est celle d'une solennisation des cérémonies civiles touchant à la naissance, au mariage et à la mort. Proposée dans un célèbre discours prononcé le 12 floréal an V (1er mai 1797) devant l'Institut[113] par le directeur La Révellière-Lépeaux, elle vise aussi à stimuler les vertus civiques par la valorisation publique et festive des vertus familiales. La démarche inspire le « rapport sur les institutions relatives à l'état civil[114] », présenté le 6 brumaire an VI (27 octobre 1797) par Jean-Baptiste Leclerc, membre du Conseil des Cinq-Cents, dans lequel celui-ci élabore des modes d'encadrement des événements vitaux de chaque citoyen (naissance, adoption, inscription civique à 18 ans, mariage et divorce, sépulture), destinés à fournir un sens républicain aux diverses étapes de son parcours individuel et familial, et à capter ainsi au profit des institutions républicaines et au détriment des religions la demande sociale de rite. Concernant la naissance, le projet propose de doubler la déclaration immédiate aux officiers publics de la commune par une « présentation solennelle », véritable contre-baptême collectif qui se ferait dans le « Temple républicain » du chef-lieu de canton lors de l'un des six décadis suivants, ces jours de repos garantissant *a priori* la présence d'un certain public[115]. La proposition, repoussée par le Conseil des Cinq-Cents, ne connaît cependant aucune mise en route.

La seconde piste rencontre un écho plus favorable quoique très minoritaire. Selon une idée déployée dans les écrits philosophiques du XVIIIe siècle, il s'agit d'appuyer l'organisation politique et sociale nouvelle sur une religion, ou du moins sur un culte, qui garantirait l'unité des citoyens, qui pousserait au respect des règles sociales et de la Loi, qui récompenserait la vertu et condamnerait le vice, sans pour cela définir des dogmes stricts dépassant des préceptes moraux simples et vécus comme universels, ni dégager une véritable hiérarchie cléricale.

Plusieurs propositions apparaissent en l'an IV. La première est élaborée par Daubermesnil, ancien conventionnel retiré pendant la Terreur, puis rappelé comme député au Conseil des Cinq-Cents. Son Culte des adorateurs[116], inspiré par l'idéal d'une religion originelle animée par des patriarches suivant « un culte simple, sans sacerdoce et sans mystères », consiste essentiellement en « actes de reconnaissance envers l'Éternel, souverain dispensateur des biens de la terre ». Cette religion, qui se veut « raisonnable », morale et tolérante, comporte un culte domestique quotidien dirigé par le père de famille (invocation à l'Être suprême, hymne chanté en commun), mais aussi des rites collectifs publics, administrés par un clergé de pères de famille élus et vêtus de costumes tricolores. On y célèbre les changements de saison et les grandes étapes du cycle de la vie. Elle comporte une forme de baptême, qui s'effectue trente jours après la naissance, de telle sorte que la mère puisse y prendre part ; à cette occasion, sur le modèle de la reprise des noms de saints, le nouveau-né reçoit le prénom d'un « adorateur mort en défendant sa patrie ou qui s'est rendu respectable par ses vertus[117] ».

Le deuxième projet, le Culte social, est présenté par Benoist-Lamothe, un des chefs des patriotes de Sens et ancien pontife local des cultes de la Raison et de l'Être suprême. Assimilable au Culte des adorateurs sur le plan dogmatique, au niveau des rites il apparaît cependant moins inspiré que celui-ci par l'image d'une religion de pères de famille et se rapproche du culte chrétien dirigé par des ministres. L'essentiel de la pratique consiste à se regrouper les quintidis et décadis pour honorer l'Être suprême et « ranimer dans tous les cœurs l'amour de la patrie ». Animée par cinq membres (un ministre et quatre assistants), la cérémonie comporte plusieurs phases : lecture des lois, partage du « pain de fraternité », mais aussi présentation collective des nouveaux mariés de la décade et des nouveau-nés. La dimension patriarcale et domestique du culte, dominante chez Daubermesnil, s'efface au profit d'une ritualisation plus collective et patriotique :

> Les époux, à qui le ciel viendra d'accorder un enfant, présenteront le nouveau-né devant le ministre qui le bénira : ils feront le serment de l'élever dans la soumission aux lois de la république et dans la pratique des vertus sociales. Des chants patriotiques et religieux suivront

ces diverses cérémonies, après lesquelles tout citoyen, membre de la réunion, pourra entretenir l'assistance sur tout objet d'utilité publique [...].

La théophilanthropie, lancée par Chemin-Dupontes, un républicain modéré passé par la franc-maçonnerie, forme une troisième proposition cultuelle[118]. La doctrine du mouvement, qui se présente comme un retour à une « religion universelle », est simple : existence de Dieu, père de la Nature et dispensateur de ses bienfaits ; immortalité de l'âme. Le Bien se confond avec ce qui tend à conserver l'Homme et à le perfectionner : raison, instruction, loi morale, vertu. L'accent est mis sur une morale prônant la tolérance, le respect de ses obligations sociales (envers la famille et la patrie), le sens de la solidarité, le souci d'être utile. Le culte est dépouillé et dépourvu d'un clergé directif. Les cérémonies collectives, essentiellement composées de chants, de prières, de discours philosophiques et moraux, et d'examens de conscience, sont menées par des orateurs, appelés « lecteurs » ; elles peuvent se terminer par des baptêmes.

Il est important de noter qu'en dépit de nuances sur la place des célébrants non familiaux, les trois cultes se rejoignent sur le fond doctrinal comme sur certaines logiques rituelles. En rupture avec le rite baptismal catholique, aucune des cérémonies de naissance ne participe ainsi d'une liturgie du salut. Il y a en particulier absence de référence au péché originel, voire condamnation de ce dogme. À Sens, les cérémonies des baptêmes théophilanthropiques se terminent par un hymne qui contient notamment les quatre vers suivants : « Dieu bon ! D'un crime imaginaire / Pourrais-tu punir un enfant / Aux vœux d'un peuple suppliant / Protège l'enfant et la mère[119]. » Avec cette disparition, c'est aussi toute l'opposition hiérarchisée entre parenté spirituelle et parenté charnelle qui est abandonnée. La cérémonie de présentation du bébé parachève sa naissance physique en en faisant un être social complet, reconnu et accueilli par la collectivité, mais elle ne suppose pas l'indignité des parents. Bien au contraire, l'ensemble des propositions rituelles mettent en valeur les géniteurs et l'engendrement naturel, pour montrer la grandeur morale, le mérite et l'utilité sociale et patriotique des rôles complémentaires de père et mère. Dans le Culte social, par exemple, père et mère portent eux-mêmes le nouveau-né et prêtent ensemble le serment. Cette valorisation du couple parental n'atténue pas les différences ni les hiérarchies de genre, qui trouvent un parallèle dans l'opposition Cité/Nature. Le père occupe la place centrale : dans le baptême théophilanthropique, selon une symbolique inspirée du *paterfamilias* de la Rome antique, celui-ci élève le nouveau-né vers le ciel en lui donnant ses nom et prénoms, puis le célébrant lui demande s'il prend l'engagement d'élever son enfant dans les principes de la religion naturelle. Des nuances liturgiques sont aussi repérables entre nouveau-nés des deux sexes, qui renvoient à leurs différences de destinées civiques et sociales - un rameau de laurier est présenté aux garçons dans les baptêmes théophilanthropiques de Sens, tandis que pour une fille le célébrant ajoute à son discours : « Qu'elle fasse un jour la joie de son époux, la consolation de ses parents[120]. » Toutefois, derrière la centralité du père chef de famille, la mère n'est plus exclue du rite de naissance, et son rôle éducatif est lui aussi mis à l'honneur, surtout dans sa dimension nourricière. En revanche, les parrains et marraines, s'ils sont toujours présents, sont marginalisés au sein du rite et leur fonction se limite au rôle, sécularisé, de tuteurs éventuels des enfants en cas de décès prématuré de leurs parents. Toutes ces innovations, on le voit, expriment la vision révolutionnaire de la famille, fondée, comme l'a montré Anne Verjus, sur un double idéal « paternaliste » (mais non patriarcal) et « conjugaliste »[121]. Certaines formes rituelles anticipent des mutations qui affecteront peu à peu les baptêmes catholiques ou protestants du XIXe siècle.

Ces trois propositions cultuelles n'en restent pas au stade de l'utopie. Elles débouchent sur un petit nombre de cérémonies effectives. Le Culte des adorateurs est adopté à Paris et à Gaillac, patrie de Daubermesnil, avant que ce dernier ne se rallie à la théophilanthropie, tandis que le Culte social s'implante autour de Sens. La théophilanthropie rencontre plus d'échos. Elle se développe dans quelques zones rurales (l'Yonne notamment[122]) mais surtout dans le monde urbain. Elle séduit la « bourgeoisie lettrée et tranquille[123] », et parfois davantage : à Saint-Florentin (Yonne), un rapport signale que « beaucoup de gens de la dernière classe ne présentèrent plus leurs enfants au baptême, mais les envoyèrent avec parrain et marraine au prêche philanthropique[124] ». Très vite cependant - dès 1798 -, ce culte émergent se heurte à l'hostilité des gouvernants, ceux-ci préférant mettre en avant le culte décadaire[125]. La théophilanthropie s'éteint lors de la réorganisation concordataire voulue par Bonaparte, qui attribue les temples et églises aux seuls cultes reconnus, dont elle ne fait plus partie.

UNE DIFFICILE RÉORGANISATION CONCORDATAIRE

Les 18 et 19 brumaire an VIII (9-10 novembre 1799), le coup d'État de Bonaparte met fin au régime du Directoire. Le nouveau Premier consul (15 décembre 1799) entame aussitôt une politique de pacification religieuse, qui passe par le règlement du contentieux existant entre les autorités politiques françaises et l'Église romaine. Dès les 28-30 décembre 1799, des arrêtés rendent aux communes les églises non vendues et autorisent les Églises à utiliser les lieux de culte tous les jours sauf le décadi[126]. Une amnistie permet dans l'hiver 1799-1800 le retour de milliers de prêtres émigrés[127]. À l'été 1801, un nouveau Concordat est établi. Héritage de la Révolution, la « religion catholique, apostolique et romaine » n'est plus religion d'État[128], mais la « religion de la grande majorité des citoyens français »[129]. En contrepartie, l'article premier garantit son libre exercice en France et un culte public, tandis que les articles 2 et 3 promettent à la fois une réorganisation générale des diocèses[130] et la démission collective de tous les titulaires. L'Église gallicane disparaît comme telle[131], mais l'intégration de son clergé dans la nouvelle organisation est garantie par le Premier consul[132]. Parce qu'ils sont reconnus comme des « religions anciennement établies », protestantisme et judaïsme sont confortés par le refus de Bonaparte de mettre en place un État confessionnel et peuvent sans inquiétude relancer peu à peu un culte public. En avril 1802,

Bonaparte ajoute de manière unilatérale les articles organiques, rédigés par le directeur des Cultes, Portalis, qui fonctionnarisent les prêtres catholiques et les ministres protestants, et définissent un arsenal juridique plaçant l'exercice du culte sous un strict contrôle des autorités étatiques.

En matière d'état civil, la nouvelle organisation entérine les évolutions de la période révolutionnaire : il n'est pas question d'en revenir à la confusion d'Ancien Régime entre actes religieux catholiques et actes civils. Les différents cultes autorisés peuvent maintenir leurs cérémonies entourant les événements vitaux, mais l'État ne leur reconnaît aucune valeur légale propre. Si, pour garantir la prééminence de l'enregistrement civil, les articles organiques obligent tout mariage religieux à se tenir après la cérémonie en mairie (article 54), rien n'est dit sur le baptême. Renvoyé à sa pure dimension religieuse, il peut se dérouler comme il semble bon aux familles et au clergé et, de toutes manières, il n'est plus obligatoire aux yeux de la loi. L'article 56 autorise les curés et vicaires à tenir des registres paroissiaux, mais l'article 55 leur ôte toute fonction d'état civil : « Les registres tenus par les ministres du culte, n'étant et ne pouvant être relatifs qu'à l'administration des sacrements, ne pourront en aucun cas suppléer les registres ordonnés par la loi pour constater l'état civil des Français[133]. » La continuité avec la législation thermidorienne – davantage qu'avec celle de 1792 qui a proscrit les registres paroissiaux tenus par le clergé constitutionnel – est ici assurée.

La normalisation de la pratique baptismale se renforce donc, mais des difficultés perdurent pendant quelques années. La première est la pénurie de prêtres. Dans le département du Var, le préfet Fauchet établit le 22 vendémiaire an IX une liste dite « Notice des prêtres qui peuvent être employés dans la nouvelle organisation ». Au total, en intégrant les anciens vicaires, les anciens curés et les anciens chanoines, il ne parvient à comptabiliser que 163 personnes. L'arrondissement de Toulon ne rassemble que neuf prêtres, et Fauchet d'indiquer qu'il « est celui qui présente le moins de sujets parce que le culte y a été pour ainsi dire abandonné généralement depuis la Révolution. Les ministres du culte qui y résidaient se sont pour la plupart retirés dans les autres [arrondissements] », en particulier dans les villes comme Draguignan[134]. Dans ce contexte, bien des enfants ne sont pas baptisés, ou lorsque le sacrement est conféré, il est administré par des laïcs hors de l'église. Seul le retour progressif des prêtres émigrés atténue le problème.

Le trouble principal est néanmoins provoqué par le conflit récurrent entre assermentés et réfractaires. À Béziers en 1802, alors que l'évêque concordataire Rollet, désigné en octobre, n'est pas encore installé, règne « l'anarchie la plus parfaite dans l'exercice du culte », selon les termes mêmes du sous-préfet. L'accompagnement religieux des grandes étapes de la vie fait l'objet d'une concurrence féroce entre anciens prêtres constitutionnels et réfractaires, non encore amalgamés et encore moins réconciliés :

> Assermentés et insermentés se disputent les cadavres lors des obsèques. Les insermentés remarient ceux que les assermentés avaient unis. Ils refusent des parrains... si un évêque ne se rend pas bientôt dans le département pour les mettre d'accord, il est à craindre qu'ils ne troublent la tranquillité publique[135].

Le grand argument des anciens réfractaires est évidemment de traiter leurs adversaires constitutionnels de « schismatiques » et une de leurs armes préférées consiste à semer le doute sur la validité des sacrements délivrés par leurs adversaires. Cette propagande exaspère les prêtres assermentés, qui ne cessent de dénoncer « l'erreur monstrueuse de la rebaptisation » au plan théologique et la rapprochent de l'hérésie donatiste[136]. Elle peut susciter aussi la plainte des notables locaux, à l'image du maire de Douville (Calvados) qui critique de tels agissements dans un courrier adressé au ministre de la Police, Fouché, le 18 juin 1802. Dans le canton de Saint-Pierre-sur-Dives, où la tension est particulièrement vive du fait de l'intransigeance des insermentés du secteur, le maire de Mittois dénonce le 13 septembre 1802 au sous-préfet de Lisieux l'attitude d'un certain Le Paulmier, qui se dit délégué par l'évêque pour distribuer des indulgences et bénir des chapelets, et qui « "rebaptise", "remarie", donne les sacrements et encourage ses confrères à en faire de même en leur recommandant de ne pas reconnaître la validité des actes des prêtres assermentés ». Le même édile signale en outre un réfractaire de retour d'exil, Le Prestre, qui, en compagnie d'un constitutionnel rétracté, Sorel, parcourt les villages des environs de Viette en « faisant les offices dans les maisons, baptisant et rebaptisant, mariant et remariant ». Un autre prêtre, à peine nommé par l'évêque dans la paroisse de Saint-Georges, refuse quant à lui de baptiser les enfants lorsqu'il apprend que le parrain ou la marraine ne partage pas ses orientations. En dépit de ces protestations des autorités municipales, ces attitudes concernant le premier sacrement reçoivent les encouragements de l'évêque Brault, l'un des plus intransigeants de l'épiscopat concordataire, malgré les recommandations contraires du ministre des Cultes, Portalis[137].

Cette attitude épiscopale prompte à considérer comme nuls et sacrilèges les sacrements de baptême ou de mariage délivrés par les prêtres assermentés et à laisser rebaptiser ou remarier certains curés réfractaires, est courante. Un rapport de décembre 1803 sur la sénatorerie de Caen, envoyé par Roederer au Premier consul, dénonce l'attitude des prélats normands :

> Les trois évêques, surtout celui de Bayeux [Brault] et celui de Sées, auraient été disposés à éliminer les prêtres constitutionnels et à rebénir les églises et à refaire baptêmes et mariages avec beaucoup d'éclat, si les prêtres de l'Orne et de la Manche n'y eussent mis obstacle et si le peuple du Calvados n'eût montré une forte opposition au système[138]...

D'autres évêques se montrent plus ouverts au dialogue. Mgr Pancemont, dans le diocèse de Vannes, n'hésite pas à expliquer sur un plan théologique à ses subordonnés l'inutilité d'une rigueur excessive en la matière[139]. Les prêtres non convaincus auront tendance à rompre tout lien avec l'Église concordataire et à rejoindre la dissidence de la Petite Église[140].

Quoi qu'il en soit, peu à peu, aux alentours de 1802-1803, les paroisses reçoivent des titulaires clairement établis par leur évêque. S'appuyant sur l'autorisation officielle des articles organiques, ils s'empressent alors d'ouvrir des livres paroissiaux en bonne et due forme, pour y noter au fur et à mesure baptêmes, mariages et sépultures, mais aussi pour normaliser la situation de leurs ouailles en récupérant et enregistrant le maximum d'informations sur les sacrements administrés après 1792. Le registre de la paroisse Notre-Dame de Bordeaux, recréée en 1802, contient par exemple la transcription quelque peu elliptique de baptêmes conférés les 28 février 1795, 10 mai 1795 et 4 juillet 1797 par « un prêtre catholique, apostolique romain[141] ». Certains diocèses privilégient une autre voie, celle d'une récupération centralisée au siège épiscopal de tous les registres clandestins : ainsi dans le Pas-de-Calais, l'évêque concordataire d'Arras, Mgr de La Tour d'Auvergne, émet une ordonnance le 17 janvier 1803 qui fait entrer aux archives de l'évêché quelque deux cents registres[142].

La reprise de la pratique baptismale et de son enregistrement n'est pas sans conséquence sur l'état civil. À Collioure, par exemple, les parents qui, avant 1802, déclaraient consciencieusement leurs nouveau-nés dans les deux ou trois jours après l'accouchement, traînent des pieds et attendent parfois trois semaines pour s'acquitter de cette formalité civile une fois que les prêtres se sont réinstallés en ville[143]. À leurs yeux, le rite religieux constitue l'indispensable cérémonie d'intégration à la communauté, non la présentation à l'état civil, reléguée au rang d'acte administratif obligé. Le problème se pose à un niveau supérieur dans les régions de l'Ouest insurgé, spécialement en Vendée, où l'enregistrement civil a souvent été interrompu lors des troubles. Après 1801 et parfois jusqu'à la chute de Napoléon et au retour du roi, de nombreux parents continuent de porter leur enfant à l'église tout en refusant de se rendre à la municipalité[144]. Ici, la priorité absolue donnée au baptême est une proclamation politique contre-révolutionnaire.

Un retour à la normale sous l'Empire ?

La normalisation de la pratique religieuse sous l'Empire doit-elle être confondue, en matière de baptême, avec un retour à la situation existant avant 1789 ? Il est temps de tracer rapidement le bilan de l'épisode révolutionnaire et d'évaluer son impact sur l'administration du premier sacrement.

Première question cruciale : l'unanimisme baptismal des Français a-t-il été sérieusement remis en cause par la Révolution, et singulièrement par la période d'interruption des cultes ? Non, si l'on en croit Jacques Solé, qui estime que « la proportion des enfants non baptisés est infime[145] », et la plupart des historiens qui ont étudié des terrains locaux. Ces derniers laissent en effet entendre qu'au bout du compte la quasi-totalité des enfants nés de 1789 au Concordat ont bien été baptisés à un moment ou à un autre par un prêtre constitutionnel, un prêtre réfractaire, un pasteur protestant, voire par un proche laïque (mais sans laisser une trace systématique dans un acte ou un registre). C'est ainsi le sentiment de Clément Tournier pour Toulouse[146], d'André Damien pour Versailles en 1795-1800[147], de Louis Pérouas et Paul d'Hollander pour le Limousin[148], ou encore de Patricia Lusson-Houdemon pour les paroisses de l'Ouest[149]. À Phaffans, en Alsace, tous les enfants nés entre 1789 et 1805, soit 1 525 individus, ont *a priori* été baptisés, sauf trente-neuf qui sont vraisemblablement des enfants décédés lors de la parturition : seuls cinq pourraient n'avoir pas été baptisés pour d'autres raisons entre août et décembre 1794, mais rien n'empêche de penser qu'ils ont été ondoyés par une matrone[150]. D'autres exemples fondés sur des comparaisons individu par individu - la méthode la plus fiable en la matière - aboutissent néanmoins à des niveaux supérieurs d'omissions du premier sacrement. À Montaut (Ariège), Suzanne Grézaud comptabilise ainsi 8 % de non-baptisés pour les nouveau-nés de 1794-1801, avec un pic pour la cohorte de 1795. Quant à Philippe Daumas, dans son étude d'une dizaine de villages d'Île-de-France ayant massivement adhéré à la Révolution, il obtient une proportion d'enfants non baptisés d'environ 17 % pour les nouveau-nés de 1790-1794 et de 7 % pour ceux de 1795-1799 (avec une pointe à près de 40 % pour la cohorte 1793-1794). Ces chiffres élevés sont d'autant plus intéressants que l'auteur a pris le soin de considérer les baptêmes conférés bien après la naissance des enfants, en particulier sous l'Empire.

Néanmoins, Philippe Daumas convient qu'une partie des baptêmes omis en 1793-1799 tient peut-être à l'absence de registres retrouvés dans certains des villages étudiés[151]. Au final, il paraît certain que la proportion d'enfants nés et non baptisés entre 1792 et 1800 ne dépasse pas 10 % à l'échelle nationale (une fourchette très haute), sans même tenir compte des baptêmes privés non enregistrés.

Il faut en outre garder à l'esprit que de nombreuses régularisations ont lieu après le Concordat et la réinstallation des prêtres. Par exemple, lorsque des reliques de Pie VII, destinées à la ville de Valence, passent par Toulon entre le 13 janvier et le 21 mars 1803, des foules accourent dans la ville portuaire et y font célébrer religieusement les mariages contractés uniquement au civil et baptiser les enfants nés pendant la période républicaine[152]. De leur côté, évêques et prêtres engagent une véritable politique de régularisation. En 1806, l'évêque de Versailles consacre l'article 61 de son Ordonnance « portant règlement pour l'administration de son diocèse » aux « moyens de rétablir les registres de baptême ». Les curés et desservants y sont enjoints de mener une enquête concernant tous les enfants « nés depuis 1792 » dans leur paroisse, à charge pour eux de dresser un acte authentique du baptême reçu dans la clandestinité « sur la déclaration confirmée par serment qu'en auront fait les pères et mères, parrains et marraines, ou autres témoins dignes de foi », et de baptiser les autres, en usant de moyens pacifiques pour convaincre les parents[153].

Ainsi, les registres paroissiaux des débuts de l'Empire mentionnent régulièrement des enfants nés sous la Terreur ou le Directoire. Dans le village de Saint-Ouen, en Île-de-France, où moins de vingt baptêmes sont célébrés en moyenne chaque année au début du XIXe siècle, on compte entre 1802 et 1810 six cérémonies de rattrapage pour des enfants nés entre 1794 et 1800[154]. La plupart reçoivent un « baptême sous condition ». Le vicaire Léon Gerbier de la paroisse cathédrale de La Rochelle opère de la même manière, le 4 avril 1805, pour quatre enfants nés respectivement le 16 mars 1792 à Dompierre, le 7 janvier 1793 à Montmorillon, le 28 mars 1793 à Niort et le 1er messidor an II à La Rochelle[155].

Ce désir de régularisation est aussi présent chez les protestants, une fois que les cérémonies communautaires publiques reprennent. Dans la capitale, le registre de baptême de l'Église réformée rouvre en 1803, et sur les soixante-dix baptêmes de l'année, dix-sept concernent des enfants nés entre 1795 et 1802, dont huit avant 1800. La liquidation du passif accumulé pendant les années d'arrêt du culte public s'étale néanmoins sur plusieurs années. Encore en 1807, douze des quatre-vingt-sept enfants baptisés au sein de la communauté protestante parisienne ont vu le jour avant la reprise officielle du culte en 1803. Le baptême précoce d'un cadet est souvent l'occasion de procéder au rattrapage de celui d'un frère ou d'une sœur plus âgés. Le 7 avril 1804, le négociant et baron d'Empire Jean-Charles Davilliers profite ainsi du baptême de sa fille Anna, âgée d'1 mois, pour présenter son aînée Caroline, née à Paris en 1800 ; de même, le 27 novembre 1805, le négociant Jacques Amalric fait baptiser son fils, âgé d'1 jour, avec son frère aîné, né le 20 thermidor an V[156].

Même si tous les enfants ne rentrent pas dans le giron des Églises - Michelet, né en 1798 dans une famille de petits imprimeurs parisiens, ne sera jamais baptisé[157] -, ces baptêmes de régularisation sont suffisamment nombreux pour constituer aux yeux des clergés une réelle satisfaction après le traumatisme révolutionnaire. Mais l'enjeu majeur concerne moins les générations de la tourmente que les nourrissons à venir. Une fois réinstallé dans la légalité, l'ensemble du clergé catholique s'engage dès lors dans une politique de vigilance, avec la même conviction que sous l'Ancien Régime : tout enfant français est voué à rejoindre l'Église. Mgr de Cicé, le nouvel évêque concordataire de Marseille, n'hésite pas à écrire au maire de la ville pour se plaindre que des « malintentionnés détourn[ent] les citoyens des sacrements de l'Église » et lui demander de « donner des ordres à la Commission de l'état civil pour qu'on excit[e] les parents à porter les enfants aux fonts du baptême » ; il prie même l'édile de « lui faire procurer chaque mois l'état nominatif et indicatif de tous les enfants présentés à l'état civil »[158].

Cette attention pressante du clergé, parce qu'elle rejoint les aspirations des populations, connaît dans les premières années du XIXe siècle un réel succès. Les études menées à l'échelle locale montrent toutes un effondrement de la part des nouveau-nés non baptisés. À Montaut (Ariège), 98 % des enfants déclarés à l'état civil en 1801-1815 sont baptisés contre seulement 87 % en 1794-1801[159]. À Marseille, en 1806, Fernand Charpin estime à 2 ou 3 % seulement la part d'enfants non baptisés catholiquement qui n'appartiennent pas par ailleurs aux confessions protestante ou juive[160]. C'est à peu près le même pourcentage que celui obtenu par Philippe Daumas en 1800-1804 et 1805-1809 dans son étude de onze villages d'Île-de-France, alors que la même proportion frisait encore les 8 % dans les années 1795-1799.

Ces chiffres montrent néanmoins que le rétablissement du baptême dès le début du régime impérial n'est pas absolu. En outre, on constate localement une remontée du taux d'enfants non baptisés dès les années 1810-1814, par exemple dans les campagnes d'Île-de-France (5 % environ en 1820-1825). Ici, le conflit entre Révolution et Église a laissé des traces durables et l'unanimisme baptismal a bel et bien vécu[161]. Il en est de même à Paris où Ralph Gibson estime qu'une petite minorité d'enfants (moins de 5 %) ne reçoit plus le premier sacrement dans les premières décennies du XIXe siècle[162]. Inégaux géographiquement, ces refus de baptême le sont aussi socialement. On les retrouve d'abord chez les intellectuels héritiers des Lumières ou parmi les fonctionnaires et les militaires, où le sentiment républicain et l'esprit anticlérical ont les racines les plus profondes. Victor Hugo, fils non baptisé d'un général et d'une mère déiste hostile aux prêtres, en est l'exemple même[163].

Un autre indice montre que le retour à l'unanimisme baptismal n'est qu'imparfait : les retards de baptême. Fidèles aux normes post-tridentines, les autorités catholiques n'entendent pas transiger au début du XIXe siècle (ni d'ailleurs dans les décennies suivantes) avec la règle du « *quam primum* » pour le baptême des nouveau-nés, dont le salut ne peut être menacé par la négligence parentale. C'est ce qu'expriment avec force les statuts synodaux des années 1820, qui reprennent en général le délai de trois jours : « Nous défendons, sous peine d'excommunication, aux parens des enfans, de les exposer au danger de leur salut, en différant de les présenter au Baptême, sous tel prétexte que ce soit. Et, en cas qu'ils diffèrent plus de trois jours, les Curés, après les admonitions nécessaires, en donneront avis à notre Promoteur[164] » (Amiens, 1821) ; « Nous recommandons expressément aux pères et mères de faire présenter leurs enfans au baptême dans trois jours au plus tard après leur naissance[165] » (Bayeux, 1824).

Or divers corpus paroissiaux, tant urbains que ruraux, montrent que déjà sous l'Empire, de nombreux parents - qui ne forment certes encore qu'une minorité - ne se plient plus à cette règle. À Marseille, cela concerne un enfant sur quatre en 1806 ; un sur trois à La Rochelle en 1805[166].

Baptêmes hors délais prescrits* sous le Premier Empire (échantillon de paroisses françaises)

	Nombre de baptêmes	Délais de baptême (en jours après la naissance)					0-3 jours sur délais connus
		Indéterminé	0	1	2	3	en %
Trouville (1806-1816)	84	8	3	8	15	19	59,2
Saint-Ouen (1802-1808)	126	—	—	—	—	—	72,4
Samois-sur-Seine (1809-1810)	72	8	15	28	5	3	79,7
Saint-Ambroise, Paris (1811)	170	—	12	77	40	8	80,6

* Nous retenons ici la limite des trois jours.
Source : Gaëlle Gautier, *Parrains, marraines et témoins de mariage au Pays d'Auge. La paroisse de Trouville-sur-mer aux XVIIIe et XIXe siècles*, maîtrise d'histoire, Université Paris-4, 2002 ; Archives départementales de Seine-Saint-Denis, registres de catholicité de la paroisse de Saint-Ouen, reg. 1, 1802-1819 ; Samois-sur-Seine, Archives du presbytère, registres de catholicité, 1809-1810 ; Paris, Archives du presbytère de la paroisse Saint-Ambroise, registre de baptêmes de 1811.

Nous aurons l'occasion de revenir sur les multiples significations de ce retard, destiné à s'accentuer dans les décennies suivantes, qu'on se gardera bien de réduire à une opposition ferme et consciente à l'Église. À ce stade de l'analyse, il nous suffit de constater que, dès les toutes premières années du XIXe siècle, une minorité conséquente des familles n'applique plus la norme stricte du baptême immédiat définie par les autorités de chaque diocèse, en conformité avec les règles canoniques. Certes l'ampleur du retard demeure faible ; certes dans certaines régions - notamment dans l'Ouest catholique ou dans les campagnes du Var[167] - les règles sont bien mieux respectées. Il n'empêche que la reprise en main du sacrement de baptême par le clergé se heurte à des familles qui, après une décennie de perturbations, ne se sentent plus nécessairement tenues de se plier en tous points aux prescriptions de l'Église, et qui ne peuvent plus être forcés à le faire par la loi civile.

Le retard de la cérémonie n'est en réalité que le signe le plus visible d'une pratique baptismale qui se reconstruit au sein d'un rapport de forces où les parents des nouveau-nés ont acquis, du fait de la Révolution, un poids grandissant face au clergé - avec des nuances locales bien entendu. Il ne s'agit pas d'affirmer que les populations d'Ancien Régime obéissaient passivement et parfaitement aux directives cléricales, on ne comprendrait alors rien à la complexité de la mise en application des directives tridentines à l'époque moderne. Mais, si la pratique sacramentelle a toujours été un enjeu de conflits et de négociations entre prêtres et laïcs, la Révolution, en dispersant temporairement le clergé, en confiant largement aux familles le maintien du culte, en éliminant la force légale des commandements d'Église, a redistribué les cartes et fourni davantage d'atouts aux seconds qu'ils n'en avaient auparavant, au détriment bien entendu des premiers. Le clergé qui se réinstalle, s'il espère un retour à une règle tridentine claire, a face à lui des communautés laïques qui ont vécu un temps l'absence du contrôle clérical et qui, en de nombreux endroits, en ont profité moins pour vivre sans l'Église que pour expérimenter des nouvelles formes rituelles où ils pouvaient incorporer leurs propres sensibilités religieuses. Lorsque les laïcs ont par ailleurs lutté pour le retour du culte public – notamment sous le Directoire –, leur légitimité renforcée ne peut être effacée d'un revers de main par le curé ou desservant, dont la propre légitimité en revanche a souvent été fragilisée par les péripéties des tensions entre jureurs et insermentés. Si le renouveau catholique peut donc s'appuyer sur une réelle demande laïque, les pasteurs, à l'autorité amoindrie, doivent davantage tenir compte des logiques cérémonielles des familles, alors même que le projet et la tendance des deux derniers siècles avaient été au contraire de s'en affranchir au maximum. Symboles de ce retournement, la remontée immédiate des baptêmes dominicaux (22 % à Samois-sur-Seine en 1809-1810 ; 37,5 % à La Rochelle en 1807), désormais que l'obligation du baptême dans les vingt-quatre heures a disparu, ou encore la souplesse nouvelle de certains évêques en matière de parrainage, comme celui de Vannes, Mgr de Bausset-Roquefort, qui, en 1809, décide au sein du Conseil épiscopal de ne plus être aussi rigoureux qu'auparavant quant à la qualité religieuse des parents spirituels : « On ne peut suivre qu'avec beaucoup de prudence l'ordonnance synodale qui défend d'admettre pour parrain et marraine ceux qui n'ont pas satisfait à leur devoir pascal et qui seraient censés n'être pas assez instruits[168]. » Le clergé catholique n'est pas le seul à subir ce nouveau rapport de force plus favorable aux laïcs. Chez les protestants, la reconstruction communautaire et cultuelle s'opère, avec le soutien de Napoléon, au profit du groupe des notables, et ceux-ci entendent bien affirmer la puissance sociale et politique acquise pendant la décennie révolutionnaire face aux pasteurs qui se réinstallent progressivement. En 1808 à Paris par exemple, les notables luthériens qui se replient sur la chapelle de Danemark après la fermeture en 1806 de la chapelle de Suède, imposent leurs manières au pasteur Göricke : ils exigent que les baptêmes distingués se fassent non à la chapelle mais à leur domicile : c'est au pasteur de se déplacer, non aux familles[169].

Le Consulat et les premières années de l'Empire marquent sans aucun doute une large « normalisation » de la pratique baptismale, si l'on entend par là un retour à une administration publique et sereine par les membres des clergés protestant et catholique du baptême aux nouveau-nés du pays et un apurement du passif révolutionnaire pour les cohortes d'enfants nés dans les années précédentes. Ce constat ne saurait néanmoins occulter l'ampleur des transformations et la profondeur des ruptures en une décennie. La principale est la distinction acquise de l'état civil et des rites religieux, qu'entérinent les Articles organiques en autorisant enfin la tenue de registres paroissiaux sans leur conférer de valeur légale. Un autre constat est l'autonomie prise par les familles dans leur rapport au sacrement. Certaines refusent de présenter leurs enfants au baptême, empêchant tout retour à l'unanimisme baptismal prérévolutionnaire. Mais il s'agit d'une minorité réduite. Plus significative est l'attitude de celles qui continuent de faire baptiser leurs enfants. Il est clair que l'héritage de la Révolution et les déchirements religieux de la période ont modifié l'équilibre entre prêtres et laïcs. Ces derniers disposent d'une marge de manœuvre nouvelle par rapport à l'encadrement clérical, qui ne peut plus s'appuyer sur des sanctions légales. Dans les milieux des notables, suivant une pente qui avait pu conduire sous le Directoire à imaginer des cérémonies de naissance répondant à une demande de ritualisation publique des événements familiaux - cérémonies où la première place revenait aux pères des nouveau-nés -, l'idée progresse d'un clergé devant s'adapter aux logiques des familles, voire se mettant à leur service.

CHAPITRE 4

Une nouvelle temporalité des baptêmes XIXe – mi-XXe siècle

Comparée aux spectaculaires mutations de la décennie révolutionnaire et du Consulat, la période qui s'écoule du Premier Empire à la Grande Guerre, voire jusqu'à l'aube du concile de Vatican II (1962-1965), peut sembler à l'observateur distrait d'une grande tranquillité pour ce qui touche à la pratique baptismale. La libre administration du sacrement dans le cadre catholique ou protestant n'y est jamais remise en cause par le pouvoir politique, qui se donne au contraire pour mission de garantir l'exercice normal des cultes autorisés. Quant à la question du statut légal du baptême et de son enregistrement, elle ne se pose plus dès lors que l'État ne reconnaît de validité qu'à l'état civil. Seule la politique de sécularisation initiée par les républicains à partir des années 1880 et jusqu'à la rupture du Concordat en 1905 suscite quelques évolutions significatives, l'État cessant alors de se préoccuper de la réception du baptême - et plus généralement de l'appartenance confessionnelle des personnes - dans un certain nombre de ses champs d'intervention[1]. Ainsi, contrairement à ce que prévoyait le décret du 23 prairial an XII (12 juin 1804) fixant la législation funéraire, les cimetières, après 1881, n'ont plus à séparer dans la mort les baptisés et les non-baptisés. La décision heurte les autorités catholiques mais soulage bien des familles endeuillées par la perte immédiate d'un nouveau-né, qui peuvent enfin l'inhumer avec les siens[2]. De même, vers 1900, l'Assistance publique ne prend plus d'informations sur le statut sacramentel des enfants abandonnés qu'elle recueille et n'en communique plus aux familles nourricières, avec pour conséquence de susciter l'émoi parmi les prêtres des paroisses d'accueil qui gèrent quelques années plus tard leurs premières communions[3].

La demande baptismale, quant à elle, n'est marquée par aucun reflux massif jusqu'aux années 1960. En 1954, Fernand Boulard, s'appuyant sur les données des enquêtes lancées par Gabriel Le Bras depuis les années 1930, considère ainsi que 94 % des enfants français sont toujours baptisés dans la religion catholique, proportion à laquelle il convient d'ajouter les 2 % d'enfants recevant alors un baptême protestant[4]. Il est incontestable qu'à la fin du XIXe siècle, les refus de baptême connaissent une progression, mais ce phénomène ne touche qu'une faible part du territoire. Il s'agit pour l'essentiel de Paris et ses environs après la répression de la Commune et d'une partie du Limousin vers 1905[5], deux régions caractérisées par la présence d'un fort anticléricalisme et l'activisme des mouvements libres penseurs. L'ampleur précise de ces rejets locaux est cependant malaisée à estimer. Des rattrapages peuvent se produire dans un second temps, et, surtout, des enfants nés dans une commune mais non enregistrés comme baptisés dans la paroisse correspondante peuvent parfaitement l'avoir été dans un autre lieu. Il est ainsi évident que la forte montée du taux de non-baptisés à Paris constatée par Fernand Boulard[6] dès les débuts de la Troisième République (7 % en 1865, 12 % en 1875, 28 % en 1885, 38 % en 1908), dont le calcul découle d'une simple comparaison entre les flux annuels globaux de naissances et de baptêmes, est surestimée par le développement des « baptêmes au village », comme l'a noté avec justesse Gérard Cholvy[7].

Ce portrait apparemment stable sur un siècle et demi de l'activité baptismale cache cependant une transformation cruciale : le retard croissant avec lequel les familles présentent leurs enfants à l'église. Avec des nuances sensibles selon les milieux et les régions, et selon des rythmes très divers, on assiste de décennie en décennie à un reflux de la pratique du baptême immédiat, conféré à la naissance ou dans les quelques jours suivants, au profit d'un baptême que l'on qualifiera schématiquement de « tardif », parce qu'administré au bout de plusieurs semaines ou plusieurs mois, voire plusieurs années. Ce déplacement, qui se traduit par un éclatement des comportements des fidèles en matière baptismale, n'est pas encouragé, bien entendu, par les autorités religieuses catholiques. Au contraire, celles-ci s'inquiètent d'un mouvement perçu comme un signe de « détachement » des fidèles, de perte d'influence de l'Église. Le maintien du baptême immédiat fait dès lors figure de défi à relever pour l'action pastorale du clergé. Cependant, on ne saurait saisir dans toute sa profondeur le processus de retard du baptême en ne le rapportant qu'aux catégories de la conformité religieuse édictées par l'Église et en ne l'interprétant qu'au sein d'une problématique de la « déchristianisation ». L'étude des calendriers hebdomadaires et saisonniers des cérémonies de baptêmes suggère d'autres pistes, de même que le parallélisme entre les évolutions des pratiques catholique et protestante.

La crise du baptême précoce

La coupure révolutionnaire et la fin de l'obligation légale du premier sacrement ne conduisent pas les évêques français du XIXe siècle à modifier leur point de vue sur le délai de baptême. Nulle surprise à cela puisque le corps doctrinal de l'Église sur le salut des nouveau-nés demeure inchangé - le baptême « *quam primum* » reste la règle absolue jusqu'aux années 1960 - et que la fidélité aux prescriptions religieuses de l'Ancien Régime constitue dans les premières décennies du siècle l'obsession d'un clergé qui prétend effacer la « parenthèse » de la Révolution. La plupart des statuts synodaux français fixent donc un seuil très précoce pour présenter l'enfant, le plus souvent trois jours, parfois moins comme dans le diocèse de Lyon en 1827 où un article interdit de garder les enfants « plus de deux jours après leur naissance sans les présenter au saint Baptême[8] ». Ces règles sont bien connues des paroissiens qui en sont informés lors des assemblées dominicales ou au moment de leurs noces. À Paris, le *Manuel pour l'administration du sacrement de baptême* oblige les curés diocésains à « avertir souvent leurs paroissiens de présenter leurs enfants pour le baptême, aussitôt après leur naissance, dans la crainte qu'en différant ils ne les exposent à la perte du salut éternel » et leur impose la distribution lors des bans de mariage ou dans les extraits d'actes de mariage d'« Avis relatifs au baptême », imprimés sur feuille volante, comportant l'indication : « Les enfants nouveau-nés doivent être présentés au Saint Baptême SANS AUCUN DÉLAI, surtout si leur état fait apercevoir le moindre danger. Lors même qu'on croit n'avoir à craindre aucun danger, on ne doit point différer le Baptême AU-DELÀ DU TROISIÈME JOUR[9]. »

À la fin du XIXe siècle et au début du XXe, quelques signes montrent un léger relâchement de la norme prescrite par les autorités catholiques. Le délai des huit jours, qui peut s'appuyer sur des antécédents prestigieux (en particulier les statuts de Charles Borromée), est parfois admis comme une échéance acceptable, par exemple dans les statuts synodaux de l'archidiocèse de Sens en 1894[10] ou dans l'enquête pastorale lancée en 1910 dans le diocèse de Marseille[11]. De même, un questionnaire envoyé en 1904 aux curés du diocèse de Moulins contient la demande suivante : « Combien de fois le baptême a-t-il été retardé au-delà de huit jours[12] ? » Pour autant, la règle des trois jours domine encore dans les esprits des prélats, comme le prouve sa réitération dans les statuts synodaux adoptés à Lyon en 1898[13] ou à Paris en 1902[14]. Un commentaire du catéchisme amplement diffusé dans les années 1930, celui de Mgr Audollent, continue d'indiquer que la demande d'administration du baptême « le plus tôt possible » (selon la formulation du canon 770 du Code canonique de 1917, généralement reprise par les statuts synodaux du milieu du XXe siècle[15]) doit être comprise de préférence dans un sens restrictif, à savoir trois ou quatre jours[16].

Pourcentage d'enfants catholiques baptisés dans les trois jours suivant la naissance (0-3 jours)

	Samois-sur-Seine (Seine-et-Marne)	Thoiry (Seine-et-Oise)	Compreignac (Haute-Vienne)	Marseille	La Rochelle (hors hôpital)	Paris, Saint-Ambroise
1806				74,6	67,0[a]	
1809-1817	70,8					
1821				72,8	76,3	75,6
1820-1844		12,3				
1828-1831	37,3					
1841				70,7	51,7	44,7
1845-1869		6,8				
1861	2,7[b]			44,5	34,7	44,2
1871-1875			45,3			
1870-1894		4,1				
1881	1,5[c]		16,6[d]	21,5	12,1	21,9
1901	0,0		3,0[e]	9,6	1,5	5,4[f]
1921	0,0	0,0		3,3		
1941				1,7		

[a] 1805 ; [b] 1861-1863 ; [c] 1880-1882 ; [d] 1881-1885 ; [e] 1901-1905 ; [f] 1899.
Sources : pour Samois, registres paroissiaux, presbytère de la paroisse ; pour Thoiry, Annick Delwaulle, *Baptêmes contemporains dans la paroisse Saint-Martin-de-Thoiry (Seine-et-Oise)*, maîtrise d'histoire, Université Paris-IV, 2001 ; pour Compreignac, Pierre Vallin, *Paysans rouges du Limousin. Mentalités et comportement politique à Compreignac et dans le nord de la Haute-Vienne (1870-1914)*, Paris, L'Harmattan, 1985, p. 207 ; pour Marseille, Fernand Charpin, *Pratique religieuse et formation d'une grande ville..., op. cit.*, p. 44 ; pour La Rochelle, Vincent Gourdon, « Négocier le rite sacramentel. Les familles rochelaises et la pratique baptismale, du Premier Empire à la Belle Époque », *Écrits d'Ouest*, 27, 2019, p. 95-128 ; pour Paris, Saint-Ambroise, registres paroissiaux, presbytère de la paroisse (une partie des résultats présentés dans Vincent Gourdon, « Les pratiques du baptême à Paris et à Rome au XIXe siècle », *Popolazione e Storia*, 2, 2006, p. 19-60). Les corpus de baptêmes comprennent uniquement les enfants baptisés avant l'âge de 13 ans.

Le maintien unanime de cette prescription n'empêche toutefois pas les familles de s'en affranchir de plus en plus au fil des décennies, comme l'indique le tableau précédent qui intègre aussi bien des espaces ruraux que des paroisses urbaines. L'effondrement du baptême immédiat est frappant. Tout début XIXe siècle, trois quarts environ des familles présentent leur enfant dans les délais prescrits ; mais après 1900, elles sont à peine une sur dix, voire moins. Dans certaines paroisses rurales d'Île-de-France, comme Samois-sur-Seine et Thoiry dans l'entre-deux-guerres, plus personne ne suit l'ancien usage. À Compreignac, dans la Haute-Vienne, les baptêmes dans les trois jours chutent entre le début des années 1870 et les années 1880, avant de disparaître dès la Belle Époque. Ce constat doit être cependant nuancé par la prise en compte d'autres régions où la pratique religieuse conforme résiste davantage. Dans le diocèse de Chambéry, une région de forte imprégnation catholique, Christian Sorrel note qu'en 1910 un quart des nouveau-nés continuent d'être baptisés dans les trois jours. Néanmoins, le recul par rapport à 1880, où neuf enfants sur dix étaient portés à l'église dans les délais prescrits, est saisissant[17]. Autres exceptions, les paroisses les plus conformes des « meilleurs » diocèses bretons. Yves Lambert signale qu'à Limerzel (Morbihan), en 1950, « tous les enfants furent baptisés dans les trois jours, sauf trois dont deux avaient été ondoyés aussitôt ». Une partie des paroisses dites de chrétienté - pour reprendre la terminologie de la sociologie historique du catholicisme - maintient donc le respect du baptême immédiat jusqu'aux environs du concile de Vatican II[18], mais elles constituent l'exception à l'échelle nationale, non la norme.

On se tromperait en pensant que l'abandon des délais conformes n'est que la conséquence d'un réaménagement à la marge de la pratique du baptême immédiat, comme si les familles prenaient simplement quelques jours de plus pour présenter leur enfant. Il se produit au contraire un mouvement lent mais continu de report de la cérémonie. En témoigne la croissance du délai médian (âge avant lequel 50 % des enfants sont baptisés), qui suit un rythme cohérent avec la chute du respect de la norme prescrite. À Marseille, par exemple, les enfants baptisés avant trois jours cessent d'être majoritaires entre 1841 et 1861, et l'âge médian poursuit sa progression dans les décennies suivantes, dépassant le seuil des deux semaines en 1901. Dans le cas des paroisses de La Rochelle, le délai médian franchit la limite des trois jours peu après 1841, puis celle de la semaine en 1881, avant de se situer entre un et deux mois en 1901. Cette barre du deuxième mois se retrouve dans de nombreux corpus de l'entre-deux-guerres, mais le retard médian est parfois plus prononcé encore, comme à La Rochelle et dans la banlieue industrielle nord-ouest de Paris (autour de Gennevilliers) où il dépasse respectivement trois mois et six mois en 1925[19]. Deux enquêtes menées dans le diocèse d'Évreux en 1945 et celui de Chartres en 1950 signalent même une poignée de cantons où la majorité des enfants baptisés ont plus de sept mois[20].

Proportion de baptisés selon le délai écoulé depuis la naissance (paroisses catholiques de La Rochelle, 1805-1901)

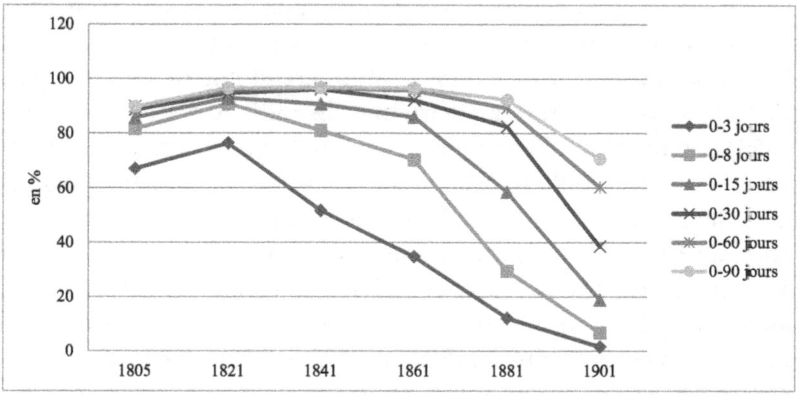

Ce premier point se double d'un autre constat tout aussi crucial : le retard du baptême n'équivaut pas à l'établissement d'une nouvelle norme qui se fixerait autour d'un intervalle resserré de délais. Il se produit plutôt un double mouvement de recul progressif et d'étalement des âges au baptême, ce qui traduit un éclatement des pratiques. Si certaines familles - de moins en moins nombreuses - continuent de privilégier un baptême immédiat ou, du moins, précoce (avant huit ou quinze jours), d'autres choisissent de repousser la cérémonie plusieurs semaines, plusieurs mois, et même davantage.

La dispersion est particulièrement manifeste lorsque, dans le dernier tiers du XIXe siècle, les baptêmes d'enfants âgés de plus de 6 mois cessent d'être anecdotiques. En Seine-et-Marne, dans le village de Samois, leur part passe ainsi d'un vingtième vers 1860 à un cinquième en 1880 puis deux cinquièmes en 1900. À La Rochelle, les mêmes représentent moins de 2 % des baptisés en 1881, mais dépassent les 14 % en 1901. À Saint-Pothin de Lyon, qui se caractérise par des attitudes plus conformes des paroissiens, le mouvement est moins ample, mais tout aussi net : tandis qu'à peine un baptisé sur 200 a plus de 6 mois en 1861, la proportion monte à 3 % en 1881, puis 8 % en 1921. De même, à Marseille, les baptêmes conférés au-delà de six mois stagnent à 0,3 % entre 1821 et 1861, avant d'atteindre 1 % en 1881 puis 3,2 % en 1901. Parmi les enfants concernés, toujours plus nombreux sont ceux qui reçoivent le baptême au-delà du premier anniversaire. Dès la Belle Époque, et *a fortiori* dans la première moitié du XXe, leur part s'envole dans la paroisse parisienne de Saint-Ambroise (25 % en 1899) et dans la banlieue ouest industrielle de la capitale (37 % en 1901, 41 % en 1939)[21], à La Rochelle (20 % en 1925) ou encore dans les villages franciliens (32 % à Samois en 1920-1924, 30 % à Thoiry en 1920-1933). En l'espèce, même si ces baptisés peuvent encore être considérés comme des bébés, il n'est plus possible d'y voir des nouveau-nés *stricto sensu*. Ce découplage tendanciel entre naissance biologique et cérémonie baptismale constitue à l'évidence un phénomène majeur, qui signe une rupture vis-à-vis de la conception précédente du sacrement. Une petite proportion d'entre eux reçoivent d'ailleurs le sacrement à des âges plus élevés encore, par exemple lors du baptême d'un cadet, ou peu avant leur première communion ou leur confirmation, dans une démarche de régularisation tardive de leur parcours sacramentel : parmi tant d'exemples, citons celui de la paroisse parisienne de Saint-Ambroise, dont neuf des 550 baptisés (1,6 %) de l'année 1929 sont des enfants de 10 à 12 ans se préparant à recevoir la confirmation le 10 mai suivant[22].

Baptêmes différés et détachement religieux

Comment comprendre cet abandon progressif du baptême précoce par la majeure partie des familles françaises au cours du XIXe siècle, qui rompt avec l'unanimisme des siècles antérieurs ?

Aux yeux du clergé du XIXe siècle et de la première moitié du XXe siècle, qui adopte volontiers une vision juridique et institutionnelle de l'appartenance religieuse, la réponse est simple : le non-respect croissant de la règle du « *quam primum* » signale un détachement vis-à-vis du catholicisme, un déclin de la foi, une perte du sentiment religieux, qui s'observeraient par ailleurs à travers la crise d'autres pratiques obligatoires, comme la participation à la messe dominicale ou l'accomplissement du devoir pascal. Partant du principe que la proportion de baptêmes différés dans une collectivité (paroisse, village, ville, région) traduit la qualité religieuse des habitants, les autorités de l'Église, en France comme à Rome, le retiennent régulièrement comme un indicateur pertinent au sein des enquêtes pastorales réalisées à la fin du XIXe siècle et au début du XXe siècle[23]. Après 1945, l'idée d'en déduire le degré d'adhésion religieuse déborde le cadre du contrôle pastoral exercé par la hiérarchie catholique pour être reprise dans le champ de la sociologie religieuse qui émerge alors sous l'impulsion de Gabriel Le Bras et Fernand Boulard[24]. L'indice du délai de baptême devient le complément ponctuel des taux de messalisants et pascalisants, privilégiés par les chercheurs, dans le cas des « paroisses unanimes » où chacun communie et vient à la messe, car il permet de dégager « les possibles fissures qui se font jour »[25]. Mais il est vite adopté aussi dans des enquêtes portant sur la question, alors obsédante, de la « déchristianisation » du monde ouvrier et des villes.

C'est dans ce contexte intellectuel et pastoral que paraît, en 1964, le travail de l'abbé Fernand Charpin sur le geste du baptême à Marseille du Premier Empire aux années 1950, qui constitue une étape décisive dans l'usage scientifique de l'indice du retard baptismal. Après avoir démontré l'étroite corrélation entre les trois grands critères de pratique religieuse, l'auteur en vient à distinguer des catégories de catholiques selon leur degré de respect de la norme baptismale, ou plutôt quatre types d'attitudes : la « fidélité », la « tiédeur », l'« indifférence », la « froideur ». Puis il calcule, grâce à la distribution des délais de baptêmes, l'évolution sur un siècle et demi de la place de chacun de ces ensembles. Le résultat conforte l'image d'une forte dégradation de la situation : le « groupe fidèle », qui représenterait trois quarts des catholiques marseillais entre le Premier Empire et les années 1840, tombe à un quart en 1900, puis se stabilise à ce niveau jusqu'à Vatican II, tandis qu'à l'autre extrême, les « froids », dont il nous est dit qu'ils « fris[ent] le mépris pour les choses religieuses[26] », passent de moins de 3 % avant 1860, à 5 % en 1881, puis 11 % en 1921 et 24 % en 1958[27]. Dans cette analyse, le retard du baptême est le fruit d'une perte de vitalité religieuse, d'une chute de la ferveur et d'une montée de l'indifférence ou du mépris, particulièrement vives dans la seconde moitié du XIXe siècle ; il est aussi le signe d'une perte de cohésion de la communauté catholique marseillaise, longtemps monolithique dans sa ferveur, mais de plus en plus éclatée dans son rapport à la religion au fil des décennies.

Ce schéma qui fait du degré de vitalité religieuse des familles le facteur explicatif principal du délai de baptême, n'a pas été entièrement rejeté par la suite dans le champ de l'histoire religieuse. Mais il a suscité des reformulations importantes, dont celle, cruciale, de l'historien Louis Pérouas dans son étude des pratiques religieuses du Limousin rural sous la Troisième République. La grille des attitudes exposée par Fernand Charpin, fortement influencée par l'approche pastorale (rappelons que l'auteur est prêtre), lui paraît en effet discutable dès lors qu'une pratique conforme à la règle prescrite par les autorités ne saurait être confondue avec une ferme adhésion religieuse, encore moins un signe de ferveur : « Le recensement des actes doit être éclairé par leur signification qui n'est pas nécessairement toute religieuse. L'observance de certains rites peut n'exprimer qu'un conformisme social », prévient-il. Il refuse de surcroît de considérer le moindre respect du délai baptismal prescrit comme un signe de « déchristianisation », préférant réserver ce terme controversé à un processus de rupture complète vis-à-vis des « rites chrétiens de passage », ce qui ne s'applique pas aux fidèles qui diffèrent le baptême de leurs enfants. Au terme de son raisonnement, Louis Pérouas en revient dès lors au terme de « détachement », qui lui paraît le mieux adapté pour qualifier la baisse des baptêmes précoces (et celle des autres pratiques religieuses d'obligation). Mais en en précisant aussitôt la portée : détachement « moins directement de la religion et même du christianisme que du clergé[28] », ce qui signifie que les proportions plus ou moins élevées de baptêmes immédiats exprimeraient non la qualité de la foi ou le sentiment d'appartenance au catholicisme, mais les divers niveaux d'entente ou de conflit entre fidèles et pasteurs, le degré d'acceptation locale de leur tutelle, de leur autorité.

Une telle interprétation apparaît largement confortée par l'étude des variations régionales et chronologiques des usages baptismaux. Les zones où le baptême immédiat devient le plus rapidement minoritaire sont généralement celles où l'impact des tensions politico-religieuses de la Révolution a été le plus sensible, celles où justement les prêtres catholiques peinent à rétablir leur autorité face à des populations qui ont pris leur autonomie vis-à-vis du clergé. C'est le cas notamment des campagnes de l'Île-de-France. Le constat opéré sur les deux villages de Samois-sur-Seine et Thoiry est corroboré par une enquête pastorale de 1834 menée dans le diocèse de Versailles, qui indique qu'à cette date, en Seine-et-Oise, à peine 22 % des baptêmes sont administrés dans les sept jours suivant la naissance[29]. La remarque vaut également à l'est du département de Charente-Inférieure, pour les environs de Saint-Jean-d'Angély et Matha, où l'anticléricalisme de la majeure partie des habitants se double pendant toute la première moitié du XIXe siècle d'un sous-encadrement pastoral flagrant. Dans le registre de l'église cantonale de Matha en 1825, qui compile les cérémonies réalisées dans le bourg et les villages environnants, à peine un baptisé sur dix a moins d'1 mois, tandis que la moitié en ont plus de six. Dans ce secteur redouté tout au long du siècle par les prêtres du diocèse de La Rochelle, les familles ne montrent aucun empressement à présenter leurs enfants. Négligeant de se rendre à l'église chef-lieu, elles se contentent d'attendre que le curé de Matha se présente de temps en temps dans leur paroisse et y procède à des régularisations par fournées du statut sacramentel des nouveau-nés des mois précédents[30]. À l'inverse, dans des diocèses où l'autorité sociale du clergé se maintient pendant tout le XIXe siècle, voire jusqu'aux Trente Glorieuses, le recul du baptême s'enclenche plus tardivement - fin XIXe siècle en Savoie ; mi-XXe en Bretagne - et son ampleur est moindre. La comparaison entre Paris et Marseille, où le clergé catholique est mieux intégré dans la société urbaine que dans la capitale, illustre bien ce dernier aspect, puisque la part des baptisés de plus de 6 mois ou d'1 an est plus faible dans la métropole provençale. Ces écarts se retrouvent bien entendu à des échelles plus fines, par exemple au sein d'un même diocèse : dans celui d'Arras, à la fin du XIXe siècle, le pays de l'Alleu, où l'on « aime et on vénère le clergé » et où les familles s'empressent de présenter leurs nouveau-nés à l'église, s'oppose à des secteurs comme l'Artois méridional et le Ponthieu, où les délais de baptême s'allongent : trois semaines ou un mois à Avesnes-le-Comte en 1894, jusqu'à trois ou quatre mois à Frévent en 1887[31].

Le rythme auquel se produit le retard du baptême épouse par ailleurs assez bien les grandes scansions historiques des rapports entre population et clergé. Après la cassure révolutionnaire, la Restauration marque souvent une stabilisation voire une très légère hausse de la proportion de baptêmes conférés dans les délais prescrits par rapport à l'Empire - par exemple à Marseille ou à La Rochelle. Jouent plusieurs facteurs, à commencer par l'amélioration de l'encadrement pastoral avec l'arrivée de prêtres plus nombreux, mais aussi les campagnes de remobilisation religieuse menées par le clergé, les pressions du régime, sans oublier le tarissement des baptêmes de régularisation postrévolutionnaires, encore fréquents sous Napoléon. Le mouvement est cependant peu durable, et la montée des baptêmes différés se lit dès les années 1830-1840 dans une partie des régions françaises, notamment à Paris où la fin de la décennie 1820 et le début de la monarchie de Juillet se caractérisent par de fortes tensions anticléricales. La montée de l'esprit républicain joue un rôle indéniable. Dans l'évêché de

Montpellier, lorsque Mgr Thibault fait sa première tournée pastorale en 1836 et 1837[32], il repère quelques secteurs « plus affranchi[s] des pratiques religieuses », notamment la paroisse de Paulhan dans le doyenné de Clermont-l'Hérault où, note l'évêque dans son Journal, le peuple « est républicain et très turbulent » : or, en 1842 et 1852, respectivement 57 % et 42 % des enfants de Paulhan sont baptisés dans les trois jours, contre 75 % à Lodève (1852) voire 89 % à Florensac (1842).

Le début du Second Empire, période de renouveau catholique durant laquelle le clergé bénéficie d'un fort soutien du pouvoir politique aux niveaux national et local, constitue une phase de relative accalmie. Le retard baptismal se poursuit, mais souvent plus lentement. Et, ponctuellement, la création de nouvelles cures favorise un meilleur dialogue entre les fidèles et un clergé paroissial présent au quotidien, conduisant parfois à une inversion temporaire du processus : ainsi dans le doyenné de Matha, où les enfants sont désormais tous baptisés avant 1 an (99 % en 1861 contre environ 80 % en 1825), dont deux tiers avant deux mois (contre un cinquième en 1825)[33]. En revanche, dans les années 1860-1870, quand l'anticléricalisme repart à la hausse du fait des tensions politiques résultant de la politique italienne de Napoléon III et de la condamnation de la « civilisation moderne » par le pape Pie IX en 1864, on constate presque partout en parallèle une crise du baptême immédiat. En vingt ans, dans de nombreuses villes, les proportions de baptêmes dans les trois jours sont divisées par deux, voire davantage : en 1881, les niveaux vont d'un enfant sur huit à La Rochelle, à un enfant sur trois dans certaines paroisses parisiennes, en passant par un enfant sur cinq à Marseille. De nombreuses zones rurales, par exemple le Morvan (Château-Chinon ; Lormes)[34] et le Limousin, où le délai médian restait inférieur à trois jours, comptent à partir des années 1870 des cantons dont la majorité des habitants passent outre ce seuil normatif. Le processus ne fait que s'amplifier entre les années 1880 et la Belle Époque, âge d'or de la politique sécularisatrice de l'État républicain. Dans le diocèse de Chambéry, la chute des baptêmes immédiats s'enclenche dans les années 1880, mais ceux-ci deviennent minoritaires entre 1900 (54 %) et 1910 (25 %)[35]. De même, en Limousin, les derniers cantons à majorités « conformes » disparaissent entre 1905 et 1910[36].

Néanmoins, comme l'a pointé Claude Langlois[37], la preuve définitive du lien entre délai baptismal et qualité de la relation établie avec le clergé, ce sont les « périodes critiques » où, à la suite d'un événement politique qui altère la confiance des fidèles en leurs pasteurs, il se produit une baisse soudaine de la demande de baptêmes immédiats et une accélération du retard baptismal. Le phénomène est patent à Belleville et dans les quartiers populaires de Paris après la Commune et sa sanglante répression approuvée par les autorités catholiques[38]. Dans la paroisse Saint-Ambroise, en plein faubourg Saint-Antoine, à peine 22 % des familles respectent encore les prescriptions diocésaines en 1881 - parmi celles qui demandent toujours le baptême... Marseille, qui connaît aussi un court épisode communard, voit de même une accélération des baptêmes différés entre 1869 et 1871[39]. L'argument s'applique à d'autres phases historiques. En Limousin, Louis Pérouas associe le net repli de l'empressement baptismal constaté entre 1900 et 1910 avec la période conflictuelle de la séparation de l'Église et de l'État, qui attise les tensions politiques dans les communes et les paroisses[40]. De la même manière, Gérard Cholvy explique la forte progression des baptêmes différés à Béziers entre 1842 et 1852 par l'opposition des milieux populaires de cette ville au coup d'État de Louis-Napoléon Bonaparte, soutenu en revanche par le clergé local[41]. De fait, il paraît logique que le rejet politique du clergé stimule le refus de se plier à tout encadrement clérical : pourquoi suivre les prescriptions pointilleuses dictées par une hiérarchie épiscopale ou un clergé paroissial considérés comme hostiles, d'autant que, dans le cas du baptême, le prêtre doit de toutes manières accepter d'accueillir l'enfant dès lors qu'on le sollicite ?

Retard urbain et retard rural

Le milieu urbain favorise-t-il les baptêmes différés et le mouvement d'urbanisation enclenché au XIXe siècle a-t-il pesé dans le processus ? On le sait, la dénonciation de la ville sécularisatrice, véritable *leitmotiv* du discours clérical depuis le XIXe siècle jusqu'aux enquêtes de pratique paroissiale des années 1950[42], a trouvé un écho durable dans les travaux scientifiques. Comme l'a résumé Hugh McLeod[43], une vision « orthodoxe » de la relation entre urbanisation et sécularisation, partagée autant par le courant de la sociologie chrétienne que par les marxistes, a longtemps considéré la ville, surtout la ville industrielle en pleine croissance démographique, comme le lieu par excellence d'une « modernisation » se confondant intrinsèquement avec une « sécularisation » : réceptacle des migrations, entité échappant par sa dilatation spatiale et la masse de ses habitants aux tentatives de contrôle des Églises, zone de contact entre cultures et confessions différentes, et donc porteuse en soi d'une sorte d'incitation au relativisme, elle s'opposerait par définition à un monde rural perçu comme figé, facile à encadrer sur le plan logistique pour les institutions religieuses, culturellement homogène et dont chaque pratique religieuse s'inscrirait dans un sens collectif modelé par les siècles ; bref, un milieu peu enclin à s'engager dans des ruptures telles que la « déchristianisation ». Cependant, cette vision orthodoxe, depuis quelques décennies, fait l'objet de nombreuses critiques de la part des spécialistes de l'histoire du fait religieux au point de susciter un courant « révisionniste » vaste et pluriel. Celui-ci note par exemple la capacité des clergés à s'adapter au nouveau contexte des grandes villes du XIXe siècle et à développer des pastorales nouvelles et inventives[44], ou encore la présence de foyers religieux particulièrement actifs dans les villes, des milieux de grande ferveur[45]. D'autres chercheurs insistent sur la force d'une religiosité urbaine qui a pu passer par des canaux extérieurs aux Églises historiques, sans se confondre avec une « sécularisation » (spiritisme[46], messianisme révolutionnaire, religion civile). Enfin, des travaux soulignent la continuité du sentiment religieux et des pratiques entre centres urbains et campagnes environnantes, et écartent au contraire l'impact de facteurs tels que la taille de la ville ou sa structure économique[47].

À cet égard, l'étude des délais de baptême fournit un éclairage complémentaire qui contredit la vision « orthodoxe » du rapport entre ville et sécularisation et conforte la version « révisionniste ». L'exemple de Calais à la Belle Époque suggère qu'un renouveau pastoral - la création de la nouvelle paroisse Saint-Antoine de Padoue, confiée à des prêtres sensibles aux questions sociales - peut enrayer, au moins temporairement, la progression des baptêmes différés[48]. Mais, surtout, l'examen précis des rythmes d'abandon des délais courts et de montée des baptêmes tardifs indique moins une opposition entre villes et campagnes que des convergences régionales. Le cas du diocèse de Chambéry est à ce titre éclairant : si les familles de Chambéry et d'Aix-les-Bains renoncent plus rapidement que les ruraux à baptiser leurs enfants dans les trois jours dans le dernier quart du XIXe siècle, il n'en reste pas moins que les proportions de baptêmes conformes en 1880 et 1890 sont très élevées dans les deux villes[49], comparées à celles observées au même moment à La Rochelle ou Paris, et de ce fait moins proches de celles-ci que des niveaux maintenus dans les campagnes savoyardes. En Limousin, vers 1870, Louis Pérouas ne dégage pas non plus de décalage majeur entre les délais urbains (Aubusson, Guéret, Bellac, Boussac) et ceux des paroisses rurales voisines[50].

L'exemple le plus remarquable de convergence se situe en Île-de-France. À Paris, si souvent considérée comme la ville « détachée » par excellence, on voit en effet la part de baptêmes conformes baisser plus tôt au XIXe siècle qu'à Marseille ou à Lyon, et de manière sans doute plus intense. Mais la capitale participe d'un mouvement qui touche aussi les campagnes environnantes, et - point crucial - elle ne montre guère d'avance sur ces dernières. Les enfants baptisés dans les trois jours après la naissance sont déjà minoritaires à Samois-sur-Seine (Seine-et-Marne) et Thoiry (Seine-et-Oise) aux alentours de 1830. À Saint-Ouen (Seine), qui ne s'est pas encore transformé à cette époque en une commune industrielle, le passage s'effectue même dès 1815-1817[51], soit trente ans plus tôt qu'à Paris. Dans ce cœur du Bassin parisien, laissé « en déshérence » religieuse, pour reprendre l'expression de Gérard Cholvy et Yves-Marie Hilaire[52], et marqué par l'héritage de la déchristianisation révolutionnaire, Paris - ou, du moins, une partie conséquente de ses paroisses, les plus aisées pour aller vite - fait paradoxalement figure de pôle de conformité religieuse.

Au final, il apparaît que la relative homogénéité régionale (ou par « aires culturelles » selon la notion proposée par Fernand Boulard et Jean Rémy) des délais de baptême urbains et ruraux se double d'un écart ville/campagne qui prend une tonalité différente selon les lieux. À travers les exemples savoyard et francilien, on retrouve pour les baptêmes différés la « règle générale » jadis émise par Ralph Gibson : la conformité des pratiques religieuses urbaines peut être inférieure à celle des campagnes environnantes dans les zones de ferveur, mais l'inverse est vrai dans les zones de tiédeur[53].

Des classes sociales pionnières ?

Doit-on penser que certains groupes sociaux ont un rôle pionnier dans l'adoption des baptêmes retardés ? Un rapide regard sur les données disponibles suggère que dans la seconde moitié du XIXe siècle et au début du XXe siècle, les familles ouvrières se montrent moins soucieuses de la règle des trois jours que les autres. Selon Barrie Ratcliffe, à Paris, en 1887, les enfants des paroisses de l'Ouest aisé sont un quart (26,6 %) à être baptisés dans le délai conforme, contre seulement un huitième (12,9 %) dans les paroisses populaires du centre-ville, et à peine un dixième dans les paroisses de la périphérie ouvrière (9,9 %) ; la part des baptêmes conférés après un mois obéit à une hiérarchie inverse, avec respectivement 39 %, 61 % et 70 %[54]. Dans le département du Nord, réputé pour sa ferveur catholique, les résultats des villes minières montrent aussi un abandon très net du baptême immédiat à la Belle Époque : à Escaudain, en 1900, 5 % seulement des enfants sont baptisés dans un délai de huit jours ; à Somain, la proportion de baptêmes dans les trois jours, déjà très basse en 1880 (18 %), tombe à 5 % vingt ans plus tard[55]. À Marseille, en 1871, Fernand Charpin signale que les ouvriers urbains présentent moins souvent leur enfant dans le délai prescrit que les artisans et commerçants, les négociants et industriels, et surtout les ouvriers agricoles et les agriculteurs.

De telles données semblent confirmer sur le plan historique les conclusions de la sociologie religieuse des années 1950-1960, qui a pointé des écarts importants à l'époque entre bourgeoisie et monde ouvrier dans la pratique pascale ou l'assistance dominicale, mais aussi dans les délais de baptême. Il suffit de citer ici une enquête de 1954-1955 sur les enfants baptisés à Aix-en-Provence : alors que 33 % des enfants en moyenne sont présentés à l'église dans le mois de naissance, ils ne sont que 30 % parmi les ouvriers, contre 48 % chez les agriculteurs, les professions libérales et cadres supérieurs, 38 % chez les cadres moyens, et 36 % parmi les membres de l'armée et de la police[56]. En somme, les données fournies par l'indicateur du délai de baptême s'inscriraient pleinement dans une analyse pastorale puis scientifique qui a longtemps fait des ouvriers le groupe « déchristianisé » par excellence[57], celui en tout cas qui ne respecterait pas les normes religieuses et adopterait une attitude largement indifférente en matière religieuse, sinon hostile.

Cependant, ces résultats ne valent que pour une période donnée. Dans la première moitié du XIXe siècle, l'avance ouvrière est en réalité bien moins sensible, voire inexistante. À Paris, sous la Restauration, les différences entre les paroisses populaires et les autres demeurent faibles ; en 1821, la proportion de délais conformes est même légèrement plus élevée à Saint-Ambroise (76 %), peuplée d'artisans et ouvriers, qu'à Notre-Dame-de-Bonne-Nouvelle (73 %), où résident de nombreux commerçants[58]. Barrie Ratcliffe, quant à lui, constate qu'en 1824, une paroisse comme La Madeleine (VIIIe arrondissement actuel), qui accueille des fidèles aisés, obéit moins aux prescriptions baptismales (65 %) que les paroisses Sainte-Marguerite (69 %), dans le faubourg Saint-Antoine, et Saint-Laurent (71 %), dans le faubourg Saint-Martin[59]. Vers 1820-1840, lorsque les actes de baptême parisiens mentionnent la profession des pères des enfants – ce qui est hélas loin d'être systématique –, il ne ressort pas que les ouvriers présentent plus tardivement leurs nouveau-nés à l'église, contrairement aux propriétaires, négociants, rentiers, professions libérales[60] ou militaires[61]. De la même manière, à Marseille, où, entre 1806 et 1871, la précision des registres paroissiaux permet d'évaluer finement le niveau d'empressement baptismal selon le milieu social, il apparaît que les familles ouvrières se situent dans la moyenne urbaine dans les premières décennies du siècle. Le monde des employés et celui des négociants et industriels se montrent en revanche moins respectueux des normes en 1821 et 1831. Tous sont néanmoins surpassés, dans le premier tiers du siècle, par les membres de l'armée et de la police, un milieu dont on connaît l'anticléricalisme au sortir de la Révolution et de l'Empire, ainsi que par les professions libérales (médecins, avocats, etc.), qui enregistrent le taux de retardataires le plus élevé sous le Second Empire[62].

Il est donc clair que, dans un premier temps, les baptêmes différés ne sont pas une caractéristique propre au monde ouvrier. Ils forment davantage un trait des couches supérieures de la société, en particulier la bourgeoisie urbaine liée à l'administration ou à l'armée et les professions libérales, deux groupes où le souvenir de la Révolution et l'adhésion au voltairianisme restent vivaces, et où les velléités de reprise en main cléricale et le soutien de l'Église au légitimisme ne sont pas vus d'un bon œil[63]. Ce n'est que dans un second temps que se produit une certaine inversion sociale des attitudes. À Paris, les analyses de Barrie Ratcliffe suggèrent que les paroisses ouvrières deviennent plus indisciplinées que les bourgeoises entre les années 1820 et 1850. À Marseille, les taux de retard au baptême des ouvriers croisent et dépassent ceux des professions bourgeoises entre 1861 et 1871, faisant de la bourgeoisie le groupe le plus fidèle en termes de pratiques religieuses, et cela pour un siècle.

S'il y a donc des écarts sociaux, ils ne tiennent pas à une sorte d'essence ouvrière qui porterait à la contestation des normes ecclésiastiques, et singulièrement à l'indifférence vis-à-vis des règles baptismales. En réalité, le relâchement de la norme du baptême n'a pas lieu avant l'émergence massive de la grande industrie au milieu du

XIXe siècle, qui transforme les traits du monde ouvrier. Surtout, il ne se produit pas non plus avant la montée de l'opposition politique au clergé dans les classes populaires urbaines, la contestation de l'alliance entre l'Église, d'une part, et le pouvoir (Restauration, Second Empire)[64] ou les élites sociales (noblesse, bourgeoisie industrielle, compagnie minière, etc.), d'autre part ; bref, la montée de l'anticléricalisme, qui détourne les familles - les pères en tout premier lieu - de cette préoccupation et les rend sourdes à tout rappel normatif du clergé paroissial, tout en les poussant vers d'autres formes de religiosité que le catholicisme (socialisme, idée républicaine).

En outre, le monde ouvrier n'est pas homogène à l'échelle nationale, et l'hostilité à l'Église du petit peuple parisien à la fin du XIXe siècle ne saurait être prise pour une généralité. Bien des places industrielles (Mazamet, Millau, Belfort, etc.[65]) restent fidèles aux pratiques conformes dans les premières décennies de la Troisième République. Dans le nord de la France, l'opposition est plus marquée dans les villes minières qu'ailleurs, les ouvriers rejetant d'un même élan une Église et des compagnies qui entretiennent des relations spécialement étroites[66] : le faible empressement baptismal à Escaudain et Somain en 1900 ne peut en conséquence résumer l'attitude de toutes les villes industrielles des diocèses d'Arras et de Lille, comme l'indiquent - parmi d'autres - les statistiques calaisiennes en 1914 (54 % de baptisés avant quinze jours dans la paroisse Saint-Antoine de Padoue)[67].

Le triomphe du baptême dominical

Le découplage qui s'opère peu à peu entre la date de naissance et celle du sacrement autorise une modification progressive du calendrier hebdomadaire des baptêmes. Le choix du jour dépend dorénavant de l'interaction sociale entre clergé paroissial et familles et des contraintes pesant sur ces dernières.

Comme nous l'avons indiqué dans le chapitre précédent, la préférence pour le dimanche, visible au début de l'époque moderne, resurgit sous le Premier Empire. Mais dès les premières décennies du XIXᵉ siècle, il apparaît que cette réapparition n'est pas un simple retour à la situation existant avant la radicalisation de l'immédiateté baptismale au XVIIIᵉ siècle. La poussée dominicale dépasse rapidement, dans tous les corpus connus, les niveaux de concentration atteints au XVIIᵉ siècle. Dans la paroisse normande de Trouville, par exemple, la proportion de baptêmes dominicaux oscille jusqu'aux années 1870 aux alentours de 40 %. Dans l'île de Ré (Ars-en-Ré, La Flotte, Le Bois), elle atteint 55 % en 1861, avant de reculer légèrement dans le dernier tiers du siècle (41 % en 1901)[68]. À Thoiry, en Île-de-France, où la proportion de baptêmes administrés dans les trois jours est très faible sous la Restauration, le dimanche rassemble déjà 60 % des cérémonies baptismales en 1820-1829 et voit sa part monter jusqu'à 71 % en 1850-1859[69]. Dans le doyenné de Matha (Charente-Inférieure), la concentration dominicale est plus progressive (31 % en 1825 ; 47 % en 1861 ; 66 % en 1881) mais le niveau atteint à la Belle Époque est tout aussi fort (73 % en 1901)[70].

Jours des baptêmes catholiques dans les cinq paroisses de La Rochelle* au XIXᵉ siècle

	Dimanche	Lundi	Mardi	Mercredi	Jeudi	Vendredi	Samedi	Total actes	Jours connus
1807	37,5 %	16,2 %	9,4 %	11,4 %	12,5 %	8,0 %	5,1 %	356	352
1821	30,4 %	12,9 %	15,6 %	11,3 %	12,3 %	7,7 %	9,8 %	326	326
1841	39,9 %	11,3 %	10,1 %	11,6 %	14,9 %	4,5 %	7,7 %	338	336
1861	49,4 %	9,6 %	7,3 %	7,3 %	13,7 %	5,3 %	7,3 %	342	342
1881	57,2 %	13,6 %	6,9 %	4,7 %	9,4 %	2,0 %	6,2 %	408	404
1901	64,3 %	5,9 %	6,4 %	3,4 %	10,3 %	2,7 %	6,9 %	407	406

* Saint-Louis cathédrale, Saint-Sauveur, Notre-Dame de La Rochelle, Saint-Nicolas (avant 1887), Saint-Jean (avant 1887), Saint-Nicolas de Tasdon (après 1887), Saint-Maurice (après 1887).
Source : Vincent Gourdon, « Négocier le rite sacramentel... », art. cité, p. 109.

Jours des baptêmes catholiques à Paris (échantillon de paroisses parisiennes, 1801-1881)

	Dimanche	Lundi	Mardi	Mercredi	Jeudi	Vendredi	Samedi	Total actes	Nombre paroisses
1801	22,4 %	15,5 %	14,3 %	12,4 %	14,5 %	10,6 %	10,2 %	4 083	9
1807	26,1 %	17,5 %	14,3 %	10,8 %	13,3 %	7,8 %	10,1 %	3 848	9
1821	32,2 %	16,9 %	13,3 %	10,9 %	13,0 %	5,1 %	8,6 %	7 217	13
1841	36,4 %	15,2 %	12,1 %	10,4 %	12,0 %	5,4 %	8,6 %	10 559	17
1861 (vieux Paris)	37,3 %	13,7 %	10,7 %	11,0 %	12,2 %	6,4 %	8,8 %	10 342	18
1861 (nouveau Paris)	42,1 %	13,5 %	10,0 %	9,9 %	11,2 %	5,8 %	7,5 %	16 926	26
1881 (nouveau Paris)	55,0 %	10,0 %	7,7 %	6,4 %	10,2 %	4,4 %	6,2 %	8 060	13

Source : Vincent Gourdon, « Les pratiques du baptême à Paris... », art. cité, p. 34.

Les villes suivent la même trajectoire. À La Rochelle, après un léger repli sous la Restauration, le dimanche reprend sa marche en avant dès la monarchie de Juillet, rassemblant quatre baptêmes sur dix en 1841, puis la moitié en 1861 et enfin les deux tiers en 1901. Quant à Paris, on y passe d'un tiers des sacrements conférés le dimanche en 1821 à 42 % en 1861 puis 55 % en 1881. L'affluence dominicale y est telle qu'elle pose bientôt des problèmes d'organisation. En effet, dans les paroisses populaires qui encadrent une masse croissante de fidèles et qui parfois - comme à Saint-Ambroise, Sainte-Marguerite ou Saint-Jean-Baptiste-de-Belleville - peuvent compter vers 1860 plus de 1 000 baptêmes par an, il se produit certains dimanches un engorgement des cérémonies. L'archevêché en prend très tôt conscience et, dès 1838,

Mgr de Quelen fait publier des instructions sur le sacrement de baptême qui permettent de soulager les desservants des paroisses populaires sous-encadrées en autorisant des séquences rituelles collectives :

> Relativement aux prières et aux cérémonies, nous avons cherché sans doute à éviter les longueurs, en faveur surtout des paroisses où les baptêmes et les mariages sont très multipliés. [...] Toutefois, pour la plus grande facilité, principalement dans l'administration du baptême, nous n'avons pas craint de répéter les prières et les cérémonies pour administrer ce Sacrement à plusieurs enfants à la fois ; et d'éviter par là les renvois et les embarras qu'ils occasionnent[71].

En outre, les autorités diocésaines rappellent régulièrement aux familles que tous les jours sont bons pour administrer le premier sacrement, comme en témoigne cet extrait du numéro de décembre 1908 de *La Paroisse. Bulletin de Saint-Ambroise* : « Ne pas différer le baptême des enfants au-delà de *trois jours*. On peut les faire baptiser tous les jours de semaine et le dimanche de 9 heures à 11 heures et le soir de 1 heure à 5 heures[72]. »

L'affirmation du dimanche s'accompagne par définition du repli des autres jours. Comme au XVIIe siècle, le vendredi est le plus touché. Jour de la crucifixion du Christ, il continue de pâtir de sa réputation « néfaste ». Sa part décline jusqu'aux alentours de 5-6 % des baptêmes vers 1840 dans tous les corpus paroissiaux disponibles, et descend quelquefois en dessous par la suite : aucun baptême n'est ainsi célébré un vendredi parmi les quatre-vingt-douze enregistrés en 1901 dans les trois villages rétais d'Ars, La Flotte et Le Bois. Les évolutions des autres jours sont plus fluctuantes, et des traditions locales ou des orientations propres à certains curés pèsent à n'en pas douter. À Paris et à La Rochelle, où la grande taille des échantillons limite les risques de variations aléatoires, on note que le samedi et le mercredi déclinent nettement. En revanche, le jeudi parvient à résister, occupant presque toujours la deuxième ou troisième position ; il continue de rassembler un dixième des baptêmes sous la Troisième République.

Jours des baptêmes et suppléments de cérémonie catholiques en 1861 à Paris, par profil de paroisses

	Dimanche	Lundi	Mardi	Mercredi	Jeudi	Vendredi	Samedi	Total actes
17 paroisses de Paris pré-1860	37,3 %	13,7 %	10,7 %	11,0 %	12,2 %	6,4 %	8,8 %	10 342
8 paroisses périphériques*	49,6 %	13,2 %	8,9 %	8,3 %	9,5 %	4,9 %	5,6 %	6 584
Total Paris	42,1 %	13,5 %	10,0 %	9,9 %	11,2 %	5,8 %	7,5 %	16 926
Saint-Ambroise, Sainte-Marguerite	47,3 %	13,8 %	9,4 %	9,7 %	9,2 %	5,1 %	5,4 %	2 824
5 paroisses aisées**	30,0 %	14,2 %	11,9 %	12,1 %	14,2 %	6,8 %	10,9 %	1 792

* Notre-Dame-de-la-Gare, Saint-Michel des Batignolles, Saint-Pierre du Petit-Montrouge, Saint-Jacques-Saint-Christophe de La Villette, Saint-Germain de Charonne, Saint-Jean-Baptiste de Belleville, Notre-Dame de Passy, Notre-Dame d'Auteuil.

** Saint-Pierre de Chaillot, Sainte-Clotilde, Saint-Thomas d'Aquin, Saint-Louis d'Antin, Notre-Dame-de-Lorette.

Source : Vincent Gourdon, « Le baptême à Paris dans les premières décennies du XIXe siècle. Entre prescriptions religieuses et objectifs familiaux », p. 58-96, *Cahiers de l'IERP*, n° 1, 2003, Saint-Étienne, Publications de l'université de Saint-Étienne, p. 95.

Cette nouvelle répartition hebdomadaire ne peut se comprendre sans y intégrer une dimension sociale. Comme le montre l'exemple des paroisses parisiennes en 1861, la concentration des baptêmes le dimanche est particulièrement forte dans les quartiers périphériques de la capitale annexés par Haussmann en 1860, quartiers populaires largement peuplés d'ouvriers d'industrie. Du fait de la pression croissante sur les horaires de travail - un trait caractéristique de la première révolution industrielle –, le dimanche y forme l'un des rares moments de liberté, et constitue le seul jour permettant de présenter dignement l'enfant à l'église et d'inviter parents et amis à la cérémonie religieuse comme aux festivités qui la suivent. Lors de la visite pastorale effectuée à Marseille en 1862, le curé de la paroisse Saint-Loup, interrogé par son évêque sur les baptêmes différés, lui répond que les ouvriers font baptiser leurs nouveau-nés le dimanche « vu qu'ils ne sont point libres dans la semaine[73] ». Le clergé de Paris est tout aussi conscient du problème ; en témoigne l'article 259 des statuts synodaux adoptés en 1902 sous l'égide de Mgr Richard, qui introduit pour les familles ouvrières une légère tolérance quant aux délais de baptêmes prescrits :

> On ne différera pas le sacrement de Baptême plus de trois jours. Nous recommandons aux Curés d'insister fortement, dans leurs instructions, sur l'obligation où sont les parents de ne pas renvoyer le Baptême de leurs enfants au-delà de ce terme. Si l'on ne peut toujours y réussir, surtout dans les paroisses qui ont une nombreuse population ouvrière, on veillera du moins à ce que le Baptême ne soit pas différé au-delà du dimanche qui suit la naissance, et on s'efforcera de faire connaître aux parents l'obligation impérieuse qu'ils auraient de faire baptiser immédiatement leurs enfants, si ceux-ci étaient en danger de mort[74].

C'est aussi la prise en compte des rythmes de travail qui permet de comprendre la position du lundi dans le calendrier hebdomadaire des baptêmes. Celui-ci présente en effet une trajectoire singulière dans la capitale pendant toute la première moitié du XIXe siècle, occupant longtemps la deuxième place avant de chuter à partir du Second Empire, et obtenant d'excellents scores dans des paroisses typiques du vieux Paris ouvrier et artisanal, à savoir Saint-Ambroise et Sainte-Marguerite (19 % en 1807). Il s'agit là des derniers feux d'une tradition que conservent au début du XIXe siècle artisans et ouvriers des villes, celle de chômer la Saint-Lundi, ce qui en fait le jour de repos populaire urbain par excellence. Cette coutume s'effrite après 1850 du fait du rejet des élites qui cherchent à « normaliser » cette journée[75], mais aussi en raison de la montée d'un nouveau prolétariat urbain qui, lui, n'a plus les moyens de la maintenir.

Dans les paroisses aisées de la capitale, le choix des jours est beaucoup moins dépendant de ces contraintes de temps. Le dimanche y progresse, mais dans une moindre mesure, et la répartition hebdomadaire des cérémonies y reste beaucoup plus équilibrée, à l'exception du vendredi, délaissé une fois encore. Ne subissant aucune pression professionnelle stricte et imposée, les familles bourgeoises ou nobles peuvent, dans un souci de distinction, éviter de procéder aux baptêmes de leurs nouveau-nés en même temps que d'autres parents. En délaissant le dimanche où se pressent les familles ouvrières, elles privilégient une cérémonie familiale privatisée. C'est alors le jeudi qui récupère leurs faveurs, de même que le lundi.

Une nouvelle saisonnalité des baptêmes

Un nouveau calendrier saisonnier des baptêmes se dessine également au cours du XIXe siècle. Rappelons qu'avant la Révolution, l'application de la déclaration royale de 1698 obligeant à baptiser le nouveau-né dans les vingt-quatre heures provoque logiquement une superposition parfaite du calendrier mensuel des baptêmes sur celui des naissances. La laïcisation de l'état civil en 1792, qui met fin à cette obligation, crée les conditions d'une évolution. Elle ne produit cependant pas de bouleversement majeur dans le demi-siècle suivant puisque les baptêmes non conformes aux règles de l'Église restent minoritaires et se cantonnent, pour la plupart, à des délais courts (huit jours, quinze jours) qui ne peuvent modifier qu'à la marge les équilibres mensuels. Il n'en est plus ainsi à partir de la seconde moitié du XIXe siècle, quand, dans un nombre croissant de régions, les baptêmes différés d'un ou plusieurs mois se répandent.

Indices mensuels corrigés des baptêmes et des naissances (Paris, décennie 1860 ; référence : 100)

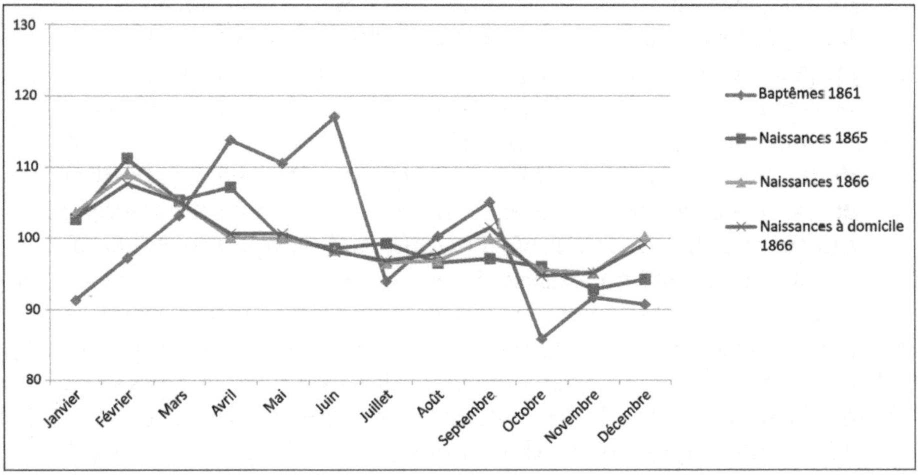

Note : l'indice mensuel corrigé prend en compte les différences dans le nombre de jours par mois. Un indice 100 indique que le mois accueille chaque jour en moyenne le même nombre d'événements (baptêmes ou naissances) que l'année complète ; la valeur 120 indique une surreprésentation de 20 % par rapport à la moyenne annuelle.
Sources : Archives de Paris, collection « Archevêché » ; *Bulletin de statistique municipale*, Paris, Charles de Mourgues frères, 1866, numéro de janvier 1866, p. 10.

On le voit dès le Second Empire à Paris. Grâce au *Bulletin de statistique municipale* publié depuis les années 1860, nous disposons de données mensuelles sur le nombre de naissances dans l'ensemble des vingt arrondissements (naissances à domicile ; naissances totales, hôpitaux, prisons ou hospices compris), auxquelles nous pouvons comparer la répartition des baptêmes administrés en 1861 dans un échantillon de vingt-six paroisses regroupant environ un tiers des célébrations de la ville (soit 16 935 actes de baptêmes ou de suppléments de cérémonies)[76]. Il en ressort, d'une part, une très forte proximité entre les différents calendriers mensuels des naissances (selon l'année ou selon le type de naissances), dont les fluctuations saisonnières apparaissent limitées (un peu plus de naissances entre janvier et avril, un peu moins en octobre-novembre), et, d'autre part, un décalage sensible avec celui des baptêmes en paroisse, à l'allure bien plus saccadée. La courbe des baptêmes se situe ainsi très en dessous de celle des naissances lors des mois d'hiver (janvier, février et, dans une moindre mesure, décembre). En revanche, les mois de printemps attirent plus de cérémonies que le nombre de naissances ne permettrait de le supposer au premier abord. Il en est de même pour août et septembre - à un moindre degré -, qui contrastent avec un mois d'octobre où les baptêmes sont peu nombreux. La même analyse menée pour l'année 1881 entre les naissances totales (dont les écarts mensuels à la moyenne se situent désormais dans une fourchette de plus ou moins 4 %) et les baptêmes célébrés dans un échantillon de treize paroisses ne confirme pas cette différence entre septembre et octobre, mais elle valide l'opposition entre la période froide, de novembre à mars, et celle, plus douce voire chaude, qui s'écoule d'avril à août. Juin est cette année-là le mois le plus prisé (surreprésentation de 16 %), quand mars est le plus délaissé (sous-représentation de 16 %)[77]. Une part du succès de la période printanière découle de la présence de fêtes religieuses (Pâques en premier lieu, mais aussi Pentecôte et Fête-Dieu), qui accueillent traditionnellement un plus grand nombre de baptêmes, en particulier dans les cas de régularisation tardive ou de conversion. Il est cependant évident que le calendrier inédit des baptêmes qui se dessine à Paris dans la seconde moitié du XIXe siècle obéit surtout à des considérations météorologiques (choix des mois doux ; refus des mois les plus froids) qui n'ont aucun lien avec d'éventuelles motivations religieuses.

Répartition mensuelle des naissances et baptêmes à La Rochelle (cinq paroisses) et Laleu en 1901 (indices corrigés mensuels ; référence : 100)

	J	F	M	A	M	J	J	A	S	O	N	D
Naissances (N = 660)	99,9	130,4	139,1	86,6	108,8	81,1	114,2	101,7	92,2	85,6	75,6	85,6
Baptêmes (N = 480)	68,7	116,8	80,9	114,1	125,1	114,1	80,9	122,6	116,6	105,5	71	85,9

Source : Vincent Gourdon, « Négocier le rite sacramentel... », art. cité, p. 111-112.

Ces tendances se retrouvent hors de la capitale. Ainsi, à La Rochelle en 1901, les indices mensuels des baptêmes paroissiaux sont supérieurs à ceux des naissances lors des mois doux du printemps et de l'automne et pendant la période estivale (avril, mai, juin, août, septembre et octobre) ; ils sont au contraire inférieurs durant les mois d'hiver (janvier, février, mars). Seul juillet fait quelque peu exception à cette opposition entre saison froide et saisons douce ou chaude, mais on peut penser que ce mois pâtit du faible nombre de naissances enregistrées en ville en juin cette année-là, ainsi que du tarissement du stock de baptêmes tardifs, consécutif au grand nombre de cérémonies réalisées dans les deux derniers mois de printemps. Il est probable, par ailleurs, qu'une fraction conséquente des familles, en particulier dans les élites sociales, délaissent juillet, car bien des parents ou amis, invités potentiels, ne sont pas présents ou disponibles, puisque partis en villégiature ou retournés dans une propriété familiale – un phénomène que l'on observe pour juillet et août dans les paroisses aisées de Paris sous le Second Empire[78].

Répartition mensuelle des baptêmes et des naissances à Samois-sur-Seine en 1900-1905 (indices corrigés mensuels ; référence : 100)

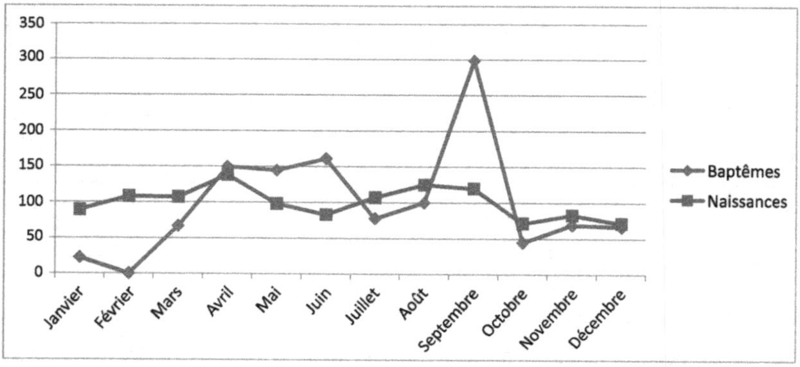

Sources : Archives du presbytère de Samois-sur-Seine, registres de baptêmes ; Archives départementales de Seine-et-Marne, 6E464/16 (état civil 1894-1905).

Le monde rural est lui aussi concerné par cette déconnexion entre calendriers des baptêmes et des naissances qui se produit dès avant la Grande Guerre. Le village de Samois-sur-Seine en 1900-1905 en fournit un bon exemple. Alors que la courbe mensuelle des naissances suit des ondulations de faible ampleur, celle des baptêmes présente des écarts considérables. La marginalisation des mois d'hiver apparaît très marquée, davantage qu'à Paris ou La Rochelle, en particulier pour février qui ne compte aucun baptême en six ans. De l'autre côté du spectre, mai et juin sont appréciés, mais le record est atteint par septembre qui compte trois fois plus de cérémonies que la moyenne mensuelle.

Une avance protestante

Parce qu'elles forment la très grande majorité de la population française jusqu'aux années 1970, il était normal de concentrer le regard sur les familles catholiques et leurs pratiques. Mais qu'en est-il du côté des protestants ? Les mutations qui affectent délais et calendriers de baptêmes du côté catholique les épargnent-elles ?

Délais de baptême dans l'Église réformée de Paris au XIXe siècle

	1807 (avant 13 ans)	1807 (avant 1 an)	1821 (avant 13 ans)	1821 (avant 1 an)	1841 (avant 13 ans)	1861 (avant 13 ans)
0-3 jours	45,8 %	61,3 %	38,9 %	41,7 %	27,7 %	19,8 %
4-8 jours	2,4 %	3,2 %	9,6 %	10,3 %	9,2 %	10,1 %
9-15 jours	3,6 %	4,8 %	9,0 %	9,6 %	3,5 %	6,3 %
16-30 jours	3,6 %	4,8 %	4,2 %	4,5 %	8,9 %	6,0 %
2e mois (31-60 jours)	4,8 %	6,5 %	16,2 %	17,3 %	11,7 %	8,9 %
3e mois (61-90 jours)	6,0 %	8,1 %	4,2 %	4,5 %	7,8 %	8,3 %
4e-6e mois (91-180 jours)	3,6 %	4,8 %	6,0 %	6,4 %	11,7 %	17,4 %
Entre le 6e mois et 1 an	4,8 %	6,5 %	5,4 %	5,8 %	7,8 %	12,6 %
2e-4e année	9,6 %	—	4,2 %	—	7,4 %	8,5 %
Après le 4e anniversaire	15,7 %	—	2,4 %	—	4,3 %	2,2 %
Nombre de délais connus	*83*	*62*	*167*	*156*	*282*	*414*
Nombre de baptêmes	*86*	—	*167*	—	*282*	*419*

Source : Bibliothèque de la Société de l'histoire du protestantisme français (Paris), MSS C.P.2, registres de baptême de l'Église réformée de Paris 1803-1817 ; MSS C.P.3, *id.* 1817-1823 ; MSS C.P.7, *id.* 1835 et 1837-1843 ; MSS C.P.11, *id.* 1859-1862.

Pour ce qui concerne la minorité luthérienne, surtout implantée en Alsace et dans le pays de Montbéliard au XIXe siècle et qui représente un tiers environ des protestants français[79], aucune étude à ce jour ne permet de répondre. On sait en revanche que se développent depuis la fin du Premier Empire quelques communautés baptistes, dont la caractéristique commune est d'administrer le baptême aux seuls convertis (généralement adultes), par immersion complète[80]. Mais il s'agit de groupuscules, dont le poids ne saurait être comparé avec celui du bloc dominant des réformés.

Autant que l'on puisse en juger par les rares échantillons étudiés, les pratiques en vigueur dans les communautés calvinistes au tout début du XIXe siècle indiquent le maintien d'une prédilection pour un baptême sinon immédiat, du moins précoce, qui s'explique par la fidélité au pédobaptisme prôné par la doctrine de Calvin, mais aussi par l'influence de la pratique catholique comme par la croyance persistante chez certains aux capacités magiques et vertus protectrices du rite baptismal. Dans la paroisse de Lassalle (Gard) entre 1801 et 1824 par exemple, 51,5 % des enfants sont baptisés dans le mois suivant la naissance, tandis qu'à peine 3,5 % le sont après 6 mois (dont 0,6 % après 1 an)[81]. Dans l'Église réformée de Paris en 1807, la majorité des enfants baptisés ont aussi moins d'1 mois (55,4 %), dont la plupart moins de 3 jours (45,8 %). Les baptêmes administrés après le premier anniversaire sont plus nombreux (un quart) dans la capitale que dans le Gard, mais il faut tenir compte des régularisations qui ont lieu après le retour du culte public en 1803. Parmi les seuls enfants baptisés dans l'année de naissance, deux tiers sont présentés au temple dans les trois jours. En 1821, la question des régularisations postrévolutionnaires est presque réglée et surtout elle ne concerne plus les enfants de moins de 13 ans. Cette année-là, 61,7 % des baptisés ont moins d'1 mois, et un sixième entre 1 et 2 mois. La part des enfants présentés après leur premier anniversaire retombe à 6,6 %. Le délai médian se situe à neuf jours.

Comme attendu, cette rapidité incontestable des baptêmes réformés n'atteint cependant pas le niveau d'empressement encore visible à l'époque dans les paroisses catholiques environnantes. Pour autant, le plus remarquable n'est peut-être pas la présence d'une minorité de familles qui n'hésitent déjà plus à attendre plusieurs mois ou années pour faire baptiser leurs enfants, mais le fait que bien des parents protestants continuent de présenter leurs nouveau-nés dans les trois jours, voire le jour de la naissance ou le lendemain (15,6 % en 1821). La logique du baptême immédiat persiste ainsi à séduire une grande partie des fidèles réformés, alors même qu'aucune autorité civile ou religieuse ne l'encourage. Un même constat de continuité doit être fait pour les baptêmes d'urgence des enfants malades. Lors de sa tournée en Vivarais en 1841, le pasteur genevois François Delétra, qui estime que cet « usage touchant » relève du « préjugé » et du « catholicisme », est témoin du baptême par M. Brisset, ministre à Desaignes (Ardèche), d'un « enfant qu'on s'est hâté d'apporter d'une lieue et demie, parce qu'on craint qu'il ne meurt »[82].

On le voit à travers ce dernier exemple, le respect de la discipline stricte du baptême - au sens des pasteurs - n'apparaît pas comme la première priorité de tous les fidèles. Le dimanche, jour du culte et de rassemblement de la communauté, est d'ailleurs loin d'être le seul jour d'administration du baptême dans les premières décennies du XIXe siècle. À Paris en 1807 et 1821, il ne rassemble qu'un peu plus d'un tiers des célébrations. De même, évoquant les églises réformées du Midi, le pasteur Arbouste-Bastide se lamente en 1858 de constater que les cérémonies baptismales qui se font au temple - ce qui n'est pas systématique -, ont lieu « sur semaine, ou après les services », donc hors assemblée et en contradiction avec l'esprit du baptême calviniste[83].

Progressivement, cependant, les pratiques évoluent. La part des délais courts décline. À en croire Jean-Daniel Roques, au milieu du XIXe siècle les protestants nîmois célèbrent « couramment le baptême jusqu'à trois mois après la naissance[84] ». Dans les registres de l'Église réformée de Paris en 1841, seul un quart des enfants est désormais présenté au baptême avant trois jours. La majorité des baptisés a maintenant plus d'1 mois (délai médian : trente-trois jours) et un enfant sur cinq dépasse 6 mois. Vingt ans plus tard, le délai médian monte à cinquante-trois jours. Un cinquième seulement des enfants est baptisé dans les trois jours tandis que près d'un quart le sont après le sixième mois (23,2 %). Cette distribution des délais réformés se distingue alors nettement de celle des baptêmes catholiques, y compris parmi les paroisses parisiennes les moins empressées, comme Saint-Ambroise. À La Rochelle, enfin, tandis qu'un enfant protestant sur deux reçoit le baptême dans les huit jours en 1841, ils ne sont plus qu'un sur dix en 1881 ; cette année-là, environ un quart (28 %) des baptisés ont plus de 6 mois[85].

L'exemple du retard est donné par les pasteurs eux-mêmes. En 1836, en Ardèche, Théodore Géminard baptise son fils Thalès quinze jours après sa naissance[86]. Encore est-ce un délai plutôt court pour ce type de familles. En 1861, les registres de baptêmes de l'Église réformée de Paris comptent cinq enfants de pasteurs ou de « ministres du Saint-Évangile » : le plus jeune, celui du pasteur Ernest Dhombres, a 33 jours quand il est présenté au temple ; viennent ensuite le fils de Jean Eugène Casalis, directeur de la Maison des Missions, et la fille d'Henri Paumier, pasteur-adjoint à Paris, qui ont tous deux presque 3 mois (84 et 87 jours) lors du baptême ; les deux plus âgés, enfin, sont les deux filles de Louis Boissonnas, directeur de l'École préparatoire en théologie des Batignolles, et de Philippe Falle, pasteur de l'église réformée de Fontenay-le-Comte, qui ont environ 4 mois (110 et 122 jours). En clair, le rapport entre fidèles et clergé est l'inverse de celui qui a cours parmi les catholiques : les parents protestants sont plus attachés en moyenne que leurs ministres à l'empressement baptismal. Le même schéma vaut pour la question du pédobaptisme qui constitue un débat récurrent parmi les protestants français pendant le XIXe siècle, notamment en raison de l'implantation et de la propagande baptistes[87]. Lorsque certains pasteurs se montrent séduits par la remise en cause du pédobaptisme absolu, ils se heurtent à des paroissiens qui désirent maintenir le baptême des petits enfants, comme le montre l'affaire, à Angers, du pasteur Marc Robineau, destitué en 1858 par son consistoire sur demande des fidèles, parce qu'il a décidé l'année précédente de refuser de baptiser les enfants des paroissiens ne partageant pas ses nouvelles convictions antipédobaptistes[88].

Néanmoins, l'évolution des comportements réformés et catholiques présentent avant tout des similitudes. Le retard de la cérémonie, nous l'avons dit, mais aussi le fait que, dans les deux cas, ce soit les élites sociales qui, dans les premières décennies du XIXe siècle, enclenchent le mouvement. À Lassalle (Gard) entre 1801 et 1824, Gérard Cholvy constate que « ce sont les riches qui diffèrent le plus le baptême[89] ». De même, à Paris en 1841, les enfants de tailleurs d'habits, serruriers, domestiques, terrassiers, cordonniers, cochers, concierges, journaliers et manouvriers restent majoritairement baptisés dans les huit jours, alors qu'ils ne sont que 12 % chez ceux des négociants, entrepreneurs, rentiers, docteurs, officiers et autres grands commis de l'État. À peine un cinquième des enfants des familles populaires sont présentés au temple après trois mois, contre 60 % des rejetons de l'élite protestante de la capitale[90].

Jours des baptêmes dans l'Église réformée de Paris au XIXe siècle

	Dimanche	Lundi	Mardi	Mercredi	Jeudi	Vendredi	Samedi	Dates connues	Total baptêmes
1807	37,2 %	9,3 %	3,5 %	4,7 %	17,4 %	14,0 %	14,0 %	86	87
1821	34,3 %	17,8 %	13,0 %	4,7 %	14,8 %	2,4 %	13,0 %	169	169
1841	46,0 %	9,1 %	8,7 %	8,7 %	13,6 %	3,5 %	10,5 %	287	287
1861	51,2 %	8,3 %	10,8 %	6,4 %	11,8 %	3,3 %	8,3 %	424	425
1881*	57,4 %	8,4 %	4,6 %	7,3 %	9,1 %	5,0 %	8,2 %	561	561
1901**	62,3 %	5,8 %	5,3 %	4,9 %	9,2 %	2,6 %	9,8 %	531	531
1901 (Paris populaire)***	70,1 %	5,6 %	6,3 %	3,5 %	9,0 %	1,4 %	4,2 %	144	144

* Paroisses : Oratoire, Plaisance, Batignolles, Belleville, Montmartre, Étoile, Pentemont, Saint-Esprit, Sainte-Marie, Ternes (Méthodistes), Passy.
** Paroisses : comme 1881, mais avec Ternes en moins, et Port-Royal et Milton en plus.
*** Paroisses : Belleville, Plaisance, Montmartre.
Source : Bibliothèque de la Société de l'histoire du protestantisme français (Paris).

La transformation du calendrier hebdomadaire des cérémonies constitue un autre point commun. Si à La Rochelle, pendant tout le XIXe siècle, le dimanche rassemble entre 50 et 60 % des célébrations baptismales[91], dans les temples parisiens, il suit une progression continue, jusqu'à concentrer près des deux tiers des baptêmes en 1901 (62 %) contre un tiers au début du XIXe siècle. Quoique l'écart se réduise en fin de siècle, la domination dominicale est toujours plus forte chez les protestants que chez les catholiques, conformément à leurs positions doctrinales. La logique théologique joue à l'évidence un rôle dans le processus, mais elle ne doit pas occulter l'impact, là encore, de facteurs sociaux. La prééminence du dimanche est plus élevée dans les paroisses réformées des quartiers populaires : sept enfant sur dix en 1901 dans celles de Belleville, Plaisance et Montmartre. Quant au jeudi, il parvient de nouveau à résister, essentiellement grâce aux paroisses des beaux quartiers : dans celles de Pentemont (VIe arrondissement) ou de l'Étoile en 1901, respectivement 15 % et 23 % des familles le choisissent.

Enfin, la répartition mensuelle des célébrations protestantes confirme la prédilection montante pour les mois de printemps et l'évitement des mois d'hiver, observés dans les registres catholiques. En l'accentuant même, comme à Paris en 1901, où le mois de mai concentre à lui seul un sixième des baptêmes de l'année ; c'est alors trois fois plus que janvier ou mars, et quatre fois plus que février. Seule l'avance prise par les réformés dans la pratique du baptême différé permet de comprendre de tels écarts saisonniers avant la Première Guerre mondiale.

Il convient de prendre la pleine mesure des transformations des usages baptismaux dans la France du XIXe siècle et du début du XXe siècle. À la fin de l'Ancien Régime, presque tous les enfants français sont baptisés dans le rite catholique dans un délai dépassant rarement les vingt-quatre heures. Cent cinquante ans plus tard, dans la plupart des régions, les délais admis et constamment réaffirmés par l'Église - trois jours, à la rigueur huit - ne sont plus respectés que par une minorité des familles. Dans l'entre-deux-guerres, le retard médian dépasse souvent les quinze jours à l'échelle locale et peut même franchir le seuil des trois ou six mois, par exemple en région parisienne. Ce phénomène ne date pas du XXe siècle, loin de là : non seulement, dès la première moitié du XIXe siècle, les fidèles de nombreuses paroisses - dans les campagnes d'Île-de-France notamment - n'obéissent plus dans leur majorité aux prescriptions de l'Église, mais encore les baptêmes très tardifs (administrés au-delà d'un an) connaissent une réelle expansion à partir des années 1860-1870. L'ampleur du phénomène de retard et sa précocité singularisent la trajectoire française parmi les pays de tradition catholique, en Europe comme en Amérique. En Italie[92], en Pologne[93], au Québec[94], les baptêmes différés ne sont certes pas inconnus, mais l'écart à la norme définie par les autorités religieuses s'avère beaucoup plus limité.

Ces divergences nationales dans les délais baptismaux ne surprennent guère. Il en est de même pour celles observées au sein du territoire français entre les « bons diocèses » et les zones plus indifférentes sur le plan religieux. À travers le baptême, nous rejoignons des constats sur les degrés nationaux ou régionaux de détachement religieux ou d'hostilité au clergé effectués depuis longtemps grâce à d'autres indicateurs, comme les taux de messalisants ou de pascalisants. Cette remarque vaut aussi pour les différenciations sociales. Nous retrouvons le « grand chassé-croisé du prolétariat et de la bourgeoisie » - selon l'expression de Gabriel Le Bras[95] - qui se produit en matière religieuse au milieu du XIXe siècle, puisque les baptêmes hors délais prescrits, plus fréquents dans les milieux marchands, les professions libérales et l'administration sous la Restauration et la monarchie de Juillet, deviennent dans la seconde partie du siècle beaucoup plus caractéristiques des villes industrielles et des quartiers ouvriers et artisans de Paris ou des métropoles provinciales.

De manière générale, la chronologie du retard confirme aussi ce que l'on sait des évolutions du rapport des Français à l'Église catholique. Les années 1860-1880, marquées par un reflux religieux (indifférence, athéisme) et une forte vague d'anticléricalisme, sont aussi celles où s'accélère dans de nombreuses régions la montée des baptêmes tardifs. Selon Philippe Boutry, c'est à cette période que s'opèrent dans la plupart des régions françaises la transformation de la religion de « fait de mentalité » en « opinion » - susceptible donc d'être contestée - et l'individualisation de la pratique religieuse[96]. De fait, dans le dernier tiers du XIXe siècle, à l'échelle paroissiale, l'éclatement des pratiques baptismales devient patent. Dorénavant, le délai entre naissance et administration du sacrement est moins le fruit d'une coutume ou d'une prescription, qu'un choix propre à chaque famille.

Mais la variable du détachement religieux ou de la perte d'autorité du clergé catholique suffit-elle à rendre compte de l'ensemble du processus de transformation en cours ? Les évolutions parallèles dans le monde protestant sèment le doute. Peut-on conserver un même schéma explicatif alors que le moindre empressement baptismal des fidèles ne heurte pas le clergé protestant ? Bien au contraire, ce dernier est plutôt favorable aux délais longs et met d'ailleurs en pratique cette conviction lorsqu'il s'agit de ses propres enfants.

Il convient donc de saisir en amont les motivations qui, du côté des familles, poussent à différer le baptême. Nous avons dégagé un premier degré d'analyse en signalant l'apparition de nouveaux calendriers hebdomadaires et saisonniers des baptêmes. Côté protestant comme côté catholique, s'observe un mouvement de concentration des cérémonies sur les dimanches, alors que les deux confessions ont en la matière des discours divergents. Par ailleurs, dans les deux communautés religieuses, les mêmes oppositions sociales sont visibles : plus de baptêmes le dimanche en milieu populaire que dans les élites ; à l'inverse, chez ces dernières, plus de célébrations le jeudi. Une telle évolution du calendrier hebdomadaire doit donc être mise en relation avec le niveau de disponibilité des différentes couches de la société dans le cadre de la révolution industrielle, mais elle ne saurait s'expliquer par une plus grande liberté antérieure dans le choix des jours de célébration. En fait, c'est l'impératif de disponibilité lui-même qui tend à prendre toujours plus d'importance, et à supplanter l'obsession ancienne du baptême immédiat qui persistait, y compris chez une grande partie des protestants, demeurés sensibles aux vertus protectrices supposées du rite baptismal et au discours sur les dangers de condamnation spirituelle des enfants morts sans baptême. De même, le calendrier saisonnier évolue dans les deux confessions, avec une régression des baptêmes hivernaux et une montée des célébrations effectuées pendant certains mois doux. Cette modification traduit un souci nouveau - et inédit par rapport à l'époque moderne - de la saison de célébration, en fonction de critères météorologiques.

En clair, tout se passe comme si des processus favorisant un retardement du baptême touchent l'ensemble de la société française, trouvant une moindre résistance parmi les protestants, et affectant les fidèles catholiques au fur et à mesure de leur prise de distance vis-à-vis du clergé et de ses directives.

CHAPITRE 5

Médicalisation et familialisation du geste baptismal

Aborder le phénomène du baptême retardé essentiellement comme une transgression de la norme de l'Église et, à ce titre, comme un indice de détachement religieux des parents est conforme à une tradition historiographique issue du courant de la sociologie historique du catholicisme, qui a épousé la logique régulatrice de l'institution. Mais une telle approche ne permet de saisir qu'une partie de l'explication. Encore faut-il préciser pour quels motifs les fidèles ressentent le besoin de surseoir au baptême. Il est en effet évident que la plupart d'entre eux ne le font guère par simple désir d'enfreindre la règle, mais parce qu'ils y sont conduits par des enjeux supérieurs qui relativisent leur souci de la norme religieuse. L'étude des nouveaux calendriers hebdomadaires et saisonniers des baptêmes qui se dessinent dans des régions pionnières comme l'Île-de-France dès la seconde moitié du XIXe siècle, aussi bien en milieu catholique que parmi les réformés, a ouvert des pistes de compréhension qu'il s'agit d'explorer plus avant. Le rôle de l'industrialisation, qui entraîne un nouveau rapport au temps, a été pointé. Mais d'autres processus sont plus cruciaux encore : le développement d'un discours médical hostile au baptême précoce, d'une part ; la familialisation croissante de la pratique baptismale, d'autre part.

La dénonciation hygiéniste des dangers du baptême précoce

Parmi les idées qui circulent dans l'historiographie sur les causes du retard de baptême, la chute de la mortalité infantile depuis le XIXe siècle revient souvent. Évoquant l'abandon de la règle des trois jours dans le diocèse de Montpellier depuis les années 1880, Gérard Cholvy écrit ainsi : « Le recul de la mortalité à la naissance a contribué à différer le baptême[1]. » Quant à Claude Langlois, il s'inquiète des limites d'une utilisation unilatérale du délai de baptême pour jauger l'état religieux d'une population : « [C']est un instrument de maniement délicat dans la mesure où il n'est jamais possible de déterminer avec précision *ce qui* est mesuré : la distance prise par les populations vis-à-vis du christianisme ou le reflux de la crainte de la mortalité infantile[2]. »

Le raisonnement suivi est très simple. La logique du baptême immédiat découle de l'effrayante mortalité infantile qui caractérise les systèmes démographiques du passé – environ 20 à 30 % des enfants meurent avant leur premier anniversaire dans la France d'Ancien Régime, dont une proportion considérable dans les quelques jours suivant la naissance[3]. Pour les familles et pour l'Église, puisque le baptême ouvre les portes du ciel, il ne peut être question de prendre le risque d'un retard du sacrement. En revanche, si la mortalité baisse fortement, il devient envisageable de repousser sans trop de craintes son administration. Cette argumentation fonctionne sans doute pour le XXe siècle, où, en quelques décennies, de 1901-1905 à 1931-1935, la part des enfants mourant dans leur première année est divisée par deux (de 146 ‰ à 78 ‰), avant de s'effondrer après la Seconde Guerre mondiale. Mais n'en déplaise à la plupart des historiens, le mécanisme reste à prouver pour le XIXe siècle. En effet, si au niveau français on observe un déclin de la mortalité infantile entre 1775 et 1830 environ, celle-ci se stabilise ensuite à un niveau élevé jusqu'à 1900, date à laquelle s'opère enfin un véritable tournant. La mortalité infantile remonte même un peu en France entre 1850 et 1880, surtout dans les grandes villes du fait des conditions dégradées dans lesquelles s'opère le mouvement massif d'urbanisation à partir des années 1840[4]. Cette stagnation du milieu du XIXe siècle qui affecte la mortalité infantile dans son ensemble (avant 1 an) affecte aussi le groupe d'âge le plus concerné par la question du baptême, à savoir les nouveau-nés. La proportion des enfants nés vivants décédant avant 3 mois, qui est de 124 ‰ en 1806-1810, atteint toujours 116 ‰ en 1861-1865 et 107 ‰ en 1891-1895 : il faut attendre le premier tiers du XXe siècle pour que s'amorce une chute importante (45 ‰ en 1931-1935)[5]. S'il n'y a pas à l'échelle nationale d'amélioration sensible de la santé des nouveau-nés entre le deuxième quart du XIXe siècle et la Belle Époque, on peine à comprendre pourquoi les familles françaises seraient moins anxieuses pour la survie de leurs bébés et donc pourquoi, dans cette période, elles commenceraient à repousser l'âge du baptême, surtout dans les milieux urbains marqués par une dégradation des conditions sanitaires.

Cette impasse logique implique-t-elle d'abandonner tout lien entre délai de baptême et crainte de la mortalité infantile ? Pas nécessairement, mais il faut alors repenser entièrement le mécanisme explicatif. À cet égard, la concentration des baptêmes sur les mois doux au détriment des mois d'hiver dans la seconde moitié du XIXe siècle ouvre une nouvelle piste d'analyse. Elle suggère en effet que les familles sont désormais plus sensibles aux conditions climatiques lorsqu'il s'agit d'administrer le premier sacrement ; or l'un des motifs en est la peur croissante des effets du froid sur la santé du bébé à baptiser.

Baptiser pour protéger ?

Un tel comportement constitue un déplacement culturel de grande ampleur par rapport aux siècles précédents, car il suppose une transformation de l'arbitrage entre les dangers et bienfaits du baptême pour le devenir spirituel et physique des nouveau-nés.

Au Moyen Âge et à l'époque moderne, en France comme dans l'ensemble du monde catholique, nul n'ignore les risques qu'il y a à transporter un bébé de quelques heures ou quelques jours en plein air, *a fortiori* dans les rigueurs de l'hiver, jusqu'à une église parfois éloignée et souvent froide, afin qu'il y reçoive, dévêtu, l'eau baptismale. Du côté des parents, le souci de préserver la santé du nouveau-né se lit, comme l'a noté Jacques Gélis, dans le soin avec lequel ils emmitouflent leur enfant lors de ce déplacement périlleux[6]. L'Église elle-même, dont on sait qu'elle veut protéger les jeunes enfants des négligences adultes - par exemple en interdisant aux parents de dormir avec eux, afin d'éviter les étouffements accidentels... ou volontaires[7] -, a conscience du problème. Des statuts synodaux (Saint-Omer, 1583 ; Troyes, 1652) s'opposent à la présentation au baptême d'enfants dénudés[8]. En outre, dans la continuité de conciles médiévaux (par exemple celui de Bamberg, en 1491[9]), le Rituel romain recommande au curé, lorsque l'eau des fonts baptismaux est gelée ou trop froide, de « mêler un peu d'eau chaude non bénie avec l'eau préparée pour le baptême, dans un vase propre & destiné pour cela, & celle-ci attiédie » de s'en servir « pour baptiser l'enfant, afin qu'elle ne nuise à sa santé »[10], une précaution adoptée par les rituels français, comme celui du diocèse de Paris[11] ou celui de Toul en 1700[12].

Quoi qu'il en soit, les familles sont prêtes à assumer ce risque, d'une part pour assurer le salut spirituel du bébé, mais encore parce qu'elles estiment que la réception du sacrement constitue une forme de protection terrestre. Comme l'ont montré les travaux des premiers folkloristes et ethnologues, la fragilité du nouveau-né est en effet rapportée à cette situation d'entre-deux où il demeure la proie de forces démoniaques ou malfaisantes, auxquelles il échappe notamment par le biais des rites d'exorcisme (signes de croix, imposition de la main et du sel), d'exsufflation (pour chasser le démon) et de bénédictions qui inaugurent la cérémonie baptismale[13]. En lien avec le sacrement, divers usages, non reconnus par l'Église, ont également pour fonction de sauvegarder le bébé, comme celui de conserver précieusement le petit bonnet, appelé *chrémeau* (Savoie), *chrismale* (Normandie) ou *chrinmé* (Lorraine), imbibé des saintes huiles (saint chrême) lors du baptême, parce qu'il fait office d'amulette[14]. Pendant la cérémonie, des gestes à dimension magique tendent aussi à assurer au plus vite le bon développement physique du nouveau-né. Dans certaines régions – on retrouve encore cet usage à Coutances en Normandie vers 1950 –, l'enfant est roulé sur l'autel, et cette « roulade » est supposée fortifier les membres inférieurs et préserver l'enfant des difficultés de la marche[15]. En Saintonge, la même coutume doit lui éviter les coliques[16] ! Les capacités mentales sont aussi concernées. Le parrain et à la marraine doivent par exemple s'embrasser à l'issue de la cérémonie en tenant le cordon de la cloche si l'on veut que l'enfant ne devienne pas « baveux », c'est-à-dire bègue ou muet[17], voire « innocent »[18]. Quant aux sonneries des cloches, elles correspondent en fait à la voix du parrain ou de la marraine que ceux-ci transmettent au baptisé lors de sa renaissance spirituelle[19]. D'où l'importance d'obtenir un son net pour éviter à son filleul de devenir sourd[20] ou idiot[21]. Des réponses fermes et non bredouillantes du parrain aux interrogations du prêtre éviteront de même le somnambulisme de l'enfant[22].

La perception du rôle protecteur du premier sacrement commence néanmoins à bouger au XVIIIe siècle, dans le cadre d'une polémique médicale qui, à l'échelle européenne, interroge les effets salutaires du froid pour les tout jeunes enfants, et se focalise en particulier sur la question de la température des bains qu'il convient de leur administrer dès les premiers jours. Certes, les discussions médicales sur les règles à suivre en matière d'eau du bain parcourent toute l'époque moderne[23] ; cependant, elles prennent un nouveau cours au XVIIIe siècle, surtout après 1750. Comme l'a noté Georges Vigarello[24], se développe l'idée selon laquelle il convient d'« endurcir » précocement les enfants pour renforcer leur santé. Pour les adeptes de cette théorie médicale, l'endurcissement passe par l'affermissement préventif des « fibres », et le refus de l'« amollissement ». L'exercice et le froid sont perçus comme les moyens privilégiés de l'affermissement, tandis que la chaleur, autrefois recommandée, n'apparaît que comme une voie vers la faiblesse. En conséquence, le bain froid des tout jeunes enfants est prôné, contre l'usage dominant dans la population. Comme l'écrit le célèbre médecin suisse Samuel Auguste Tissot (1728-1797) dans son *Avis au peuple sur sa santé* (1761), il faut passer outre les préjugés et sensibleries maternels face aux cris des bébés, et « laver les enfants, peu de jours après leur naissance, avec de l'eau froide, telle qu'on l'apporte de la fontaine[25] ». Jean-Jacques Rousseau, qui entretient une correspondance avec Tissot[26], popularise à son tour cette vision dans le livre premier de l'*Émile* (1762). Le philosophe, après avoir recommandé de suivre la règle tracée par la Nature, à savoir celle de la « peine et des douleurs », affirme qu'il « meurt encore plus d'enfants élevés délicatement que d'autres » ; c'est pourquoi il prescrit d'endurcir les corps des enfants « aux intempéries des saisons, des climats, des éléments, à la faim, à la soif, à la fatigue ». Quelques pages plus loin, il en vient au problème du bain et déconseille d'emblée de laver après l'accouchement le nouveau-né avec de l'eau tiédie mêlée de vin ; à ses yeux, l'eau froide est bien préférable et s'il convient dans nos sociétés de tolérer pour un temps très court une eau plus chaude, cela ne constitue qu'un regrettable pis-aller dû au fait que les enfants nés dans un monde encore corrompu sont trop ramollis pour supporter le régime idéal voulu par la Nature[27].

Pour attester des bienfaits de cette méthode, les médecins, pédagogues et vulgarisateurs qui l'adoptent s'appuient, à l'image de Rousseau, sur un certain nombre d'exemples plus ou moins vérifiés, tirés de l'Antiquité - par exemple les Spartiates baignant leurs enfants dans l'Eurotas - ou des peuplades nordiques[28] ; d'autres citent des cas individuels de patients ayant recouvré la santé[29]. Mais aucun, en tout état de cause, ne voit de périls dans le fait que les nourrissons soient conduits à l'église aussitôt après la naissance quelle que soit la température extérieure et y reçoivent l'eau froide du premier sacrement. Au contraire, poussant la logique des bienfaits du bain froid jusqu'à son terme, certains médecins anglais du début du XVIIIe siècle, comme John Floyer (1649-1734), vont jusqu'à vanter les mérites du baptême par immersion et considèrent que son abandon au profit du baptême par aspersion explique la progression du rachitis en Angleterre[30].

Cette promotion systématique du froid et ce refus des bains tièdes, qui s'inscrivent dans une critique médicale de la modernité et un désir de retour à la vie soi-disant simple et vigoureuse des peuples primitifs[31], n'emportent cependant pas l'adhésion de tous à la fin du XVIIIe siècle, loin de là. Le débat est d'autant plus vif que les États européens s'engagent de manière plus déterminée dans des politiques de population et de santé publique qui mettent la lutte contre la mortalité infantile au premier plan ; une partie croissante des élites politiques et de la population estime désormais qu'il est possible et nécessaire de protéger efficacement les nouveau-nés. Dans ce contexte, les critiques montantes se concentrent moins sur le principe même des bienfaits de l'endurcissement du corps par le froid, que sur son application indistincte, depuis les adultes et jeunes enfants jusqu'aux nouveau-nés. Dès 1754, dans le Danemark luthérien, le médecin et conseiller du roi Christian VII, Johann Friedrich Struensee, fait modifier les règles du baptême - délai rallongé, promotion du baptême à domicile - pour protéger les enfants fragiles[32]. De même, Giovanni-Verardo Zeviani, un médecin italien, publie en 1775 à Vérone une « dissertation académique » sur la mortalité infantile (*Su le numerose morti dei bambini*), dans laquelle, à la suite de constatations de terrain et de calculs précis sur la proportion de bébés mourant dans leur première année ou dans les premiers jours selon la saison de naissance, il conclut à la responsabilité du baptême immédiat à l'église dans un grand nombre de décès néonataux ; selon lui, il faut conserver au chaud, voire couver sur le modèle animal, les nouveau-nés en les gardant auprès de leur mère, et leur éviter absolument les bains froids[33]. Des travaux médicaux français, renouant avec les préventions antérieures, s'insurgent à leur tour. En 1792, l'article « Enfants (maladie des) » de l'*Encyclopédie méthodique* met en garde contre les effets mortifères du froid au moment de la naissance ou dans les premiers jours[34] ; est alors cité un mémoire d'Andry, présenté devant la Société de médecine en 1787, qui montre que le froid peut provoquer chez les nouveau-nés un « endurcissement du tissu cellulaire » entraînant la mort le troisième ou le quatrième jour, au plus tard vers le septième[35]. La question spécifique du baptême précoce est aussitôt posée : n'est-il pas dangereux de porter le nourrisson à peine né à l'église y compris par temps froid ? Faut-il s'inquiéter de la température de l'eau versée sur la tête lors de l'administration du sacrement ? Au sein d'un mémoire rédigé et diffusé en 1785-1786, l'abbé Desmonceaux, qui étudie les maladies des yeux, dénonce dans le cas des enfants nés aveugles la responsabilité massive de l'eau froide versée sur la fontanelle lors du baptême ; il suggère aux autorités religieuses de généraliser le réchauffement de l'eau, en soulignant pour renforcer l'intérêt général de son propos qu'une telle précaution donnerait chaque année plus de mille « citoyens » au pays[36] ! En 1788, M. Boy, chirurgien major de l'hôpital royal et militaire de Champlisse en Franche-Comté, publie un ouvrage de conseils médicaux synthétisant les enseignements de plusieurs décennies d'exercice dans sa région. Salué en cela par un compte rendu de la *Gazette de santé*, il y affirme le caractère « préjudiciable » de l'usage de « porter les nouveaux-nés à l'église par un temps froid pour y recevoir le baptême » :

> On les y laisse ordinairement un certain temps pour rassembler tout ce qui est nécessaire à cette cérémonie. Étant déjà transis de froid, on leur découvre la tête, on leur verse abondamment de l'eau glacée, ce qui fait une si grande impression sur ces parties, qu'il leur survient ce qu'on appelle des rhumes de cerveau, des difficultés de respirer, etc. J'en ai vu plusieurs frappés du froid, au point que la peau des pieds, des jambes et des bras s'est durcie par l'engorgement des sucs, et dont l'état fâcheux a été suivi de la mort. Ne vaudroit-il pas mieux retarder le baptême de quelques jours, que d'exposer ainsi ces malheureux ? Il n'y auroit rien là de contraire à la Religion, ou du moins si on ne veut pas le faire, qu'on ait soin de se servir d'eau tiède et de les bien essuyer, leur enveloppant de suite la tête de linges secs et chauds[37].

Ces prises de position, qui renouent avec la prudence des rituels catholiques favorables au réchauffement de l'eau baptismale, ne restent pas cantonnées au milieu des professionnels de la médecine : Louis-Sébastien Mercier s'en fait par exemple l'écho quand, dans l'article « Baptêmes » du *Tableau de Paris* (1783-1788), il signale que l'eau froide versée par le prêtre sur la tête de l'enfant « n'est pas toujours sans inconvénient[38] ».

Un consensus hygiéniste au XIXe siècle, le baptême mortifère

Dans les premières décennies du XIXe siècle, ces critiques éparses débouchent sur un retournement de la pensée médicale dominante. Deux publications jouent un rôle décisif. La première est l'article « Baptême » du *Dictionnaire des sciences médicales*, imprimé à Paris chez Panckoucke à partir de 1812[39]. Ce court texte (deux pages et demi) est dû à un médecin né en 1771 à Amsterdam, puis formé dans l'espace germanophone avant de s'installer à Paris sous la Révolution, Charles-Chrétien-Henri Marc[40], qui sera dans les décennies suivantes un membre fondateur des *Annales d'hygiène publique et de médecine légale* ainsi que le médecin personnel du duc d'Orléans. En trois paragraphes, Marc s'attaque de front aux « rêveries de certains esprits à systèmes » coupables de valoriser l'utilisation du froid. Il préconise au contraire de s'inspirer de la « nature » et de « l'exemple des animaux » pour se convaincre « combien la chaleur est nécessaire à l'enfant qui vient de naître ». Marc en conclut aussitôt que des « suites sérieuses » peuvent « résulter de divers abus qui se glissent dans la cérémonie du baptême », dès lors que trop souvent « dans les campagnes » on peut « voir transporter les nouveau-nés, pendant les plus grands froids, pendant les temps les plus affreux, à de grandes distances, pour arriver à l'église où l'acte doit être célébré », et ce d'autant plus que ce transport s'exécute souvent « sans la moindre précaution, surtout lorsque l'indigence des parens ne leur permet pas de vêtir l'être débile qui vient de voir le jour ». Il suggère enfin d'« inviter les ministres des autels » à préférer le baptême à domicile ou l'ondoiement dans l'attente d'une saison plus favorable et d'un renforcement de l'enfant.

Une particularité de Marc, qui s'est d'abord fait connaître à Paris par des traductions d'ouvrages médicaux, essentiellement depuis l'allemand, réside dans sa grande ouverture aux travaux venus de l'étranger, et notamment de l'aire d'influence autrichienne. Il appuie donc son constat du danger du transport précoce à l'église sur les avis de deux auteurs non français, l'Italien Giovanni-Verardo Zeviani, d'une part, et l'Allemand Mezler, d'autre part. Dans son ouvrage *Des rapports de la médecine avec la théologie pratique*, ce dernier a noté que des curés, « convaincus par l'expérience », avaient conseillé « de se munir d'une fiole d'eau, afin de pouvoir ondoyer l'enfant, dans le cas où il succomberait pendant la route »[41], ce qui sous-entend que ce transport comporte de réels dangers connus du clergé lui-même.

La seconde publication, encore plus cruciale pour la mise en place d'un consensus médical hostile au baptême précoce à l'église, date de 1829. Cette année-là, la toute nouvelle revue des *Annales d'hygiène publique et de médecine légale*, lieu d'expression privilégié des médecins hygiénistes français, fait paraître un article de Louis-René Villermé (1782-1863), membre de l'Académie royale de médecine et spécialiste des facteurs sociaux de la mortalité[42], et du naturaliste Henri Milne-Edwards (1801-1885), intitulé « De l'influence de la température sur la mortalité des enfans nouveau-nés »[43]. Issu d'un mémoire présenté à l'Académie royale des sciences le 2 février 1829, qui a connu un certain écho, le texte, bien plus détaillé que la notice de Marc, entend prouver une fois pour toutes l'effet mortifère de l'exposition au froid pour les nouveau-nés humains. Le prétexte scientifique est fourni par les récentes recherches de physiologie expérimentale du frère aîné d'Henri Milne-Edwards, William Edwards – *De l'influence des agens physiques sur la vie*, Paris, chez Crochard, 1824 –, qui ont montré que les « animaux à sang chaud qui viennent de naître » ont une faculté productrice de chaleur insuffisante pour « que leur température puisse demeurer constante lorsqu'on les éloigne de leur mère et qu'on les expose à l'influence du froid », ce qui, au-delà d'un certain degré ou d'une certaine durée, les expose à la mort. Pour les deux auteurs, ces résultats anéantissent les théories sur l'endurcissement « naturel » par le froid défendues par Tissot ou Rousseau et valorisent au contraire l'instinct des mères qui, chez l'homme ou les animaux supérieurs, les pousse à « maintenir autour des nouveau-nés une température douce, et à les soustraire, autant que possible, à l'action des vicissitudes atmosphériques ».

Mais la démonstration de Villermé et Milne-Edwards va au-delà de la comparaison avec le monde animal déjà effectuée par Zeviani en 1775 et Marc en 1812. Elle s'appuie aussi sur une démarche statistique, dont Villermé est, comme l'on sait, un des plus éminents promoteurs dans les décennies 1820-1830[44]. Forts de données chiffrées, les deux chercheurs établissent que la mortalité des trois premiers mois de vie est plus forte dans les départements du nord de la France que dans ceux du Midi, et pendant la saison d'hiver. Dès lors, l'impact néfaste du froid est perçu comme un fait incontestable sur le double plan physiologique et statistique. Reste à comprendre les mécanismes qui relient froid et mortalité des premiers jours. C'est à ce stade de l'argumentation que le baptême précoce est pointé comme une explication décisive. Opérant un tour d'horizon des publications internationales disponibles, Villermé et Milne-Edwards rassemblent un ensemble de travaux, essentiellement italiens et allemands, qui vont constituer pour plusieurs décennies une sorte de canon scientifique dans le milieu médical français voire européen. Parmi les auteurs mobilisés, figurent de nouveau Giovanni-Verardo Zeviani, mais aussi son compatriote de Padoue, le prêtre et astronome Giuseppe Toaldo (1719-1797)[45]. Ce dernier a publié en 1787 un ouvrage sur la durée de la vie humaine, dans lequel il a élaboré, à partir de données collectées dans son diocèse, une table de mortalité (nommée *tavola di vitalità*)[46] montrant l'extrême fragilité des enfants, surtout des nouveau-nés. Or, pour Toaldo, le transport à l'église en hiver pour le baptême est largement responsable de cette vulnérabilité, comme le prouverait la mortalité infantile supérieure dans les campagnes et les zones montagneuses par rapport aux villes, dont il estime qu'elle découle du plus grand éloignement des églises par rapport aux habitations et de l'exposition des bébés aux vents vifs et pénétrants. Villermé et Milne-Edwards reprennent à leur compte son interprétation[47] et la confortent en signalant dans une note la baisse très sensible de la mortalité néonatale obtenue par le directeur de l'école d'accouchement de Leipzig, depuis que des mesures de protection contre le froid ont été prises dans son établissement, et que les enfants sont baptisés et enregistrés par l'état civil en son sein.

Du fait du prestige de ses auteurs et de la centralité des *Annales d'hygiène publique et de médecine légale* dans le champ de l'hygiène, l'article de 1829 clôt le débat sur les dangers du froid au sein du monde médical du XIXe siècle. Comme l'écrit le docteur Eugène Bouchut (1818-1891), médecin de l'hôpital des enfants malades à Paris, « c'est là un point acquis à la science, sur lequel tout le monde est d'accord[48] ». Dans les décennies suivantes, les articles « Nouveau-né » des différents dictionnaires médicaux recommandent de maintenir les bébés bien au chaud, et renvoient la position contraire à des illusions de « philosophes[49] ». En conséquence, c'est avec une belle constance que les ouvrages médicaux demandent maintenant d'éviter toute sortie précoce du nouveau-né hors du domicile familial, surtout en hiver. En 1846, le docteur Jacquemier (1806-1879) affirme dans son *Manuel des accouchements et des maladies des femmes grosses et accouchées* :

> On ne doit point sortir l'enfant que si le temps est beau. [...] Toutefois, il ne faut pas trop se presser, mais attendre plus longtemps [que quelques jours] si l'enfant est faible et né prématurément, car les moindres variations de l'atmosphère suffisent pour lui faire contracter une ophtalmie, un coryza, une bronchite, affections auxquelles il est singulièrement disposé. En hiver il est dangereux de sortir les enfants peu de jours après la naissance[50].

Eugène Bouchut se veut encore plus catégorique : « Je défends la sortie des nouveau-nés avant la chute du cordon, et souvent même avant le dixième jour révolu dans l'hiver, ou dans les temps froids[51]. » Le délai requis par les médecins tend même à s'allonger en fin de siècle. En 1885, dans le *Manuel d'accouchement et de pathologie puerpérale*, le docteur Corre (1841-1908) estime à huit ou dix jours l'attente nécessaire pour la première sortie du nouveau-né quand la température extérieure est de 15 à 20 °C, et à un mois au moins en hiver[52]. Vingt ans plus tard, l'accoucheur Pierre Budin (1846-1907), fondateur en 1902 de la *Ligue contre la mortalité infantile* aux côtés de Paul Strauss et Théophile Roussel[53], préconise d'attendre « dix ou quinze jours » en été, et même de conserver l'enfant cinq ou six semaines « à la chambre » en hiver ou « s'il fait froid et humide »[54].

De manière logique, l'idée des dangers mortifères du baptême immédiat s'impose à son tour comme une évidence scientifique, et est souvent signalée par les mêmes auteurs. En 1846, le docteur Jacquemier, qui reprend Villermé et cite Toaldo, écrit qu'il « n'est pas douteux que l'usage et la nécessité de les [les nouveau-nés] porter de suite à l'église et à la mairie n'aient une certaine influence sur la mortalité »[55].

La réforme du baptême, un impératif de santé publique

Forts de ces convictions, les représentants de l'hygiénisme français, qui se pensent comme des experts scientifiques ayant pour mission d'éclairer le débat public et les autorités, s'engagent dans une longue campagne en faveur, d'une part, d'une modification de l'article 55 du Code civil, qui oblige à transporter le nouveau-né à l'officier d'état civil dans les trois jours, et, d'autre part, d'une transformation de la pratique baptismale. Villermé et Milne-Edwards lancent un premier assaut dans la conclusion de leur article de 1829, en pressant le législateur de permettre aux officiers d'état civil ou aux médecins de constater les naissances à domicile. Concernant le baptême immédiat, ils se montrent moins offensifs, mais rappellent aux « ministres de la religion » les méfaits du froid dénoncés par Toaldo - auteur peu soupçonnable d'anticléricalisme, puisque prêtre lui-même - et leur demandent d'agir en « conscience »[56]. La prudence des deux auteurs concernant le premier sacrement se comprend en 1829, dans le contexte de restauration religieuse et politique du règne de Charles X, qui a déjà entraîné la mise à l'écart en 1822-1823 de nombreux professeurs de médecine de Paris de sensibilité libérale[57]. Ces précautions rhétoriques n'empêchent pourtant pas Villermé et Milne-Edwards de subir les foudres du courant ultraciste. Dans l'édition du 6 mars 1829 de *La Gazette de France*, alors tenue par les proches de Villèle, leur exposé à l'Académie royale des sciences est présenté comme un appel non pas à réviser l'article 55 du Code civil, mais à « abolir [le] transport des enfans dans le temple établi de temps immémorial, et ces ablutions sur la tête en usage chez les chrétiens ». Il est, indique-t-on, scandaleux sur un plan moral de comparer les bébés à de « très-jeunes animaux » et de demander à la loi de les protéger comme on le ferait pour des « vers à soie », en oubliant leur qualité d'êtres chrétiens. Sans égard pour la prudence d'exposition des deux auteurs, le rédacteur de la *Gazette* ne voit dans leur démonstration qu'un projet d'« abolition du baptême ». Il fulmine que personne dans l'assistance, à commencer par le rapporteur Duméril (1774-1860), ne se soit dressé « pour combattre ce tissu d'absurdités impies »[58].

La chute de Charles X en 1830 et l'avènement de la monarchie de Juillet, bien décidée à dégager l'État de l'emprise d'une Église catholique volontiers légitimiste, offrent bientôt de nouvelles perspectives à l'action des élites du monde médical. Le régime, qui se prétend celui de la raison et de l'élitisme capacitaire[59], se montre beaucoup plus réceptif à leurs propositions. L'ancien *carbonaro* Félix Barthe, ministre des Cultes depuis novembre 1830, adresse ainsi dès le 14 janvier 1831 une circulaire aux évêques français, dans laquelle il reprend tout l'argumentaire sur les dangers de l'eau froide pour les nouveau-nés et réclame la généralisation de l'utilisation de l'eau tiède dans les baptêmes célébrés en hiver :

> Monseigneur, l'administration du baptême aux enfants nouveau-nés exige, de la part des ministres des cultes, des précautions particulières qu'on ne saurait négliger sans les plus graves inconvénients. Au jugement des gens de l'art, une subite impression d'eau froide, versée sur des organes encore si délicats, peut devenir mortelle, et l'expérience a malheureusement prouvé la réalité de ces dangers. On fait assez généralement usage d'eau tiède dans cette cérémonie, mais il est néanmoins des localités où l'on se dispense de cette sage précaution ; il peut en

> résulter des malheurs que l'on aurait à déplorer. Un de ces funestes accidents, récemment constaté, vient de m'être signalé. Je me crois donc obligé, Monseigneur, par d'aussi graves motifs de réclamer l'intervention de votre autorité auprès de MM. les curés et desservants de votre diocèse, pour qu'au moins, pendant la saison rigoureuse de l'année, ils soient attentifs à n'employer que de l'eau tiède dans la cérémonie du baptême. Vous jugerez sans doute convenable de leur en faire une obligation rigoureuse : l'humanité et la religion elle-même la leur imposent. Il vous sera facile, Monseigneur, de leur faire comprendre l'étendue de la responsabilité qu'une négligence en matière aussi grave ferait peser sur eux aux yeux des familles et de la société entière[60].

L'intervention de Félix Barthe auprès des autorités catholiques exprime toutefois une position tout en nuances. Certes, l'État se pose en garant des intérêts supérieurs de la société et des familles, en l'occurrence la protection de la santé physique de leurs membres, et en informe l'Église. Mais le ministre se veut diplomate, puisqu'il suggère que son initiative bénéficie aussi à celle-ci, dont le clergé ne manquerait pas d'être discrédité si des bébés en venaient à mourir du fait de son inaction en la matière. En outre, la circulaire fait mine de respecter l'autonomie de l'institution catholique et son système hiérarchique, en n'agissant pas par le biais d'une loi mais en demandant une intervention des évêques. Enfin, le ministre cantonne son programme d'action à la question du réchauffement de l'eau administrée au baptême ; or il s'agit là d'une demande qui, sur le plan des normes canoniques ou synodales, ne heurte pas les règles de l'Église ; elle s'y conforme au contraire, ce que ne manque pas de rappeler la circulaire. Deux autres problèmes plus conflictuels soulevés par les médecins, le transport des nouveau-nés dans le froid et le retard éventuel du baptême, sont en revanche passés sous silence.

Ce n'est que partie remise. Les deux questions pendantes reviennent en effet dans le débat à la fin de la monarchie de Juillet, à la faveur des controverses sur le transport du nouveau-né à l'état civil. Lors de la séance du 19 juillet 1845 de l'Académie des sciences morales et politiques[61], Joseph-Napoléon Loir, docteur en médecine de la faculté de Paris et secrétaire de la Société de médecine du département de la Seine, exige à son tour, au nom de la santé et de la vie des enfants, que soit enfin établie une constatation des naissances à domicile par l'officier d'état civil ou par un médecin délégué[62]. Or sa proposition, bientôt soumise à trente-huit conseils généraux, est refusée par une partie d'entre eux, puis par la majorité des maires de Paris, au motif principal qu'un tel système serait inutile tant que perdureraient deux autres pratiques : la mise en nourrice des enfants dans les jours suivant la naissance, massives dans la capitale, et le baptême précoce à l'église. Reprenant à son compte cette critique dans un rapport au ministère de l'Intérieur, le préfet de la Seine, Rambuteau, explique qu'il faudrait envisager un second système permettant une administration baptismale à domicile :

> Si les enfants pauvres ont à souffrir dans le transport à la mairie, faute de vêtements qui les garantissent suffisamment, le transport à l'église pour le baptême dans un lieu souvent froid et humide, et leur envoi en nourrice presque immédiatement après la constatation de la naissance, devraient leur être bien funestes. Or, dans l'hypothèse de l'adoption du système de vérification à domicile, il deviendrait également nécessaire d'organiser parallèlement à ce service un autre service pour l'administration du baptême. En effet, le danger qu'on a voulu éviter de la présentation à la mairie, ne se reproduirait-il pas entièrement pour le transport à l'église. Dès lors, pour atteindre le but de conservation des enfants, que l'on se propose, ne serait-il pas nécessaire que la cérémonie du baptême ne fut administrée qu'à domicile[63] ?

Loir ne se tient pas pour battu. Bénéficiant de soutiens au sein de l'Académie des sciences morales et politiques, en particulier le jurisconsulte Jacques Berriat Saint-Prix (1769-1845) dont l'un des petits-enfants serait mort d'un refroidissement contracté pendant son baptême[64], il revient à la charge dans un second rapport présenté le 18 août 1849[65]. Pratiquant une exégèse - très partiale - des normes catholiques, il tente de débloquer la situation en affirmant que l'esprit du christianisme n'a jamais été de faire « une obligation rigoureuse de la présentation du nouveau-né à l'église paroissiale pour le baptême dans les trois premiers jours qui suivent la naissance » et en décrivant l'Église comme une institution toujours disposée à adopter les principes de protection de la « vie même temporelle » des enfants ; bref, comme une citadelle avancée de l'hygiénisme depuis le Moyen Âge. N'a-t-elle pas admis le baptême d'urgence conféré au domicile par les prêtres, voire par les laïcs dans les cas extrêmes ? N'a-t-elle pas substitué, avec raison « au point de vue hygiénique », l'ablution à l'immersion dès le XIVe siècle, et ce justement pour éviter la mortalité infantile ? Convaincu qu'une fois éclairée, elle sera prompte à admettre les réformes guidées par le bon sens, l'humanité et les avancées scientifiques, Loir n'hésite pas à proclamer :

> L'Église moderne, par des améliorations successives, a eu la sagesse de remédier aux différentes pratiques, qui dans la cérémonie primitivement mise en usage pouvait avoir quelque influence fâcheuse. Toujours attentive aux progrès de la science, pourquoi, au XIXe siècle, méconnaîtrait-elle l'esprit véritable du christianisme ?

C'est donc confiant dans la bonne volonté de l'Église catholique, mais néanmoins désireux de l'aider dans sa libre décision, qu'il en vient logiquement à proposer, en conclusion du mémoire, une version hygiéniste des procédures de baptême, qu'elle ne pourra, selon lui, « refuser de bien préciser dans ses statuts » :

> 1° Dans les cas ordinaires, le baptême doit toujours avoir lieu à l'église sur les fonts baptismaux ; mais il n'est obligatoire qu'après les huit premiers jours de la vie. 2° Le baptême à domicile ou l'ondoiement, sont prescrits d'urgence dans les cas de naissance avant terme, dans les cas de maladies constatées ou évidentes, mettant par elles-mêmes en danger les jours du nouveau-né, dont la mort peut alors être très-facilement précipitée par l'exposition à l'intempérie de l'air extérieur, dans les cas de froid trop rigoureux.

Bien entendu, cette démarche fort naïve n'obtient aucun écho direct du côté des autorités catholiques. Elle mérite néanmoins d'être signalée en ce qu'elle illustre un courant important au sein du monde médical français et européen de la première moitié du XIXe siècle, qui considère encore que la « médicalisation[66] » de la société peut et doit se faire dans un cadre chrétien[67], et qui croit en la convergence du message du salut et des progrès scientifiques.

De l'impatience à l'anticléricalisme

Mais à partir des années 1860, l'atmosphère change et le « dialogue » autour du baptême se tend entre milieux hygiénistes et Église. Côté catholique, les condamnations explicites du *Syllabus sur les principales erreurs de notre temps* (1864) puis les décisions doctrinales du Saint-Office sur l'avortement thérapeutique amènent le rejet de toute porosité doctrinale entre raisonnement religieux et argumentation médicale, en distinguant avec force les deux plans humain et divin, l'utilitarisme scientifique et la révélation sacrée[68].

De leur côté, les médecins se montrent de plus en plus impatients, d'autant que des succès ont été acquis du côté de la déclaration de naissance à domicile, établie dans un nombre croissant de communes (Douai et Versailles dès 1846[69], Paris en 1869[70]). Les positions accommodantes du vieillissant Jean-Baptiste Fonssagrives (1823-1884), ancien professeur d'hygiène puis de thérapeutique à la faculté de médecine de Montpellier[71] - décrit par ses contemporains comme le prototype du « médecin chrétien » - proposant, en 1882 dans ses *Leçons d'hygiène infantile*, des moyens simples de neutraliser les risques du baptême précoce tout en ménageant les impératifs de l'Église (transport du bébé en voiture ; emploi d'eau chaude en hiver ; usage de baptistères positionnés « contre l'accès du vent et du froid[72] »), sont désormais minoritaires. Le milieu de l'hygiénisme français dans le dernier tiers du XIXe siècle, et singulièrement l'élite médicale parisienne, où s'exprime un positivisme diffus[73], sont au contraire dominés par un anticléricalisme véhément, que ne font qu'envenimer les positions antimodernistes de

Pie IX[74] et l'hostilité de l'Église vis-à-vis du régime républicain. La norme religieuse du baptême immédiat à l'église paroissiale est alors perçue avant tout comme un insupportable archaïsme, une absurdité scientifique, qui menace le sort de milliers d'enfants, mais aussi, derrière eux, celui de la nation tout entière. Car l'angoisse démographique qui étreint les élites françaises depuis le milieu du XIXe siècle se renforce après la défaite de 1870, et politique démographique et politique de santé publique deviennent une urgence nationale pour le salut de la patrie[75].

Caractéristique de cet état d'esprit est le célèbre essai de 1872 du docteur Charles Monot, maire de Montsauche dans le Morvan, intitulé *De la mortalité excessive des enfants pendant la première année de leur existence, ses causes et des moyens de la restreindre*, qui préfigure pour partie le programme des futures lois républicaines de protection de la petite enfance. Parmi les causes de mortalité « excessive » des jeunes enfants français qu'il énumère, les historiens se concentrent le plus souvent sur le placement en nourrice, largement évoqué. Mais il convient de pointer aussi la dénonciation virulente du baptême immédiat à l'église. Selon Monot, cette pratique est « plus funeste encore pour le nouveau-né » que le transport à la municipalité :

> On a l'habitude de faire baptiser les enfants aussitôt après leur naissance ; c'est là, d'après moi, une cause incontestable de mortalité. On demande cependant avec instance que désormais les nouveau-nés ne soient plus présentés à l'officier de l'état civil, le transport à la mairie faisant courir les plus grands dangers à l'enfant. Combien sont plus redoutables les dangers courus par l'enfant naissant, transporté dans une église sombre, froide et humide, et qui, pour recevoir le baptême, devra être dépouillé de ses langes, recevoir des ablutions d'eau froide (ou tiède, mais vite refroidie en hiver) et les onctions prescrites par l'Église[76] !

Le danger est d'ailleurs d'autant plus grand que la nécessité d'assurer en urgence le salut spirituel pousse les familles à négliger toute précaution de santé. Pour Charles Monot, et contrairement à ce qu'écrivait Loir, la logique de l'Église heurte le bon sens hygiénique :

> Plus l'enfant sera faible, plus on craindra de le voir succomber, plus on se hâtera de le porter à l'église. Qu'il soit, en naissant, dans cet état de faiblesse native si souvent signalée, qu'un accouchement long et laborieux détermine chez lui un commencement d'asphyxie, loin de chercher à le ranimer, à rétablir la circulation et la respiration, on ne songe qu'à une chose, à le transporter à l'église, quelle que soit la distance à parcourir (quelquefois 10, 12 et 14 kilomètres, comme dans nos campagnes), quelle que soit la saison, la température[77].

La conséquence en est fatale et absurde : « Le plus souvent, l'enfant est rapporté mort au domicile, alors qu'on aurait pu lui sauver la vie ! »

À son tour, Charles Monot en appelle à une réforme de la pratique du baptême : privilégier le baptême à domicile, sur le modèle des « derniers sacrements » (de même que le mode légal de vérification de décès a servi d'argument à la constatation des naissances à domicile). Le médecin cependant articule son appel à une conception démocratique du fonctionnement social qui épouse bien entendu ses convictions républicaines :

> Nous savons que le baptême est quelquefois donné à domicile, mais ce privilège exceptionnel n'est accordé en général qu'en raison de la haute lignée, de la fortune du nouveau-né. Cette faveur, ce privilège doit cesser d'exister, la vie des enfants pauvres est aussi précieuse que celle des enfants riches ; si la loi religieuse autorise pour les uns le baptême à domicile, je ne vois pas pourquoi elle ne l'autorise pas pour les autres.

Au sein de cette sévère critique, l'Église apparaît comme une institution d'Ancien Régime, préférant la faveur et le privilège du bien-né à l'égalité du droit – une réalité déjà dénoncée dans les mêmes termes par le docteur Bouchut dans les années précédentes[78] –, peu cohérente par rapport à ses propres règles puisque prête à créer des exceptions – pour des raisons illégitimes –, peu soucieuse au final du sort terrestre de ses ouailles. Pour Charles Monot, il est de bonne république de faire « cesser » un « privilège » en le démocratisant et en l'universalisant, afin de sauver la vie de ces nouveau-nés pauvres, dont la nation aura tant besoin. Mais, surtout, le médecin exprime la supériorité de ses propres idéaux – « hygiène », « humanité » – sur ceux de la foi catholique, n'hésitant pas à rappeler le clergé à ses devoirs envers eux : « Le clergé donne tous les jours assez de preuves d'abnégation et de dévouement à la cause de l'humanité, pour que nous soyons autorisé à penser qu'il suffirait de lui demander une réforme dictée par l'hygiène pour qu'immédiatement il y soit fait droit. » Loin de la prudence affichée de Villermé et de la conviction conciliatrice de Loir, l'hygiénisme atteint avec Monot le statut de guide suprême devant régenter la vie sociale. La réforme du baptême à domicile se transforme en test de ralliement du clergé aux valeurs modernes et séculières, auxquelles seraient déjà largement acquises des familles demandeuses : Humanité, Progrès, Démocratie, Santé. Tout, y compris la Religion et ses rituels, doit désormais plier devant les vérités salutaires de la Médecine.

Cette croisade hygiéniste sur les dangers mortifères du baptême trouve dans le dernier quart du XIXe siècle de nombreux relais littéraires ou politiques. Émile Zola y fait ainsi allusion dans *L'Assommoir* (1877) lorsqu'il décrit la réaction de Coupeau à la suggestion de Gervaise de faire baptiser leur fille. Prototype de l'ouvrier parisien détaché de la religion et méfiant vis-à-vis du clergé, « Coupeau ne voyait guère la nécessité de baptiser la petite ; ça ne lui donnerait pas dix mille livres de rente et encore ça risquait de l'enrhumer. Moins on avait affaire aux curés, mieux ça valait[79]. » Quelques années plus tard, en 1885, la même thématique fournit le sujet de la nouvelle intitulée « Le baptême » que Guy de Maupassant fait paraître dans la revue *Gil Blas*. L'histoire, rapportée par un « vieux médecin de marine » retiré dans un village breton près de Pont-L'Abbé, est celle du double décès d'un nouveau-né et de sa mère, survenu à l'occasion du baptême de l'enfant, un 2 janvier.

Malgré le froid et les réticences du médecin, sollicité comme parrain du bébé, la famille conduit l'enfant à l'église :

> Il faisait un froid à fendre les dolmens, un de ces froids déchirants qui cassent la peau et font souffrir horriblement de leur brûlure de glace. Moi je pensais au pauvre petit être qu'on portait devant nous, et je me disais que cette race bretonne était de fer, vraiment, pour que ses enfants fussent capables, dès leur naissance, de supporter de pareilles promenades.

Le médecin explose une première fois lorsque la garde de l'enfant le dévêt devant l'église, mais son éclat ne lui attire qu'une réponse placide de la femme : « Oh non, m'sieu not'maître, faut qu'il attende l'bon Dieu tout nu. » Réponse approuvée par la tante et le père : « C'était l'usage. Si on ne l'avait pas suivi, il serait arrivé malheur au petit. » Une seconde protestation a lieu lors de la cérémonie dans la sacristie gelée :

> Le prêtre ânonnait les syllabes latines qui tombaient de sa bouche, scandées à contresens. Il marchait avec lenteur, avec une lenteur de tortue sacrée ; et son surplis blanc me glaçait le cœur, comme une autre neige dont il se fût enveloppé pour faire souffrir, au nom d'un Dieu inclément et barbare, cette larve humaine que torturait le froid.

Enfin la tragédie se produit : alors que le parrain médecin recommande de rapporter aussitôt l'enfant à la maison pour le réchauffer, famille et garde vont fêter le baptême à l'auberge, s'enivrent et s'endorment dans un fossé, où le nouveau-né meurt de froid. Le lendemain, la parturiente, que l'on a voulu consoler en la saoulant, meurt d'ivresse[80].

Comme il est habituel dans la littérature naturaliste, la nouvelle de Maupassant adopte volontiers le point de vue hygiéniste de la fin du XIXe siècle. On y trouve tout ensemble la dénonciation des méfaits de l'alcool, la critique des superstitions paysannes, et l'hostilité à l'Église et à son conservatisme, la Bretagne profonde s'offrant comme synthèse de ces trois rejets. À travers la figure du nouveau-né, innocente victime d'une tradition « barbare », en l'occurrence le baptême immédiat à l'église paroissiale en toute saison, se lit l'opposition culturelle entre un discours médical se voulant « progressiste » et son adversaire revendiqué, l'alliance des conservatismes populaire et clérical.

Le *topos* du baptême mortifère se mue ainsi à la Belle Époque en poncif de la polémique anticléricale. En 1904, alors que la loi de séparation de l'Église et de l'État figure à l'agenda politique, le journaliste Jean de Bonnefon (1867-1928), ami d'Aristide Briand, esprit voltairien, auteur de plusieurs ouvrages pourfendant le cléricalisme et les mœurs du Vatican, consacre un chapitre de son livre *Les Cas de conscience modernes* au thème suivant : « Le baptême et l'hygiène »[81]. Il y attaque vivement les évêques français qui, suivant la récente condamnation du pape Léon XIII du baptême retardé (1899), ont émis des ordonnances pour sanctionner les familles fautives, par exemple en leur refusant les sonneries de cloches, selon l'usage propre aux baptêmes de bâtards : « [L'Église devrait savoir que] les paysans des provinces catholiques préféreront à cette honte la mort des enfants dans l'église froide, dans la chapelle humide et vierge de tout calorifère. » Pour le journaliste, l'attitude des autorités catholiques n'est pas seulement une vaste négation d'une « règle de l'hygiène moderne », c'est une régression historique, un retour aux « temps abolis » de l'Ancien Régime « où le parlement de Paris réglementait les sacrements » et exigeait le baptême dans les vingt-quatre heures, ce qui « décupla la mortalité ».

La diffusion d'une vulgate hygiéniste

L'établissement de ce consensus médical sur les dangers de l'administration précoce du premier sacrement et les pressions en faveur d'une transformation des conceptions de l'Église ont évidemment des effets dans les pratiques.

Le fait est patent dans le cadre hospitalier, où les médecins sont maîtres à bord. Vers 1900, Pierre Budin signale par exemple que dans la clinique Tarnier qu'il dirige à Paris, « on transportait autrefois les enfants dans une pièce située sous les combles, ce qui, l'hiver, était dangereux. Grâce à la disposition d'un baptistère spécial, ils ne quittent plus l'étage où ils se trouvent et ne peuvent plus se refroidir[82] ». Cette protection contre le froid s'ajoute d'ailleurs aux nouvelles normes antimicrobiennes qui se répandent dans les hôpitaux français à la Belle Époque[83], et qui, pour garantir une protection maximale du bébé, impose aux accouchées et nouveau-nés un séjour rallongé dans les établissements (souvent huit jours post-partum au milieu du XXe siècle[84]) et une restriction drastique des sorties précoces, contrairement à la pratique du début du XIXe siècle[85]. Les familles ont alors le choix entre attendre pour baptiser à l'église paroissiale ou procéder à une cérémonie dans l'hôpital même.

Hors du cadre hospitalier, qui n'accueille qu'une minorité des accouchements - un quart en 1900 à Paris[86], loin devant les villes de province, sans même parler des campagnes - la pression hygiéniste des médecins peut aussi s'exercer sur les sociétés philanthropiques ou charitables, y compris les plus proches de l'Église, par exemple les sociétés locales de Charité maternelle, qui viennent en aide aux parturientes pauvres ou chargées d'enfants afin de limiter l'abandon[87]. Pierre Budin se félicite ainsi en 1905 de la récente initiative du docteur Patay, médecin attitré de la Société maternelle de Rennes : « À la suite du décès d'un jumeau [...], [il] a obtenu des Dames administrantes qu'elles feraient pratiquer le baptême à domicile toutes les fois qu'une sortie prématurée pourrait être fatale à l'enfant[88]. »

Qu'en est-il du côté des familles elles-mêmes ? Plusieurs canaux de diffusion de la norme médicale hostile au baptême immédiat coexistent. Le premier n'est autre que la parole directe des médecins de famille ou de quartier, hélas difficile à repérer dans les sources. Viennent ensuite les ouvrages de vulgarisation médicale destinés au grand public, plus précisément aux mères de famille désireuses d'appliquer dans leur foyer les préceptes de la nouvelle morale sociale portée par les médecins hygiénistes. Qu'il s'agisse des *Leçons d'hygiène infantile* de Jean-Baptiste Fonssagrives, publiées en 1882, de *L'Hygiène de la première enfance* d'Eugène

Bouchut, dont la première édition date de 1845 et qui est régulièrement réédité et complété dans les décennies suivantes (5e édition en 1866), d'*Hygiène et médecine journalières : causeries pour tous*, du docteur Ernest Monin (1856-1928), paru en 1893[89], etc., tous ces ouvrages mettent en garde contre une sortie rapide du bébé et évoquent les risques du baptême. Malgré leur traditionalisme assumé, quelques codes de savoir-vivre entérinent à leur tour la possibilité de surseoir au baptême si l'enfant est fragile[90] ou pendant la saison froide[91]. Citons enfin les périodiques à succès tels que celui créé en 1874 par le docteur André-Théodore Brochard (1810-1882), *La Jeune Mère, ou L'Éducation du premier âge*. La prévention du froid y fait partie des thèmes régulièrement abordés. Dès le troisième numéro (janvier 1874), un article intitulé « Causerie du docteur. Le Froid » s'attaque ainsi aux erreurs de Rousseau sur l'endurcissement précoce[92] et met en garde les mères : « Dans un âge très-tendre, les enfants ne peuvent pas, sans danger, éprouver l'impression d'un froid vif et prolongé ». En 1898, le même journal publie en feuilleton, sous le titre « Mémoires d'un bébé d'un an », un aperçu mois par mois des bonnes pratiques d'éducation et d'hygiène des nourrissons ; or ce n'est qu'au chapitre consacré au huitième mois que le bébé-narrateur raconte son baptême. Un tel retard du premier sacrement suppose une justification ; c'est alors un résumé complet de l'argumentaire hygiéniste qui est exposé :

> Comment se fait-il que l'on ait baptisé cet enfant si tard ? demandèrent beaucoup de mamans orthodoxes. Je suis en mesure de vous renseigner à ce sujet, car la question a été sérieusement débattue, et le médecin qui avait voix délibérative et prépondérante l'a encore emporté de haute lutte avec ses raisons de l'hygiène... vous riez ? Vous allez en juger.
>
> Comme vous le savez, les enfants ont besoin de chaleur, de beaucoup de chaleur, d'une chaleur égale, et tout doit tendre à la maintenir. Vous connaissez les précautions que l'on prend pour cela, soit à l'intérieur de la maison, soit au dehors puisqu'il en a déjà été question. Rien ne doit être négligé sous ce rapport – Eh bien ! nos petits camarades de la campagne et autres lieux sont souvent portés de leur chambre chaude, en plein hiver, bien enveloppés il est vrai, dans une église

> fraîche, humide, et même quelquefois glaciale. Leur tête est mise à nu, pendant fort peu de temps, c'est encore vrai, et l'eau bénite salée et froide (quelques prêtres ont l'amabilité de la faire tiédir) ne coule pas à flots sur leur crâne, mais il n'en faut pas plus pour attraper un rhume de cerveau. L'enfant est si fragile dans la tendre jeunesse qu'une des circonstances énumérées suffit pour amener ce résultat. Ou, qui dit rhume de cerveau chez un tout jeune enfant, dit bronchite, bronchite capillaire, asphyxie et trépas ! – et le médecin affirmait que bon nombre d'enfants sont victimes d'un baptême !
> Même en été, un séjour de quelques minutes dans une église froide, et elles le sont presque toutes, suffit par la différence de température qui se produit du dehors au dedans, et réciproquement, à provoquer des accidents d'autant plus graves que l'enfant est plus jeune. Et voilà pourquoi j'ai été baptisé tard et dans la saison chaude – il est vrai que pour expliquer ce retard d'autres raisons pourraient être énoncées, mais celles que je vous donne ne manquent pas de valeur et doivent vous suffire[93].

Ainsi, dans la seconde moitié du XIXe siècle, les parents – et d'abord ceux des classes moyenne et supérieure urbaines, qui sont les premiers lecteurs de ces différentes publications – sont cernés de toutes parts par la vulgate du baptême immédiat mortifère. Les plus réceptifs à l'influence du médecin, ce nouveau « conseiller des familles » qui s'érige en concurrent moral du prêtre, sont dès lors enclins à relativiser la norme religieuse au profit des préceptes hygiénistes en retardant la célébration, surtout en hiver. Consciemment ou non, ils accompagnent un processus d'encadrement médical du sacrement de baptême, où les médecins ne sont plus de simples ressources savantes éventuellement mobilisés par les théologiens, comme ils l'étaient à l'époque moderne – par exemple sur la question des baptêmes *in utero* ou de monstres –, mais des acteurs porteurs d'une morale et d'un mode d'argumentation spécifiques, qui, au nom de la rationalité pratique, de leurs « compétences » et de leurs idéaux sécularisés – hygiène, progrès, humanité, patriotisme, sens civique – mettent en péril toute l'architecture sacramentelle établie auparavant par l'Église catholique.

La familialisation de la cérémonie baptismale

La dimension médicale ne suffit cependant pas à comprendre le phénomène des baptêmes différés en France au XIXe siècle. Une autre explication, tout aussi cruciale, tient à la manière dont les Français, à commencer par les élites aristocratiques et bourgeoises, mettent en scène leur vie de famille au XIXe siècle, en multipliant festivités et rituels privés et mondains[94]. L'emphase des deuils familiaux dans la seconde moitié du XIXe siècle a souvent été citée pour illustrer ce phénomène[95]. Mais le processus touche aussi la cérémonie baptismale, dans ses aspects religieux et profanes, celle-ci se transformant en véritable « fête de famille ».

Il est important de rappeler ici que, dans les deux visions du baptême héritées de l'époque moderne, le modèle clérical post-tridentin d'une part, le modèle populaire traditionnel, plutôt rural, à forte dimension communautaire d'autre part, la famille n'occupe pas la place centrale. Pour le clergé, l'essentiel du rite réside dans l'accueil d'un nouveau membre au sein d'un ensemble supérieur, l'assemblée des enfants de Dieu, qu'incarne à un niveau local la paroisse. De là, l'obligation d'une administration au sein de l'église, et non dans un cadre privé (sauf pour les princes), et la lutte contre tous les aspects profanes pouvant « polluer » la cérémonie. L'idéal est une célébration silencieuse, où le public, supposément concentré sur le message pieux du sacrement, suit avec respect mais aussi passivité le prêtre qui la dirige, le tout dans un cadre spatial approprié, c'est-à-dire débarrassé des manifestations extérieures à la liturgie. À Paris, à la suite du synode de 1850, le diocèse publie un avis sur la célébration du baptême à l'église qui exprime bien cette conception :

> Il est défendu d'administrer le Baptême dans les sacristies ; le bruit, les allées et venues empêchant que ce sacrement y soit administré avec le respect et la gravité qui convient. [...] On devra choisir un lieu convenable, si l'on ne peut faire cette cérémonie dans une des chapelles de l'église[96].

De même, la cérémonie effectuée, les réjouissances se doivent d'être limitées au maximum, ce à quoi veillent encore au XIXe siècle les prêtres de terrain. En 1854, les réponses à l'enquête pré-synodale du diocèse de Chartres montrent ainsi que l'éradication du banquet de baptême au cabaret reste un objectif, parfois atteint si l'on en croit le desservant d'Alluynes : « À force d'avis et de représentation, tout est, à cet égard, rentré dans l'ordre[97]. »

La sensibilité laïque en matière baptismale s'écarte de ce schéma clérical. Pour les populations rurales de l'époque moderne et du XIXe siècle, le baptême est certes une cérémonie marquant la naissance spirituelle de l'enfant et son agrégation au monde des chrétiens, mais c'est aussi un rite d'introduction du nouveau-né dans une communauté locale. Ce qui implique une publicisation marquée de l'événement plutôt qu'une cérémonie dépouillée, et l'ajout de nombreux gestes à caractère collectif. Les sonneries, par exemple, informent la paroisse et les villages voisins de la célébration en cours, et, par leur durée et le type de cloches utilisées, signalent le sexe du baptisé, sa légitimité - tout en manifestant la prodigalité du parrain, qui rémunère les sonneurs[98]. De même, les cortèges plus ou moins fournis qui accompagnent à l'aller et au retour le bébé entre domicile et sanctuaire, ont notamment pour objectif de le présenter à son environnement social. La composition de cette troupe échappe souvent à la seule fantaisie de la famille et de ses amitiés pour suivre des logiques communautaires : dans les villages protestants de la région de Montbéliard au début du XIXe siècle, le pasteur Charles Roy note que toutes les jeunes filles de la localité possèdent le droit de se mêler au cortège ; refuser ou oublier l'une d'entre elles est considéré comme un terrible affront[99]. La sortie de l'église, si elle n'a pas de sens religieux en elle-même, forme aussi une étape importante dans la socialisation supra-familiale du nouveau baptisé. La sonnerie des cloches ayant concentré les enfants du village devant le porche, vient le moment où le parrain (et parfois la marraine au début du XXe siècle) doit jeter les traditionnelles friandises à la foule. Il s'agit habituellement de noisettes, d'amandes, de grains d'anis, mais au cours du XIXe siècle les dragées deviennent de plus en plus courantes[100].

Avec la monétarisation des campagnes, il arrive même que des parrains aisés lancent des pièces, comme cela est attesté dans les Ardennes rurales dans la seconde moitié du XIXe siècle[101]. Ce jet de friandises ou de monnaie, symboles d'abondance, est interprété par Arnold Van Gennep comme un rite de fécondité destiné soit à l'enfant, soit à la commère, soit à l'accouchée, mais il est également vu comme une façon de payer le droit d'entrée du nouveau-venu dans sa communauté, représentée par les enfants du village ou du quartier qui se précipitent pour les attraper[102].

Face à ces deux visions centrées sur la collectivité paroissiale ou sur le voisinage, le modèle baptismal qui progresse au XIXe siècle, en particulier dans les élites urbaines, traduit une privatisation du processus rituel et une accentuation de son caractère étroitement familial. Analysable par le biais des prescriptions détaillées des codes de savoir-vivre postérieurs à 1850, qui en donnent par définition une vision normative, il reprend les grandes séquences du modèle populaire traditionnel - cortège aller ; cérémonie à l'église ; cortège de retour ; repas - mais en modifiant l'identité des acteurs présents, les cadres spatiaux et la liste des gestes rituels requis.

Côté acteurs, on note d'emblée la place mineure laissée à la sage-femme. Celle qui occupe une place cruciale dans les descriptions des cérémonies rurales est à peine évoquée dans les traités de civilité, sinon au milieu des serviteurs qui se voient récompensés par un don monétaire du parrain. Les manuels ne lui donnent aucun droit *a priori* à conduire l'enfant au baptême, puisqu'ils se contentent souvent de parler en la matière de « la personne qui porte l'enfant », terme flou et neutre qui peut désigner autant une servante, une garde[103], une nourrice, que la sage-femme.

Une autre différence fondamentale concerne la place de la mère. Si certains auteurs de codes - par exemple en 1879 Paul Burani ou Clarisse Juranville[104] - continuent de l'exclure de la cérémonie religieuse, beaucoup la font au contraire participer à l'ensemble du processus rituel. Pour la comtesse de Bassanville dès 1859, il est ainsi acceptable que l'on retarde le baptême « jusqu'à ce que la mère soit en état d'y assister[105] ». Les rédacteurs des traités de bonnes manières s'opposent alors sur le caractère nécessaire ou facultatif de cette présence. La comtesse de Gencé penche en 1908 pour l'obligation : « On attend toujours le rétablissement de la mère pour faire baptiser un enfant[106] » ; tandis que Berthe Bernage en 1928 se contente de laisser ouverte la possibilité, lorsqu'elle admet que le baptême puisse être retardé si « la jeune mère désire assister à la cérémonie[107] ». Sachant que les codes de savoir-vivre ne cherchent pas à « innover » en matière de mœurs et affichent le plus souvent un souci constant des règles religieuses, et singulièrement de celles du catholicisme, au point de rappeler les prescriptions canoniques ou d'expliquer dans le détail la liturgie du baptême et les gestes attendus des parents spirituels, le fait de débattre de la légitime venue de la mère, pour souvent l'admettre, constitue une évolution doublement spectaculaire. Car elle traduit une relativisation de la règle catholique de l'empressement baptismal, pourtant rappelée dans les mêmes ouvrages. Mais surtout parce que la participation maternelle transforme en profondeur l'économie générale du baptême, en réintroduisant la parenté charnelle au sein du rite. Désormais, le couple parental et son enfant, la « petite famille » en quelque sorte, se retrouvent au cœur des festivités, de manière pleinement légitime, aux côtés des parrains et marraines qui demeurent certes les « héros du jour[108] », mais sans exclusive. Il est clair que cette transformation traduit une perte des logiques anciennes qui opposaient avec force la parenté charnelle à la parenté spirituelle, et signale un affaiblissement de l'idée même de naissance « spirituelle » de l'enfant, au profit d'une vision du rite comme célébration du bonheur des nouveaux parents et accueil du bébé dans son foyer et sa parenté.

L'organisation des cortèges est elle aussi bouleversée. Celui de l'aller se forme chez les parents de l'enfant, après que le parrain est allé chercher avec sa voiture la marraine à son domicile[109]. La répartition des participants se fait ensuite par véhicule (sauf si le trajet s'effectue à pied, ce qui est présenté comme une exception et non comme la règle). Elle obéit à des logiques hiérarchiques strictes, comme dans le modèle rural. La première voiture du cortège, celle du parrain, accueille les acteurs les plus importants, c'est-à-dire les deux parents spirituels, l'enfant et la femme qui le porte, auxquels s'ajoute désormais la mère[110]. Les autres invités et le père sont, eux, répartis dans les voitures suivantes, qui ont été mises à disposition par ce dernier[111]. L'entrée dans l'église se fait selon le même ordre : la nourrice et l'enfant, les parents spirituels « précédés du bedeau et du suisse » en guise d'apparat, puis le père et la mère (si elle est là), enfin les invités[112]. Au retour, les mêmes repartent en voiture vers la maison des parents, sans aucun arrêt dans des auberges ou tavernes, ni autre geste de présentation du nouveau-né à son environnement social (quartier ou paroisse) lors du trajet. Débarrassées de toute marque d'intégration communautaire, les deux processions se réduisent donc à de purs déplacements d'un groupe fermé de participants entre les deux seuls espaces centraux de la célébration : la maison des parents et l'église.

Le nouveau modèle donne peu de place aux rites de la sortie d'église. Les traités de bonnes manières évoquent à peine les jets de pièces et de friandises. Quand c'est néanmoins le cas, ces lancers sont dépeints comme une coutume désuète[113], voire pénible, dont on s'acquittera à contrecœur : « Il n'est guère d'usage de jeter des dragées, surtout dans les grandes villes ; cependant il y a toujours des enfants qui guettent les baptêmes : il sera donc prudent de se munir d'un sac contenant quelques dragées et des piécettes d'argent que la marraine leur jettera », prévient ainsi en 1901 la baronne d'Orval[114]. Seuls des dons aux « mendiants du porche de l'église » ou aux « pauvres » restent quelquefois prescrits, par exemple par Paul Burani en 1879[115]. Le parrain procède certes à des dons financiers - cachés si possible dans des sacs de dragées - mais ceux-ci s'adressent essentiellement aux domestiques de la famille, à la sage-femme[116], à la nourrice[117].

Pour une partie croissante des élites urbaines, qui n'en comprennent plus la dimension communautaire, l'usage des lancers à la foule s'apparente même à une forme de mendicité enfantine ou à une manifestation de débauche, qui peut aller jusqu'à revêtir des formes scandaleuses lorsque les insultes fusent sur les parrains peu généreux ou hostiles à la coutume[118]. Des municipalités, par exemple celle de Forbach en 1844, n'hésitent pas à les interdire purement et simplement au nom du maintien de la tranquillité publique[119]. Ailleurs, c'est l'insalubrité supposée du rite qui est visée : les bonbons tombés à terre et ramassés par les enfants ne risquent-ils pas d'être le « véhicule d'infections multiples » ? En novembre 1899, le conseil municipal de Paris adopte une proposition visant à interdire cette pratique, encore en usage dans « certains quartiers suburbains ou dans la banlieue », et demande l'intervention du préfet de police de Paris[120].

La même volonté d'éradication touche d'ailleurs une autre tradition rituelle profane entourant les baptêmes : les tirs d'armes à feu. Généralisées en France au XVIIIe siècle selon Arnold Van Gennep[121], ces décharges, qui accompagnent les processions d'aller et de retour des participants se rendant à l'église, et qui se poursuivent devant la maison de l'accouchée, remplissaient, comme les sonneries, une fonction de publicité à l'usage de la communauté locale[122] et constituaient un droit de la jeunesse de la paroisse. Absentes des codes de savoir-vivre, qui ne s'intéressent pas aux traditions populaires, critiquées par les autorités comme un trouble à l'ordre public et un danger, mais aussi par le discours médical hygiéniste, qui dénonce une source de perturbation et donc de péril pour les fragiles parturientes[123], elles tendent à disparaître au XIXe siècle en raison des arrêtés municipaux d'interdiction[124].

Enfin, comme dans la version populaire, un repas clôt l'ensemble du cycle baptismal. Il se tient à la maison de la parturiente, dans un cadre qui se veut résolument domestique. Jusque dans le dernier tiers du XIXe siècle, ce repas est à peine évoqué dans les manuels de civilité, ce qui ne signifie pas qu'il n'existe guère, comme l'indiquent au contraire de très nombreux témoignages depuis l'époque moderne[125]. La baronne Staffe est une des premières - et une des rares avant l'entre-deux-guerres[126] - à le signaler dans son ouvrage *Usages du monde. Règles du savoir-vivre dans la société moderne*, paru en 1889 et régulièrement réédité :

> Un baptême est toujours l'occasion d'une fête, à moins de circonstances exceptionnelles et douloureuses. Superbe ou modeste, cette fête est toujours à la charge du père de l'enfant. Les domestiques mâles doivent revêtir la livrée de gala. Tous les assistants sont en

grande parure. [...] C'est un *grand dîner*... relativement aux ressources. Des dragées y figurent toujours au dessert[127].

Cette description fastueuse, quoique nuancée, n'est pas la norme systématique. Si, en 1932, l'auteur anonyme du *Savoir-vivre moderne : nouveau guide des convenances* précise à son tour que « les fêtes accompagnant le baptême [...] consistent le plus souvent en un dîner de gala[128] », Louise Clermont, en 1931, indique qu'« il est d'usage de donner soit un déjeuner, soit un goûter[129] ». Par ailleurs, pour certains auteurs, le faste n'est qu'une option parmi d'autres et une cérémonie plus simple est tout aussi acceptable, voire constitue le choix le plus courant. La baronne d'Orval en 1901 considère que cette réunion « peut être toute familiale », avant de reconnaître qu'elle s'élargit aux « proches », aux « intimes » voire aux « personnes avec lesquelles on est en relations suivies, si l'on juge devoir ajouter une soirée ou un bal au dîner de baptême »[130]. De même, la vicomtesse de Cressanges explique en 1946 : « Le déjeuner, le lunch, ou le dîner qui suivent, selon l'heure, sera le plus souvent intime, mais il n'est pas exclu que les parents donnent à cette occasion un grand dîner où ils convient tous leurs amis[131]. » L'hésitation dans les prescriptions est significative du statut subalterne du repas de baptême dans la hiérarchie des réjouissances privées des familles bourgeoises : certes, comme toute fête de famille, il suppose un tant soit peu d'apparat et de mise en scène, mais cette réunion est censée appartenir à la sphère de l'intimité familiale, il n'est donc pas question qu'elle rivalise avec la réjouissance mondaine par excellence, le banquet de mariage. L'appel à l'ensemble de son réseau social, au-delà du cercle restreint de la famille et des proches, n'y paraît pas indispensable, ce que confirment les sources privées de la bourgeoisie lyonnaise dans la seconde moitié du XIXe siècle[132].

La privatisation du rite n'implique pas le laisser-aller dans la manière de s'y conformer. Au contraire, les familles sont poussées à multiplier les préparatifs afin de réaliser la cérémonie jugée adéquate, selon un processus visible dans l'ensemble des temps forts de la vie familiale bourgeoise au XIXe siècle. Une telle préoccupation de la « performance » rituelle contribue à différer la date des célébrations, d'autant que la présence de la mère (et donc son rétablissement) fait partie des nouvelles normes.

Ces évolutions sont bien perçues par le clergé, qui s'en afflige sans pouvoir les contrer. Dans son *Bulletin paroissial* en juillet 1909, le curé parisien de Saint-Germain-l'Auxerrois s'en prend ainsi aux « milles détails très accessoires » (« rendez-vous de famille », attente d'invités indispensables, etc.) qui conduisent à repousser les baptêmes et qui font que l'on « s'écarte ainsi du véritable esprit chrétien ». Il concède pourtant qu'il faut « tenir compte de quelques convenances sociales », avant d'ajouter :

> En notre temps qui est un tourbillon d'affaires, où des parents du bout du monde peuvent prétendre assister à toute cérémonie de famille, il me semble que l'on puisse sans scrupule amplifier un peu la mesure ; et nul prêtre n'oserait faire un reproche à des parents qui apporteraient un enfant de trois semaines ou d'un mois, à ces conditions expresses cependant que la vie de l'enfant à aucun moment n'ait été en danger [...] et qu'on n'ait pas agi par indifférence, négligence ou mépris du précepte[133].

La progressive privatisation du rite sacramentel ne produit pas seulement un retard du baptême, elle entraîne aussi une crise de son inscription paroissiale. Le recrutement de plus en plus extérieur des parrains et marraines en est le premier signe. Alors qu'à l'époque moderne, ils appartiennent presque toujours au voisinage immédiat de leurs filleuls et incarnent en quelque sorte la collectivité paroissiale qui les accueille, le bassin de leur recrutement s'élargit nettement au XIXe siècle. Dans la paroisse parisienne de Notre-Dame-de-Bonne-Nouvelle par exemple, les parrains et marraines vivant hors de la capitale progressent de 5 % en 1820-1824 à 18 % en 1878-1889, la part de ceux ne résidant pas dans la paroisse même du bébé étant naturellement plus élevée[134]. Plus net encore, dans la commune seine-et-marnaise de Samois, la proportion de parents spirituels étrangers au village passe de moins de 7 % en 1809-1817 à 38 % en 1880-1882 (dont 15 %

vivant hors du département)[135]. Dans la paroisse Notre-Dame-des-Vertus d'Aubervilliers, cette part atteint même 40 % en 1881, contre 20 % vers 1840, et à peine 10 % dans la décennie 1780[136]. L'élargissement est facilité par le report croissant des célébrations qui n'oblige plus à choisir une personne immédiatement disponible. En sens inverse, la mobilisation d'individus plus distants contribue à retarder le baptême, puisque les familles doivent les prévenir puis attendre leur venue. Le temps ainsi perdu ne cesse de nourrir les lamentations cléricales sur le manque d'empressement baptismal des familles. En 1910, dans une longue lettre à ses diocésains justifiant le baptême immédiat contre les retards pour convenances familiales, l'évêque d'Auch dénonce une coupable inversion des priorités : « On nous dira aussi peut-être que l'on attend le parrain ou la marraine. Pourquoi les attendre ? Ce sont eux qui au lieu de faire attendre l'enfant doivent s'empresser auprès de lui »[137]. Mais ces protestations n'inversent pas la tendance. D'ailleurs, l'autre solution, à savoir le remplacement du parent spirituel pendant la cérémonie, toléré comme un pis-aller par l'Église, reste tout aussi marginale au XIXe siècle. Sauf exception - telle la paroisse aristocratique de Saint-Thomas-d'Aquin, à Paris, où les familles huppées activent volontiers un réseau familial ou social s'étendant en province ou à l'étranger, tout en affichant leur conformité aux normes catholiques du baptême précoce[138] -, elle ne concerne qu'environ 1 à 2 % des parents spirituels. Insuccès logique : compte tenu des rôles cruciaux remplis par les parrains et marraines, leur absence physique remettrait en cause le bon ordonnancement du processus rituel et, en somme, gâcherait la fête.

Le décalage croissant entre espace relationnel des familles et cadre institutionnel paroissial se lit aussi dans le choix du lieu de célébration, de moins en moins respectueux de la norme canonique. Selon les règles émises lors du concile de Trente, le baptême doit être administré sur les fonts de l'église de la paroisse de rattachement des parents (celle de leur domicile habituel, qui est en général aussi celle du lieu d'accouchement), par le biais de leur propre curé (ou de son délégué). Ces principes sont maintenus par les statuts synodaux français du XIXe siècle, même si une dérogation exceptionnelle est envisageable, avec l'accord du curé de rattachement et/ou de l'évêque. L'article 22 des statuts d'Angers adoptés en 1859 indique par exemple : « Nous défendons, hors le cas de nécessité, à tous les Curés et Vicaires de baptiser, dans leur église, un enfant né dans une autre paroisse, sans l'autorisation du Curé de ladite paroisse[139]. »

Parfois, la hiérarchie catholique se trouve confrontée à des situations singulières qui supposent une adaptation de la règle. C'est le cas, prévu dès l'époque moderne, pour les enfants nés pendant un déplacement maternel, ou pour ceux issus de parents vagabonds, qui n'ont pas de paroisse propre. L'importance de l'industrie nourricière en ville au XIXe siècle pousse aussi les autorités – par exemple l'évêque de Sens en 1894 – à préciser que les nouveau-nés immédiatement envoyés en nourrice pourront être baptisés dans le village d'accueil. Quant à la coutume familiale, prônée par les codes de savoir-vivre, consistant pour une parturiente à faire ses couches chez sa propre mère – pour le premier-né, surtout[140] –, elle conduit à admettre que « l'enfant pourra être baptisé sur la paroisse où il est né[141] », plutôt que dans celle du domicile parental habituel. À charge pour la famille de prévenir par écrit son curé propre, qui retranscrira l'événement dans son registre des baptêmes.

Mais ces quelques situations, quoique courantes, sont loin de rendre compte de l'ampleur de la « délocalisation baptismale » qui se produit au cours du XIXe siècle. Le phénomène ne se voit guère dans les registres baptismaux des villes, car ce sont elles qui exportent les bébés baptisés hors paroisse propre. En revanche, il saute aux yeux dans les paroisses rurales, réceptrices. À Thoiry (Seine-et-Oise), la part des enfants baptisés venus de l'extérieur s'accroît ainsi de manière sensible dès le dernier tiers du XIXe siècle : alors qu'à peine 3 % et 5 % des parents de baptisés résident à plus de 5 kilomètres de l'église paroissiale en 1820-1844 et 1845-1869[142], ils sont 17 % en 1870-1894, puis, après une petite baisse en 1895-1919 (7 %), plus d'un quart (28 %) en 1920-1933. De même, à Samois-sur-Seine, la part des baptisés issus de parents domiciliés dans le village recule de 99 % en 1828-1831, à 89 % en 1861-1863, puis 85 % en 1880-1882 et 1900-1905, enfin 67 % en 1921-1924. Les enfants de parents parisiens ou banlieusards jouent un rôle majeur dans cette poussée des baptisés « étrangers ». Leur part dans les baptêmes de Thoiry passe d'environ 5 % en 1895-1919 à 22 % en 1920-1933. Parmi les baptisés à Samois en 1900-1905, treize enfants relèvent théoriquement d'une autre paroisse, dont deux seulement vivent dans une commune limitrophe (Avon, Fontaine-le-Port), contre six à Paris, trois à Versailles, un à Ozoir-la-Ferrière, un dernier à Lagny. Si l'on repère de-ci de-là quelques enfants placés en nourrice, la grande majorité de ces « étrangers » (parisiens ou non) appartiennent en réalité à des familles originaires des deux villages mais ayant migré vers le monde urbain, qui désirent revenir au berceau familial pour célébrer le baptême de leur progéniture.

C'est ainsi dès la fin du XIXe siècle que s'amorce, du moins en région parisienne, un processus qui finit par toucher toutes les provinces françaises au cours du XXe siècle, parfois seulement après la Seconde Guerre mondiale : la multiplication des familles prêtes à s'affranchir des prescriptions de l'Église parce qu'elles estiment que l'espace identitaire de référence en matière sacramentelle n'est plus la circonscription paroissiale de résidence, mais celle de l'origine supposée de la lignée. Dans un tel contexte, ce n'est plus à la communauté paroissiale correspondant au cadre de la vie quotidienne que l'enfant est présenté lors du sacrement, mais à sa parenté rassemblée au lieu symbolique de son enracinement. Pour célébrer ce qui est devenu un rite d'agrégation à la parenté charnelle, la vieille église du village des grands-parents séduit davantage que la paroisse de quartier des citadins, et ce d'autant plus facilement que ces derniers, en particulier à Paris, entretiennent dès le XIXe siècle une relation souvent distante, sinon hostile, avec le clergé local. Notons cependant que si le processus de « familialisation » du lieu de baptême est plus sensible dans le monde urbain, marqué par la puissance du phénomène migratoire et l'importance des mobilités de toutes natures, il n'en est pas la conséquence directe : sinon comment comprendre son apparition au XIXe siècle alors que les villes connaissent déjà d'intenses brassages de population à l'époque moderne ? Il traduit d'abord l'incapacité grandissante du clergé à imposer les règles canoniques et sa logique pastorale. Il marque ensuite l'incontestable déclin de la paroisse comme espace vécu, en ville tout particulièrement. Enfin, il est surtout la conséquence d'une « coloration familiale » (selon l'expression de Fernand Charpin[143]) plus globale qui recouvre toujours davantage l'ensemble de la cérémonie baptismale.

Une preuve supplémentaire de cette « familialisation » du baptême à partir du XIXe siècle est fournie par le développement des cérémonies sacramentelles impliquant plusieurs enfants d'une même famille. Il s'agit là d'un phénomène inédit. Par définition, dans l'Europe catholique de l'époque moderne et dans toutes les régions qui restent fidèles par la suite au baptême immédiat des nouveau-nés, il est en effet presque impossible de prévoir des célébrations baptismales regroupant plusieurs enfants d'une même fratrie ou apparentés (cousins). Sauf rares dérogations (ondoiements par permission, par exemple), deux frères ou sœurs ne peuvent recevoir le baptême le même jour que dans un cas : lorsqu'ils sont jumeaux. C'est la situation qui prévaut encore dans les premières décennies du XIXe siècle, une fois passée la courte phase de régularisation baptismale des enfants nés pendant la tourmente révolutionnaire. Mais à partir du dernier tiers du XIXe siècle, les baptêmes de fratrie se répandent et, surtout, les naissances gémellaires y deviennent minoritaires. À Samois, où le phénomène est le plus poussé, les registres de 1900-1905 contiennent sept fratries recevant collectivement le premier sacrement, dont quatre sans présence de jumeaux ; puis le mouvement s'accélère dans l'entre-deux-guerres, avec un quart environ des enfants baptisés en même temps qu'un frère ou une sœur. Cas extrême, le 19 mai 1921, Léon Grimaud présente à l'église cinq de ses enfants nés entre 1913 et 1920.

Proportion, parmi l'ensemble des baptisés, des frères et sœurs présentés au baptême dans la même journée. Paroisses françaises, 1800-1939 (baptisés de moins de 13 ans)

	Total baptisés	Frères et/ou sœurs baptisés le même jour	En pourcentage des baptisés	Pourcentage des jumeaux
Saint-Ouen				
1802-1815	296	14	4,7	Non renseigné
1861-1864	495	8	1,6	1,2
1892	465	74	15,9	1,3
Notre-Dame-de-Bonne-Nouvelle				
1820-1822	91	4	4,4	4,4
1850-1852	112	2	1,8	1,8
1879-1883	110	8	7,3	1,8
Samois-sur-Seine				
1809-1817	327	4	1,2	1,2
1828-1831	117	2	1,7	1,7
1861-1863	75	0	0,0	0,0
1880-1883	104	4	3,8	1,9
1900-1905	106	14	13,2	5,7
1920-1924	49	12	24,5	8,2
1938-1939	38	10	26,3	0,0
Thoiry				
1820-1844	252	2	0,8	0,0
1845-1869	412	2	0,5	0,5
1870-1894	343	4	1,2	0,0
1895-1919	228	17	7,5	2,6
1920-1933	145	6	4,1	1,4
La Rochelle (hors hôpital)				
1805	380	18	4,7	2,6
1821	326	10	3,1	3,1

1841	338	2	0,6	0,6
1861	342	6	1,8	1,8
1881	408	6	1,5	1,5
1901	407	6	1,5	0,0
1911	376	24	6,4	1,6
1925	608	45	7,4	1,0

Sources : pour Notre-Dame-de-Bonne-Nouvelle, Archives de Paris, collection archevêché, échantillons sélectionnés sur l'initiale des patronymes ; pour Thoiry, Annick Delwaulle, *Baptêmes contemporains dans la paroisse Saint-Martin-de-Thoiry…, op. cit.* ; pour Samois-sur-Seine, archive du presbytère, registres de catholicité ; pour Saint-Ouen, Archives départementales de Seine-Saint-Denis, registres de catholicité, reg. 1, 1802-1819 ; reg. 18-21, 1861-1864 ; reg. 48, 1892 ; pour La Rochelle, Vincent Gourdon, « À propos des pratiques baptismales catholiques dans la France de l'entre-deux-guerres : l'exemple de La Rochelle en 1925 », *Revue de la Saintonge et de l'Aunis*, 2022, p. 187-211.

Pour une part, les baptêmes de fratries découlent de la Première Guerre mondiale, qui conduit de nombreuses familles à repousser les baptêmes de leurs nouveau-nés dans l'attente du retour d'un père ou d'un parrain mobilisé, ou simplement pour savourer dans un contexte moins dramatique l'arrivée d'un nouveau membre dans la famille. Mais cette explication, conjoncturelle, n'est pas décisive. Un autre facteur, présent dès avant 1914, est la montée de l'indifférence religieuse. Chez certaines familles, baptiser frères et sœurs à la même date ne constitue pas une stratégie méditée mais une réponse à la pression du clergé local qui profite d'une demande rituelle des parents pour obtenir la régularisation sacramentelle de tous les enfants. L'enjeu de négociation le plus fréquent est la communion solennelle, à laquelle même les familles les plus éloignées de la pratique religieuse restent attachées[144] et qui est une des rares cérémonies où le clergé dispose d'un vrai droit de refus. Ainsi, le 1er juin 1901, le curé de Samois baptise Maurice et Fernand Girard, âgés de 8 et 11 ans, avec l'autorisation de l'Ordinaire diocésain pour le second qui doit faire sa première communion le lendemain.

Cependant, dans la plupart des cas, le baptême groupé dans la fratrie est bien le fruit d'une initiative familiale. Plusieurs motivations se conjuguent alors. La naissance d'un nouvel enfant rappelle à des parents la nécessité religieuse de procéder au baptême de son frère ou de sa sœur plus âgés ; une célébration commune peut être vue, notamment dans des milieux modestes, comme une façon de réaliser une belle cérémonie à moindres frais ou comme un moyen de mobiliser plus facilement l'ensemble de la parentèle et des relations (un seul banquet, des invitations communes, etc.) ; ou bien encore tente-t-on ainsi de choisir la meilleure date possible pour organiser une fête familiale de plus grande ampleur, qui rassemblera plus d'enfants, plus de parrains et marraines, plus d'invités.

Les baptêmes de fratrie, faciles à repérer dans les informations courtes et stéréotypées des registres paroissiaux, forment la partie la plus visible des cérémonies familiales groupées. Un simple regard dans les noms des parents, dans ceux des parrains ou des signataires des actes, dévoile bien d'autres configurations familiales. À La Rochelle en 1925, ce sont au minimum un huitième des enfants qui reçoivent le premier sacrement en même temps qu'un autre membre de leur parenté (frère, sœur, cousin, neveu, etc.). Selon une logique proche, de plus en plus souvent, des cérémonies rassemblent deux ou trois couples parentaux qui s'échangent l'honneur de parrainer leurs enfants respectifs. La célébration religieuse commune et la relation de parrainage se conjuguent alors pour renforcer un lien familial ou amical préexistant[145].

En fin de compte, qu'elles impliquent des voisins, des amis, des parents, toutes ces situations montrent des pères et des mères élaborant des stratégies rituelles et relationnelles étrangères à la logique religieuse du premier sacrement, et capables de planifier sur le moyen ou long terme les célébrations désirées. Leur nombre croissant, dès la fin du XIXe siècle dans certaines régions pour le moins, joue un rôle évident dans le mouvement de retardement des baptêmes, mais aussi dans la concentration des cérémonies dans les moments jugés les plus propices du calendrier saisonnier – les « beaux jours » –, ainsi que dans la montée des baptêmes conférés hors de la paroisse de rattachement.

À LA CROISÉE DES CHEMINS, LA VOGUE DE L'ONDOIEMENT

Une dernière forme d'adaptation de la pratique baptismale aux objectifs familiaux et hygiénistes des Français au XIXe siècle consiste dans le recours de plus en plus fréquent à l'ondoiement en paroisse. Forme simplifiée du sacrement de baptême, l'ondoiement se définit comme un « un acte par lequel on baptise, sans observer les cérémonies de l'Église »[146]. Jusqu'au début du XXe siècle en France, il en existe deux types principaux.

Le premier est celui conféré en danger de mort, traditionnellement administré par une sage-femme, par un laïc présent au chevet de la parturiente, ou par un prêtre appelé en urgence, lors des accouchements, quand le nouveau-né présente des signes de faiblesse évidents laissant penser qu'il pourrait mourir avant de rejoindre le sanctuaire paroissial. Si l'enfant survit, on doit alors le conduire à l'église, où, après enquête sur la validité du baptême conféré dans l'urgence (surtout quand l'eau a été administrée par des laïcs), on procède aux autres aspects du rite baptismal - exorcisme, onctions, attribution d'un parrain et d'une marraine, etc. -, ce que l'on appelle dans les actes les « suppléments de cérémonies ».

L'ondoiement par permission obéit à une autre logique. Ne renvoyant pas à une situation d'urgence, il constitue une forme dérogatoire de la pratique baptismale, consistant à découpler la réception de l'eau, qui a lieu dans les heures ou les jours suivant la naissance, et le reste des rites baptismaux, repoussés à une autre célébration religieuse effectuée à l'église paroissiale dans un délai maximal prévu par les statuts synodaux : un mois selon ceux de Toulouse en 1836[147], mais le délai s'allonge à la fin du XIXe siècle pour atteindre trois mois, par exemple à Sens en 1894[148] ou à Paris en 1902[149]. Concrètement, les parents font une demande officielle auprès de l'évêché (directement ou par l'entremise de leur curé), avant ou juste après la naissance de leur enfant. Ils doivent, pour obtenir cette permission « de différer les cérémonies du baptême », verser une taxe. Dans le diocèse de La Rochelle, elle atteint en 1827, sous Mgr Bernet, la somme de 10 francs, soit presque une semaine de revenu d'un simple ouvrier à l'époque, avant de s'abaisser à 6 francs vers 1850, sous Mgr Villecourt, puis de se décliner à la Belle Époque en trois « classes » de tarifs (20, 10 ou 5 francs) selon le niveau d'aisance du couple parental[150]. En 1864, l'évêque d'Autun, Chalon et Mâcon, Mgr de Margerye, bien décidé à raréfier la pratique de l'ondoiement par permission, n'hésite pas à exiger une amende de 50 à 100 francs[151], qui la rend inaccessible pour les familles populaires, puisqu'elle représente entre vingt et quarante jours de travail d'un ouvrier de la petite industrie[152]. Une fois l'autorisation accordée, un prêtre de la paroisse intervient pour verser l'eau baptismale et prononcer la formule adéquate. En théorie, l'ondoiement par permission doit être administré dans l'église – c'est encore le cas majoritaire au début du XIXe siècle à Paris –, toutefois, peu à peu, cette règle cesse d'être respectée au profit du domicile de l'accouchée, ce qui redouble le caractère dérogatoire de ce mode d'administration baptismale. Selon le droit canon, parrains et marraines peuvent être attribués lors des ondoiements, mais dans les faits cela reste rarissime au XIXe siècle. La quasi-totalité des parents spirituels ne font leur apparition que lors des suppléments de cérémonie.

L'intérêt majeur de cette démarche rituelle est de répondre à quatre motivations potentiellement contradictoires : garantir le salut immédiat du bébé, être en règle avec les normes de l'Église, mais aussi disposer du temps nécessaire à la préparation de la cérémonie religieuse dans l'église paroissiale et à l'organisation de l'ensemble de ses à-côtés profanes (invitations, repas, présents rituels, etc.), et enfin, si la cérémonie a lieu au domicile, éviter de sortir trop vite le bébé de son foyer (d'où sa promotion par les médecins hygiénistes).

Les ondoiements, parce qu'ils contiennent le cœur du baptême, à savoir la réception de la grâce sacramentelle et l'entrée de l'enfant dans la communauté des chrétiens, doivent être précieusement enregistrés dans les livres paroissiaux, avec leurs motifs : danger de mort, maladie grave, ou bien autorisation de l'évêché. En pratique, les registres baptismaux comportent presque uniquement ceux conférés par un prêtre, y compris dans les cas dits « en danger de mort », et négligent de nombreux ondoiements administrés dans l'urgence par des laïcs. Cette limite archivistique n'empêche pas de constater la vogue croissante de cette forme baptismale entre le début du XIXe siècle et la Belle Époque. À Paris, on compte ainsi 5,95 actes d'ondoiement pour 100 actes de baptêmes solennels ou de suppléments de cérémonies en 1881, contre seulement 1,24 en 1841[153]. À La Rochelle, la progression est encore plus nette : 0,9 en 1821 ; 3,3 en 1841 ; 8,7 en 1881 et même 19,4 en 1911[154] ! Début XXe, la plupart des diocèses français sont concernés, y compris les plus « conformistes » d'entre eux, comme l'explique en 1912 l'évêque de Quimper dans sa relation quinquennale sur l'état de son diocèse envoyée à la Congrégation consistoriale, à Rome[155].

La pratique se développe avant tout dans les élites sociales. En Touraine, la noblesse y recourt systématiquement dès la décennie 1820[156]. À Paris, en 1841, la paroisse aristocratique de Saint-Thomas-d'Aquin compte environ 7 ondoiements pour 100 baptêmes quand le même rapport est encore inférieur à 1 pour 300 dans les registres des paroisses populaires du faubourg Saint-Antoine. Une démocratisation relative se produit à la fin du siècle, mais sans atteindre un complet rééquilibrage social : en 1881, les paroisses des arrondissements parisiens périphériques comptent toujours trois fois moins d'ondoiements en moyenne (4,65 pour 100 baptêmes) que celles des quartiers les plus aisés (13,5). Cette avance et cette prédilection particulière des élites pour l'ondoiement se comprennent aisément. Il faut d'abord rappeler que l'ondoiement par permission, sous l'Ancien Régime, constitue un privilège reconnu des Princes, imité par une partie de l'aristocratie puis des élites urbaines. Demander une dispense auprès de l'évêché - et l'obtenir - constitue une forme d'affirmation sociale, ce qui reste vrai après la Révolution. En outre, les familles bourgeoises et nobles sont les plus intéressées à afficher par une ritualisation parfaite de leurs événements familiaux leur poids social et économique, leurs réseaux de parenté et de sociabilité ; cette mise en scène de soi suppose de disposer d'un délai conséquent pour l'organisation de l'événement sans pour autant entrer nécessairement en conflit avec la règle religieuse. Enfin, la thématique des dangers du baptême précoce diffusée par le courant hygiéniste se répand sans doute plus vite dans les élites sociales, qui disposent de médecins de famille, que dans les couches populaires...

Ces explications valent surtout dans les deux premiers tiers du XIXe siècle quand la plupart des ondoiements enregistrés sont consécutifs à une demande d'autorisation auprès du diocèse - ce qui vaut pour La Rochelle comme pour Paris. La montée de l'ondoiement qui se produit dans les décennies suivantes relève d'une seconde logique. De plus en plus d'actes renvoient à un sacrement d'urgence lié à une maladie, un danger de mort, une « nécessité ». Parmi les facteurs expliquant cette montée de l'ondoiement par nécessité, il faut d'emblée citer le fait qu'il permet de passer outre la démarche administrative auprès de l'évêché : il est aisé de prétendre qu'un nourrisson est « malade » ou d'exhiber un certificat du médecin pour obtenir un ondoiement à domicile auprès du clergé paroissial. Un élément tout aussi décisif est l'évolution des délais baptismaux. Le retard du baptême a en effet un impact logique sur la proportion des ondoiements en péril de mort. Si jusqu'au milieu du XIXe siècle, l'ondoiement d'urgence reste rare, c'est que la plupart des familles font encore baptiser leurs enfants au plus vite. Dans ces conditions, seuls les enfants décédés à la naissance ou ceux dont la santé se dégrade presque aussitôt sont *a priori* concernés par un ondoiement de ce type. Le retard du baptême, net à la fin du siècle, multiplie en revanche le stock d'enfants susceptibles de tomber malades avant la date prévue de leur présentation à l'église, conduisant les parents affolés ou prudents à mobiliser immédiatement un prêtre pour administrer le sacrement à domicile.

C'est aussi cette logique qui explique la relative démocratisation de l'ondoiement. Dans les milieux populaires, où l'ondoiement par permission, payant, ne pénètre pas, l'ondoiement en péril de mort, gratuit, qui répond à une situation d'urgence lorsque les parents ont différé le baptême par insouciance vis-à-vis des préceptes du clergé, par opposition religieuse, ou simplement pour des raisons d'organisation familiale, peut se diffuser.

La pratique de l'ondoiement fait l'objet d'une large tolérance de la part des évêques français dans la première moitié du XIXe siècle. Mais son succès inquiète bientôt, au point d'être vu comme une véritable dérive par une partie croissante de l'épiscopat, à commencer par sa frange la plus intransigeante et la moins apte à admettre la pollution des cérémonies religieuses par des considérations extérieures à leur dimension spirituelle. Ceux administrés en péril de mort ne sont guère attaquables sur les plans canonique et pratique. En revanche, pour Mgr Pie, évêque de Poitiers, chef de file de l'ultramontanisme français sous Napoléon III, l'ondoiement par permission représente une absurdité théologique, puisque le cœur du sacrement, l'ablution baptismale, anticipe, souvent de très loin, les cérémonies (insufflations, exorcismes) destinées justement à des créatures non protégées par la grâce. Est aussi dénoncé le caractère « administratif » qu'acquiert l'ondoiement, par rapport à la pompe entourant les suppléments de cérémonie conférés à l'église, alors que l'ablution baptismale est théologiquement le centre du rite. Cette inversion traduit pour les contempteurs de la pratique une perte de dignité manifeste du sacrement dans son essence même[157].

Une lutte s'engage alors contre l'ondoiement par permission. Mgr Pie figure parmi les évêques les plus radicaux. À la suite du synode diocésain de 1852, il envoie à son clergé la décision suivante : « Nous sommes résolu, Messieurs, à nous appuyer sur le Concile provincial pour mettre fin à cet abus. Le rapport de la congrégation particulière vient de conclure à ce que, par une règle générale, l'ondoiement soit absolument supprimé dans le diocèse, à part le danger de mort. » Certains prélats agissent en taxant lourdement la procédure dérogatoire, à l'exemple - déjà signalé - de l'évêque d'Autun en 1864. D'autres, plus souples, évitent de brusquer les familles et cherchent davantage à contrôler la pratique qu'à l'extirper. L'archevêque d'Alger, Mgr Lavigerie, précise ainsi dans les statuts synodaux de 1871 de son diocèse :

> On n'ondoiera pas un enfant, hors le cas de nécessité, sans notre permission écrite ou celle de nos Vicaires-généraux ; et alors même,

l'ondoiement devra se faire à l'église, si la chose est possible, avec l'eau baptismale et les cérémonies devront être suppléées le plus tôt que faire se pourra[158].

La réaction de l'épiscopat n'est cependant pas couronnée de succès. Dans la France de la fin du XIXe siècle, l'Église, confrontée à une politique de laïcisation républicaine, n'a guère intérêt à s'aliéner les familles des couches supérieures qui lui sont favorables et qui sont justement plutôt celles qui recourent à l'ondoiement par permission. Par ailleurs, certains évêques, comme celui de Beauvais, Mgr Gignoux[159], ont conscience que le refus de l'ondoiement de précaution peut pousser les parents, non pas à administrer un baptême complet et immédiat à l'église, mais à repousser l'intégralité du baptême, ce qui serait un mal plus grand, eu égard aux risques pesant alors sur le salut du nourrisson. On craint aussi que l'intransigeance en la matière ne favorise l'appel à des pasteurs protestants[160]. De là une politique assez souple derrière les condamnations de principe. En outre, les parents parviennent aisément à contourner l'obstacle épiscopal en présentant des certificats fournis par les médecins de famille qui justifient la requête d'ondoiement à domicile. Comme le constate en 1914 le canoniste Auguste Boudinhon, « les raisons qui tiennent à la santé de l'enfant sont plus respectables ; mais encore combien les exagère-t-on à plaisir, pour motiver, vaille que vaille, la demande d'ondoiement ! Les secrétariats de nos évêchés ont la main forcée et ne peuvent refuser. Au point où les choses en sont venues en plusieurs diocèses, l'abus est évident[161] ». Même s'il a conscience de l'importance sociale de ses dispenses médicales de complaisance, le clergé n'ose pas brusquer des familles qui ne veulent plus prendre le risque de sacrifier la santé du nourrisson pour son salut.

Face à cette impasse, Rome, que les évêques français sollicitent régulièrement depuis les années 1860, se décide à intervenir. En décembre 1912, la Congrégation des sacrements autorise l'Ordinaire à faire administrer le baptême à la maison « pour un motif juste et raisonnable[162] », et étend par là même le pouvoir épiscopal. Puis deux autres déclarations, émises dans un même mouvement au début de 1914 par la Congrégation des rites en réponse à des questions des évêques de Belluno (Italie) et de Versailles, soutiennent qu'il est légitime d'accomplir l'ensemble des rites prévus au Rituel pour les baptêmes conférés à domicile, y compris hors le cas de nécessité[163]. En somme, Rome propose non plus tant d'interdire l'ondoiement par permission à domicile, mais de favoriser à sa place l'administration d'un baptême complet au foyer des parents, rompant ainsi avec le principe de la centralité de l'église paroissiale qui avait été la ligne directrice des autorités catholiques depuis la fin du Moyen Âge. Ce tournant est accueilli avec soulagement par de nombreux prélats français qui espèrent y trouver un équilibre entre le maintien de leurs prérogatives, l'obéissance à Rome et la pression des familles. Dans sa relation à la Congrégation consistoriale de 1919, l'évêque de Saint-Dié, Mgr Foucault, explique ainsi qu'il lutte avec persévérance pour limiter les ondoiements à des cas de « vraies nécessités » avant d'annoncer dans celle de 1923 qu'il administre désormais des baptêmes à domicile avec tous les rites prescrits. Le manque d'études permet difficilement de juger l'impact global du nouveau dispositif. Il semble néanmoins réel, quoique inégal selon les localités. À La Rochelle en 1925, la pratique enregistre un fort recul par rapport à l'avant-guerre (neuf ondoiements pour 608 baptêmes en paroisse), tandis que les baptêmes complets à domicile, inexistants jusqu'alors, progressent (treize cas)[164]. À Paris, en revanche, selon les données du chanoine Boulard, les ondoiements en paroisse se maintiendraient aux alentours de 3 500 par an des années 1910 au début de la Seconde Guerre mondiale, avant de connaître une légère poussée autour de 5 000 jusqu'en 1952[165].

Pendant que se poursuit au début du XIXe siècle la lutte séculaire menée par le clergé catholique depuis le concile de Trente pour imposer aux familles populaires une vision du rite baptismal, à la fois dépouillé de tout faste et épuré de toutes ses dimensions profanes (dont des aspects magiques), une redéfinition du processus rituel s'engage dans le monde laïc, à commencer par les élites urbaines. Cette réorientation s'opère dans un double sens : d'une part, une médicalisation du geste baptismal, qui en supprime le caractère protecteur sur un plan physique autant que spirituel ; d'autre part, une privatisation - ou familialisation. Les processions de baptême et banquets à forte dimension communautaire s'estompent au profit de cortèges familiaux et de réjouissances domestiques. Il s'agit de moins en moins de présenter le bébé à une communauté locale ou à une entité paroissiale ; l'enjeu est désormais de célébrer la venue d'un enfant dans un foyer et une famille qui expose son bonheur, son harmonie, sa pérennité, ses relations.

Certes, les ritualités religieuses ont toujours fait l'objet de manipulations par les familles et les parentèles et, comme l'a montré John Bossy, l'un des enjeux de la réforme tridentine fut justement, côté clergé, de purger l'Église et la vie religieuse de ces instrumentalisations profanes (ou considérées comme telles)[166]. Mais les évolutions du XIXe siècle ne peuvent être confondues avec un simple retour en arrière après une phase de contrôle clérical plus affirmé pendant deux siècles environ. Dans le processus en cours, le baptême n'est plus seulement un rite sacramentel offrant l'occasion d'une mise en œuvre des stratégies familiales ou lignagères, il tend à se transformer lui-même en véritable « fête de famille » sur le modèle des réjouissances familiales séculières que prônent les codes de savoir-vivre à la même époque.

Les inflexions dans l'organisation des baptêmes reprennent d'ailleurs trois grands principes structurants des grandes réjouissances de la famille bourgeoise du XIXe siècle. Comme lors des vœux de nouvel an aux grands-parents, des noces d'or, des anniversaires des enfants et des aïeuls[167], il s'agit de manifester la continuité et l'unité d'une famille en affichant le lien entre les générations successives : il n'est alors rien de mieux que de rassembler la parenté plus ou moins proche autour d'un nouveau-né, incarnant l'avenir de la lignée, et de lui administrer le baptême en son lieu d'origine symbolique, à savoir l'église et la paroisse des grands-parents. Il convient en outre de stimuler pour le présent et le futur des liens collatéraux, dont on craint toujours au XIXe siècle qu'ils ne s'affaiblissent avec la dispersion géographique des familles et la montée de l'individualisme : d'où l'aspiration à un regroupement physique de la famille au berceau ancestral ou l'organisation de baptêmes communs de frères, sœurs ou cousins germains. Enfin, troisième objectif, il faut rendre hommage au couple parental, cellule de base de la société postrévolutionnaire et unité élémentaire d'une nouvelle organisation familiale fondée sur l'autonomie des générations adultes : de là, la présence obligée du père au baptême et celle, toujours plus souhaitable, de la mère.

Du fait de cette nouvelle mise en scène familiale et de la peur des effets mortifères du baptême précoce, pères et mères sont conduits à relativiser les prescriptions de l'Église en matière baptismale. Il ne s'agit pas pour eux de renoncer à la médiation du clergé dans la ritualisation de la naissance de leurs enfants, mais d'en négocier les formes à leur convenance. Pour la date et le lieu de la célébration, une pratique catholique « à la carte[168] » tend ainsi à s'établir. Dans la noblesse et les fractions les plus fidèles de la bourgeoisie, le désir de conformité religieuse, le respect de la bienséance sociale et le souci de l'excellence rituelle stimulent plutôt la quête de dérogations en bonne et due forme auprès des autorités diocésaines. Dans les autres milieux, le clergé est davantage mis devant le fait accompli et dispose de peu de moyens de réagir dès lors que le baptême a perdu son caractère d'obligation légale depuis la Révolution et qu'une attitude trop rigide pourrait conduire à un mal plus grand, à savoir la renonciation au premier sacrement et la rupture avec l'Église.

Avec constance, les autorités catholiques tentent bel et bien de rappeler le véritable sens « chrétien » du baptême qui fait pénétrer le nouveau-né non dans une simple famille charnelle, mais dans une communauté de foi, et qui, comme sacrement, comporte des vertus dépassant de très loin l'allégresse et les effets socialisants d'une réunion de famille. Mais un tel discours s'apparente à une pétition de principes qui ne permet pas de surmonter deux difficultés majeures. Comment contredire le souhait légitime des familles de protéger la santé des nourrissons dans une France de plus en plus médicalisée mais aussi toujours plus obsédée par son déclin démographique, sans passer pour une institution « inhumaine », passéiste, voire antipatriotique, en tout cas indifférente aux affections les plus essentielles de ses fidèles ? Comment combattre une familialisation rampante du rite baptismal alors que l'Église, rejetant l'individualisme de la Révolution française, a constitué contre lui la « Famille » en référent de sa vision du monde social[169] ?

CHAPITRE 6

La victoire du parrainage familial

La désignation des parrains et marraines constitue un enjeu crucial de la cérémonie baptismale. Dans le contexte catholique traditionnel (comme dans le monde orthodoxe), le baptême, cérémonie publique et sacrée, engendre de véritables liens de parenté, dite « spirituelle », entre les parties concernées, qui créent des interdits de mariage mais impliquent aussi des comportements normés d'entraide.

Lors du concile de Trente, les autorités catholiques confirment cette institution, florissante à la fin du Moyen Âge, mais en restreignant son champ de validité à deux relations principales[1]. La première, le parrainage (*paternitas spiritualis*), unit le parrain et la marraine à son ou sa filleule. Justifiée sur un plan théologique par un rôle de garant de l'éducation religieuse du baptisé, elle passe concrètement par des présents réguliers et une protection de la part des parents spirituels, des visites et des marques de respect de la part des filleuls. Elle est censée se poursuivre par-delà la mort, les vivants priant pour le salut des âmes des défunts, qui en retour sont supposés jouer un rôle d'intercesseurs célestes[2]. La seconde relation, le compérage (*compaternitas spiritualis*), unit les parents spirituels d'un enfant à ses parents charnels. Elle implique un lien d'amitié formalisé, qui s'exprime par une certaine familiarité des attitudes, des termes d'adresse spécifiques (compère, commère), l'extinction théorique des tensions et conflits existants, enfin une solidarité de principe que les individus peuvent revendiquer d'autant plus légitimement que la relation a été instituée devant la communauté (paroissiale) et devant Dieu. Comme nous l'avons vu, cette double réalité est prise en compte bon gré mal gré par les

Églises protestantes qui, tout en récusant la notion de parenté spirituelle, maintiennent la valeur chrétienne et sociale du parrainage et du compérage.

Les travaux anthropologiques puis les études historiques ont montré depuis plusieurs décennies l'importance de ces relations établies au baptême (voire à la confirmation) qui, dépassant leur dimension religieuse principielle, participent à la structuration des sociétés anciennes, en Europe comme en Amérique. Ce phénomène tient à la grande souplesse du lien de parrainage/compérage, capable de rapprocher des acteurs aux caractéristiques et statuts très différents, contrairement à l'alliance matrimoniale, le lien fort par excellence, qui obéit plutôt à des logiques homogamiques et endogamiques. De fait, si les Églises tentent de fixer quelques critères de sélection des parrains sur la base de leur qualité religieuse (appartenance confessionnelle, âge minimal, connaissance de la foi, moralité), elles ne définissent pas pour autant un portrait précis des titulaires souhaitables et laissent somme toute en la matière une grande latitude aux parents des baptisés. Les familles savent tirer profit de cette flexibilité pour « donner forme », de manière ritualisée, à des relations de tout type, au gré des circonstances et des enjeux, quelquefois spirituels mais plus souvent sociaux, économiques ou politiques, qui se présentent devant elles. Il en découle d'importantes variations spatiales ou sociales dans les profils de parrains privilégiés par les fidèles, mais aussi des évolutions sur le moyen ou long terme qui montrent une adaptation des logiques de choix aux transformations de la société. Parmi celles-ci, la plus saisissante est sans conteste la montée tendancielle du parrainage intrafamilial entre le XVIIe et le XXe siècle.

La domination ancienne du parrainage extensif

Dans la tradition anthropologique[3], une des questions centrales concernant le parrainage est l'équilibre entre les choix dits

« extensifs » et ceux qualifiés d'« intensifs ». Sont ainsi distinguées deux visions du lien créé au baptême, la première mettant l'accent sur sa capacité à étendre un réseau social au-delà des relations existantes, la seconde insistant davantage sur son rôle de consolidation du tissu présent. Dans la plupart des études, cette dichotomie se réduit concrètement à une opposition entre parrains choisis hors ou dans la parenté (consanguine et affine). Pour une partie des spécialistes, la première logique est la marque de la vitalité de l'institution du parrainage tandis que la seconde signe au contraire une perte de substance : le recours aux consanguins ou alliés traduirait en effet une absence de reconnaissance de la spécificité de ce lien ritualisé, et donc un désintérêt. Cependant, d'autres chercheurs critiquent une telle vision dépréciative en rappelant que le parrainage intrafamilial peut servir des objectifs cruciaux au sein du groupe de parenté, qu'il s'agisse d'exprimer des allégeances symboliques entre générations, de renforcer des solidarités entre branches collatérales ou entre certains individus (un aîné et un cadet, une tante célibataire et sa nièce, des demi-germains, etc.), de transmettre des prénoms familiaux, de désigner des successeurs, d'intégrer rituellement des pièces rapportées, etc. Dégager les logiques dominantes de sélection des parrains et marraines ne permet donc pas en soi d'émettre un jugement définitif sur le caractère plus ou moins essentiel du parrainage dans le fonctionnement d'une société donnée. Mais cela oblige à réfléchir aux motivations qui orientent ces choix.

Qu'en est-il dans la France du début de l'époque moderne ? Quelle place occupe la parenté dans les choix de parrainage ? Un rappel méthodologique s'impose avant d'aller plus loin. Dès lors que l'on dépasse le stade d'une micro-analyse portant sur quelques enfants ou une poignée de familles, il devient presque impossible de reconstituer la nébuleuse généalogique complète des baptisés et donc de déterminer avec certitude la qualité de parents ou non de tous les parrains et marraines choisis. En outre, les actes baptismaux ne signalent pas systématiquement la relation de parenté éventuelle entre un baptisé et ceux qui le présentent au sacrement. La mention de cette information, non requise par le Rituel romain, dépend des habitudes des prêtres rédacteurs, ce qui veut dire que les données chiffrées ainsi tirées des actes pourraient traduire la précision occasionnelle de leur remplissage plus que l'ampleur réelle des choix intrafamiliaux. Ce biais est rarement explicité dans les travaux historiques alors qu'il pose un souci majeur quand il s'agit de comparer les pratiques de parrainage entre populations ou groupes sociaux différents ou de les analyser dans le long terme. Pour contrer cette difficulté, il faut un critère fixe dépendant le moins possible du zèle du prêtre (ou pasteur) qui tient la plume. C'est pourquoi nous ne donnerons, sauf mention contraire, que les pourcentages de parrains ou marraines portant le même patronyme que le père ou la mère de l'enfant présenté au baptême, une information presque toujours récupérable. Bien entendu, l'homonymie patronymique est un indicateur imparfait de la parenté mobilisée. Elle en signale un niveau minimal, une grand-mère ou un oncle par alliance d'un baptisé, par exemple, n'ayant guère de raisons *a priori* de porter le nom d'un des deux parents charnels[4]. Notons cependant que lorsque les actes baptismaux sont très précis sur les liens de parenté - comme dans les paroisses rochelaises en 1788-1789[5] - ou quand une reconstitution généalogique conséquente des individus du corpus est réalisée[6], il ressort que la parenté réellement mobilisée représente environ 1,3 à 1,6 fois le niveau calculé grâce à la seule homonymie patronymique[7]. C'est en gardant à l'esprit ces estimations que l'on appréciera les résultats du tableau suivant qui récapitule une large part des résultats disponibles pour la France des années 1550-1720[8].

Proportion (en %) de parents spirituels portant le patronyme du père ou de la mère de leur filleul (échantillons français XVIe - début XVIIIe siècles)

Aubervilliers	1552-1614	19,3
	1615-1631	21,8
	1705-1710	24,2
Beignon (Bretagne)	1550-1599	14,4

Plumelec (Bretagne)	1572-1599	14,5
Arbois	1552-1589	14,3
Preuilly-sur-Claise (échantillon catholique)	octobre 1629 - février 1632	20,0
Preuilly-sur-Claise (familles protestantes)	1590-1683	27
Charleville	1696-1711	26,8
Dijon (paroisse Notre-Dame)	1655-1657	12
Dijon (paroisse Saint-Philibert)	1663-1665	8
Dijon (paroisse Saint-Pierre)	1650-1654	24,5
	1671-1679	19
	1701-1705	23
Bordeaux (paroisse Saint-André)	1580	10,5
	1642	21,1
	1667	20,8
	1697	23,4
Bordeaux (paroisse Sainte-Croix)	1642	8,6
Bordeaux (paroisse Saint-Seurin)	1642	9,3
La Rochelle (toutes paroisses)	1628-1633	4,6
	1668-1669	8,4
	1685-1686	10,3
	1721-1722	13,8
Lyon (paroisse Saint-Nizier)	1655	12,0
Caen (familles protestantes)	1593	15,2*
La Tremblade (familles protestantes)	1593-1597	10,9*

* Homonymie patronymique directe et indirecte (conjoints d'homonymes).

Dans les années 1970-1980, l'historiographie française a beaucoup insisté sur la force du parrainage intrafamilial dès le début de l'époque moderne[9], en le reliant au souci de transmettre par ce biais des prénoms familiaux d'une génération à l'autre[10]. Cette vision, qui intégrait le parrainage dans les stratégies de reproduction familiale, s'appuyait cependant sur des éléments fragiles, à savoir des exemples en nombre limité et souvent choisis dans des milieux aisés, ou des corpus paroissiaux tardifs (XVIIIe ou XIXe siècles). Les résultats qui se sont accumulés depuis lors, avec des échantillons plus fournis, contredisent l'idée d'une domination des choix de parrainage dans la parenté au XVIIe siècle, et encore moins au XVIe siècle. Dans les paroisses rurales (Aubervilliers, Beugnon) ou les petites villes (Preuilly-sur-Claise), un sixième à un quart seulement des parrains/marraines portent le même nom que les pères et mères des baptisés avant 1650, ce qui indique des choix familiaux minoritaires. Quant aux grandes villes, l'homonymie patronymique y est souvent inférieure à 15 %, voire 10 %, à l'échelle d'une paroisse ou de la cité entière. Sans doute faut-il y voir l'effet de l'intense immigration dans les villes de l'époque moderne, les non-natifs disposant par définition sur place d'un moindre réseau familial immédiatement mobilisable. D'ailleurs, le cas extrême de La Rochelle en 1628-1633 (4,6 %) s'explique selon toute vraisemblance par le fait qu'il s'agit d'une ville en pleine reconstitution démographique après son long siège par Richelieu, et qui, côté catholique, voit affluer de nombreux migrants.

Les travaux disponibles, par leur variété, permettent de conclure à une préférence globale pour un parrainage extensif en France jusqu'au début du XVIIIe siècle. Ce trait rapproche la situation française de celles des autres pays européens comme l'Italie[11] ou l'Espagne[12]. Mais ce tableau suppose quelques nuances. Il semble en effet que de rares régions, comme le Rouergue ou le sud de l'Auvergne, adoptent dès le début du XVIe siècle un compérage intrafamilial dominant[13]. En outre, on observe localement une progression des choix familiaux dans la période, par exemple dans l'évêché de Vannes après 1570[14], et de manière plus générale dans les premières décennies du XVIIe, même si les choix hors parenté restent majoritaires. Enfin, il existe des écarts sensibles entre le bas et le haut de la société. La part des choix familiaux va ainsi du simple au quadruple dans la paroisse Saint-Pierre de Dijon en 1701-1705 selon que les parents appartiennent à la « classe populaire » (14 %) ou à la « classe supérieure » (55 %)[15]. En conséquence, les paroisses de prédilection des élites urbaines (officiers, magistrats, négociants...), par exemple Saint-André à Bordeaux, présentent des proportions de parrainage homonymique plus fortes que celles des quartiers populaires *intra-muros* ou des faubourgs. Dans les élites, qu'elles soient nobles ou roturières, la pratique du parrainage intrafamilial comporte une indéniable dimension identitaire (transmission de prénoms marqueurs du lignage ; affirmation des hiérarchies familiales, grâce à l'ordre des parrainages depuis le grand-père jusqu'aux frères et sœurs, en passant par les oncles et tantes). Par ailleurs, dans les milieux dotés de patrimoines ou d'offices, la parenté est une richesse, une ressource cruciale qui ne peut être négligée. Réaffirmer la cohésion familiale et stimuler les liens lignagers forment dès lors un objectif permanent, dont la réalisation passe notamment par le parrainage et le compérage. Une telle stratégie relationnelle est beaucoup moins centrale dans les couches populaires ou dans les catégories sociales intermédiaires.

Dans ces milieux, fonctionnent à plein des stratégies clientélaires, qui mettent en relation des inférieurs et supérieurs sociaux n'ayant *a priori* pas de liens familiaux. Dans un univers de grande incertitude, où de multiples menaces pèsent à tout instant sur le destin d'une famille, les parents du baptisé ont tout intérêt à solliciter un parrain/compère ou une marraine/commère mieux dotés, dont ils pourront attendre protection et soutien matériel et socio-relationnel. En échange, ces derniers bénéficient du prestige social offert par le caractère public du statut de parents spirituels, et ils se constituent par la même occasion un cercle de dépendants qu'ils pourront éventuellement mobiliser à leur profit selon les circonstances (protection physique, élection, service...).

De cette structure volontiers verticale du parrainage au début de l'époque moderne, les exemples sont nombreux. En Île-de-France au XVIe siècle, les familles de fermiers les plus aisées, qui bénéficient de l'exploitation des grandes propriétés nobiliaires ou ecclésiastiques, sont surreprésentées dans les listes de parrains des communautés villageoises. Les chefs de famille, mais aussi par délégation, leurs épouses et même leurs enfants dès l'âge de 6 ou 7 ans sont demandés comme parents spirituels par les pères et mères des familles plus pauvres, au grand dam du clergé qui estime que des titulaires trop jeunes sont incapables de remplir leur mission religieuse. À Villeron entre 1538 et 1559, les membres de la famille Ganneron qui ne représentent que 2,5 % des habitants sont ainsi sollicités dans un baptême sur six[16]. Dans la paroisse d'Aubervilliers entre 1552 et 1631, ce sont des « élites » villageoises plus modestes, à savoir les laboureurs et les petits officiers et talents locaux, que l'on mobilise. Un certain Jehan Berthe, laboureur, parvient à cumuler dix parrainages entre 1587 et 1610 tandis que sa femme apparaît dans six baptêmes entre 1604 et 1630. Un autre laboureur, Estienne Blancheteau, est parrain seize fois en vingt-cinq ans. Quant à l'« honorable homme » Jean Lebouc, notaire et procureur fiscal de la seigneurie d'Aubervilliers, il porte sur les fonts baptismaux de très nombreux enfants dans les années 1620, avant de laisser cette mission à sa femme, Marie Caron, ou à son fils Louis, né en 1617, qui a au moins cinq filleuls avant ses 15 ans. Ces notables ne possèdent pas une surface sociale considérable mais ils ont un grand avantage, celui d'être bien présents dans la paroisse et donc accessibles. Ce qui n'est pas le cas des seigneurs d'Aubervilliers, les Montholon, qui évoluent dans des sphères plus élevées, à Paris, à la Cour : ils ne parrainent que deux enfants en huit décennies[17]. En revanche, dans les villages cauchois autour de Longueville, où seigneurs et gentilshommes, de maigre fortune, sont résidents, un enfant roturier sur cinq est présenté au baptême par un noble local à la fin du XVIe siècle[18].

La même logique fonctionne dans le monde urbain. Dans la première moitié du XVIIe siècle, à Dreux, André Burguière note que « les notables sont souvent mobilisés pour parrainer des enfants de milieux populaires[19] ». Ces choix vers le haut réduisent mécaniquement la part des parrains et marraines exerçant des petits métiers : journaliers, affaneurs, portefaix, serviteurs. À peine 0,6 %

des parrains de la paroisse Saint-Nizier de Lyon en 1655 sont des domestiques, alors que ces derniers représentent presque un adulte sur dix[20]. De même, dans la communauté protestante de Preuilly-sur-Claise au XVIIe siècle, très peu d'artisans sont parrains, contrairement aux membres des professions de justice, largement surreprésentés par rapport à leur poids démographique[21]. L'exemple du peintre Charles Le Brun (1619-1690) et de son épouse, Suzanne Butay, est particulièrement éclairant sur les logiques protectrices et économiques qui orientent les choix de parrainage dans le milieu artisanal urbain. Selon Bénédicte Gady, le couple, sans enfants, parvient à accumuler au moins soixante-quatorze parrainages ou marrainages. Au début de sa carrière, il s'agit surtout de parents (neveux, cousins) ou d'enfants des collaborateurs et amis du peintre (le graveur Gilles Rousselet ; l'éditeur Pierre Mariette). Mais quand le succès grandit et que Charles Le Brun devient un des grands responsables du chantier de Vaux-le-Vicomte (1657-1661), se développent les « parrainages de protection » demandés par des assistants du peintre, placés à son égard en position de subordination au moins artistique dans le travail (décorateurs, menuisiers, peintres), et les sollicitations de collaborateurs entrés dans le clan Le Brun en épousant une parente collatérale et souvent pupille de Charles Le Brun et Suzanne Butay. Les parrainages de protection prennent encore davantage d'ampleur quand Le Brun devient directeur de la manufacture des meubles de la couronne établie aux Gobelins en 1662 : peintres, graveurs, sculpteurs, ébénistes, orfèvres, etc., bref, tous ceux qui travaillent sous les ordres de Le Brun et logent souvent aux Gobelins, le sollicitent soit comme témoin dans les contrats de mariage, soit comme parrain pour leurs enfants, le plus souvent pour les aînés de la fratrie, et non pour des cadets surnuméraires, signe de l'importance primordiale qu'occupe à leurs yeux ce lien établi formellement avec le maître[22]. Un autre milieu d'artistes, celui des sculpteurs exerçant à Paris sous Henri IV et Louis XIII, agit de manière identique : les maîtres les plus importants sont sollicités comme compères par leurs anciens apprentis et compagnons ou par des artisans de moindre rang comme les marbriers, maçons et menuisiers[23].

Les mécanismes clientélaires se reproduisent à chaque niveau de l'échelle sociale. Parrains de pauvres, les fermiers d'Île-de-France sollicitent volontiers les seigneurs dont ils dépendent pour le baptême de leurs propres enfants[24] ; chez les magistrats de Dole, on tente d'obtenir le parrainage de grands personnages, tel un évêque, un président de Parlement, etc.[25]. Début XVIIIe, les enfants de militaires du rang en garnison à l'île Royale, en Nouvelle-France, sont le plus souvent parrainés par des sous-officiers, qui eux-mêmes s'adressent à des parrains plus gradés ; en sens inverse, aucun officier supérieur ne prend un militaire du rang comme compère[26]. Bien entendu, le parrainage par un membre de la famille royale est le plus prestigieux de tous. Du simple jardinier du palais au grand noble, en passant par l'officier de la Maison du roi, l'ambassadeur étranger ou le ministre, tous espèrent bénéficier pour leur enfant et pour eux-mêmes de cette entrée dans la parenté spirituelle du monarque, honneur qui, en outre, s'accompagne souvent d'un présent de très grand prix[27].

Tout parrainage vertical ne recèle pas une dimension clientélaire. L'élection d'un parrain pauvre ou mendiant est aussi attestée. Les motivations des parents en sont alors diverses. Certains font preuve de charité et inscrivent ce choix dans une démarche spirituelle et salvifique. D'autres, frappés par de multiples décès d'enfants en bas âge, espèrent briser cette dramatique série par un geste qu'ils estiment agréable à Dieu et qui portera chance. Quelques-uns, plus prosaïquement, cherchent surtout à se dispenser d'organiser les festivités et les échanges rituels prescrits dans le cadre d'un parrainage normal... Ces choix descendants sont rares, mais dans les élites bordelaises, la pratique demeure fréquente jusqu'au XVIIIe siècle[28] : le cas du parrain de Montesquieu en est l'exemple le plus connu. Julian Pitt-Rivers a néanmoins souligné l'ambiguïté profonde de ce choix, qui « sous l'apparence d'un geste d'auto-humiliation, affiche en réalité la fameuse morgue de la noblesse de robe », puisque ce n'est pas un « simple paysan ou un petit bourgeois qui se permettrait une telle superbe »[29].

Le parrainage extensif ne se réduit pas au parrainage vertical. Des stratégies horizontales sont aussi fort présentes. La sollicitation d'un voisin ou d'une voisine permet d'apaiser d'éventuels conflits ou bien d'établir un réseau d'entraide pour les tâches quotidiennes comme pour les travaux agricoles, lorsqu'il faut constituer des équipes de travail (moisson, défrichement, etc.). En ville, les membres d'une corporation de métier ou les titulaires d'un même office (à l'image des notaires de Nantes vers 1600[30] ou des professions de justice à Dole au XVIIe siècle[31]) font volontiers appel à un confrère, qui renforcera leur insertion dans le tissu économique ou politique local, qui pourra leur procurer de l'activité au besoin, qui prendra son filleul en formation, ou dont un enfant se révèlera peut-être à terme un bon parti pour leur fille ou leur fils. Dans la première moitié du XVIIIe siècle, les négociants de l'île Royale cultivent leur intégration au sein de la petite colonie en sollicitant comme compères d'autres négociants, mais aussi des capitaines de navire, des notables de Louisbourg ou encore des militaires, très influents sur place[32]. Comme évoqué pour le début de carrière de Charles Le Brun, le compérage stabilise et sécurise des collaborations entre professionnels de différents métiers, en l'espèce entre peintre, éditeur et graveur. Suivant cette logique, au début du XVIIe siècle, les maîtres sculpteurs parisiens s'échangent eux aussi de nombreux parrainages[33], de même qu'un siècle plus tard les vignerons et tonneliers de Bordeaux[34].

Dans les milieux d'affaires, lorsque les futurs partenaires sont encore « étrangers » les uns aux autres, établir une relation de confiance est une étape indispensable pour nouer un accord commercial, obtenir un crédit, ou lancer une entreprise commune[35]. C'est alors que le lien rituel du parrainage peut s'avérer utile. Un bel exemple en est fourni par le parcours de l'entrepreneur suisse Christophe-Philippe Oberkampf, qui en 1760 fonde près de Paris ce qui devient bientôt la principale manufacture de toiles peintes en France. Son premier enfant, Anne-Françoise-Julie, née en 1775, reçoit comme parrain le marquis de Beuvron, seigneur de Jouy-en-Josas, où se situe l'établissement. Choix judicieux puisque l'accès à l'eau, indispensable à l'activité, et l'éventuelle extension de la manufacture supposent l'accord du marquis[36]. Un autre enfant, Augustin, est présenté au baptême en 1781 par le notaire habituel d'Oberkampf, Alleaume, une option dictée, selon toutes vraisemblances, par des motivations économiques si l'on se souvient que les notaires parisiens jouent à l'époque un rôle crucial d'intermédiaires financiers sur le marché français du crédit[37]. Quant à la seconde fille, Marie-Julie, et à l'aîné des garçons, Christophe, ils sont parrainés par le principal associé de leur père, Sarrasin de Maraise, et sa femme. En sens inverse, Oberkampf devient dès 1771 parrain de la première fille de ses partenaires, Renée Justine. Mme de Maraise qui, en bonne fille de négociant rouennais, rédige les livres comptables de la société commune, adresse des rapports réguliers à Oberkampf en l'appelant « compère ». En l'occurrence, ce compérage renforcé entre les Maraise et Oberkampf est destiné à consolider, par un engagement rituel plus fort qu'une simple amitié, l'entente et la confiance entre des partenaires qui ont dû à l'origine s'allier contre des associés indélicats pour s'imposer.

Une forme plus originale de parrainage extensif, la sollicitation de prêtres ou de religieux, semble au premier abord comporter une dimension spirituelle plutôt que des objectifs socio-relationnels. Solliciter un curé, c'est sans doute assurer à son enfant une éducation religieuse de qualité, voire afficher ou cultiver une forme de dévotion. Mais n'est-ce pas aussi s'allier avec une figure dominante de la communauté paroissiale, placée au cœur du réseau local de commérage et, à ce titre, source essentielle d'informations sur le voisinage ? Sans oublier le prestige attaché à un tel compérage. À Lyon, au XVIIe siècle comme au début du XVIIIe siècle, obtenir d'un chanoine de la cathédrale qu'il parraine son enfant est vécu comme un grand honneur par les familles d'artisans[38]. Il est difficile d'évaluer la place du parrainage ecclésiastique dans la France des XVIe et XVIIe siècles. Pierre-Yves Quémener cite ainsi le cas d'un prêtre breton, Jean Jehanno, dont il a pu retrouver 114 filleuls entre 1559 et 1591[39]. À Aubervilliers, entre 1550 et 1630 comme dans la paroisse Saint-Nizier de Lyon en 1655, il constitue en revanche une option plus marginale qui concerne respectivement un baptisé sur cent et un sur cinquante[40]. Il est vrai que la sollicitation de religieux est proscrite par les statuts synodaux post-tridentins, qui découragent également celle des prêtres paroissiaux, de manière à bien marquer la séparation entre clercs et laïcs. À Gourin, dans le diocèse de Vannes, où un quart des enfants sont parrainés par un prêtre au début XVIIe, l'usage disparaît complètement après l'interdiction émise par l'évêque en 1710[41]. Ces réticences sont parfois contournées. Dans le bourg jurassien de Château-Châlon au XVIe siècle, un nouveau-né sur dix est porté sur les fonts baptismaux par un membre de l'abbaye bénédictine locale (abbesse, sœurs, jeunes filles en pension). Au XVIIe siècle, en raison de l'appauvrissement relatif de l'abbaye, la pratique se raréfie, ou plutôt se restreint aux enfants des familles importantes, mais pour les nouveau-nés du peuple, le relais comme parrains est alors pris par les prêtres desservants du bourg[42].

La plupart du temps, il est clair que l'établissement du lien de compérage entre adultes oriente les choix des familles bien plus que celui du parrainage *stricto sensu*, dont, compte tenu de la mortalité infantile, on sait la fragilité quant à ses usages socio-relationnels. Pour les contemporains, l'importance de la relation entre compères et commères dans la vie sociale est une évidence. Dans son *Dictionnaire* (1690), Furetière n'hésite pas à illustrer l'article « compérage » en écrivant : « En ce monde, tout se fait par compères et par commères, c'est-à-dire par intrigues et par sollicitations ». Pour autant, tous les choix ne sont pas dictés par des stratégies mûrement réfléchies en amont de la naissance du bébé ; l'urgence entraîne aussi des désignations par défaut, comme celle d'une sage-femme en cas de risque de mort, ou du moins précipitées, comme dans le cas de ce jeune père de jumeaux, décrit dans un récit de Jehan d'Ivry au début du XVIe siècle, qui « court çà et là par les rues, / Pource qu'il luy fault trois compères / Et trois commères toutes drues[43] » ! Par ailleurs, les parents n'adoptent pas forcément une seule logique de parrainage, celle qui leur paraîtrait la plus rentable. Ils tendent souvent à cumuler plusieurs des options évoquées, y compris l'appel aux membres de la parenté. Si la réduction tridentine du nombre de parrains et marraines par enfant (deux au maximum) oblige à un choix plus sélectif et favorise certainement l'orientation clientélaire, comme l'a montré Guido Alfani dans le cas italien[44], la forte fécondité des couples aux XVIe et XVIIe siècles permet à l'inverse de varier les perspectives au fur et à mesure de l'extension de la fratrie.

La montée du parrainage intrafamilial depuis le XVIIIe siècle

Le panorama décrit connaît une forte évolution au cours du XVIIIe siècle. La très lente montée du parrainage familial s'accélère alors, surtout après 1750. La part des parrains et marraines portant le même patronyme que les pères ou mères de leurs filleuls passe du quart au tiers à Aubervilliers entre 1745-1750 et 1785-1790. À La Rochelle, elle double entre la décennie 1720 et 1805 (25,4 %), de même qu'à Sainte-Croix de Bordeaux entre 1730 et 1780 (30,7 %). Dans les paroisses urbaines, le seuil des 25 % est le plus souvent franchi, par exemple à Saint-Nizier de Lyon en 1740 (28 % contre à peine 12 % en 1655)[45] ou dans la paroisse Saint-Pierre de Dijon en 1753-1757 (27,5 %). La montée est spectaculaire à Notre-Dame de Dijon, avec 37 % atteint en 1735-1737 (contre 12 % à la mi-XVIIe) et même 46 % en 1775-1777[46], soit le même niveau que dans le village normand de Bouafles dans la période 1740-1791[47]. Or on peut admettre que le parrainage intrafamilial est majoritaire quand la barre des 35 % d'homonymie patronymique est franchie. Fin XVIIIe, tout indique donc que la mobilisation de la parenté pour parrainer ses enfants s'est imposée comme le modèle privilégié, dans les campagnes comme dans le monde urbain.

Le phénomène est peu sensible aux différences de genre. La familialisation des choix concerne en effet autant les parrains que les marraines, comme l'indique l'exemple de La Rochelle entre 1685 et le Premier Empire. Le constat est un peu plus nuancé lorsque sont comparés les baptêmes de garçons et de filles. Jusqu'au début du XVIIIe siècle, en effet, la mobilisation de parents spirituels issus de la famille ne dépend guère du sexe du baptisé. Cette indifférence tient à l'immédiateté du baptême qui oblige à solliciter les parents spirituels avant de connaître le genre du nouveau-né. Elle découle aussi de la priorité donnée à la relation de compérage entre adultes sur celle du parrainage. Après 1750 en revanche, on note dans quelques corpus une familialisation plus précoce (Aubervilliers[48]) et/ou plus accentuée (Charleville[49]) au sein des

Parrains et marraines homonymes directs des parents (La Rochelle (sans Laleu), 1685-1805)

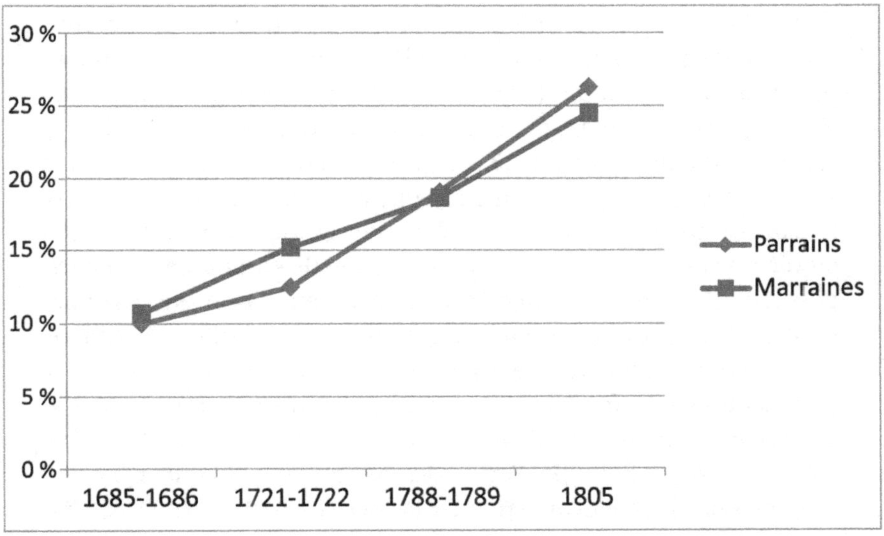

Source : Vincent Gourdon, Isabelle Robin, « Parrainage catholique... », art. cité.

baptêmes féminins. Il est vraisemblable que les filles sont plus volontiers associées à l'espace domestique et à la sphère familiale, tandis que pour les garçons, dont on envisage très tôt l'avenir professionnel et social, bien des parents gardent à l'esprit qu'ils auront besoin d'appuis extérieurs à la parenté. Ces écarts selon le sexe de l'enfant demeurent cependant limités et surtout temporaires : ils s'estompent dans la première moitié du XIXe siècle. Cela témoigne néanmoins d'une nouvelle importance donnée à l'identité sexuelle du baptisé, ce qui marquerait un début de réorientation des priorités familiales, du lien de compérage vers le parrainage *stricto sensu*.

Pour ce qui concerne le XIXe siècle et le début du XXe siècle, l'évolution des choix est moins connue que pour l'époque moderne, les historiens démographes s'étant détournés des registres de catholicité pour se concentrer sur les actes d'état civil. Trois études suggèrent toutefois que la mobilisation préférentielle de la famille poursuit bien sa progression. À Aubervilliers, la part des parrains et marraines portant le même patronyme que le père ou la mère du baptisé passe ainsi de 31,6 % en 1785-1790 à 39,1 % en 1840-1844. Un repli s'opère dans le dernier tiers du XIXe siècle quand la commune rurale se transforme soudainement en banlieue industrielle, accueillant une forte proportion de migrants - parfois étrangers - qui ne disposent guère de parentèle sur place. Mais malgré cette mutation socio-économique radicale, le niveau atteint en 1881 (31,2 %) est comparable à celui de la fin du XVIIIe siècle, et reste donc plus élevé que les valeurs enregistrées dans la paroisse villageoise du XVIIe siècle[50]. Bernard Cousin a quant à lui étudié un vaste corpus couvrant une dizaine de communes urbaines et rurales de Basse-Provence occidentale. Il en ressort que parrains et marraines ont une parenté « supposée » (c'est-à-dire déduite de l'homonymie patronymique avec le père ou la mère) ou « certifiée » (car mentionnée dans l'acte baptismal) avec leurs filleuls dans 28,5 % des cas environ en 1770-1780, puis 33 % en 1820-1830 et enfin 37 % en 1870-1880[51]. À Bouc-Bel-Air, un des villages de l'échantillon, la part de la parenté ainsi mesurée monterait même à 50 % au XIXe siècle[52].

Le parrainage dans la parenté à La Rochelle (sans Laleu), XVIIe-XXe siècles

	1628-1633	1668-1669	1685-1686	1721-1722	1788-1789	1805	1841	1881	1925
Homonymie directe	116	231	291	399	422	193	202	256	450
	4,6 %	8,4 %	10,3 %	13,8 %	18,9 %	25,4 %	30,4 %	32,4 %	47,2 %
Total des parrains et marraines	2 503	2 747	2 814	2 884	2 232	760	664	791	953

Source : Vincent Gourdon et Isabelle Robin, « Parrainage catholique... », art. cité.

La troisième et dernière enquête porte sur les baptêmes catholiques des paroisses de La Rochelle entre le règne de Louis XIII et l'entre-deux-guerres. Elle indique à son tour une croissance continue des choix familiaux au cours du XIXe siècle, et en particulier une poussée sensible sous la Troisième République (47 % en 1925, soit près du double de 1805). Le constat est d'autant plus intéressant que cette ville à l'économie et à la démographie longtemps stagnantes renoue avec la croissance à partir des années 1880, quand s'ouvre le port commercial et industriel de La Pallice : la population rochelaise double en quarante ans grâce à une immigration importante[53].

La domination du parrainage familial n'est donc pas l'apanage de zones villageoises plus ou moins immobiles qui auraient maintenu des liens familiaux forts par opposition à des villes industrielles et ouvrières, marquées par une expansion et un brassage démographiques intenses, où ces relations se seraient au contraire distendues, comme le voudrait un discours facile - et bien trop répandu - sur les effets de la « modernité » (urbaine, industrielle, migratoire) dans les sociétés européennes. Non seulement la prépondérance des choix familiaux ne constitue pas un héritage des siècles passés, y compris parmi les communautés rurales, mais encore le parrainage dans la parenté s'impose comme modèle privilégié aussi bien dans les grandes villes françaises du XIXe siècle que dans l'univers villageois.

Le parrainage familial, un choix moral

Comment comprendre la victoire du parrainage familial à partir de la fin du XVIIIe siècle ? D'abord en pointant la mutation de la valeur morale accordée à ce choix, qui transparaît aussi bien dans les œuvres littéraires que parmi les traités de bonnes manières du XIXe siècle. Dans les deux types de sources, la sollicitation de confrères ou de supérieurs n'est pas passée sous silence, mais il s'y attache un soupçon d'immoralité ou d'arrivisme ; en revanche, l'appel à des parents passe pour naturel et échappe à toute critique. L'enjeu du parrainage fait ainsi resurgir une opposition classique de l'idéologie bourgeoise du XIXe siècle entre la sphère privée, largement confondue avec la famille, dans laquelle règneraient l'affectif et le désintéressement, et la sphère publique, commençant aux portes de la famille, où domineraient au contraire l'intérêt, l'égoïsme, les enjeux de pouvoir et une forme d'immoralité[54].

La nouvelle « L'Héritage[55] », dans laquelle Guy de Maupassant décrit les stratégies d'ascension d'une famille d'employés de bureau, illustre bien cet imaginaire social. M. Lesable, qui a épousé la fille de son supérieur dans l'administration du ministère de la Marine, peut espérer hériter de la fortune d'une tante célibataire et millionnaire à condition d'avoir un enfant dans un délai prescrit par le testament de cette dernière. Lorsque le bébé naît finalement un jour de septembre, les parents enrichis prévoient d'organiser, au mois de juin suivant, un baptême solennel avec réception dans leur nouvelle et splendide propriété, où seront invités tous les membres du bureau. Si le grand-père maternel est appelé comme parrain, le choix de la marraine répond à la logique carriériste qui oriente la vie familiale : profitant de la traditionnelle visite de nouvel an aux supérieurs hiérarchiques, Mme Lesable sollicite l'épouse de M. Torchebœuf, qui dirige le service de son mari, alors que le poste de sous-chef est vacant depuis la mort récente de son titulaire. Lors du baptême, les Lesable offrent, de la part de l'enfant, de nombreux cadeaux à leurs invités, censés être « ses nouveaux amis », dont un somptueux bracelet en or massif à la marraine. Le résultat de tant d'efforts courtisans ne se fait pas attendre : le chef de service promet à Lesable sa promotion pour le 1er janvier suivant.

Ce récit issu du courant naturaliste, si prompt à dénoncer les bassesses morales de la société bourgeoise, n'est pas le seul à ironiser sur la logique utilitaire du parrainage extra-familial. La trame de la comédie d'Eugène Grangé et Victor Bernard *Le Baptême du petit Oscar*, montée à Paris en 1873[56], est même entièrement construite sur l'opposition entre choix familial légitime et pratiques de compérage plus intéressées. L'action débute peu avant le baptême du premier-né du couple Bidart, au moment où le père, la mère et la grand-mère du bébé débattent du choix des parents spirituels. Si les protagonistes s'accordent sur le nom de la marraine, Honorine, une voisine et intime de la famille, chacun défend en revanche son candidat pour la charge de parrain. Le père, parfumeur de son état, ne veut surtout pas du modeste cousin germain de sa femme, Jolivet ; il lui préfère un confrère venu de Grasse, Chaquignon, dont il espère notamment un cadeau conséquent. Ce projet s'avère désastreux sur le plan spirituel – une dimension qui ne préoccupe guère Bidart, il est vrai – puisque Chaquignon confesse avoir accepté la proposition afin de venir voir les jolies femmes de Paris ! Bien entendu, Jolivet se plaint à la marraine dans la première scène de la pièce que ses « droits » à être parrain, en tant que parent proche, soient bafoués par des motivations de prestige et d'argent :

> JOLIVET : Je suis vexé, voilà.
> HONORINE : Vexé, pourquoi donc ?
> JOLIVET : À cause du procédé de la maison Bidart à mon endroit.
> HONORINE : Ah oui, je devine... vous désiriez être le parrain du petit Oscar ?
> JOLIVET : Voyons, entre nous, n'avais-je pas des droits ?
> HONORINE : En effet, comme cousin de la mère.
> JOLIVET : Cousin germain !... du sang du même tonneau, quoi !
> HONORINE : Eh bien, pourquoi ne vous a-t-on pas donné la préférence ?
> JOLIVET : La gloriole !... Monsieur Bidart voulait un parrain huppé... Je n'ai pas d'or, moi... je ne suis qu'un petit commis parfumeur... Ah, tenez, la famille s'en va... et quand la famille s'en va, la société peut boucler ses malles !

En fin de compte, la défaillance de tous les parrains non apparentés sollicités par les Bidart obligera à un retour à la norme morale, c'est-à-dire à se rabattre sur le cercle de famille, en l'espèce sur le brave Jolivet, le parent pauvre. La conclusion à tirer de ces péripéties est limpide : le choix du parrainage familial est de loin le plus vertueux. Non seulement il est considéré comme le moins intéressé, mais encore il répond à un devoir de famille, lui-même présenté comme une vertu sociale. Comme le revendique Jolivet, la consanguinité offre en effet un véritable droit sur le parrainage des enfants. Et celui-ci ne peut être dénié sans humiliation. Une vision que l'on retrouve exprimée dans le roman d'Émile Zola *L'Assommoir*, lorsque le couple d'ouvriers parisiens formé par Gervaise et Coupeau discute du baptême de leur fille et des parrains possibles : leur choix se fixe finalement sur les Lorilleux, c'est-à-dire la sœur et le beau-frère de Coupeau, car, malgré les frais engendrés par leurs fonctions de parrains, ceux-ci « auraient fait une drôle de figure » si le couple « ne s'était adressé à eux »[57].

Ce droit familial au parrainage, cette évidence naturelle de la priorité donnée à la parenté, si visible dans la littérature du XIXe siècle, ne s'appuient pourtant sur aucun substrat théorique. En effet, si l'on en revient à la pensée de l'Église catholique en la matière, celle-ci ne manifeste dans son histoire aucune préférence particulière pour des choix de parrainages internes à la famille. Lors des débats du concile de Trente, les Pères qui s'offusquent de l'esprit de « lucre » qui pollue tant de sollicitations n'émettent aucune recommandation en faveur de la parentèle du baptisé. Au contraire, l'opposition conceptuelle entre parenté spirituelle et parenté charnelle et le principe chrétien de la *caritas*, que le clergé met en avant pour tisser des liens dépassant la seule logique du sang et construire une société pacifiée et des communautés solidaires et harmonieuses[58], sont deux éléments qui encouragent un parrainage extensif. En outre, le rappel par l'Église de la mission primordiale d'éducation spirituelle de l'enfant dévolue aux parrains et aux marraines la conduit à énumérer les qualités nécessaires à cette tâche - être catholique, être pieux, connaître les rudiments de la foi, etc. -, parmi lesquelles ne figure jamais l'appartenance à la famille du nouveau-né. Ce constat ne vaut pas que pour les statuts synodaux de l'époque moderne et du XIXe siècle, rédigés par les évêques pour le clergé de terrain, qui expriment le fond de la pensée de la hiérarchie catholique. L'indifférence pour la parenté se retrouve tout autant dans les ouvrages destinés aux familles chrétiennes, dont on pourrait supposer qu'ils adopteraient des positions plus souples au niveau théologique. Typique de ce genre de littérature normative, *Le Livre de la famille* de l'abbé Charpentier en 1891, qui s'adresse aux « bons et pieux parents », suggère uniquement de désigner des parents spirituels de piété fervente, susceptibles de remplacer en cas de malheur des parents considérés comme l'instance essentielle d'éducation chrétienne[59]. De même, en 1950, Gérard de Néranval dans *Le Carnet des mamans*, un ouvrage publié par les éditions de La Bonne Presse, écrit :

> Le choix du parrain et de la marraine ? Agissez ici en chrétienne. Ne pensez pas d'abord aux cadeaux et aux avantages matériels, ni même au plaisir que vous ferez à quelqu'un. Un parrain et une marraine ont, avant tout, des obligations spirituelles. Ils portent devant Dieu la responsabilité de cet enfant ; ils doivent veiller avec soin que le jeune baptisé devienne le chrétien qu'ils ont promis qu'il serait. Tout le monde ne peut être parrain ou marraine : vous vous conformerez strictement à la loi de l'Église et, le plus possible, à ses intentions. Vous choisirez donc non seulement un catholique de nom, mais encore quelqu'un qui soit instruit des rudiments de la foi ; bien plus, quelqu'un qui prenne à cœur son rôle[60].

Pour les porte-paroles de la pensée catholique, ce qui importe en ces circonstances n'est donc pas le type de lien existant entre les parents spirituels et leur filleul, mais bien la qualité de leurs dispositions religieuses.

S'il ne trouve pas de soutien du côté de l'Église, le discours favorable au parrainage familial peut en revanche s'appuyer, au-delà du jugement moral porté sur les objectifs louables ou répréhensibles des géniteurs, sur une vision des relations sociales où la préservation des intérêts familiaux fait figure de vertu cardinale. Ce second mode d'argumentation s'exprime volontiers dans les manuels de savoir-vivre, dont la production connaît une forte expansion au cours du XIXe siècle, mais aussi dans des ouvrages qui cherchent à décrire les mœurs contemporaines sur un mode plus ou moins ironique. Il s'agit alors de mettre en garde les éventuels parents spirituels contre un parrainage extérieur à la famille au nom du coût élevé que cet honneur engendre pour les personnes sollicitées. « Le parrainage est toujours une corvée désagréable parce que l'usage en fait une sorte d'impôt », note ainsi Pierre Boitard en 1852 dans le *Guide-manuel de la bonne compagnie*[61]. La gêne du père quémandeur forme d'ailleurs un *topos* comique dès le XVIIIe siècle, comme en témoigne Sébastien Mercier dans le *Tableau de Paris* : « Le père vous sollicite avec un air un peu honteux, car c'est une petite corvée dont on se passerait bien. On l'impose aux plus proches parens, quand on n'est pas brouillé avec eux[62]. » Alors que, traditionnellement, ne pas accepter une demande de parrainage est censé « porter malheur » et constitue un « péché »[63], en 1825 le toujours caustique Horace Raisson conseille de refuser de but en blanc toute proposition de ce type : « Ne soyez le parrain que de vos enfans. [...] Le plus petit baptême coûte cent écus à un homme honorable, sans compter le filleul[64]. » En 1828, le même auteur consacre un chapitre entier de son *Code civil* aux désagréments, financiers notamment, de la charge de parrain :

> Art. 10 : Ainsi voilà votre bourse vidée pour un bambin qui vous est parfaitement indifférent, qui croira par la suite que votre titre de parrain vous force d'être son protecteur et son second père, qui viendra régulièrement demander ses étrennes, et regardera votre maison comme la sienne, ce qui ne laisse pas que d'être fort agréable, surtout pour un vieux garçon qui n'a jamais voulu se marier, de peur que ses enfants ne le fissent enrager[65].

De fait, si l'on suit les traités de civilité des décennies 1850-1930 – les plus précis sur cet aspect –, il est indéniable que l'honneur du parrainage implique des frais conséquents. Un premier ensemble est engagé à l'occasion de la cérémonie baptismale, comme le rappelle la comtesse de Bassanville à la fin du Second Empire : « À Paris, il est d'usage que la marraine donne à l'enfant l'argenterie qui lui est propre, c'est-à-dire une timbale, un petit-couvert et une petite cuiller dite à bouillie, c'est-à-dire à long manche. En province, la marraine donne la robe et le bonnet de baptême, bonnet et robe qui peuvent être ornés de rubans blancs. [...] Le parrain et la marraine font un cadeau à la mère de l'enfant », généralement une robe ou un bijou ; par ailleurs, à Paris, le parrain offre à la marraine des dragées, un éventail, des gants, des rubans, des fleurs artificielles, et il participe aux frais de la cérémonie[66] : à l'église, le parrain « fait largesse au prêtre, aux enfants de chœur, au carillonneur »[67] sans oublier le sacristain. La précision des prescriptions (qui varient cependant légèrement de code en code) frappe tout autant que l'abondance des objets et sommes qui transitent, et le grand nombre de partenaires concernés, comprenant bien au-delà des seuls parents spirituels, de l'enfant ou de ses parents, la plupart des acteurs du rite religieux et tous les employés impliqués par l'arrivée de l'enfant ou son futur élevage (infirmière, sage-femme, nourrice, domestiques[68]...). La charge la plus lourde retombe sur le parrain : non seulement, c'est à lui seul qu'il revient de payer les frais en tous genres liés à la cérémonie religieuse, mais la plupart des codes lui commandent de faire divers cadeaux plus ou moins luxueux à la marraine. L'existence d'un éventuel contre-don de sa commère est rarement signalée, conformément à la vision hiérarchique des genres au XIXe siècle et à la logique du don développée dans les codes de savoir-vivre qui veut qu'un « inférieur » ne fasse pas de présent à un « supérieur »[69].

En outre, durant l'enfance de leurs filleuls, les parents spirituels doivent régulièrement offrir objets ou sommes d'argent, au moins jusqu'à l'établissement matrimonial ou professionnel, qui clôt la tâche d'élevage auxquels ils sont censés contribuer. La liste des occasions mentionnées par les codes de savoir-vivre est souvent longue. Ainsi chez la baronne Staffe en 1889 : « Les parrains et marraines sont tenus de s'intéresser à l'enfant qu'ils ont présenté au baptême. Au nouvel an, à sa première communion, à son mariage, à son premier succès, baccalauréat, thèse, épaulette, ils lui doivent un cadeau, selon leur fortune[70]. » Étapes religieuses, fêtes familiales (nouvel an, anniversaire, fête du prénom), mariage bien sûr[71], mais aussi résultats scolaires et universitaires, au fur et à mesure que s'affirme la scolarisation de la vie familiale et de l'enfance, tout est bon pour solliciter un présent, dont quelques-uns sont précieux, comme « la montre et la chaîne d'or et d'argent » généralement offerte au garçon lors de la première communion[72]. Du côté de l'enfant et de sa famille, la charge financière du lien établi au baptême est bien plus légère : en retour, le filleul se contente d'offrir « ses premiers travaux, ses premières lignes d'écriture, etc., et [doit à ses parents spirituels] des marques de respect et de considérations »[73].

Devant l'inégalité de cet échange, les codes de bonnes manières du XIXe siècle estiment que la défense du patrimoine familial - et plus largement cette volonté toute bourgeoise d'économiser vis-à-vis de l'extérieur ses sentiments et son temps autant que son argent[74] - passe avant tout. Il apparaît donc tout à fait légitime de refuser une sollicitation de parrainage venant d'un étranger, voire d'un parent éloigné. D'après Pierre Boitard, « à moins que vous ne soyez très riche ou proche parent, ou qu'il y ait quelques circonstances qui vous obligent, refusez tout net ceux qui vous feront une telle proposition[75] ». La comtesse de Bassanville précise en 1867 que le savoir-vivre commande en principe aux géniteurs de s'abstenir d'eux-mêmes d'une telle démarche : « Il faut se garder d'offrir à des étrangers d'être parrains ou marraine d'un enfant avant de savoir s'ils sont disposés à agréer votre demande, car c'est un impôt forcé sur eux. » Refuser le parrainage pour épargner son patrimoine est en revanche exclu quand on est sollicité par des membres de sa parentèle. Comme l'écrit Mme Celnart en 1832 : « Si les liens du sang vous ont donné droit à ce titre onéreux [de parrain], vous ne pouvez pas vous en dispenser. Dans le cas contraire, on peut chercher un prétexte spécieux d'excuse[76]. » Ce devoir est plus impérieux encore si ces parents sont pauvres : « C'est manquer non-seulement à la charité mais encore à la bonne éducation, que de refuser à des parents peu aisés d'être parrain ou marraine de leur enfant », prévient la comtesse de Bassanville[77]. Il n'est alors plus question de préserver son propre intérêt et celui de ses proches, il faut au contraire manifester un « esprit de famille » élargie en faisant preuve de solidarité. La charge de parrain peut ainsi continuer de comporter une dimension charitable, mais elle s'arrête aux frontières du lignage.

À cet égard, le processus de familialisation du parrainage rejoint et renforce un mouvement manifeste d'horizontalisation. La verticalité n'étant légitime, au fond, qu'au sein de la parenté, toutes les formes anciennes de solidarité interclassiste passant par un compérage inégalitaire tendent à s'effacer. Luc Boisnard, dans son étude de la noblesse de Touraine après la Révolution, constate de manière significative que seule une poignée de châtelains ruraux cherchant à ressusciter l'Ancien Régime font encore présenter leurs enfants aux fonts baptismaux par des pauvres de leur paroisse ; cet usage est totalement perdu chez les nobles citadins et suscite même dorénavant l'incompréhension dans le monde aristocratique[78].

Dans un tel contexte socioculturel, les manuels de civilité s'accordent à peu près tous pour prôner le choix préférentiel de parents spirituels appartenant à la famille proche. Pour les premiers-nés du couple, les ouvrages recommandent avec constance – au moins jusqu'à la fin du XIXe siècle – de solliciter d'abord les grands-parents. Selon la comtesse de Bassanville : « Pour un premier enfant, c'est la mère de la jeune femme et le père du mari qui, de droit, sont parrain et marraine. Pour un second enfant, ce droit revient au père de la jeune femme et à la mère du mari[79]. » Il s'agit par ce moyen de réaffirmer symboliquement l'unité et l'harmonie des deux familles, également représentées dans le parrainage, mais aussi de payer sa dette aux lignées ancestrales que les grands-parents, s'ils ont survécu, incarnent en la circonstance. En théorie, la qualité des relations aux aïeuls importe peu, et la littérature française du XIXe siècle pullule d'ailleurs d'épisodes de réconciliation entre un jeune couple et des parents brouillés (mésalliance, désobéissance filiale, etc.) à l'occasion du baptême du premier-né et de l'offre de parrainage aux plus anciens[80]. Bien que leur lectorat soit plus ample et diversifié, les codes de savoir-vivre expriment ici un souci de hiérarchie lignagère qui répond d'abord, comme l'a montré Éric Mension-Rigau[81], aux velléités d'une aristocratie et d'une haute-bourgeoisie percevant leur identité comme une fidélité à une essence ancestrale plus ou moins antique. L'ordre familial passe dans ce cas par une logique de rang, où les oncles et tantes sont choisis après les aïeuls ou à défaut des seconds, et où les marges de manœuvre ne s'élargissent que pour les parents spirituels des enfants cadets : encore doit-on pour eux se rabattre prioritairement sur des parents proches ou sur des intimes de la famille : « Dans la plupart des familles – et nous ne saurions trop recommander de se conformer à une aussi touchante et naturelle tradition –, on choisit le grand-père paternel et la grand-mère paternelle, ou inversement, comme parrains du premier-né [...]. Pour les autres enfants, on choisit le parrain et la marraine parmi les parents ou parmi les personnes avec lesquelles on est en relation affectueuse », signale Aline Raymond en 1906[82].

Position sociale et choix de parrainage

Les témoignages issus du monde de la bourgeoisie du XIXe siècle montrent que ces prescriptions récurrentes des codes de savoir-vivre ne sont pas le fruit de la seule imagination normalisatrice de leurs auteurs ; dans la pratique, les familles adhèrent largement aux principes énoncés. Catherine Pélissier par exemple, travaillant sur les archives familiales de notables lyonnais dans la seconde moitié du XIXe siècle, confirme la priorité dont jouissent les grands-parents en matière de parrainage, puis le recours aux oncles et tantes et cousins, voire, dans les familles nombreuses, aux frères et sœurs[83]. Le commerçant parisien Romain Lhôpiteau, quant à lui, rappelle dans ses souvenirs la force de la règle du parrainage grand-parental lorsqu'il évoque le baptême de son premier petit-fils en 1889 : « Dans le commencement de cette année, eut lieu le baptême de mon petit-fils (9 janvier) ; j'en fus le parrain, car vous n'ignorez pas que c'est un peu le privilège des grands-parents[84]. » L'assimilation entre grand-parent et parrain est d'ailleurs si complète pour les premières naissances que la parenté spirituelle devient parfois le moyen d'introduire dans la famille le second conjoint d'un aïeul remarié et de lui donner une place légitime. Dans son journal intime d'adolescente, Lucile Le Verrier, fille du célèbre astronome et directeur de l'Observatoire de Paris à la fin du Second Empire, appelle « marraine » la seconde femme de son grand-père maternel[85].

Reste à déterminer si les autres milieux appliquent avec la même intensité la règle du parrainage intrafamilial. L'affaire semble entendue pour le monde rural. Au-delà des chiffres déjà présentés pour le village d'Aubervilliers vers 1840 ou pour la commune provençale de Bouc-Bel-Air, les témoignages dont nous disposons par le biais des folkloristes de la fin du XIXe siècle[86] et les travaux d'anthropologie historique des paysanneries traditionnelles[87] mettent tous l'accent sur la force de la règle du parrainage intensif, au moins pour les premiers-nés du couple. Au point que dans diverses zones du Midi, terre d'élection des ménages complexes à trois générations corésidentes, la confusion entre aïeuls et parents spirituels est souvent complète, si l'on en croit Arnold Van Gennep : « En Périgord, même quand les grands-parents ne sont pas parrains et marraines effectivement, tous leurs petits-enfants leur en donnent le titre[83]. » Nuançons cependant ce tableau en rappelant que les études chiffrées sont rares pour les enfants puînés, et que les distinctions éventuelles entre élites locales, petits paysans propriétaires, journaliers, artisans, etc., sont peu prises en compte dans les travaux disponibles. Il est à craindre que les usages décrits soient surtout ceux des paysans propriétaires, en particulier lorsque, dans le sud de la France, les chercheurs s'intéressent avant tout aux pratiques familiales centrées autour de la transmission intergénérationnelle de la maison ou ostal.

Parrains et marraines choisis dans la parenté,
selon la profession du père de l'enfant
(baptêmes réformés de Paris, 1861)

Profession du père	Effectif	Nombre moyen de parrains et marraines apparentés* par enfant
Profession inconnue	27	0,52
Père non cité	36	0,28
Domestique, valet de chambre	14	0,57
Cocher	5	0,4
Ouvrier	6	0,5
Tailleur	13	0,31
Cordonnier	8	0,38

Cordier	3	0,67
Pâtissier	5	1,2
Confiseur	4	1,25
Boulanger	3	1
Mécanicien, mécanicien constructeur	6	0,83
Dessinateur, lithographe	12	1,58
Ébéniste	18	0,88
Menuisier	7	1,29
Horloger	7	1,43
Bijoutier	4	1,75
Ingénieur	3	1
Officier de l'armée	3	2
Marchand, fruitier	13	1,15
Employé, commis, comptable, chef de gare, représentant de commerce	34	1,18
Négociant	30	1,43
Total « Élite »	53	1,51

N.B. : le tableau ne présente pas l'intégralité des professions existantes.
* L'apparentement correspond ici au critère « homonymie et/ou lien mentionné dans l'acte ».
Source : Bibliothèque de la Société de l'histoire du protestantisme français (Paris), MSS C.P.11, Église réformée de Paris, registre de baptêmes 1859-1862.

Dans le contexte urbain, les écarts sociaux sont mieux cernés. Il est clair que la norme du parrainage familial, très bien suivie dans les quartiers les plus aisés, qu'ils soient bourgeois ou nobles, l'est moins dans les zones ouvrières. À Paris, en 1881, dans les baptêmes de la paroisse catholique Saint-Thomas-d'Aquin, au centre de l'aristocratique faubourg Saint-Germain, la moitié (49,5 %) des parrains et marraines portent le nom des pères ou mères de leurs filleuls ; mais ils ne sont qu'un tiers (34,5 %) à Saint-Ambroise, dans le faubourg Saint-Antoine. Ce constat est corroboré par les actes de baptêmes protestants de Paris en 1861, qui présentent l'avantage de mentionner les professions des pères des enfants. Quand ceux-ci relèvent de la catégorie « Élite » (banquiers, agents de change, pasteurs protestants, docteurs en médecine, architecte, hauts fonctionnaires, manufacturiers, négociants, rentier et propriétaires), ils mobilisent en moyenne 1,5 membre de leur parenté pour parrainer leur enfant ; la moyenne est en revanche inférieure à 0,5 quand les pères se déclarent tailleur, cordonnier, cocher ou ouvrier, soit à peine plus que lorsque les enfants sont les fruits de couples illégitimes (« père non cité »)[89]. Le parrainage extensif (amis, voisins, collègues, supérieurs sociaux) et les usages relationnels qui l'accompagnent résistent donc plus longtemps dans les milieux populaires urbains[90]. Une preuve complémentaire en est donnée par l'organisation le 31 décembre 1893 des premiers baptêmes civils à la Maison du Peuple de la rue Ramey, dans le XVIIIe arrondissement de la capitale. Si la nécessité de créer un rite familial échappant à l'Église se fait sentir, c'est aussi dans le but d'offrir aux enfants des ouvriers anticléricaux les mêmes opportunités sociales et les mêmes espoirs de protection qu'à leurs congénères catholiques ou protestants ; comme l'explique Albert Létrillard, le rédacteur en chef du journal *L'Athée*, l'organe de la Société du baptême civil et de propagande civile d'athéisme du XVIIIe arrondissement :

> Voyons ! J'ai un fils qui vient de me naître. Il ne me plaît pas, pour des raisons personnelles, de l'agréger à la religion catholique, non plus qu'à la protestante, non plus qu'à aucune autre religion. [...] Je crois pourtant qu'il serait utile, avantageux, nécessaire, indispensable de donner à cet enfant deux protecteurs plus riches et plus puissants que je ne suis. Je vais demander à ceux que j'ai en vue s'ils consentent à me rendre ce service. Ils me répondent qu'ils le veulent bien. Cette déclaration pourrait me suffire à la rigueur, car je les sais honnêtes gens. Mais je tiens à l'entourer de quelque solennité, je tiens à ce qu'elle soit imprimée plus avant dans l'esprit de ceux qui l'ont fait par une cérémonie qui parle à l'imagination, qui leur laisse un souvenir plus profond, dont même un acte public garde la trace[91].

Il faudra attendre l'enrichissement de la société française et la progressive sortie de la précarité et de la misère des classes populaires pour que la victoire de la culture familialiste bourgeoise soit totale et que le parrainage familial ne subisse plus en milieu ouvrier la concurrence d'autres stratégies socio-relationnelles.

Le déclin du lien entre prénom et parrainage

Selon un schéma privilégié par les anthropologues travaillant dans les décennies 1970-1980 sur la dation du nom de baptême dans la société française traditionnelle, en particulier Françoise Zonabend[92] et André Burguière[93], il faudrait relier l'ancrage du parrainage dans la parenté et le désir de transmettre des prénoms familiaux. Cette hypothèse explicative, certes stimulante, s'accorde néanmoins difficilement avec les mutations décrites pour la fin du XVIIIe siècle et le XIXe siècle. De fait, c'est au contraire au moment où le parrainage intrafamilial progresse dans la société française que le pouvoir de nomination longtemps reconnu à la parenté spirituelle s'érode, avant de disparaître. D'autres mécanismes d'attribution lui font en effet une concurrence croissante. Nous avons signalé précédemment la pression exercée par les prénoms des parents charnels qui s'accentue au XVIIIe siècle, par exemple en Normandie. Parmi les pays d'ostal du sud de la France, où la cohabitation des générations sous le même toit est valorisée, joue plutôt la volonté d'attribuer un prénom de lignée. En Pays-de-Sault (Pyrénées), à la fin du XVIIIe siècle et au XIXe siècle, Agnès Fine constate que « la transmission du prénom par les parrains et marraines est plus fréquente pour les enfants cadets » que pour les aînés[94]. En effet, dans cette zone de domination de la famille-souche s'appuyant sur un système de succession inégalitaire, le grand-père, qu'il soit parrain ou non, donne son propre prénom à celui de ses petits-fils qui sera l'héritier de sa « maison » (au sens matériel et symbolique). L'enfant qui reçoit le prénom de son aïeul se voit ainsi assigner dès son baptême une identité en forme de destin impératif : assumer la direction future et la pérennité de la « maison », incarner cette mission ancestrale qui le dépasse, ressusciter en lui-même son grand-père et, par extension, tous ces ascendants dont il est l'homonyme. On repère le même phénomène au XVIIIe siècle dans le Bas-Quercy, une autre région de forte présence de la famille-souche, spécialement dans les familles de « possédants »[95].

Cependant, l'assaut décisif contre la transmission des noms de parrains provient de l'affirmation de la famille conjugale au XIXe siècle, qui renforce l'autonomie du père et de la mère en matière d'attribution du prénom. L'exemple vient d'en haut, comme l'indique une fois encore la lecture des codes de savoir-vivre, bon reflet des nouvelles sensibilités des élites urbaines sur le sujet. À partir de la seconde moitié du XIXe siècle, dans le chapitre que ces ouvrages consacrent au baptême et au parrainage, les auteurs exposent un système assez homogène. Le nouveau-né y reçoit trois prénoms, dont deux émanent, en général, du parrain et de la marraine, pendant que le troisième, le plus important car destiné à devenir le prénom usuel, est choisi par le couple parental. En 1867, dans le *Code du cérémonial*, la comtesse de Bassanville explique à propos de l'aîné d'une fratrie :

> Il est d'usage de donner trois noms à son enfant, l'un choisi parmi les noms de sa marraine, c'est-à-dire de la mère de la jeune mère, si c'est une fille, ou parmi ceux de son père, si c'est un garçon ; le second, venant soit du père, soit de la mère du mari ; le troisième, que l'enfant doit porter ordinairement, est choisi par la jeune mère[96].

Cette norme entérine une mutation essentielle : il est désormais admis que le prénom principal, véritable vecteur de l'identité personnelle, échappe à l'emprise des parents spirituels, y compris lorsqu'ils sont membres de la parenté de l'enfant ; il devient du ressort du seul couple parental qui, libre de fixer son choix en fonction de préoccupations qui lui appartiennent, affirme ainsi que l'enfant est *son* enfant. Il n'est ni le support passif d'une identité collective héritée, en l'occurrence la lignée quand le parrain et la marraine sont les grands-parents voire un oncle ou une tante, ni celui d'une entité extérieure, quand le choix du parrainage s'opère encore hors du périmètre de la famille[97].

Très vite, quelques auteurs de manuels poussent la logique du nouveau système jusqu'à son terme. Parrains et marraines sont mis à l'écart et ne sont plus censés transmettre de prénoms du tout. C'est l'option proposée par Clarisse Juranville en 1879 :

> C'est une délicatesse de la part des parrain et marraine de ne pas imposer de prénoms à leur filleul et de laisser à ce sujet toute liberté au père et à la mère. Du reste, c'est une fort mauvaise coutume de donner une kyrielle de noms aux enfants : un seul suffit ou deux au plus[98].

Quant à la baronne Staffe en 1889, excluant d'office toute prétention du parrain, elle demande à la marraine de se « récuse[r] gentiment si on lui laisse le choix des noms » et de ne « donne[r] le sien que si on l'en prie »[99]. Tout devient d'ailleurs prétexte à évincer la parenté spirituelle. En 1878, Jules Clément invoque des motivations utilitaires et administratives, qui soulignent en creux l'existence de la prénomination civile et son antériorité sur celle du baptême :

> Le parrain et la marraine ont souvent la manie de donner à leurs filleuls une série de noms quelquefois ridicules. Il vaut mieux, dans l'intérêt de l'état civil de l'enfant, n'en donner qu'un ou deux au plus. La complication des noms donne lieu, dans certaines circonstances, à procès toujours fâcheux[100].

La plupart des rédacteurs de codes refusent néanmoins une rupture trop brutale et cherchent plutôt à ménager une transition en douceur. Un équilibre entre conservatisme et prise en compte des évolutions des mœurs se dessine qui passe par la consultation formelle des parents spirituels pour le prénom d'usage et l'utilisation des prénoms secondaires en guise de compensation. La baronne d'Orval l'exprime parfaitement en 1901 :

> Il est de bon ton de laisser aux parents de l'enfant le choix des noms à lui donner ; ceux-ci, cependant, par courtoisie, consulteront le parrain

> et la marraine, leur demandant si ces noms leur agréent en y ajoutant un des prénoms de l'un et de l'autre. On ne devra pas se froisser et imposer un prénom : il est tout naturel que les parents aient le désir, pour un motif quelconque, soit en souvenir d'une personne aimée, soit tradition de race, de donner un nom qui ne serait pas à la convenance des parrains et marraines ; il n'y a alors qu'à s'incliner[101].

Cette marginalisation de la parenté spirituelle dans la prénomination n'est pas qu'affaire de discours ; elle s'observe bel et bien dans les registres baptismaux de l'époque. Dans le cas parisien, Nicolas Labéjof note ainsi à Saint-Germain-l'Auxerrois une moindre transmission des prénoms des parrains et marraines aux filleuls de même sexe entre les décennies 1820 et 1880, surtout après 1850[102]. Bernard Cousin constate lui aussi un recul dans la seconde moitié du XIXe siècle au sein de son échantillon provençal qui mêle villages, bourgs et grandes villes. Alors que deux fois sur trois les prénoms des parrains sont repris comme premiers prénoms de leurs filleuls de sexe masculin en 1820-1830 (68 %) - une proportion inchangée depuis le début du XVIIIe siècle –, cela n'a plus lieu qu'une fois sur deux (44 %) en 1870-1880. Et cette baisse n'est pas entièrement compensée par les reports croissants vers les prénoms de rang subalterne des enfants (18 % de prénoms des parrains transmis en 1820-1830 ; 28 % en 1870-1880). La tendance est la même côté féminin : deux tiers des prénoms des marraines sont donnés comme premiers prénoms à leurs filleules sous la Restauration contre la moitié seulement au début de la Troisième République ; la transmission vers les prénoms secondaires ne progresse quant à elle que de 20 % à 25 %[103]. Les travaux abordant cet enjeu sur un terrain uniquement rural sont rares, surtout pour la France du Nord. Les études existantes sur les campagnes du Midi suggèrent néanmoins une évolution comparable, mais qui s'opère avec retard, soit dans le dernier tiers du XIXe siècle, soit surtout au début du XXe siècle. À Boisseuil et à Saint-Sylvestre, en Haute-Vienne, Jean Boutier et Louis Pérouas observent vers 1840 comme vers 1860 une correspondance « parfaite » ou « imparfaite »[104] entre le prénom de l'enfant et celui du parrain ou de la marraine dans plus de 90 % des cas ; mais cette part s'abaisse à 72-73 % dans les deux communes vers 1900. Plus significativement, la concordance parfaite des prénoms qui caractérise encore 70 à 80 % des baptêmes en 1880 devient minoritaire (46 %) en 1900. À Fronton, en Haute-Garonne, la règle de prénomination par les parrains et marraines perdure *grosso modo* jusqu'au début du XXe siècle. C'est ici la Première Guerre mondiale qui entraîne une rupture brutale : en 1920-1939, à peine 25,5 % des enfants conservent le prénom d'un parent spirituel comme premier prénom, et 42,6 % n'en reçoivent plus aucun, contre respectivement 68 % et 16 % en 1900-1919. Une génération plus tard (1940-1959), l'attribution du premier prénom de l'enfant par le biais du parrainage constitue l'exception (8,5 % des baptisés) et la majorité des enfants ne reçoivent plus aucun prénom de leurs parents spirituels (53,2 %)[105].

Prendre en compte l'intérêt de l'enfant

Dans un certain nombre de manuels publiés à partir de la fin du XIXe siècle, la notion d'intérêt de l'enfant, alors en cours de construction[106], sert d'argument pour justifier une évolution des pratiques de parrainage. Elle apparaît ainsi en creux comme une raison accessoire d'éviter la prénomination par les parrains et marraines. Par exemple chez Jules Clément en 1878 quand il évoque le droit qu'a chaque enfant de recevoir un prénom simple, commode et digne, alors que le respect strict des prérogatives des parents spirituels lui fait courir le risque inverse.

L'argument redonne également un peu de légitimité au parrainage extra-familial. Il ne s'agit plus alors de déroger aux normes familiales en vue de favoriser les intérêts immédiats du couple parental, mais d'assurer un appui précieux au baptisé pour son existence future. La priorité ici donnée au parrainage sur le compérage, contrairement à la pratique dominante de l'époque moderne, rend cette option plus altruiste et donc plus justifiable sur un plan moral. Comme l'explique un code anonyme de 1897 : « L'offre du titre de parrain ou de marraine constitue donc un grand honneur. C'est une marque de confiance, un témoignage de déférence que l'on n'accorde guère qu'à des amis ou à des personnes influentes dont on recherche la protection pour le petit être qui vient de naître[107]. » La compréhension des auteurs de codes pour la thématique des « appuis influents » extérieurs à la famille dure jusqu'aux années 1950 environ[108]. Elle comporte cependant une limite : elle suppose que les parents qui auraient pu prétendre au parrainage – à commencer par les aïeuls – soient consultés et donnent leur accord, ce que rappelle la baronne Staffe : « Cependant, on peut désirer d'assurer à ses enfants des appuis en dehors de la famille, où aide et protection leur sont *naturellement* accordées. Mais, alors, c'est aux grands-parents à vous tenir quitte du choix déférent que vous aviez fait d'eux, pour tenir votre enfant sur les fonts baptismaux[109]. » En outre, si les sollicitations extra-familiales sont envisageables, elles continuent de susciter une réelle méfiance. Les auteurs de manuels recommandent en conséquence une grande prudence en la matière, à l'image de Berthe Bernage en 1928 : « En dehors du cercle familial, le choix est assez délicat. La vanité, l'intérêt font commettre bien des erreurs[110]. »

De fait, davantage que la préférence pour la famille, c'est d'abord le privilège des grands-parents pour le parrainage des premiers-nés qui se trouve fragilisé par cette rhétorique nouvelle de l'intérêt de l'enfant. Les auteurs recommandent en effet le choix de parents plus jeunes (les oncles et tantes en premier lieu) capables de suivre leurs filleuls moralement, affectivement et matériellement, avec efficacité et dans la durée. Ils insistent en revanche sur la lourdeur de la charge supposée du parrainage pour des grands-parents âgés, et, surtout, sur la probabilité d'une disparition précoce. Comme l'écrit Jeanne de Bargny en 1882 : « Je pense aussi, malgré le bonheur qu'ont les grands-parents d'être parrains et marraines de leurs petits-enfants, qu'ils doivent céder cette charge à des plus jeunes. Le but général étant de procurer aux enfants un second père et une seconde mère, pouvant remplacer les premiers par leur direction et par leurs conseils, si ceux-ci venaient à manquer, il vaut mieux choisir des personnes jeunes, ayant chance de plus longue vie, afin qu'elles puissent mieux remplir le mandat accepté[111]. » En 1928, Berthe Bernage trouve à son tour « pas très logique » de faire appel aux aïeuls, dès lors qu'ils « sont destinés à mourir les premiers », et conseille de recourir à des parrains jeunes, membres de la parenté proche ou au moins intimes : « On choisit des amis, des jeunes parents du père et de la mère : un jeune oncle, une petite tante du bébé par exemple. » Le propos reste cependant entouré de précautions (« si on peut le faire sans blesser les grands-parents »[112]) qui attestent que, même dans un code de l'entre-deux-guerres, s'éloigner totalement des règles en vigueur au XIXe siècle reste délicat. Mais au milieu du XXe siècle, l'affaire est entendue : comme l'écrit sans ambages Pierre Chanlaine en 1953, « désigner un grand-père, comme parrain, est absurde[113] ».

Il est difficile de vérifier dans les pratiques effectives l'impact de cette évolution des sensibilités, puisque les registres de baptêmes sont souvent silencieux sur la relation familiale précise qui unit parrains, marraines et filleuls. Notons toutefois qu'à La Rochelle en 1925, les actes baptismaux sont plus détaillés sur ce point et que les grands-parents ne représentent alors qu'un cinquième (22 %) des liens de parenté mentionnés, bien loin des oncles et tantes (47 %), et à peine plus que les cousins et cousines (17 %), soit une proportion assez basse compte tenu de la faible fécondité de l'entre-deux-guerres - qui renforce la part des premiers-nés de fratrie parmi les baptisés - et de la survie croissante des aïeuls[114]. À Minot, un village bourguignon, Françoise Zonabend conclut quant à elle à un effondrement plus tardif du parrainage grand-parental, aux alentours de la Seconde Guerre mondiale, au profit des membres collatéraux de la famille (oncles, tantes, cousins)[115].

Le rajeunissement des parrains familiaux peut aussi se lire quelquefois dans la progression du choix des frères et sœurs. Le mouvement semble s'amorcer dès la seconde moitié du XIXe siècle à Paris, alors même que la taille des fratries tend pourtant à se réduire du fait du contrôle des naissances. Dans la paroisse Notre-Dame-de-Bonne-Nouvelle, les sœurs représentent 8 % des liens de parenté explicitement mentionnées parmi les marraines en 1820-1849, 15 % en 1850-1869, 25 % en 1870-1889 ; pour les frères, les proportions respectives sont de 11 %, 13 % et 15 %[116]. En 1902, les *Statuts synodaux* de l'archevêché de Paris semblent prendre acte de cette prédilection croissante pour un parrainage fraternel, puisque les autorités du diocèse tolèrent la désignation d'un frère ou d'une sœur qui n'auraient pas fait leur première communion, à condition qu'ils aient au moins 7 ans et une connaissance des éléments de la foi[117]. Trois ans plus tôt, en 1899, l'archevêque de Lyon a pris la même décision : « On pourra cependant admettre pour parrain et marraine des enfants de sept ans accomplis, pourvu qu'ils soient suffisamment instruits de la religion, surtout s'ils sont frères ou sœurs du nouveau-né[118] » (art. 219).

Au terme de ce parcours, une révision du scénario longtemps admis sur la place de la parenté dans le parrainage en France au cours des derniers siècles s'impose. La situation décrite par les folkloristes et les anthropologues pour la fin du XIXe siècle et les premières décennies du XXe, à savoir une large domination du parrainage intensif, ne saurait être contestée ; mais l'idée selon laquelle « depuis au moins cinq siècles, parenté de sang et parenté élective sont inextricablement liées », comme l'écrivait Agnès Fine en 1997[119] en résumant la vision commune des chercheurs français depuis les années 1970, mérite débat. En effet, ce n'est pas lors de la transition entre Moyen Âge et époque moderne que le parrainage dans la parenté s'impose au sein de la population française, du moins si l'on quitte le seul monde des élites. À suivre le *trend* fourni par notre indicateur, l'homonymie patronymique entre parents spirituels et pères et mères des baptisés, le parrainage familial progresse certes aux XVIe et XVIIe siècles, mais c'est au XVIIIe siècle qu'il se produit un saut décisif, suivi d'un approfondissement durant le XIXe siècle. La chronologie auparavant admise singularisait la trajectoire française au sein du continent européen, même réduit à sa partie occidentale. Celle ici proposée la réinsère dans le mouvement commun. Car si la France paraît en avance sur certains pays méditerranéens (Espagne, Italie), il est des régions d'Europe du Nord qui adoptent elles aussi dès le XVIIIe siècle le parrainage dans la parenté comme modèle de prédilection, par exemple les campagnes du Wurtemberg ou du Danemark[120].

Bien entendu, l'indicateur choisi peut être critiqué. L'homonymie patronymique laisse de côté de nombreuses relations de parenté, en particulier du côté de la parenté affine. Mais ces critiques, aussi justifiées soient-elles, ont le défaut de ne proposer aucun autre indicateur plus adéquat, sinon au prix de dépouillements gigantesques. Et, surtout, elles n'invalident pas le point essentiel de la démonstration, à savoir un mouvement d'intensification des choix homonymiques à partir du XVIIIe siècle. En clair, il s'est bel et bien passé quelque chose à cette époque, et cette mutation signale nécessairement une montée de la centralité de la parenté dans le parrainage. Somme toute, Sébastien Mercier est un observateur des plus fiables lorsqu'il écrit pour le Paris de la toute fin du XVIIIe siècle que le parrainage est désormais du ressort des proches parents et qu'« en général, le temps du compérage est passé[121] ».

Ce constat est moins surprenant qu'il n'y paraît au premier abord. Il rejoint un tournant historiographique dans le domaine de l'histoire de la parenté et de la famille qui, depuis deux décennies environ, tend à revaloriser la place des liens de parenté dans la société contemporaine (étatique/industrielle/urbaine/individualiste) et au contraire la relativise dans les sociétés dites traditionnelles. Cette réaction face à une tradition sociologique du XIXe siècle et du XXe siècle (de Frédéric Le Play à Talcott Parsons, en passant par Émile Durkheim et Max Weber), qui décrivait globalement un amenuisement tendanciel de la force et des fonctions de la parenté dans les sociétés modernes, a donné lieu à suffisamment de travaux pour qu'un premier bilan soit opéré. En 2007, David W. Sabean, Simon Teuscher et Jon Mathieu[122] ont tenté de formuler un nouveau récit synthétique à l'échelle continentale. Proposant en effet un contre-scénario séduisant à la tradition sociologique, ils ont dégagé deux périodes essentielles au sein de l'histoire de la parenté en Europe occidentale dans les six derniers siècles. La première phase, allant de la fin du Moyen Âge jusqu'à la seconde moitié du XVIIIe siècle, serait marquée par la prééminence d'une organisation verticale de la parenté, privilégiant la filiation sur l'alliance : elle se traduirait par exemple par le renforcement des systèmes de dévolution patrilinéaire, ou par l'accaparement d'un certain nombre de ressources - offices, charges, positions politiques et bénéfices religieux, propriétés foncières - par des groupes de parenté obsédés par le projet de transmettre ces biens dans leur intégralité de génération en génération. La relative marginalisation de l'alliance dans ce système s'accommoderait de mariages volontiers exogamiques. En revanche, à partir du XVIIIe siècle et selon un processus se poursuivant au XIXe, la parenté ne perdrait pas en puissance ou en importance dans la vie sociale, mais changerait de logique d'organisation. Elle se structurerait désormais beaucoup plus autour des relations horizontales, en mettant l'accent sur l'alliance plutôt que sur la filiation. La montée des principes égalitaires dans le droit successoral (entre les fils, mais aussi entre garçons et filles), l'abolition des privilèges hérités dans l'accès aux carrières publiques, le développement industriel et marchand avide de capitaux et d'innovations, tous ces processus rendraient le destin de la famille et des individus moins dépendants de la transmission lignagère, affaiblissant par là même les relations verticales, mais rendraient en revanche plus nécessaire le retissage permanent des liens horizontaux entre parents, et notamment les mariages endogames, ne serait-ce que pour garantir une bonne circulation du capital, de l'information, des compétences, au sein du groupe, à une époque où tout projet entrepreneurial passe d'abord par une mobilisation des proches : parents ou amis. En sorte que la société du XIXe siècle serait hautement parentélaire (les trois historiens parlent de « *kinship-hot society* ») et, dans un même mouvement, beaucoup plus classiste, puisque l'obsession de l'endogamie conduirait à une séparation des élites vis-à-vis de leur environnement social, et en premier lieu vis-à-vis des couches inférieures[123].

La coïncidence est frappante entre les mouvements décrits par le parrainage familial en France de 1750 aux premières décennies du XXe siècle et les grands processus signalés par David Sabean et ses collègues. Outre la chronologie commune - le tournant du XVIIIe siècle -, il faut mettre l'accent sur cette idée d'un droit familial au parrainage, développée par la culture bourgeoise du XIXe siècle, qui considère comme illégitimes, voire immoraux, les choix extensifs hors du cercle de la parenté, élargie à quelques rares « intimes ».

La dévalorisation des logiques clientélaires dans le parrainage, au grand dam des classes populaires plutôt demandeuses tout au long de la période, s'inscrit de même à la perfection dans la vision non communautaire, classiste et horizontale de la sociabilité que promeuvent les élites sociales de l'époque. Ainsi, la familialisation et l'horizontalisation du parrainage vont de pair et participent en réalité d'une même logique profonde.

Le parallélisme va plus loin. En particulier du côté des équilibres internes à la parenté. L'équipe de David Sabean décrit une crise de la verticalité. Or une marginalisation des grands-parents se produit au sein du parrainage familial, au moins dans les représentations à partir de la seconde moitié du XIXe siècle, puis dans les pratiques rurales au cours du XXe. Quant à la valorisation des relations horizontales au sein de la parenté (liens entre cousins, entre branches collatérales, entre fratries), elle s'observe au sein du parrainage, à travers la progression d'un discours normatif encourageant la mobilisation des membres des jeunes générations ou à travers la montée vraisemblable des parrainages fraternels. La situation contemporaine, marquée par le maintien du parrainage familial – qui représente 70 % des choix selon une enquête menée auprès d'étudiants nés en 1984-1993 –, l'effacement presque complet du choix des grands-parents (3 %) et la domination des oncles et tantes (50 % du total[124]), ne fait que s'inscrire dans ce processus de long terme.

Nous avons pu rapporter cette modification des équilibres entre parents à d'autres phénomènes globaux : la montée du parrainage face au compérage, c'est-à-dire la priorité donnée à la relation à l'enfant par rapport à celle qui unit les adultes ; l'affirmation de la famille conjugale au sein du système familial, dans la perspective durkheimienne revisitée par François de Singly, c'est-à-dire la prise d'autonomie du couple par rapport à la lignée – mais non la rupture ; la victoire progressive d'une définition puérocentrique de l'unité familiale face à l'ancienne logique fondée sur l'ancestralité, qui se traduit par la mobilisation de la parenté au service des nouvelles générations et l'utilisation de l'enfant comme médiateur des interactions entre parents[125]. En réalité, ces trois processus se recoupent largement. Par ailleurs, ils ne rentrent pas en contradiction avec les orientations tracées par David Sabean et ses confrères, au contraire. Ainsi, la crise de la verticalité et l'autonomisation de la famille conjugale par rapport à la lignée sont étroitement liées.

Ces évolutions ont un impact sur la manière d'appréhender le parrainage sur le plan religieux. La réorientation du parrainage vers la parenté, et souvent sur la parenté la plus proche - celle qui entoure immédiatement le couple parental -, outre qu'elle conduit à des demandes de dérogation (par exemple pour le parrainage par des frères et cousins d'âge tendre), tend à dissoudre la spécificité de la notion de parenté spirituelle et mine la logique « première » (ou cléricale) du baptême qui vise l'insertion de l'enfant dans une communauté croyante plutôt que dans une famille ou une parentèle. En se familialisant, le parrainage perd de sa singularité et de sa puissance intrinsèque. Ce mouvement participe à l'évidence de la confusion croissante entre parrainage et tutelle qui nourrit le discours contemporain des familles (mais non leurs pratiques)[126], contre toute tradition et contre toute reconnaissance légale. Par ailleurs, sans entièrement l'expliquer bien sûr, il joue un rôle dans l'effacement progressif de la parenté spirituelle au sein du droit canon depuis la fin du XIXe siècle - entériné par sa disparition dans le Code canonique de 1983[127] -, et dans la relative marginalisation des parrains et marraines au sein de la liturgie baptismale à partir du XXe siècle au profit des parents charnels - notamment dans l'*Ordo baptismi parvulorum* de 1969[128].

CHAPITRE 7

La dernière révolution du baptême Des années 1940 à nos jours

Le poids que fait peser sur la cérémonie baptismale son insertion dans les stratégies familiales et sa lente transformation en fête de famille sont très tôt repérés par les évêques et les prêtres de terrain. En 1850 par exemple, en réponse à l'enquête lancée par Mgr Dupanloup dans son diocèse d'Orléans, le curé de Charmont écrit, désabusé, à propos du retard de baptême : « Qu'est-ce que le baptême ? C'est une occasion de préparer un mariage en croquant des dragées. – Et si M. le curé pressait ? Est-ce que cela regarde le curé[1] ? »

Pour autant, pendant des décennies, l'attitude des autorités religieuses n'évolue guère. Déplorations et condamnations se succèdent, qui accusent tantôt le paganisme persistant d'une population mal christianisée, tantôt l'esprit moderne et sa remise en cause des commandements divins. Des enquêtes diocésaines sont lancées – en particulier dans les années 1890-1920[2] – pour évaluer les dégâts, c'est-à-dire mesurer l'ampleur du retard du baptême ou la proportion d'enfants non baptisés. Quant aux statuts synodaux, ils réitèrent les règles traditionnelles – baptême immédiat, sacrement conféré dans sa paroisse, ondoiement à titre exceptionnel, prénomination chrétienne, refus des parrains impies – en exposant les sanctions possibles.

Il faut attendre l'entre-deux-guerres, voire les années 1940-1950, pour que s'articulent des réponses qui dépassent le simple rappel à l'ordre. L'heure est désormais à une réflexion plus globale sur la meilleure manière d'administrer le baptême. Pendant quelques décennies – jusqu'aux années 1970-1980 pour le moins –, le débat est vif, car il participe des controverses qui touchent au fonctionnement global de l'Église, au rapport entre clergé et fidèles, à la place de la paroisse, à la « déchristianisation ouvrière », etc. Il perd en intensité dans les quarante années suivantes.

Dans cet ultime chapitre consacré au dernier demi-siècle, nous nous proposons d'analyser les voies de la réforme baptismale alors mise en route au sein de l'Église, avant d'en tirer le bilan en termes de pratiques. Disons-le d'emblée, il s'avère assez négatif, surtout si on le jauge à partir du taux d'enfants baptisés dans la religion catholique, qui s'est effondré en France en quelques décennies. Faut-il déduire de cette chute une future marginalisation du baptême dans la société française ? Rien n'est moins certain, car si le déclin du baptême catholique semble un processus inéluctable à moyen terme, d'autres pratiques rituelles liées à la naissance ou à la parentalité, qui utilisent le vocabulaire symbolique du baptême chrétien, ont connu au contraire une singulière progression, en particulier le parrainage civil, communément désigné sous le terme de « baptême républicain ».

Le clergé catholique en quête d'un nouveau baptême

Au milieu du XXe siècle, des voix d'abord isolées au sein du clergé catholique français expriment la nécessité de réformer la pastorale baptismale. Leurs analyses et propositions nourrissent bientôt un débat plus large au niveau national, avant d'orienter en partie les grandes réformes qui affectent les pratiques du baptême à l'échelle de la Catholicité, dans le sillage du concile de Vatican II. Deux axes problématiques principaux organisent la réflexion. Dans le premier, l'interrogation porte sur la contradiction entre l'inscription théoriquement paroissiale et communautaire de la célébration baptismale et la domination pratique des célébrations privées (à l'église et *a fortiori* à domicile). Dans le second, le problème soulevé est celui de la réalité de l'engagement chrétien des familles demandeuses du baptême, ce qui soulève une nouvelle question, celle du droit des prêtres à refuser le sacrement.

Restaurer un baptême communautaire

Concernant le premier aspect, les réponses formulées en France à partir du deuxième tiers du XXe siècle s'inscrivent pour l'essentiel dans un cadre réflexif plus ample où le thème de la « communauté » fait figure d'idéal partagé[3]. Cette optique est spécialement défendue, à l'échelle européenne, par le mouvement liturgique. On sait que le projet de « restauration » liturgique lancé par le bénédictin français Dom Guéranger au début du XIXe siècle est relayé au début du XXe siècle par divers pionniers – en Belgique, en Allemagne, en Autriche – qui infléchissent la réflexion sur la liturgie dans une optique pastorale surtout dirigée vers les couches populaires. Il leur apparaît urgent de définir une liturgie qui soit une véritable nourriture spirituelle pour un monde ouvrier en voie de déchristianisation. Or cela suppose de rétablir le « contact entre l'autel et la nef », et donc de mettre l'accent sur la participation active des fidèles (valorisation de l'homélie, chant des fidèles)[4]. En Autriche, Pius Parsch, qui synthétise ses idées en 1940 dans son livre *Volksliturgie* (*Liturgie populaire*) après les avoir expérimentées dans la paroisse Sainte-Gertrude de Klosterneuburg, se fixe ainsi deux objectifs : faire comprendre, faire participer. Selon lui, l'erreur du culte du XIXe siècle est d'être fondé sur une non-participation et une non-compréhension passive des fidèles, où la liturgie devient l'affaire exclusive d'un clergé séparé de sa communauté, qui, de son côté, n'a pour seule nourriture spirituelle que des dévotions privées (rosaires, litanies, cantiques) ; il faut au contraire considérer tous les membres de l'Église comme pleinement participants, et concevoir la liturgie non comme « un acte dévotionnel privé mais comme l'action vivante d'une communauté rassemblée, célébrant, dans le temps symbolique de l'année liturgique, l'œuvre salvifique du Christ[5] ».

Toutes ces initiatives appelant au renforcement de la participation communautaire, ainsi que celles du mouvement liturgique rassemblé autour de l'abbaye allemande de Maria Laach, qui valorise le mystère pascal et fait de la vigile pascale le sommet de l'année chrétienne, influencent à partir de l'entre-deux-guerres une poignée de membres du clergé français : le père Doncœur, jésuite, rédacteur des « Bulletins de liturgie pratique » dans la revue *Études* à partir de 1922 ; Mgr Harscouet, évêque de Chartres depuis 1926 ; enfin l'abbé Laurent Rémillieux, qui conçoit sa paroisse lyonnaise de Notre-Dame de Saint-Alban, créée en 1919, comme un site d'expérimentation de la rénovation liturgique[6]. Un cap décisif est ensuite franchi, en 1943, avec la création du Centre de pastorale liturgique[7] : la question de la liturgie est alors propulsée au cœur des débats doctrinaux de l'Église de France.

Or, sans en faire sa cible prioritaire – la célébration eucharistique est plus cruciale –, le mouvement liturgique donne une grande importance au sacrement qui marque l'entrée dans la vie chrétienne. La refonte du baptême doit participer au vaste projet de revivification de l'esprit communautaire paroissial qui est l'axe majeur devant guider l'établissement des innovations liturgiques. Cela implique divers niveaux d'action. D'abord, par une liturgie adaptée et accessible, il s'agit de mieux faire comprendre le sens chrétien véritable du baptême à des familles considérées comme ignorantes. Il faut ensuite les faire participer pleinement à la cérémonie, de telle sorte qu'elles saisissent la profondeur de l'engagement baptismal. Il convient aussi de montrer que le baptême introduit un nouveau chrétien, non dans une famille, mais dans l'ensemble plus vaste des « enfants de Dieu », et, concrètement, dans une collectivité de foi, la paroisse. Enfin, il s'agit par la beauté, le soin et le caractère spectaculaire de la liturgie, d'affirmer la « grandeur » du baptême. De nombreux pasteurs veulent en effet en finir avec un « formalisme » rituel et une quasi-clandestinité de la cérémonie (à la sacristie), qu'ils trouvent humiliants pour le clergé et l'Église, et qui alimentent, considèrent-ils, la « déchristianisation » : car non seulement ces pratiques sans éclat suggèrent que l'entrée dans l'Église est un acte sans importance, mais encore elles ne parviennent pas à toucher les âmes des fidèles et ne renforcent pas leur foi.

À Notre-Dame de Saint-Alban, le père Rémillieux est sans doute le premier en France à mettre en place, dès l'entre-deux-guerres et dans la décennie 1940, un projet cohérent de rénovation baptismale[8]. Sa nouvelle approche évite de combattre frontalement la « familialisation » du baptême, mais vise à réinsérer le foyer conjugal (père, mère, enfant) dans la communauté paroissiale pour atteindre un équilibre plus conforme à l'esprit chrétien tel qu'il le conçoit. La première étape consiste dans des « conversations préliminaires » avec le père et la mère du futur baptisé, durant lesquelles le curé s'intéresse à leur « petit » et prend rendez-vous pour la fixation des détails de la cérémonie ; il profite de l'occasion pour expliquer le sens du baptême à la famille et lui rappeler qu'il s'agit d'une « fête de communauté » et non d'un pur « acte privé »[9]. La deuxième étape est la cérémonie baptismale elle-même. Fidèle à la logique du délai court, l'abbé Rémillieux s'oppose à tout retard pour cause d'éloignement des parrains et marraines, mais il prône un report jusqu'au jour de rassemblement de la communauté paroissiale. Le baptême a donc lieu en principe le dimanche, lors de la messe matinale de 8 heures, c'est-à-dire pendant la « messe de communauté ». En cas de difficulté réelle, le baptême peut être décalé à 9 heures dans la chapelle Saint-Alban, ou, à la rigueur, juste avant vêpres. Mais non à 11 heures : ce choix s'oppose volontairement à la logique organisationnelle et non spirituelle des familles, qui privilégient traditionnellement une cérémonie baptismale en fin de matinée, afin que les participants sortent de l'église vers midi et se mettent à la table du banquet vers 13 heures. En imposant de tels horaires, le curé lyonnais entend favoriser l'implication de la mère de l'enfant dans la cérémonie baptismale, chose impossible si le sacrement est conféré en fin de matinée à l'heure où, notamment en milieu ouvrier, elle doit achever la préparation du repas de fête. Considérant que tous ceux qui sont engagés dans la promesse du baptême doivent être présents pour mieux en mesurer l'importance et les conséquences, l'abbé Rémillieux encourage une intégration maximale des deux parents du bébé aux côtés des parrains et marraines lors de la cérémonie, au point d'introduire dans la liturgie un baiser parental à l'enfant.

La célébration baptismale même respecte le déroulement traditionnel et suit le rite commun, avec utilisation des textes latins.

Mais toutes les étapes donnent lieu à explications et divers procédés mettent en avant la dimension communautaire de l'événement. Les fidèles présents à la messe se tournent vers le baptistère, les « questions et réponses sont faites à haute voix. Et comme c'est toute la communauté (l'Église) qui prend en charge le nouvel élu, qui est en quelque sorte sa marraine, ensemble elle dit le "je crois en Dieu", le "Notre Père" [...] ». En outre, le baptisé est associé à la cérémonie eucharistique :

> Au moment de l'offertoire, l'enfant est apporté processionnellement à la table de communion : le baptême ne l'a-t-il pas consacré au Seigneur comme on lui consacrait les premiers-nés d'Israël, et bien plus encore ? Quand la marraine reçoit l'Eucharistie, elle le porte dans ses bras ; il ne peut communier encore, mais ceux qui l'ont pris en charge au nom de l'Église reçoivent le Christ *pour* lui.

Une dernière étape du cheminement baptismal se situe après la cérémonie religieuse, en général dans la journée même. De manière systématique, le père Rémillieux fait une courte visite aux parents et, en présence de la famille, lit l'acte de baptême porté sur les registres paroissiaux[10].

Le baptême rénové donne ainsi une place nouvelle au père et à la mère en tant que couple éducateur chrétien de l'enfant, et le contact régulier et *a priori* confiant avec ceux-ci est au cœur de la pastorale de l'abbé Rémillieux. En somme, celui-ci cherche à construire une communauté de familles conjugales chrétiennes, et s'appuie sur les cérémonies familiales pour atteindre le cœur des fidèles et renforcer leur engagement communautaire dans la paroisse.

Notre-Dame de Saint-Alban n'est pas un cas unique. Les initiatives de réforme baptismale comparables fleurissent dans la France des années 1940-1950. En janvier 1945, les Journées de pastorale liturgique de Vanves suggèrent l'organisation de baptêmes collectifs, si possible le dimanche[11]. En 1947, les pères Pezeril et Connan - ce dernier, germaniste, est un lecteur assidu du père Parsch - s'installent à la tête de la paroisse Saint-Séverin à Paris et y déploient aussitôt un programme fidèle aux orientations du mouvement liturgique germanique[12] : la paroisse accueille en 1948 ses premiers baptêmes communautaires, qui restent cependant rares jusqu'aux années 1960[13]. Créée dans le diocèse de Strasbourg en 1948, l'Œuvre de pastorale liturgique publie trois ans plus tard un manuel trilingue latin-français-allemand, le *Manuale parvum*, qui détaille la nouvelle marche à suivre pour les sacrements du baptême, de l'extrême-onction, de l'assistance des malades. Il recommande de retarder parfois les baptêmes jusqu'au dimanche ou aux grandes vigiles, de telle sorte qu'ils deviennent des célébrations paroissiales et communautaires. « C'est la première fois qu'une édition officielle a le courage de prôner cette conception du sacrement », rappelle François Wernert[14]. Enfin, dans la paroisse Saint-Pothin de Lyon, l'équipe sacerdotale qui s'installe en 1949 encourage les baptêmes administrés lors de la grand-messe du dimanche à 10 heures : « Le baptême est célébré devant l'autel en présence de toute l'assistance[15]. »

Par ailleurs, dans un souci de participation plus active des fidèles, des mesures sont prises localement afin d'expliquer le sacrement à l'assistance. Dès 1945, l'abbé Michonneau célèbre dans sa paroisse du Sacré-Cœur-de-Colombes des baptêmes où « tous les assistants ont en main un petit fascicule édité à leur intention, où toutes les prières et exorcismes sont traduits en un langage très simple, et le sens des cérémonies expliqué en caractère rouge[16] ». Au même moment, l'épiscopat français demande à la Congrégation des rites, à Rome, l'autorisation de faire paraître un rituel bilingue des sacrements. Accordée en 1947, elle permet l'usage du français pour l'administration du baptême (ainsi que pour l'extrême-onction, les mariages et les funérailles)[17].

Faut-il baptiser tous les enfants ?

La seconde interrogation qui anime les discussions au sein du clergé français en ce milieu du XXe siècle est celle du caractère véritablement chrétien de la plupart des fidèles. Question ancienne et récurrente, mais que le livre choc publié en 1943 par les abbés Godin et Daniel, *La France, pays de mission ?*, place au centre de l'attention. En effet, si la France n'est plus un pays de chrétienté mais un pays de mission, alors ne faut-il pas adopter une pastorale nouvelle, inspirée justement des zones missionnaires, où l'enjeu central, comme le rappelle un prêtre d'Urundi-Ruanda cité dans le livre, ne consiste pas à « établir de brillantes statistiques » de sacrements conférés, mais à fonder des communautés plus réduites mais vraiment chrétiennes, où le baptisé peut vivre sa foi en toute plénitude ? En Afrique, le baptême est réservé aux enfants pour lesquels il y a « la certitude qu'une éducation chrétienne suivra » ; n'est-il pas temps, en France même, de lier étroitement le baptême à la capacité concrète de persévérance au lieu de supposer, contre l'évidence, l'existence d'un milieu d'imprégnation chrétienne qui la garantira naturellement ? En particulier, doit-on considérer que les catholiques occasionnels, que le clergé paroissial ne voit à l'église que dans de rares moments et qui ne pratiquent guère, et *a fortiori* les « indifférents », peuvent sans restriction demander à bénéficier du baptême pour leurs enfants, alors que, d'expérience, les promesses de l'engagement dans la foi ne sont suivies d'aucune réalisation et que l'éducation chrétienne de leurs progénitures n'est pas assurée ? Quel est, au fond, le sens d'un baptême conféré mécaniquement ou bureaucratiquement à des bébés issus de familles qui ne se soucient en aucune manière de son caractère d'introduction dans la communauté des chrétiens, et qui considèrent la cérémonie religieuse selon les cas comme une formalité administrative, une « protection contre le sort » ou un rite familial ? Le problème se pose avec encore plus d'acuité à propos des baptêmes ou des ondoiements d'hôpitaux et de maternités, administrés « en série » par des aumôniers ou des prêtres de paroisse. Ces derniers croisent à peine les parents à cette occasion et, en tout cas, ils n'ont presque aucune chance d'établir un lien durable entre la famille et le cadre paroissial. N'y a-t-il pas dans tout cela une perte de temps considérable pour le clergé, voire une forme d'humiliation, puisque le prêtre qui administre le baptême se retrouve souvent en situation de supplier des parents indifférents[18] ?

Ces questions cruciales posées par les pères Godin et Daniel, en charge d'une paroisse ouvrière de Clichy, taraudent une grande partie du clergé français dans les années 1940-1950. Il suffit, pour s'en convaincre, de lire un autre ouvrage phare de la période, *Paroisse, communauté missionnaire*, publié en 1945. L'auteur, le père Michonneau, fonde son propos sur son expérience de curé de la paroisse du Sacré-Cœur de Colombes[19]. Dans une série de questions-réponses, il évoque à son tour les pratiques qui posent problème : les ondoiements en chaîne des maternités de Paris ; les baptêmes sans exigence et sans conséquence, administrés par peur de la mortalité infantile, mais qui donnent une fausse garantie du salut, puisque la foi n'est pas assurée à terme. Comme les abbés Godin et Daniel, il opère un parallèle entre le monde ouvrier français et les terres de mission outremer, voire les communautés de l'Église primitive où l'on « ne baptisait que les enfants dont les familles étaient vraiment chrétiennes ». Il en vient à formuler une interrogation paradoxale : ne faut-il pas considérer comme plus respectueux du baptême les parents incroyants qui se refusent à demander le premier sacrement pour leurs enfants tant que celui-ci n'en fait pas la démarche volontaire[20] ?

Ce constat pessimiste une fois établi, que faire ? Pour ces trois auteurs, l'erreur serait de poursuivre dans la voie d'un « racolage » baptismal parfaitement inutile à terme : Michonneau s'en prend d'ailleurs à la vision comptable d'« un certain nombre de dames catéchistes ou de confrères de Saint-Vincent-de-Paul », qui, à ses yeux, se trompent d'apostolat[21]. Mais faut-il aller jusqu'à encourager les prêtres à refuser le baptême des enfants issus de familles indifférentes ou incroyantes ? Il y a là un seuil que les trois pasteurs hésitent à franchir. Godin et Daniel, prudents, appellent à la tolérance et au dialogue avec les chrétiens « intermédiaires », sur la base d'exemples de militants chrétiens dont la pratique et la pensée ne sont pas en stricte conformité avec les préceptes de l'Église[22]. Quant au père Michonneau, conscient du caractère « délicat » du problème, il pèse le pour et le contre : d'un côté, la peur de sacrifier le salut des bébés qui mourraient sans baptême et la crainte de couper définitivement ou durablement toute relation entre la famille et le clergé ; de l'autre, le refus du laxisme et la valorisation de l'appartenance à l'Église qui peut stimuler des demandes futures chez les enfants récusés[23]. En définitive, il suggère une attitude pragmatique, ouverte et, en tout état de cause, mûrie par la concertation avec d'autres prêtres :

> Il ne s'agit évidemment pas de décision à prendre par un seul. Qu'un curé aille maladroitement brandir ces théories, qu'il essaie de les mettre en pratique dans sa paroisse, et nous gageons bien qu'il ne se passera pas longtemps avant qu'il soit obligé de faire ses malles... Dans l'état actuel des choses, la bonhomie et le sourire sont souvent la meilleure manière de tendre la perche à ceux qui sont encore capables de la prendre. Mieux vaut peut-être ne pas se montrer trop intransigeant et offrir plus de miel que de vinaigre[24].

Pour autant, il se défend de confondre ouverture et mollesse : chaque famille demandeuse se verra signifier le contenu de l'engagement du baptême, et pour plus de force, on lui fera « même signer un engagement par écrit » ; quant aux parents qui menaceraient de ne pas faire baptiser leur enfant « parce que nous refusons de faire le baptême avant midi ou de faire sonner les cloches », on leur tiendra un discours clair qui leur laissera l'entière responsabilité de l'absence de baptême, en espérant d'ailleurs que cette fermeté suffira à les dissuader[25].

Cette prudence vis-à-vis du refus de baptême pour des familles de tradition chrétienne tranche avec l'alarmisme du constat sur la « déchristianisation » des masses. Mais elle se comprend aisément car, outre la crainte des conséquences pastorales de l'inflexibilité, les auteurs de ces ouvrages ont le sentiment de marcher sur des œufs au plan de la doctrine. Certes, le sujet n'est pas neuf dans l'Église : le cardinal Gennari, préfet de la Sacrée Congrégation du concile, a conclu en 1893 qu'« en ce qui concerne les enfants d'hérétiques et d'apostats et encore de *tant d'incrédules de nos temps*, tant qu'ils sont dans l'enfance et ne peuvent connaître ni désirer le baptême, on ne doit pas leur administrer le baptême si l'on prévoit qu'ils seront éduqués dans les erreurs de la perversion de leurs parents », y compris si des parrains catholiques se présentent[26]. Mais une telle position n'a pas fait l'unanimité dans l'Église. Nombre de théologiens rappellent en effet que cette fermeté affichée soulève de vraies difficultés théoriques : n'étend-on pas indûment les règles du droit canon quand on les applique à des familles catholiques qui n'ont pas explicitement renié leur foi même si elles ne pratiquent plus ? Faut-il assimiler les « mauvais catholiques » ou ceux qui se contentent d'une pratique de convenance familiale à des apostats ou des impies ? N'est-il pas injuste de refuser d'avance dans leur cas l'aide de parrains catholiques, alors même que celle-ci est considérée comme suffisante pour baptiser les enfants de non-catholiques dans les terres de mission[27] ?

Les initiatives de la hiérarchie dans les années 1950-1960

Ces incertitudes doctrinales, l'actualité pressante de la question, les doutes croissants des prêtres de terrain, la montée des polémiques, tous ces facteurs rendent urgente une intervention des plus hautes autorités catholiques. L'épiscopat français en a conscience lorsqu'il se réunit en assemblée plénière le 3 avril 1951, deux ans après avoir formé une Commission préparatoire[28]. Le document adopté lors de la réunion, le Directoire pour la pastorale des sacrements (DPS), après avoir résumé les enjeux du débat et les différentes lignes argumentaires, fixe une ligne de conduite en matière baptismale. Tournant le dos à l'option la plus restrictive, les évêques refusent d'assimiler les non-pratiquants à des impies ou apostats et considèrent donc que « le Droit canon garde le silence sur cette catégorie de personnes » ; au contraire, suivant la métaphore de la « mèche qui fume encore », la demande de baptême de la part de la famille doit être conçue comme « une présomption qui joue en faveur de leur intention religieuse ». Dans ces conditions, comme il est du devoir des parents chrétiens de demander au plus tôt le baptême de leur enfant, « le leur accorder n'est donc pas une faveur » que leur feraient le pasteur et l'Église[29].

Mais l'assemblée des évêques ne ferme pas les yeux sur le problème de la persévérance. Au contraire, elle déplace la question des conditions requises au baptême de la qualité religieuse des parents - toujours délicate à évaluer - vers la promesse ferme d'une future éducation chrétienne. Le baptême peut donc être refusé au bébé né de parents non pratiquants, si ces derniers ne s'engagent pas (par écrit si possible) à envoyer leur enfant au catéchisme le moment venu, et, dans l'immédiat, s'ils en dispensent les éventuels frères et sœurs aînés. En somme, dans la logique du canon 770 qui fait devoir aux pasteurs d'administrer le baptême, le refus de baptiser ne saurait être l'option privilégiée ; mais il devient envisageable et des critères objectifs sont établis.

Pour les évêques, cette vision disciplinaire ne forme cependant qu'un des aspects d'une revalorisation du sacrement de baptême qui doit passer par d'autres canaux. La Commission préparatoire, qui comprend notamment l'abbé Martimort et le père Roguet, deux membres fondateurs du Centre de pastorale liturgique, connaît bien les propositions du mouvement liturgique et les expérimentations des paroisses pionnières. Sans surprise, elle fait passer dans le document final certaines de ses suggestions. Le DPS de 1951 en appelle à l'instruction des fidèles lors des sacrements, au refus du formalisme et de la routine dans la célébration, à une animation communautaire de la vie sacramentelle. Le document cite en exemple la distribution de tracts ou de livrets explicitant les sacrements aux participants, ou encore la valorisation du rôle des parrains et marraines comme éducateurs s'engageant devant toute la communauté paroissiale et la représentant[30].

Synthèse des débats en cours sur la paroisse communautaire ou l'impiété des masses, le Directoire pour la pastorale des sacrements de 1951 conclut donc une première étape dans la réflexion sur le baptême en France. Il inspire l'année suivante un volume spécial (« Le baptême : entrée dans le peuple de Dieu ») de la revue du Centre de pastorale liturgique, *La Maison-Dieu* (volume 32), au sein duquel la position des évêques est largement commentée[31], et son contenu nourrit directement les statuts synodaux rédigés dans la décennie, par exemple ceux de Rennes en 1957 ou de Meaux en 1960[32].

Le débat rebondit toutefois dans les années 1960. Le concile de Vatican II, qui se clôt en 1965, encourage le mouvement réformateur au sein du clergé français, en répondant notamment à ses attentes sur les questions liturgiques[33]. La Constitution sur la liturgie, *Sacrosanctum Concilium* (4 décembre 1963), consacre sept paragraphes au baptême. Le concile demande ainsi que soit élaboré un véritable rituel pour le baptême des petits enfants, où seront définis les rôles propres des parents et des parrains[34]. En outre, Vatican II fait de la pastorale des masses une priorité de l'action de l'Église. Or la pastorale des sacrements en forme une des modalités les plus prometteuses, puisqu'à l'occasion de cérémonies comme le baptême, les funérailles, la première communion ou le mariage, le prêtre est en contact direct avec un ensemble de fidèles qui dépassent le cercle des plus engagés et des plus fervents[35].

L'idée est d'utiliser ces moments exceptionnels pour briser le mur habituellement dressé entre clergé et catholiques non pratiquants et approfondir la foi des individus et familles en demande. Comment procéder ? En matière baptismale, une solution consisterait à s'inspirer de ce qui a cours pour le mariage, à savoir la préparation spirituelle des fiancés, et à établir une forme de préparation familiale au baptême. Transposition séduisante mais plus délicate qu'il n'y paraît, car une telle procédure suppose d'admettre un délai entre naissance et baptême. L'obstacle canonique du « *quam primum* » ressurgit, et, avec lui, celui des risques qui pèseraient sur l'âme des bébés morts avant d'avoir été baptisés. C'est donc à une déconstruction de cette vision doctrinale que se livrent un certain nombre de réformateurs de l'époque. Comme l'a montré Luc Perrin à travers la lecture des bulletins paroissiaux parisiens des années 1960, « la doctrine des Limbes semble s'évaporer à mesure qu'avance la décennie » ; elle n'est tout simplement plus évoquée et à l'inverse le clergé de la capitale met en avant la confiance que tout chrétien doit avoir dans « l'amour infini de Dieu »[36] – une orientation qu'adoptera d'ailleurs en 2007 la Commission théologique internationale chargée de fixer la doctrine catholique sur le salut des enfants morts sans baptême[37].

L'inflexion théologique est facilitée par les progrès considérables enregistrés en matière de mortalité infantile depuis quelques décennies et le renforcement de l'accouchement hospitalier à partir de la Libération[38]. Cette évolution démographique favorable est bien connue du clergé. Dès 1952 par exemple, Roger Etchegaray, dans un article de *La Maison-Dieu,* fait de « la forte régression de la mortalité infantile » un « fait sociologique » susceptible d'affermir et d'adoucir pour un pasteur la délicate décision de refuser un baptême[39]. Pour lui comme pour de nombreux autres participants à la réflexion en cours sur la pratique du baptême, la mortalité des sociétés anciennes éclaire une large part des décisions doctrinales de l'Église, ce qui sous-entend que son effondrement peut entraîner une nouvelle analyse.

À Paris, les premières préparations au baptême se mettent en place dans le secteur missionnaire du XIIIe arrondissement à partir de 1963 : un délai d'un mois avant l'inscription de l'enfant « en vue du dialogue avec les parents » est alors prévu. L'exemple est suivi à Saint-Ambroise (XIe arrondissement), à Saint-Jacques-Saint-Christophe (XIXe arrondissement) et dans le XIIe arrondissement en 1964-1965 ; puis la procédure est étendue en 1966 à tout le diocèse par les directives épiscopales de Mgr Veuillot[40]. Entre-temps, en 1965, l'assemblée plénière de l'Épiscopat français s'est réunie et, dans une note intitulée *La Pastorale du baptême des petits enfants,* elle a adopté le délai de préparation comme réponse au contexte de « déchristianisation » ambiant qui suppose une véritable « évangélisation » des parents[41].

Le document de 1965 influence à son tour l'*Ordo Baptismi Parvulorum* promulgué à Rome par le pape Paul VI en 1969[42], ainsi que la version destinée aux pays francophones, le *Rituel du baptême des petits enfants*[43]. Ces deux textes soulignent l'importance de la préparation au baptême pour la famille demandeuse. De manière plus générale, conçus comme les éducateurs prépondérants, les parents de l'enfant voient leur place précisée et valorisée au sein du dispositif, au détriment des parrains et marraines. Lors de la cérémonie, ce sont dorénavant les parents qui demandent le baptême de leur enfant, et c'est à eux que le célébrant s'adresse pour la renonciation à Satan ou la profession de foi ; il leur appartient aussi de tenir l'enfant sur les fonts baptismaux lors des baptêmes par infusion ou de le relever dans les baptêmes par immersion. La mise en avant de la responsabilité primordiale des parents reprend une logique déjà observée à Notre-Dame de Saint-Alban. D'ailleurs, comme dans cette paroisse pilote, la présence de la mère à la cérémonie est désormais expressément souhaitée et il est demandé de fixer la date du baptême en fonction du rétablissement de sa santé.

La dimension communautaire du baptême n'est pas oubliée pour autant, bien au contraire. La conclusion de la cérémonie, autour de l'autel, ouvre le baptême sur l'eucharistie, et une bénédiction finale des parents, des parrains, et de toute l'assemblée est prévue. Par ailleurs, le rituel recommande de célébrer le baptême lors de la vigile pascale ou le dimanche, de préférence au cours de la messe dominicale afin que la communauté paroissiale participe au sacrement d'accueil du nouveau membre. Pour que les messes dominicales ne soient pas systématiquement alourdies par ces célébrations, il est proposé de regrouper les baptêmes à la messe un dimanche par mois, ou bien de scinder en deux la cérémonie baptismale en anticipant une partie de la liturgie la veille (accueil, liturgie de la parole, exorcismes) et en réservant à la messe dominicale la bénédiction de l'eau, la profession de foi, l'ablution et les rites post-baptismaux[44].

Une réforme baptismale sous tension

Ces directives fixées par les plus hautes autorités de l'Église, en France ou à Rome, ne mettent pas fin au débat interne et aux oppositions au sein du clergé français. Sur le terrain, les responsables de chaque paroisse adaptent les règles en fonction de leur sensibilité plus ou moins conciliante vis-à-vis des désirs des familles : préparation obligatoire ou proposée ; délai d'un mois ou de quinze jours ; refus envisageable du baptême ou tolérance si la famille n'accepte pas la nouvelle procédure, notamment quand elle a déjà une date de célébration en tête[45]. Certains pasteurs, par manque de conviction ou parce qu'ils estiment que la préparation au baptême est inutilement chronophage, n'hésitent d'ailleurs pas à passer outre les prescriptions de 1965 et 1969 et n'appliquent pas la réforme. À l'inverse, portés par l'effervescence intellectuelle des années 1960 et du début des années 1970, d'autres proposent d'aller plus loin dans la refonte du baptême, et envisagent la mise en place d'une initiation par étapes[46]. « Au nom du sérieux de la rencontre de l'homme et de Dieu », le baptême des enfants de familles « non chrétiennes » serait retardé non de quelques semaines, mais de plusieurs années : l'enfant serait « accueilli » dans l'Église, mais recevrait le baptême proprement dit à un âge beaucoup plus avancé[47]. Pour ses promoteurs, cette solution présente deux avantages : *primo*, l'initiation chrétienne serait l'occasion d'une véritable formation religieuse étalée sur l'enfance et l'adolescence ; *secundo*, l'administration du premier sacrement respecterait la liberté humaine et découlerait d'un choix libre et conscient du baptisé[48], un argument développé aussi par un certain nombre de parents chrétiens des années 68, qui affichent un respect scrupuleux de l'autonomie de l'enfant.

Avec la mise en pratique, ponctuelle, de ces conceptions vers 1970, l'éclatement des pratiques baptismales dans la France catholique atteint un stade inédit. Des groupes attachés à la tradition se sont structurés depuis quelques années et réagissent face à ce qui leur semble une dérive. Le 11 novembre 1970, le Rassemblement des silencieux de l'Église, fondé en 1969 par Pierre Debray[49], adresse un ultimatum à l'épiscopat pour dénoncer l'importance prise par ces pratiques nouvelles[50]. En novembre 1971, devant la dispersion des points de vue, voire les risques de rupture dans l'Église à propos du premier sacrement, les évêques se sentent obligés de préciser leur position, dans le sens d'une stabilisation sur les positions de 1965[51] et, donc, d'une défense de la pratique du baptême des petits enfants. La déclaration de 1971 prévoit certes que chaque évêque peut, sous sa responsabilité et en fonction du contexte local, accepter la mise en œuvre de procédures différentes[52], mais il est clair que ce document met le holà aux expérimentations baptismales. Les divers textes émis par les autorités de l'Église dans les deux décennies suivantes (*Lettre aux catholiques de France* de l'Assemblée plénière des évêques, en 1976[53] ; *Instruction sur le baptême des petits enfants*, de la Congrégation pour la doctrine de la foi, en 1980 ; Code de droit canonique de 1983[54]) confirment cette volonté d'en rester en matière de baptême des petits enfants à la doctrine traditionnelle de l'Église, révisée par l'*Ordo* de 1969.

À partir de la fin des années 1970, les autorités catholiques ne cherchent en effet plus à réorganiser en profondeur le système d'administration baptismale. La vogue « utopiste » s'essouffle, le gauchisme chrétien entre en crise, les petites communautés sans hiérarchie auprès desquelles certains parents catholiques préféraient présenter leur enfant au détriment de la paroisse se dissolvent, tandis que Rome et la plupart de l'épiscopat français mènent désormais une politique de reprise en main et de retour à l'ordre au sein de l'Église de France[55]. La priorité est donnée à la préservation du cadre existant, fragilisé par deux décennies de troubles (1960-1970) - crise des vocations, départs de prêtres, effondrement de la pratique, etc. -, quitte à l'adapter aux nouvelles demandes qui se font jour. En 1977, est promulgué un rituel spécial pour le baptême des *enfants en âge scolaire*, qui tient compte de cette situation alors de plus en plus fréquente[56], notamment en raison du nombre croissant de parents qui rechignent à « imposer » le baptême à leurs enfants en bas âge. Par ailleurs, dans le sillage de la publication en 1972 par le pape Paul VI du *rituel du baptême des adultes*, l'Église de France consacre une large partie de son attention à l'accueil des adolescents et des adultes. L'édition française définitive de l'*Ordo* romain est approuvée en 1996[57]. Cet intérêt pour le catéchuménat des adultes s'inscrit dans un mouvement de fond issu du mouvement liturgique, à savoir la revalorisation du temps pascal[58] - la célébration du baptême des adultes et des enfants d'âge scolaire forme un temps fort de la vigile pascale - et l'affirmation d'un lien essentiel entre baptême et mystère pascal[59] ; mais il correspond aussi à une poussée des demandes émanant de cette classe d'âge, dès lors que le taux de baptisés à la naissance diminue.

Enfin, la réflexion dans l'Église de France se tourne vers les moyens d'administrer le baptême. La baisse des vocations entraîne une surcharge de travail pour les prêtres en poste ; ce problème incite à déléguer une partie des tâches sacramentelles aux diacres, dont le nombre s'accroît dans les dernières décennies[60]. Cette évolution est cependant mal perçue par un épiscopat qui, malgré les difficultés pratiques, entend défendre la préférence sacerdotale : dès lors, les statuts synodaux récents affirment la centralité du prêtre dans la pastorale des sacrements, en demandant sa présence aux baptêmes, mariages et funérailles, autant que faire se peut. La mise en place de célébrations groupées apparaît souvent comme une solution possible[61].

L'ÉCHEC DES RÉFORMES BAPTISMALES

Quels sont, sur le terrain, les résultats de cette redéfinition liturgique et pastorale de la pratique baptismale amorcée depuis les années 1930-1940 ? Parvient-elle à infléchir les pratiques familiales ou bien se heurte-t-elle une fois encore à la puissance des motivations extra-ecclésiales ?

Une rénovation pastorale incomprise (1940-1970)

Du côté des paroisses pionnières, le bilan est très mitigé. À Notre-Dame de Saint-Alban, Nathalie Malabre constate que seule une élite paroissiale, composée d'anciens scouts, de jocistes, de membres actifs de la paroisse - généralement issus de la classe moyenne -, répond à peu près aux attentes du père Rémillieux. Non sans accommodements d'ailleurs, puisqu'il apparaît plus compréhensif lorsque ces piliers de son action pastorale demandent à bénéficier d'un délai pour organiser la cérémonie ou d'une dérogation à la règle du baptême célébré lors de la messe dominicale. La majeure partie des autres paroissiens se montrent en revanche insensibles aux innovations, voire récalcitrants. Le curé fait preuve de bienveillance quand il s'agit de nouveaux arrivants dans le quartier, dont il peut espérer une adhésion future, mais, dans ses carnets, il ne masque pas son irritation lorsqu'il s'agit d'anciens paroissiens. Il catalogue vite comme des familles incroyantes, incapables de saisir le sens du sacré, toutes celles qui se refusent à faire baptiser leur enfant à 8 ou 9 heures le dimanche matin, qui évoquent le repas de famille à préparer ou la nécessité d'attendre l'arrivée d'un parent ou d'un invité, qui ne communient pas au baptême. L'insistance du père Rémillieux sur l'insertion de la famille conjugale au sein de la « famille » de la communauté paroissiale cache ainsi une intransigeance plus profonde vis-à-vis de toute pollution de sa liturgie rénovée par des enjeux familiaux autres, dans la pure tradition tridentine. L'attachement des paroissiens à la « tradition familiale » ou leur volonté d'insérer socialement le nouveau-né dans les groupes de la parenté et du voisinage - qui suppose le rassemblement d'invités - sont méprisés et perçus comme l'insupportable intrusion « dans son église et dans un rite religieux dont il aurait dû rester maître, d'une sociabilité aux règles qui lui demeuraient extérieures ». Si le curé visite les familles après la cérémonie pour vérifier la qualité religieuse de leur engagement baptismal, il se refuse - là encore dans le droit fil de l'esprit tridentin - à participer aux festivités joyeuses qu'elles organisent. En clair, dans sa paroisse le père Rémillieux développe un baptême communautaro-familial qu'il ne conçoit qu'en un sens étroitement religieux ; il rejette en revanche toutes les autres manifestations de l'esprit de famille - en particulier celles qui renvoient aux devoirs de la parenté large - ou de la solidarité locale. S'interdisant par avance de comprendre les aspirations de ses paroissiens lors du baptême, il tend à les considérer d'emblée comme des dérives non chrétiennes. Son approche, issue des réflexions théoriques du mouvement liturgique, est donc « plaquée » sur des réalités sociales qui lui échappent, ce qui suscite en retour beaucoup plus d'incompréhension que d'adhésion chez les fidèles, surtout dans les familles ouvrières[62].

Même décalage dans le portrait tracé à chaud par Émile Pin de l'expérience menée dans la paroisse lyonnaise de Saint-Pothin au début des années 1950. La démarche des baptêmes communautaires lors de la messe dominicale ne séduit guère les fidèles les plus engagés, qui font tout pour l'éviter quand il s'agit de leurs propres enfants. Elle ne concerne au final que les familles non pratiquantes qui, peu au fait des innovations liturgiques en cours, se contentent de suivre passivement les indications des prêtres :

> [...] lorsqu'un père de famille, un parrain, une marraine viennent à la sacristie demander l'inscription pour le baptême, le sacristain de garde inscrit le baptême pour la grand'messe. Les familles non pratiquantes, peu au courant des usages, se contentent d'enregistrer et n'osent protester. N'assistant pas habituellement à la messe, elles ne se rendent pas compte de la façon dont la cérémonie va se dérouler. Par contre, les pratiquants qui sont au courant et qui savent aussi que tous les baptêmes ne se célèbrent pas à la grand'messe refusent assez souvent et demandent un baptême « privé ». S'ils n'ont point gain de cause auprès du sacristain, ils en appellent à M. le curé. Celui-ci n'impose pas le baptême en communauté à ceux qui n'en veulent point. C'est ainsi que l'on risque de voir défiler à la grand'messe les familles les moins engagées dans la vie paroissiale et les moins préparées à comprendre la signification sociale du baptême[63].

Les directives sur la préparation au baptême dans les années 1960 rencontrent elles aussi des difficultés d'application. Attirer les parents aux réunions de préparation, le soir, se révèle vite une gageure ; et les demandes de dérogations ou d'aménagements en tout genre pour convenances familiales ne cessent pas miraculeusement. Rares sont les prêtres paroissiaux prêts à aller jusqu'au bout de la logique de refus quand les familles résistent aux nouvelles orientations. Luc Perrin, interrogeant les curés en poste à Paris dans la seconde moitié des années 1960 ou consultant leurs écrits dans les bulletins paroissiaux de l'époque, constate qu'une moitié environ s'interdisent par principe de recourir à cette menace. L'autre moitié, plus intransigeante, ne l'exclut pas, mais lui préfère la pratique du « délai dissuasif », qui met les familles « en face de leurs responsabilités » : à elles de retirer leurs demandes si les conditions d'administration du sacrement ne leur conviennent pas ! Très peu de familles encore assument un tel choix dans ces années (10 pour 1 000 baptêmes conférés dans le XIIIe arrondissement de Paris vers 1964-1966), mais il est vrai que, dans la pratique, même les curés les plus fermes font vite preuve d'une certaine souplesse, comme en témoigne le curé Jaffrès :

> Nous avons à ce moment-là posé clairement les exigences de délai, de préparation de conditions (catéchisme des frères aînés... une certaine recherche de foi...). Les risques de blocage sont apparus avec rupture de dialogue et incompréhension totale. Ensuite nous avons essayé de tenir ces exigences, mais en sachant davantage moduler selon les situations, les possibilités de chacun, de chaque famille. Ces exigences sont importantes, mais au service de l'annonce de l'Évangile et elles ne doivent pas faire obstacle à la rencontre de Jésus-Christ[64].

Dès le début des années 1970, la désillusion envahit jusqu'aux pasteurs les plus investis. Dans la paroisse du Petit-Colombes, où le père Michonneau a engagé sa démarche rénovatrice trente ans plus tôt, le père Agnus, chargé de l'accueil des parents demandant le baptême, dresse en 1973 un sombre bilan de la préparation : non seulement on compte peu d'« occasions heureuses [...] où des familles expriment une foi éclairée et témoignent d'une vie d'Église consciente et active », mais encore la nouvelle procédure épuise les prêtres. D'après sa propre expérience, de nombreux parents venus à la paroisse ne demandent pas vraiment le baptême, mais attendent plutôt une « prière pour l'enfant et pour les parents, une reconnaissance officielle de leur enfant par l'Église, une reconnaissance officielle des parrains et marraines, et la garantie qu'il sera enterré à l'Église s'il arrive quelque chose ». Le père Agnus suggère de répondre à cette aspiration en mettant en place un baptême en deux parties. La première phase se limiterait à un accueil comprenant l'entrée officielle dans l'Église, la prière pour les parents et l'enfant, l'écoute de la parole de Dieu, une bénédiction solennelle de l'enfant, mais aussi la signature des registres d'inscription par les parents et les parrains et marraines. La seconde étape, décalée dans le temps, comporterait la profession de foi, le « Veux-tu être baptisé ? », le rite de l'eau et l'onction d'huile.

Dès sa mise en œuvre, sa proposition entraîne une baisse drastique du nombre de baptêmes complets dans la paroisse, qui passe de 108 en 1972 à sept en 1974 ! À l'inverse, le nombre de familles se satisfaisant de l'inscription (avec parrain et marraine) explose : soixante-dix en 1974. Le père Agnus pensait par son initiative adapter la réponse de l'Église à la diversité de la demande chrétienne des familles, sans entrer dans une logique de refus. Mais au bout du compte, il montre surtout que la plupart des familles font appel à l'Église parce qu'elle constitue à leurs yeux une institution pourvoyeuse de rites ; très peu semblent se soucier au fond de la dimension sacramentelle du baptême et de l'engagement dans la foi qu'il implique. La situation paraît certes clarifiée d'un point de vue pastoral, mais au prix d'un effondrement de la pratique baptismale et sans que l'évangélisation des adultes, espérée dans le cadre de la préparation au baptême, progresse d'un pouce[65]. En réalité, bien des familles se contentent de la vision quelque peu « administrative » de la cérémonie proposée par la formule de l'« accueil », qui leur garantit solennité et formalisation de la présence des parrains et marraines, alors que justement la lutte contre une vision routinière, formaliste et privatisée du baptême est au cœur des réflexions refondatrices du clergé depuis un demi-siècle. Un tel échec dans une paroisse longtemps tenue pour un modèle de renouveau liturgique et d'animation communautaire est la marque du décalage persistant entre les conceptions cléricales du baptême (et, plus largement, de l'usage des sacrements) et les motivations et besoins de la plupart des laïcs.

Au-delà de ces expériences plus ou moins pilotes, l'évolution globale des modes d'administration du baptême dans les dernières décennies n'indique pas d'arrêt du processus de « privatisation » du sacrement.

L'organisation de célébrations baptismales, non dans la paroisse de résidence des parents, mais dans des localités porteuses d'une identité familiale plus profonde, ne cesse par exemple de s'amplifier après la Seconde Guerre mondiale, en lien avec l'exode rural et la croissance des grandes villes durant les Trente Glorieuses. Yves Lambert note qu'à Limerzel (Morbihan), prototype de la paroisse de chrétienté bretonne, les baptêmes hors paroisse commencent à se répandre après 1945 lorsque les familles émigrées demandent à célébrer au pays le baptême de leurs enfants : en 1974, ces demandes représenteraient un tiers de tous les baptêmes conférés dans la commune, et même la quasi-totalité de ceux administrés à des bébés de plus de trois mois[66]. Ces comportements conduisent à un allongement sensible des délais de baptême, y compris dans les régions les plus ferventes. Ils perturbent aussi le calcul des taux de baptisés par régions. Mesurant pour l'année 1958 le rapport entre baptêmes et naissances par diocèse, Julien Potel note une déperdition considérable dans les évêchés de Versailles (76,6 %) et de Paris (75,1 % à Paris même ; 70,4 % en banlieue), tandis que d'autres diocèses (Moulins, Saint-Flour, Saint-Brieuc, etc.) affichent des résultats supérieurs à 100 %[67]. Une dizaine d'années plus tard, le phénomène s'est accentué. Le rapport entre baptêmes et naissances dans le diocèse de Paris n'est plus que de 51,2 % en 1970[68], ce qui à cette date ne peut s'expliquer par la chute du taux de baptisés. Répondant en 1971 à son enquête sur la pratique du premier sacrement en France, les correspondants diocésains de Julien Potel signalent l'impact des vacances et des résidences secondaires dans les fluctuations des demandes. Un témoin du diocèse d'Amiens note que ces habitations présentent un grand intérêt pratique pour les parents du baptisé : « Il y a davantage de place que dans les appartements, la cérémonie est plus familiale et la réunion de famille plus intime. » La volonté d'inscrire religieusement l'enfant dans un espace familier, celui de l'identité profonde et non celui, provisoire, de la seule vie quotidienne, joue aussi un rôle certain. Un interlocuteur du diocèse de Tulle écrit : « Beaucoup de familles qui se sont expatriées, notamment dans la région parisienne, tiennent à garder des racines religieuses en même temps qu'humaines, dans leur terroir » ; de même, celui de Carcassonne constate : « Il y a un nombre plus important de baptêmes pendant les congés, surtout quand les parents habitent une grande ville et n'y connaissent aucun prêtre. C'est trop anonyme ; ici, c'est la famille[69]. »

À l'évidence, le phénomène accentue le processus de concentration saisonnière des cérémonies, visible dès le XIXe siècle dans une partie de la France, notamment à Paris. Dans les zones de réception provinciale des baptêmes, les périodes de congés sont privilégiées[70]. Quant à la région parisienne, Julien Potel, étudiant une paroisse de banlieue et une paroisse *intra-muros*, estime que dans les années 1960, 37 % à 40 % des baptêmes y sont célébrés dans les seuls mois d'avril, mai et surtout juin, tandis que décembre en rassemble un dixième : « La date du baptême est donc liée au dernier trimestre scolaire et à décembre. Les beaux jours, les communions solennelles, les fêtes de Pâques, de Pentecôte et de Noël sont les principaux points de repère[71]. »

Répartition brute mensuelle des baptêmes dans deux paroisses d'Île-de-France (années 1940-2000)

	Samois-sur-Seine		Saint-Ambroise (Paris)			
	1967-1974	1984-1989	1942-1945	1960-1963	1991-1994	2000-2003
Janvier	0,8 %	2,6 %	6,0 %	4,8 %	6,4 %	7,3 %
Février	3,1 %	3,9 %	5,1 %	4,3 %	3,0 %	1,9 %
Mars	7,0 %	2,6 %	4,9 %	5,3 %	4,6 %	7,5 %
Avril	11,6 %	5,2 %	9,5 %	12,3 %	10,7 %	14,5 %
Mai	10,1 %	2,6 %	12,8 %	13,1 %	14,0 %	14,0 %
Juin	10,1 %	40,3 %	9,8 %	12,6 %	23,5 %	16,7 %
Juillet	8,5 %	7,8 %	8,2 %	7,9 %	7,3 %	6,5 %
Août	6,2 %	5,2 %	5,4 %	2,7 %	2,1 %	2,4 %
Septembre	14,0 %	11,7 %	8,1 %	7,3 %	7,3 %	9,1 %
Octobre	10,9 %	13,0 %	8,7 %	9,9 %	9,1 %	5,9 %
Novembre	3,9 %	1,3 %	7,9 %	6,6 %	4,6 %	4,3 %
Décembre	14,0 %	3,9 %	13,7 %	13,1 %	7,3 %	9,9 %
Nombre de baptêmes	129	77	1 600	1 678*	328	372

* Dont deux baptêmes de date inconnue (le calcul est effectué sur 1 676 baptêmes).
Source : archives des presbytères des deux paroisses.

Il n'existe pour l'heure aucune donnée globale pour la France des toutes dernières décennies. Mais les calendriers mensuels relevés dans deux paroisses tests d'Île-de-France (Samois-sur-Seine et Saint-Ambroise à Paris) suggèrent que la concentration sur les trois principaux mois (avril, mai, juin) se renforce après les années 1970 : dans les années 1980-2000, presque la moitié des baptêmes y sont célébrés. Une partie du resserrement s'explique par la croissance des baptêmes d'adolescents et d'adultes qui sont conférés lors du temps pascal. L'essentiel tient néanmoins au charme des beaux jours et aux longs week-ends de Pâques ou de la Pentecôte. La période de Noël semble décliner en revanche.

L'augmentation des baptêmes tardifs

Parmi les effets majeurs des réformes baptismales des années 1960, figure sans conteste l'âge croissant des baptisés. Les délais les plus courts tendent à disparaître avec la mise en place des préparations au baptême. Joue aussi l'effacement des sacrements administrés en milieu hospitalier – baptêmes complets conférés dans une chapelle ou ondoiements, y compris en couveuse[72] – qui constituaient jusqu'alors un réservoir conséquent de baptêmes immédiats. L'obligation de baptiser ne s'y applique plus qu'aux enfants en danger de mort et aux « cas spéciaux » : les maternités d'Aix-les-Bains et Chambéry qui accueillent encore 1 244 baptêmes en 1963 n'en comptent que dix-neuf en 1969[73] ! En outre, le baptême tend à devenir non plus le premier rite de naissance, comme il l'était traditionnellement, mais au contraire celui qui couronne et clôture un processus rituel désormais très étalé puisqu'il comporte de multiples étapes : la première échographie[74], le premier bain donné par le père à la maternité[75], les envois de faire-part, la présentation de l'enfant à domicile aux amis et parents venus en visite avec leurs cadeaux, etc.[76].

Les résultats de nos échantillons franciliens illustrent bien ce mouvement – même s'ils en donnent sans conteste une image amplifiée par rapport à la moyenne nationale. À Samois-sur-Seine dans les années 1984-1989, une grosse moitié des enfants a moins d'1 an (57,9 %) au moment du baptême, mais à peine un sur dix (11,8 %) est présenté à l'église avant d'avoir 2 mois (dont 2,6 % avant 1 mois). À Saint-Ambroise (Paris) en 1991, les baptêmes précoces sont encore plus rares : un baptisé sur cinq reçoit le sacrement dans les six mois suivant la naissance, aucun avant un mois[77].

Les *Annuaires statistiques de l'Église*, qui recensent l'ensemble des baptêmes conférés après le septième anniversaire, c'est-à-dire pour l'essentiel à des enfants d'âge scolaire ou des adolescents, indiquent en revanche leur forte progression en France. Représentant moins d'un baptême sur 100 au milieu des années 1970, ils franchissent la barre des 5 % dans les années 2000 pour atteindre presque 10 % à l'heure actuelle. Les niveaux français se situent alors bien au-dessus de ceux des pays catholiques comparables - Italie, Espagne, Belgique, sans même parler de la Pologne -, plus fidèles à la tradition du baptême multitudiniste et immédiat. Seul le Portugal enregistre des pourcentages - légèrement - supérieurs.

Proportion de baptêmes catholiques à plus de 7 ans (exemples européens, 1975-2019 ; en %)

	1975	1980	1985	1990	1995	2000	2004	2008	2012	2016	2019
France métropolitaine	0,63	1,29	2,02	2,86	4,17	5,23	5,37	6,31	6,93	8,96	9,13
Italie	0,05	0,07	0,22	0,34	0,48	0,76*	0,80	1,06	2,67	1,79	1,53
Espagne	0,14	0,08	0,18	0,80	1,80	2,24	2,27	2,59	3,86	5,59	6,04
Portugal	0,66	0,93	2,04	3,75	4,78	6,05	6,46	7,60	9,32	11,43	10,15
Belgique	0,12	0,08	0,22	0,19	0,15	0,22	0,74	2,95	3,89	5,37	5,40
Autriche	1,08	0,42	0,78	1,05	1,10	2,14*	2,14	2,57	2,12	2,66	3,24
Pologne	0,32	0,32	0,47	0,49	0,59	1,03	1,09	0,82	0,78	0,81	0,91

* 2001 (la valeur fournie dans l'annuaire pour l'année 2000 est suspecte).
Source : *Annuaires statistiques de l'Église* (1975-2019).

De multiples causes, plus ou moins essentielles, expliquent la montée de ces cérémonies tardives. On peut y voir d'abord l'influence chez une partie des parents catholiques des débats théologiques des décennies précédentes. En valorisant un baptême « vrai », et non un acte de pur enregistrement de la naissance, « mécanique » et motivé par la seule « tradition », le milieu des réformateurs du baptême pousse en effet les parents à s'interroger sur le sens de leur démarche. Ce recul réflexif nécessaire, qu'est censée encadrer la préparation au baptême, doit dans l'idéal stimuler un approfondissement de la foi des parents et renforcer leur engagement. Mais l'accent mis sur l'« authenticité » peut aussi produire l'effet inverse, c'est-à-dire susciter des interrogations, des doutes et des scrupules, et donc amener une partie des familles à retarder voire à abandonner le baptême. Dès les années 1970, des publications destinées aux parents chrétiens se font l'écho de cette réaction[78]. De manière générale, qu'il s'agisse de la préparation au baptême ou des baptêmes par étapes, la réflexion en cours depuis les années 1950-1960 tend à faire de l'initiation chrétienne, non un rite ponctuel, mais un « cheminement » impliquant les parents et leur enfant dans un processus de longue durée. Cette idée pousse une partie des parents catholiques à considérer le baptême comme une étape non plus initiale mais intermédiaire, marquant déjà un affermissement dans la démarche d'initiation à la foi chrétienne. En outre, cette idée de « cheminement » et la mise en place des procédures de préparation conduisent à la remise en cause de tout le discours alarmiste sur l'exclusion des enfants morts sans baptême. Dans le fascicule *Les Parents et le Baptême*, destiné aux parents catholiques et publié en 1974 par les « Équipes enseignantes » de Paris – il s'agit de catholiques issus du monde éducatif –, le lien étroit entre baptême et salut est explicitement défait :

> C'est renverser l'ordre des choses que de poser la question du salut des enfants morts sans baptême. Si le baptême est bien le sceau du salut pour le baptisé, et un signe précieux pour les parents et la communauté, Dieu n'est pas lié à nos signes sacramentels pour sauver tout enfant comme tout homme. Il peut le faire quand il veut et comme il le veut. Si donc les parents ont de bonnes raisons de retarder, voire

même de repousser le baptême de leur enfant, ils n'interdisent pas le salut à cet enfant. C'est Dieu qui sauve[79].

De manière anecdotique, les expériences éphémères des années 1970 (« accueil » à l'église, communautés hors paroisse, etc.) entraînent dans les années suivantes des régularisations baptismales tardives (à l'adolescence, à l'âge adulte), par exemple lors du baptême d'un frère ou d'une sœur plus jeune, ou bien au moment du mariage. Le curé de la paroisse Saint-Ambroise, dans un entretien mené en 2003, rapporte un cas assez exemplaire :

> Mais j'ai rencontré quelqu'un qui se préparait au mariage et cette personne-là pensait être baptisée. Lorsqu'on lui a demandé son acte de baptême, il ne l'a pas trouvé. Alors forte déception de la part de cet homme qui a fait des recherches, etc. Et tout en discutant, on s'est aperçu finalement qu'il avait fait cette... comment dire ? qu'il avait été accueilli dans l'Église vers l'âge de 10-12 ans, quand il était scout [vers 1972-1974]. Lui, il avait confondu cet accueil dans l'Église avec le baptême proprement dit. Le baptême par étapes peut-être dans son esprit, le terme de baptême s'arrêtait là. Le jour de cet accueil, il a fait sa promesse scout. Alors la promesse, l'engagement, etc., l'engagement au service des autres... ; certainement, il y a eu beaucoup de confusion dans son esprit[80].

Plus important, avec la mise en place d'un rituel d'accueil des enfants d'âge scolaire dans les années 1970, le clergé paroissial, confronté à une demande de baptême pour un enfant déjà âgé de quelques années, est dorénavant tenté de faire patienter la famille. L'idée est alors d'intégrer le sacrement dans une formation chrétienne de longue haleine (catéchisme par exemple) : le baptême, renvoyé aux années du collège ou du lycée, devient le couronnement final d'une démarche comportant plusieurs étapes d'accueil dans la communauté paroissiale.

Cependant, l'explication majeure de la montée des baptêmes au-delà de 7 ans vient du nouveau regard que nombre de parents – et la société tout entière – portent sur l'enfant. Après 1968 en particulier, la reconnaissance de la personne de l'enfant et le respect de sa liberté deviennent des principes éducatifs partagés par un nombre croissant de pères et de mères. La prise en compte de l'autonomie individuelle de chaque membre du noyau familial constitue un des socles de la famille relationnelle qui se met alors en place. L'identité religieuse de l'enfant n'échappe pas à ce processus. Comme le reconnaît en 1974 le rédacteur de la brochure *Les Parents et le Baptême*, « ces dernières années, l'objection la plus fréquente au baptême des petits enfants alléguait la liberté de l'enfant[81] ». Dans un sondage de 1975, 34 % des personnes interrogées estiment qu'il faut baptiser à la naissance, 32 % quelques mois après, 1 % quelques années après, 2 % après dix ans, mais surtout 29 % pensent qu'il faut « laisser le choix[82] ». Une génération plus tard, le curé de Savigny-sur-Orge, dans un entretien accordé en octobre 2002, confirme que cette logique s'est affirmée : « Les chrétiens engagés, du type Équipe Notre-Dame, sont pour le baptême précoce », mais, hors de ce groupe, « les parents disent "on a voulu laisser le choix" »[83]. De manière significative, selon la *World Values Survey*, 37 % des adultes interrogés en France citent l'« indépendance » parmi les valeurs à inculquer à leurs enfants, alors que la « foi religieuse » n'est évoquée que par 8,7 % d'entre eux[84]. D'un point de vue historique, il s'agit bien entendu là d'une transformation majeure : il suffit pour s'en convaincre de songer à l'accueil réservé aux propositions faites en matière de liberté religieuse des enfants par Jean-Jacques Rousseau dans l'*Émile*... Certes, l'Église répond en partie à cette évolution récente des sensibilités, en insistant sur le fait que la liberté de l'enfant peut très bien être préservée même après le baptême : ce dernier n'est pas une « filière sans échappatoire », mais demande à être ratifié « librement » par le baptisé devenu grand[85]. Mais cette réponse peine à contrecarrer l'idée simple que l'enfant n'a pas à être enrôlé d'emblée dans un courant de pensée ou une religion, comme le proclame au même moment la Convention internationale des droits de l'enfant, adoptée en 1989[86]. De nombreux parents chrétiens préfèrent une simple sensibilisation à la foi ou à la culture catholique, à charge pour leurs fils ou leurs filles de valider « librement » leur adhésion quand ils auront grandi.

La montée des baptêmes tardifs est également liée à une autre transformation récente de la famille, à savoir le bouleversement des comportements matrimoniaux et, de manière plus globale, la mutation de la transition vers l'âge adulte. Depuis les années 1970, dans de nombreux pays européens et singulièrement en France, le passage de la situation de couple à celle de famille s'effectue de manière beaucoup plus étalée qu'auparavant[87] lorsque rencontre, mariage, installation dans un foyer autonome et arrivée des premiers enfants constituaient des seuils étroitement connectés dans le temps et obéissant à une succession stricte (en théorie du moins). Or, dans le nouveau cadre, le baptême des enfants, comme le mariage religieux, vient souvent finaliser au niveau rituel un processus d'établissement qui fonctionne selon une logique à la fois plus progressive et plus incertaine, où la venue des enfants n'est plus forcément la phase ultime mais a pu constituer une étape. Ces célébrations religieuses, quelquefois effectuées en parallèle, affichent publiquement que le simple couple du début a franchi un certain nombre de caps fondamentaux pour devenir une famille au sens plein, digne d'être reconnue comme telle par son entourage et la société. Il n'est pas rare qu'une partie des enfants aient dépassé l'âge de raison lors de la cérémonie, surtout quand en milieu populaire il ne peut être question, ne serait-ce que pour des raisons financières, de multiplier les grandes festivités familiales. C'est le constat opéré par Odette Sarda au milieu des années 1980 au terme d'une enquête menée auprès de prêtres :

> Aujourd'hui, une proportion importante de parents demande le baptême pour leur enfant, quand ils ont le sentiment d'être installés, ou du moins, stabilisés. Quand les difficultés d'argent, de santé, de travail ou affectives sont résolues, ils se décident à demander le baptême. Ce peut être aussi quand la maison acquise est finie de construire. Toutes ces raisons expliquent l'allongement du délai de baptême. Elles éclairent aussi le sens des demandes pour une fratrie, en particulier dans les milieux moins favorisés. Parfois, à la demande pour les enfants d'âges divers, s'ajoute celle d'un des deux parents, exprimée de façon plus ou moins explicite. On en arrive presque à des baptêmes de famille. Des prêtres signalent de plus en plus cette situation : le mariage des parents accompagné du baptême de leur enfant. Une paroisse de la banlieue parisienne dénombre un cas de baptême sur dix accompagné de la demande de mariage pour les parents[88].

Une nouvelle fois, on constate que l'administration du baptême s'insère dans une mise en scène sociale de la famille, décalée des principes religieux d'intégration à la communauté paroissiale. Le rite du baptême catholique (ou celui du mariage à l'église), parce qu'il implique une institution, l'Église, qui renvoie à un imaginaire de la tradition, est particulièrement adapté pour manifester un retour à la « norme » familiale (ancienne), un espoir de stabilité et de pérennité, mais aussi l'acceptation d'une certaine forme d'irrémédiabilité, par opposition au caractère mouvant et réversible qui constitue désormais pour la plupart des individus l'essence de la longue phase de transition vers l'âge adulte.

Reste enfin le cas des baptêmes d'adultes (18 ans et plus). On sait que leur nombre progresse peu à peu depuis quelques décennies en France, atteignant plus de 4 000 personnes par an en 2022, ce qui est loin de compenser la baisse drastique des baptêmes d'enfants. Cette lente croissance découle de l'arrivée à l'âge adulte des cohortes de jeunes qui n'ont pas reçu le baptême catholique lors de leur enfance, contrairement aux générations précédentes ; elle s'explique aussi – plus marginalement (moins de 10 % des catéchumènes en 2017) – par la présence croissante sur le territoire français de personnes appartenant à d'autres traditions religieuses (islam, religions orientales, etc.), donc susceptibles de s'engager dans une démarche de conversion en direction du catholicisme. Une moitié environ (enquête de 2017) préparent le baptême en même temps que leur mariage.

Nombre de catéchumènes adultes baptisés en France métropolitaine (2002-2022)

Année	2002	2007	2012	2017	2022
Nombre de baptêmes	2 335	2 708	2 958	4 208	4 147*

* 4 278 avec l'outremer.
Source : chiffres fournis par le Service national de la catéchèse et du catéchuménat, en ligne : www.catechese.catholique.fr

La chute du baptême catholique

L'étude de ces diverses transformations de la pratique baptismale ne saurait cependant occulter le fait majeur des dernières décennies, à savoir la chute du taux de baptêmes catholiques dans la population française.

Il est de tradition de mesurer ce taux en rapportant le nombre de baptêmes célébrés dans l'année civile à celui des naissances enregistrées à l'état civil au cours de la même période - même si, à l'heure actuelle, beaucoup de baptisés reçoivent désormais le premier sacrement l'année civile qui suit celle de leur naissance, voire plus tard encore. Le tableau suivant met en regard les chiffres fournis par les *Annuaires statistiques de l'Église* (malgré leurs limites[89]) et ceux de l'Insee.

Ratio des baptêmes sur les naissances par an (France métropolitaine, 1971-2019)

Année	Baptêmes	Naissances	Ratio (en %)
1971	671 738	878 647	76,45
1975	578 212	745 065	77,61
1979	515 641	757 354	68,08
1983	507 710	748 525	67,83
1987	488 788	767 828	63,66
1991	462 779	759 056	60,97
1995	424 829	729 609	58,23
1999	400 327	744 791	53,75
2003	372 231	761 464	48,88
2007	338 000	785 985	43,00
2011	294 991	792 996	37,20
2015	263 134	760 421	34,60
2019	204 821	714 029	28,69

Sources : effectifs des baptêmes fournis par les *Annuaires statistiques de l'Église*, 1971-2019 ; effectifs des naissances disponibles sur le site de l'Insee.

Jusqu'aux années 1950, plus de 90 % des enfants français reçoivent un baptême catholique. Ce quasi-unanimisme baptismal à l'échelle nationale prend fin à partir des années 1960[90]. Pour 1968, Marcel Albert indique un taux de baptisés qui s'est déjà abaissé à 82,7 %[91], tandis que nous obtenons grâce aux *Annuaires statistiques de l'Église* une proportion d'environ 76 % en 1971. La baisse se poursuit assez rapidement dans les années 1970 (– 10 points de pourcentage jusqu'en 1981), avant de ralentir jusqu'au milieu des années 1990. Puis elle connaît une nouvelle accélération : le rapport baptêmes catholiques/naissances, alors situé à 60 %, franchit le seuil des 50 % en 2003, avant de tomber à 29 % en 2019.

Cette chute spectaculaire en un demi-siècle, vite constatée par les autorités ecclésiastiques et étudiée par les sociologues du religieux, a donné lieu à de nombreuses interprétations plus ou moins consolantes pour l'Église. Parmi elles, on évacuera d'emblée celle qui pointe une immigration étrangère où les catholiques ne sont plus majoritaires (Maghreb, Afrique subsaharienne, Asie), contrairement aux vagues migratoires précédentes, ou encore la forte fécondité des familles musulmanes[92]. La chute de 50 % du taux de baptisés depuis 1970 ne peut s'expliquer en effet qu'à la marge par la progression de la part d'enfants issus de l'immigration musulmane (ou extrême-orientale) qui, selon les enquêtes disponibles, ne dépasse guère un septième du total[93].

Plus convaincantes sont les analyses qui renvoient peu ou prou à la question de la « sécularisation » de la société française. Nous abordons ici, on le sait, un thème débattu entre spécialistes au niveau international, dont la complexité vient pour beaucoup de la polysémie du terme[94]. Il n'est pas question de passer en revue toutes les interprétations sociologiques existantes, ni de nous pencher sur l'ensemble des causes du processus d'affaiblissement du catholicisme en France depuis cinquante ans. Néanmoins, il est évident que la relation des Français à la foi et à l'Église catholiques s'est défaite depuis les années 1950-1960 et que cela joue un rôle décisif sur la baisse du taux de baptisés. Une part croissante de la population française a ainsi cessé de se reconnaître une appartenance religieuse (en 2003 déjà, 26 % des adultes interrogés dans une enquête CSA se disent « sans religion »[95]), et ceux qu'on appelle parfois les « nones »[96] sont devenus majoritaires aujourd'hui chez les jeunes adultes, enfants voire petits-enfants de la première génération de décrocheurs du catholicisme. À l'inverse, la proportion de ceux qui se déclarent catholiques est en baisse constante - 41,6 % des adultes en 2006, et seulement 22,6 % chez les moins de 30 ans, d'après la *World Values Survey*[97].

En outre, même parmi les Français qui déclarent accorder de l'importance au « sentiment religieux » et qui revendiquent un lien privilégié (appartenance, héritage culturel, intérêt spirituel, etc.) avec le catholicisme, le recours au baptême ne va plus de soi. Nous assistons en effet à un phénomène de « désinstitutionnalisation des appartenances et des pratiques », qui s'inscrit dans la montée plus générale de l'individualisme[98]. Cela signifie notamment que la nécessité de marquer une intégration institutionnelle à l'Église, par le biais d'un rite spécifique, est moins ressentie ; mais aussi que la capacité des autorités de l'Église d'encadrer les « fidèles » et de les diriger vers des pratiques de conformité (par exemple en termes de rites prescrits) s'affaiblit. Sauf dans un noyau plus intransigeant, mais très minoritaire désormais, le rapport au religieux ne se confond plus avec l'obéissance ou la volonté de se conformer aux normes établies d'une Église conçue comme une instance essentiellement régulatrice.

Par ailleurs, dans le même mouvement, se produit une individuation du croire. Chaque croyant se sent autorisé à trier librement ce qui lui convient au sein des doctrines religieuses et des prescriptions - selon l'enquête CSA de 2003, 71 % des Français se disent plutôt ou tout à fait d'accord avec l'idée que « de nos jours, chacun doit définir lui-même sa religion indépendamment des Églises ». Des éléments qui pendant des siècles ont stimulé la demande baptismale, comme la peur de la damnation pour les enfants non baptisés ou la certitude que le baptême constituait la porte d'entrée dans l'Église puis vers le salut, ont perdu leur force de conviction. La croyance en l'enfer s'est effondrée en quelques décennies[99], tandis qu'a reculé l'idée que l'Église catholique (et d'ailleurs toute autre Église ou confession) puisse être la seule dépositaire de la vérité religieuse et la seule en mesure d'assurer le salut ou même de répondre à une aspiration spirituelle. En outre, une partie de ceux qui organisent leur vie autour du pôle religieux, en l'occurrence catholique, le perçoivent moins comme un modèle de vie conforme au dogme et aux pratiques prescrites par l'institution, que comme un engagement social ou un discours de sagesse, articulés autour de quelques grands principes ou valeurs[100]. On peut donc se sentir catholique, ou au moins « chrétien », sans demander le baptême, sans en tout cas l'imposer de manière précoce à ses enfants en bas âge, en leur laissant la liberté d'élaborer leur propre rapport à la foi.

À ces mécanismes explicatifs inscrits dans la poussée de l'individualisme contemporain et subis par l'Église, s'ajoutent des causes internes au catholicisme. On doit ainsi s'interroger sur l'attitude de l'Église depuis les années 1960 vis-à-vis des catholiques occasionnels (ou « saisonniers »). Comme l'a notamment fait remarquer le sociologue Jacques Maître, une grande partie des demandes de baptêmes répondaient moins à une croyance absolue dans les dogmes catholiques soutenant officiellement le premier sacrement (péché originel, rédemption, théologie des sacrements) qu'à la dimension sociologique de ce dernier. Or, depuis les années 1950-1960, la « pédagogie ecclésiastique » a tendu « à refuser toute légitimité au catholicisme festif en exigeant que les demandeurs des cérémonies de passage aillent "plus loin" dans leurs convictions religieuses et leurs comportements cultuels »[101]. Comme le suggèrent les résultats très décevants des expériences françaises de renouveau baptismal, au final cette stratégie de l'Église a certainement accru la profondeur des engagements chrétiens chez une poignée de fidèles, mais elle a surtout contribué à saper le catholicisme festif et à éloigner les chrétiens occasionnels ou « non pratiquants ».

On notera cependant que le rite du baptême se maintient mieux que d'autres pratiques de la foi catholique, à commencer par la messe dominicale. Il est bien connu que les formes rituelles qui renvoient aux grandes étapes de la vie, telles que la naissance, le mariage ou la mort, sont celles qui résistent le mieux dans un contexte d'érosion d'une confession religieuse. Pour un individu ou une famille, se tourner vers l'Église dans ces circonstances forme le lien minimal à l'institution religieuse ; s'en passer constitue souvent le seuil ultime au-delà duquel l'appartenance pose question. L'abandon des rites de passage encadrés par une Église suppose donc un degré supérieur d'éloignement vis-à-vis de cette dernière. D'autant que le rejet non seulement signe la rupture avec l'institution religieuse, mais suppose en même temps la remise en cause d'une tradition familiale (ou sociale). Lors de ces moments qui interrogent l'individu sur le sens de son existence et sur son inscription dans une continuité intergénérationnelle, il est difficile de s'écarter des rites proposés par des institutions porteuses d'un sens à vocation intemporelle et qui sont en outre considérés comme un héritage par la parenté. Sans doute est-ce là la raison pour laquelle l'opinion selon laquelle une « célébration religieuse à l'occasion de la naissance » est « importante » s'effrite plus lentement qu'on ne pourrait le penser - 65 % des adultes interrogés en 1990 ; 61 % en 1999 ; 53 % en 2008[102] - comparée aux chiffres des autres formes de pratique religieuse... On peut néanmoins supposer que l'arrivée à l'âge de la parentalité - depuis 2000 *grosso modo* - d'une génération elle-même issue de parents éloignés du catholicisme a modifié le contexte et contribué à l'accélération récente de la baisse de la demande baptismale.

La montée du baptême civil

Selon la thèse classique, d'inspiration wébérienne, dominante jusqu'aux années 1980, le déclin du baptême était prévisible, puisque le rite en général était condamné à s'effacer lentement dans le cadre des sociétés industrielles urbaines, technicisées et « désenchantées »[103]. Mais depuis une trentaine d'années, cette vision ne fait plus l'unanimité dans les sciences sociales[104]. Dans le cas des rites de passage, il apparaît à de nombreux sociologues et anthropologues du contemporain que le « désir de rite » se maintient parce que les individus modernes cherchent à assumer les transitions de leur existence, « à se réapproprier leur vie »[105], non pas malgré les transformations de la temporalité individuelle et la rapidité et l'obsession du changement imposés par la vie moderne, mais en raison de – et en réaction à – cette accélération qui brouille les frontières et dilue les séparations et les passages.

À suivre ce courant d'analyse, la résistance du rite peut se manifester de deux manières. Notons en premier lieu que si les rites de passage classiques perdent leur universalité, ils parviennent à conserver un poids important, souvent au prix d'une réélaboration et d'une évolution des significations qui leur sont données par les acteurs : c'est ainsi que doit s'interpréter par exemple la nette « personnalisation » des rites funéraires catholiques ou des mariages religieux[106]. Concernant le baptême catholique, les évolutions décrites dans les âges des enfants, les dates et les lieux de célébration suggèrent que l'Église est confrontée sur le terrain à de fortes demandes d'adaptation des cérémonies aux logiques de chaque famille et y répond bon gré mal gré. La presse catholique destinée aux parents incite d'ailleurs ces derniers à s'impliquer dans la préparation de la célébration et à y apporter leur touche personnelle. Cela passe par exemple par le choix des chants et des textes. En 2001, le numéro hors série « Un baptême, ça se prépare » de la revue *Panorama*[107] propose trois textes aux parents qui devront témoigner du sens de leur demande baptismale au début de la célébration, à charge pour eux non de les reprendre à l'identique, mais de s'en « inspirer ». Le même numéro détaille sur huit pages les différentes étapes du rituel tout en précisant : « Le rituel du baptême est riche de propositions. Vous trouverez ici un choix possible, le plus usuel, présentant pas à pas chaque étape de la célébration. Le prêtre ou le diacre et l'équipe de préparation pourront choisir avec vous d'autres options et quelques aménagements, notamment en cas de baptêmes de plusieurs enfants ou d'enfant plus grand. » De même offre-t-on le choix d'un baptême par immersion ou par aspersion, ou propose-t-on comme une option de confier l'enfant à la Vierge dans une cérémonie complémentaire. Dans certaines paroisses, grands-parents ou frères et sœurs des enfants baptisés peuvent, s'ils le désirent, s'impliquer davantage en versant au préalable l'eau dans la cuve baptismale[108]. Des aménagements sont aussi tolérés par l'Église pour les choix des parrains et marraines, quand les parents désirent solliciter un non-catholique[109]. La personnalisation de la cérémonie passe enfin, comme pour les mariages mais à un niveau moindre, par un renforcement de sa spectacularisation, qui entraîne ensuite une obsession de sa mise en mémoire (photos, vidéos...)[110]. Cette évolution pose quelques soucis à un clergé certes compréhensif, mais qui tient à maintenir un minimum de dignité et de dimension religieuse à la célébration. Comme le confie en 2002 le curé de Savigny-sur-Orge : « Je n'autorise pas 40 000 photos, et on ne s'assoit pas sur l'autel pour les photos [...]. À la cathédrale de Corbeil, Saint-Spire, il y avait un siège solennel, il s'est assis dessus, le photographe ; c'était le siège de l'évêque[111] ! »

La résistance du rite dans les sociétés contemporaines se manifeste en outre par l'émergence de nouvelles pratiques. Citons par exemple l'enterrement de vie de jeune fille lors des noces[112], ou les rites de deuil pour les victimes du Sida (le « quilt ») ou les enfants morts *in-utero*[113]. À cet égard, on doit constater que le baptême religieux subit depuis quelques décennies la concurrence d'un autre rite, le parrainage civil.

On pourra s'étonner de considérer le parrainage civil comme nouveau. Car il est bien connu au contraire que son histoire est vieille d'au moins deux siècles. Même si la fameuse loi de prairial an II, souvent citée comme le point d'origine de ce rite dans les cérémonies actuelles, les sites internet de municipalités, voire dans les propositions de loi[114], est une légende[115], l'idée du baptême civil (et non celle du seul baptême civique) a bien émergé durant la période révolutionnaire, en particulier lors de la phase déchristianisatrice. Certes, cet intérêt retombe pendant la majeure partie du XIXe siècle, mais l'idée ressort ponctuellement dans des milieux politisés très hostiles à l'Église. À Toulon, en 1841, par exemple, le saint-simonien Fulchran Suchet, qui deviendra maire de la ville au printemps 1848, fait procéder au « baptême maçonnique » de son fils Gustave, au sein de sa loge d'obédience, une démarche « fort rare » à en croire Maurice Agulhon qui rapporte l'événement[116]. Jacqueline Lalouette, dans sa remarquable synthèse sur les baptêmes civils en France avant 1940, cite les baptêmes célébrés au début des années 1850 par les Voraces de Vaise - une société républicaine lyonnaise regroupant des ouvriers de la soie[117] –, puis des « protectorats civils » d'enfants inventés par les journalistes de la *Libre Pensée* au début de 1870[118]. Après la Commune de Paris, l'anticléricalisme virulent des rescapés stimule des initiatives personnelles : des baptêmes civils d'enfants de communards réfugiés sont attestés à Genève en 1873[119], tandis qu'en 1876 un conseiller d'arrondissement de Saint-Denis, Grossetête, fait baptiser civilement son dernier-né en présence de 150 personnes, aux cris de : « Vive la République universelle et sociale », et organise à cette occasion une quête au profit des « familles des détenus politiques »[120]. Puis, en 1879, le journal *Le Sans-Culotte* d'Alfred Le Petit recommande cette pratique, « que l'on relève à Paris en 1880 et 1881, à Carcassonne aux alentours de 1880, à Lyon en 1886[121] ». Des cérémonies ont lieu également à Perpignan et Pollestres, dans les Pyrénées-Orientales, en 1882[122]. Mais le mouvement en faveur des baptêmes civils s'accélère surtout à partir de 1892-1894[123], en particulier avec la création de la Société du baptême civil et de propagande d'athéisme du XVIIIe arrondissement, soutenue par de nombreux élus socialistes, libres penseurs et anciens communards. Les premières cérémonies, décrites dans le journal de la société, *L'Athée*, ont lieu à la Maison du Peuple du 47, rue Ramey, à Montmartre, le 31 décembre 1893[124].

Dans les vingt années suivantes, qui correspondent à la phase la plus extrême de l'anticléricalisme républicain, des sociétés de Libre Pensée (par exemple au Mans ou à Dijon), des sociétés de cérémonies civiles (à l'image de celles créées en 1903 à Alfortville[125] ou en 1909 dans le XIIIe arrondissement de Paris), des municipalités radicales-socialistes ou socialistes (telles Ivry-sur-Seine en 1904 ou Saint-Priest-la-Feuille et Saint-Priest-la-Plaine dans la Creuse en 1905[126]) mettent en place des cérémonies tour à tour nommées « adoptions », « tutelles morales et philosophiques », « baptêmes civils » ou « parrainages républicains », comportant la désignation de parrains et marraines laïques. Après la Grande Guerre, les cérémonies continuent de loin en loin dans une partie des localités où elles sont apparues avant 1914, mais surtout de nouvelles initiatives sont lancées sous l'impulsion de l'Union fédérale des libres penseurs révolutionnaires, devenue en 1932 l'Association des travailleurs sans Dieu, une organisation liée au Parti communiste[127]. Des cérémonies alors qualifiées de « baptêmes rouges » se développent, essentiellement à partir de 1933-1934, dans le Nord, dans le Pas-de-Calais, en région parisienne (par exemple Bagnolet, Bobigny, Montreuil), mais aussi dans quelques localités provinciales plus isolées : Cusset (Allier), Serrigny (Côte-d'Or)[128].

Cette floraison de propositions cérémonielles ne doit cependant pas tromper. Au total, le nombre de baptêmes civils célébrés en France entre 1870 et 1940 est ridiculement faible : quelques milliers, selon Jacqueline Lalouette. À Dijon, le registre d'« adoptions de l'enfance », ouvert en 1909, ne comporte que trente-quatre noms avant 1914, un seul dans l'entre-deux-guerres, trois enfin en 1947, 1948 et 1962. Ceux des villages creusois de Saint-Priest-la-Feuille et Saint-Priest-la-Plaine, en plein Limousin anticlérical, ne recensent respectivement que douze actes entre 1905 et 1923 et quarante et un entre 1905 et 1934[129]. À Auxerre, la liste inaugurée à la mairie en 1930 comporte cinq noms en cinq ans. Seules quelques municipalités de banlieue parisienne parviennent à des résultats plus conséquents. À Bagnolet en 1933-1934, soixante-douze enfants sont baptisés. Ils sont quarante-cinq à Morangis en 1933[130]. Ivry surtout, où les cérémonies débutent en 1904, accueille 221 parrainages laïques jusqu'en 1913, puis 212 en 1926-1951 et 1961-1968[131].

Pourquoi un tel échec ? Une première explication est que ces baptêmes civils émanent pour l'essentiel d'un mouvement partant d'en haut : hors des milieux militants les plus engagés, peu de familles, au fond, sont prêtes à aller au bout d'une démarche qui conserve un fort parfum de provocation. Surtout lorsque la mère[132] et la parenté sont moins convaincues au plan idéologique que le père de famille, et redoutent les conséquences spirituelles ou sociales pour l'enfant de l'absence de baptême catholique (marginalisation, difficultés pour d'éventuelles cérémonies funèbres ou pour le mariage futur).

En outre - deuxième raison - une partie du mouvement libre penseur ne voit pas d'un bon œil le projet de contre-liturgie. Créer une nouvelle religiosité, voire une nouvelle religion, sous prétexte de critique du catholicisme, lui semble une erreur. Comme l'exprime en 1882 Justin Alavaill, rédacteur du ***Républicain des Pyrénées-Orientales*** et président de la société de libre pensée du département : « La seule manière logique de baptiser civilement les enfants est de ne pas les baptiser du tout. La libre pensée n'est pas une religion nouvelle qui doit se greffer sur les simagrées catholiques. Du baptême religieux, il ne faut conserver que le parrainage. » En 1894, l'Assemblée nationale des libres penseurs de France demande d'ailleurs à ses adhérents d'éviter toute « contrefaçon des rites » catholiques[133].

Une troisième raison tient à l'apaisement des tensions anticléricales après la Grande Guerre et au déclin du mouvement libre penseur[134]. Dès l'entre-deux-guerres, hors des municipalités communistes, l'heure n'est plus à ces mises en scène laïques.

Une dernière difficulté, enfin, vient de la forme même des célébrations. Dans certains cas, les promoteurs des baptêmes ou parrainages civils envisagent, par une contre-cérémonie, de réparer ce qui apparaît comme une injustice de l'Église, à savoir des procédures rituelles vexatoires (baptêmes nocturnes, baptêmes sans sonnerie de cloches) pour les enfants de couples illégitimes ou de parents mariés uniquement en mairie[135] ; mais la plupart ont un objectif plus global : miner la capacité d'encadrement rituel de la vie des fidèles qui fait selon eux la force de l'Église. De tels objectifs encouragent la mise en place d'une ritualisation qui, quoique laïcisée et concurrente, apparaisse « normale », donc calquée sur celle de l'Église catholique, qui fait figure de modèle[136] : célébration dans un cadre officiel public, par exemple la mairie ; présence d'un officiel baptisant – un député, le maire, un responsable de société, etc. –, qui remplit l'office du prêtre ; attribution d'un parrain et d'une marraine ; engagement proclamé de ces derniers à élever les enfants dans les valeurs philosophiques des parents et du groupe militant ; omission du rite de l'eau, mais quelquefois aspersion de l'enfant par du vin[137] ; « homélie » politique prononcée par l'officiel célébrant ; distributions de certificats ou signatures de registres en clôture, comme de véritables registres et actes de baptêmes catholiques ; et même, parfois, processions dans le voisinage à la sortie de la maison communale[138].

Pour autant, divers éléments indiquent que l'on s'éloigne souvent d'une simple version laïcisée d'une cérémonie familiale effectuée à l'église, à laquelle le baptême catholique tend au même moment à se réduire. La dimension parodique est quelquefois présente (par exemple dans l'aspersion par le vin) et la cérémonie, se détournant de la célébration des nouveau-nés, prend une tournure de réunion politique peu propice aux effusions intimes. D'ailleurs, les cérémonies sont fréquemment collectives, contrairement à la norme en vigueur dans le culte catholique de l'époque[139]. Cette ostentation politique contredit la demande sociale qui voit dans la célébration baptismale une fête de famille ; elle entrave donc la diffusion du rite hors du petit monde des militants les plus passionnés.

Après une période de déclin dans l'entre-deux-guerres - exceptions faites des villes communistes -, les baptêmes civils et les parrainages républicains ne résistent dans les années 1945-1970 que dans de rares municipalités : Ivry, Bobigny, Avion (Pas-de-Calais)[140] ou encore Venoy (Yonne)[141]. Ils y font figure de folklore local un peu désuet. Dans le Limousin anticlérical, Louis Pérouas avoue sa difficulté au début des années 1980 à en trouver trace et c'est à grand peine qu'il obtient des informations auprès de personnes âgées[142]. Le rite est d'évidence en crise, la pratique est devenue résiduelle.

La reprise qui s'opère depuis la fin des années 1970 et les années 1980 n'en est que plus spectaculaire. Elle se lit en premier lieu dans le nombre croissant de municipalités qui ont adopté cette procédure dont il convient de rappeler qu'elle n'a rien de légal, au sens où, n'étant pas prévue par la loi, elle ne peut être imposée à une administration communale réticente. Une enquête menée en 2004-2005 auprès des 472 communes de Charente-Maritime[143], et à laquelle 350 ont répondu, montre ainsi que 253 de ces dernières (72 %) ont signalé la tenue d'un baptême civil, dont 203 (58 %) dans la seule période de janvier 2001 à juin 2004. De son côté, le politiste Antoine Mandret-Degeilh estime qu'en 2007 10 % des 37 000 communes françaises ont connu un baptême civil depuis 2002[144]. Une conclusion s'impose : ce rite n'est plus l'apanage de quelques rares municipalités porteuses, bien disposées ou pionnières, mais possède un véritable ancrage national.

Date d'apparition déclarée du baptême civil dans les communes de Charente-Maritime (dates approximatives exclues)

Années	Nombre absolu de communes	En pourcentage des réponses
1950-1959	1	0,5
1960-1969	0	0,0
1970-1974	4	2,0
1975-1979	9	4,5
1980-1984	23	11,4
1985-1989	44	21,9
1990-1994	50	24,9
1995-1999	37	18,4
2000-2004	32	15,9
2005	1	0,5
Total	201	100

Source : Enquête « Parrainage civil en Charente-Maritime » (2005).

Son expansion est par ailleurs très récente. En Charente-Maritime, les répondants de l'enquête - élus ou administratifs - ont fourni la date de la première célébration pour 201 communes. Avant 1970, une seule, Saint-Césaire (depuis 1958), connaît ces cérémonies ! Quelques municipalités lui emboîtent le pas au cours des années 1970 (par exemple Brie-sous-Matha, La-Chapelle-des-Pots, et Cabariot en 1972, Saint-Bris-des-Bois en 1973, Chadenac, Esnandes, Jonzac et Nieul-sur-Mer en 1976), mais c'est surtout à partir de 1980 que s'opère le décollage. La décennie 1985-1994 est celle d'où le plus grand nombre de communes datent l'introduction des cérémonies. Le rythme d'instauration est un peu moins soutenu en 1995-1999 et 2000-2004, mais il est vrai que le reliquat de communes susceptibles d'inaugurer la pratique se réduit chemin faisant. Étudiant vingt-deux communes du Toulousain entre les années 1970 et 1996, Caroline Bonenfant observe une chronologie proche : absence ou presque de cérémonies avant 1978, puis montée progressive, avec un léger pic en 1983 et un autre plus important en 1989[145].

L'expansion territoriale se double d'une progression du nombre d'enfants concernés. En l'absence de statistiques nationales, et souvent de tout enregistrement pérenne à l'échelle communale, il est impossible de fournir des chiffres précis, mais les pointages locaux ne laissent aucun doute sur ce point. Dans ses vingt-deux communes du Toulousain, Caroline Bonenfant obtient par exemple un total de 384 enfants parrainés entre 1978 et 1996, la plupart dans les années 1990[146]. Rachel Guidoni comptabilise 173 baptisés civils à Strasbourg entre 1989 et 1996[147]. Une plongée dans les archives de la mairie du XIe arrondissement de Paris a permis de trouver trace d'au moins 120 parrainages civils célébrés entre 1995 et 2002 (inclus), avec une progression sensible vers 1998[148]. De même, le dépouillement de quelques cartons entreposés dans les bureaux du service d'état civil de la mairie de La Rochelle[149] a fourni une liste de 102 enfants parrainés civilement dans cette ville en 1999-2002. Même un village de 3 600 habitants comme Quessoy, près de Saint-Brieuc, parvient à accueillir dix cérémonies dans la seule année 2011[150]. Quant à l'enquête sur la Charente-Maritime, elle permet de chiffrer à au moins 203 le nombre d'enfants baptisés civilement dans le département en 2003, soit 3,5 cérémonies environ pour 100 naissances annuelles – voire 4,7 une fois exclue la population des municipalités n'ayant pas répondu. Les parrainages civils demeurent moins nombreux que les baptêmes catholiques, mais ils ont bel et bien cessé d'être le rite anecdotique qu'ils étaient quelques décennies plus tôt.

Comment expliquer ces reconnaissances municipales et cette hausse de la demande cérémonielle ? Il est certain que les élections municipales (1977, 1983, 1989, 1995, 2001) jouent un rôle, en amenant de nouvelles équipes – souvent classées à gauche – plus ouvertes aux rites civils. À Strasbourg par exemple, la pratique démarre en 1989, après l'élection de la socialiste Catherine Trautmann[151]. À Paris, le parrainage républicain fait son retour à la suite des élections municipales de 1995 dans un seul arrondissement, le XIe, alors dirigé par Georges Sarre, député chevènementiste (Mouvement des citoyens) attaché à la symbolique républicaine et à la tradition jacobine. Puis il s'étend en 1996 à la mairie du IIIe[152], en 1998 à celle du XIXe, avant d'être repris dans la plupart des autres arrondissements après la victoire du socialiste Bertrand Delanoë aux élections municipales de 2001. On peut en outre voir dans le pic d'introductions des cérémonies dans les années 1985-1994 un effet global des célébrations du bicentenaire de la Révolution française, qui, étalées sur plusieurs années, ont ravivé tout un pan de la culture républicaine jacobine[153]. Il faut en effet rappeler que bien des élus et des familles sont convaincus de l'origine fondamentalement révolutionnaire du baptême républicain ou du parrainage civil – cet aspect est souvent mis en avant au cours de la cérémonie, par exemple lors du discours inaugural de l'élu qui préside –, alors qu'ils ignorent à peu près tout de leur lien plus étroit avec les luttes anticléricales des années 1880-1914.

Pour autant, sur le long terme, c'est moins la redécouverte idéologico-culturelle de l'héritage républicain révolutionnaire autour de 1989 qui rend compte de l'attrait nouveau du parrainage civil qu'une forme de banalisation et de désidéologisation. Signe de cet affadissement, les services d'état civil et, depuis une vingtaine d'années, les portails internet des mairies traitent de la cérémonie comme d'un simple service fourni par l'administration communale aux familles intéressées, à charge pour elles de fournir les renseignements et documents adéquats (actes de naissance, cartes d'identité, justificatifs de domicile, etc.). Les discours de présentation rappellent souvent le legs de la Révolution, mais beaucoup moins l'anticléricalisme de la Troisième République et le combat contre l'Église. L'accent est désormais mis sur une vision laïque « apaisée », comme en 2012 sur le site internet de la ville de Port-la-Nouvelle (Aude) :

> Jadis instauré comme une mesure anticléricale, le baptême civil est, de nos jours, plutôt apprécié comme un complément ou comme alternative au baptême religieux. Il s'agit d'une démarche personnelle

des parents qui s'inspire des principes d'une laïcité moderne : liberté d'opinion et égalité civile des opinions[154].

D'ailleurs, contrairement à la Troisième République, les équipes qui introduisent ces cérémonies sont loin d'en faire toujours un élément d'une politique municipale forte, porteur d'un objectif idéologique. En Charente-Maritime, plus de 90 % des répondants communaux indiquent que l'initiative du lancement est venue des familles et non des élus, qui se sont contentés de répondre à une demande sociale émanant des administrés. Le mouvement est alors plus subi qu'encouragé par les autorités, et celles-ci se gardent bien d'en faire la promotion dans les journaux locaux, lorsqu'elles n'en interdisent pas la publicité – à l'image de Michel Crépeau, maire de La Rochelle, dans les années 1980[155]. Ce silence exprime parfois une réticence idéologique de la majorité municipale (lorsque celle-ci penche à droite) ou la crainte de ressusciter des tensions politico-religieuses, mais son motif principal est souvent plus empirique : la prise en charge des cérémonies, qui ont lieu en général le samedi ou à défaut le dimanche[156], constitue pour les élus et employés communaux mobilisés une contrainte supplémentaire dont ils se passeraient bien. D'où aussi l'instauration de critères d'admission fondés sur l'ancrage communal des enfants et de leurs parents, une stratégie destinée à décourager la demande et à « éviter l'engorgement[157] ».

Mais quelles sont ces familles qui obligent les municipalités à organiser, sans enthousiasme, ces nouvelles cérémonies civiles ? Sous la Troisième République, la réponse était évidente : il s'agissait de militants anticléricaux ou communistes convaincus. La réponse est désormais moins tranchée. Témoignages et archives suggèrent plutôt une diversité de profils, notamment dans le rapport au religieux. Ainsi, dans les questionnaires charentais de 2005, seule une minorité de répondants évoquent des parents voulant manifester leur fort attachement à l'idée de laïcité (La Jarrie, Chatelaillon-Plage, Port-d'Envaux), des valeurs et convictions « républicaines » (Lorignac, Germignac, Saint-Rogatien, Esnandes, L'Houmeau, Nieul-sur-Mer), ou encore une orientation politique de « gauche »

(Saint-Jean-d'Angély). Bien plus nombreux sont ceux qui dépeignent des familles simplement dépourvues de sentiment religieux (« ces personnes sont non croyantes », Montpellier-de-Médillan ; « famille sans attache religieuse », Bernay-Saint-Martin ; « familles sans religion en général », Saint-Xandre ; « non croyantes ; athées », Breuil-la-Réorte ; etc.), et qui, en pure logique, ne songent plus à s'adresser « naturellement » à l'Église pour fournir une prestation rituelle, mais sollicitent l'institution municipale qui, organisant d'autres cérémonies familiales, à commencer par les mariages civils, paraît l'interlocutrice la plus proche et la plus légitime. Quelques questionnaires évoquent un troisième profil, celui de familles d'abord tentées par le baptême catholique, mais entrées en conflit avec le prêtre, soit qu'il ait manqué d'écoute lors de la préparation du baptême (Montils), soit qu'il ait réprouvé leur situation familiale - parents divorcés (Les Gonds) ou concubins (Saint-Palais-de-Négrignac) - ou leur choix de marraine (Guitinières), soit encore qu'il ait jugé le baptême indésirable en l'absence de garanties sur le suivi religieux des enfants (Pons), allant même jusqu'à orienter les parents déboutés vers la mairie (Saint-Sulpice-de-Royan). Une quatrième forme d'attitude religieuse est enfin celle des couples mixtes au plan confessionnel. Absente des réponses charentaises, cette configuration joue un rôle certain dans des régions plus mêlées, où réside une forte communauté musulmane ou juive - en particulier l'Île-de-France. Dans un entretien accordé en 2003, M. Lagrange, adjoint chargé des parrainages républicains dans la commune des Lilas (Seine-Saint-Denis), en fait une des principales motivations des familles : « Les conjoints n'ont pas forcément la même confession. Pour qu'il n'y ait pas de conflits, ils prennent la troisième voie[158]. »

Reste enfin à comprendre ce que désirent ritualiser les familles lorsqu'elles sollicitent les mairies.

Sans surprise, dans la majorité des cas, le baptême civil correspond comme son homonyme catholique à un rite de naissance, où l'on entend tout à la fois solenniser la venue d'un nouveau membre dans la famille et célébrer la parentalité des géniteurs. Ainsi, un tiers environ des enfants parrainés à La Rochelle entre 1999 et début 2003 a moins d'1 an, un autre tiers n'a pas dépassé son troisième anniversaire, tandis qu'à peine 7 % d'entre eux ont 13 ans ou plus. Les proportions sont respectivement de 39 %, 33 % et 4 % dans le XIe arrondissement de Paris entre 1995 et 2003[159]. La présence d'enfants plus âgés s'explique par la fréquence des parrainages civils de fratries.

Par ailleurs, la cérémonie permet de désigner publiquement des parrains et marraines, en général un de chaque sexe[160]. Dès son origine sous la Troisième République et aujourd'hui encore, cet aspect est central dans le rite. Il se lit à trois niveaux : dans la dénomination des cérémonies, qui, officiellement du moins, sont plus souvent appelées « parrainages civils » (ou « républicains ») que « baptêmes civils »[161] ; dans la liturgie adoptée, qui est centrée sur cette attribution des parrains civils et sur leurs engagements vis-à-vis des filleuls ; ou encore dans l'habitude fréquente de délivrer aux familles des « certificats de parrainage civil » à l'issue de la célébration. Les témoignages des responsables des services d'état civil et des élus montrent que de nombreux parents attachent une importance fondamentale à cette élection des parrains et marraines. En 2003, M. Liberge, du service d'état civil de La Rochelle, nous a confié que beaucoup de parents étaient convaincus de nommer ainsi de possibles tuteurs légaux de leurs enfants au cas où, par malheur, ceux-ci se retrouveraient prématurément orphelins, idée qu'il lui fallait démentir lors de leur première rencontre[162]. L'observation est corroborée par une enquête ethnologique effectuée vers 1990 par Agnès Fine auprès de parents ayant demandé un parrainage civil. Dans ce cas, c'est bien parce que le baptême civil se fait en mairie, donc dans un lieu évoquant le cadre légal, que celui-ci est préféré au simple baptême religieux[163].

Au-delà de l'éventualité d'une disparition, les mêmes parents attendent aussi du parrain et de la marraine un soutien en cas de difficultés passagères, pour eux ou pour leurs enfants. On retrouve ainsi la dimension socio-relationnelle ancienne du compérage/parrainage et sa promesse de solidarité. À cet égard, comme sous la Troisième République, les familles laïques peuvent se sentir lésées en l'absence de baptêmes religieux. Le baptême civil permet de rétablir l'égalité entre leurs enfants et leurs camarades, comme le constate Mme Libert, adjointe communiste à la mairie de La Rochelle aux alentours de 1980 :

> J'ai eu beaucoup de gens que j'ai rencontrés qui n'étaient pas croyants et qui voulaient un parrain et une marraine pour leurs enfants. Au cas où il y aurait besoin de quelqu'un ou de quelque chose... c'est vrai que c'est pour suppléer les parents. Et c'est vrai que les enfants voulaient aussi un parrain et une marraine comme ceux qui étaient catholiques, protestants ou d'autres religions[164].

La volonté d'attribuer un maximum de protection à leurs enfants pousse d'ailleurs des familles à réaliser des doubles baptêmes, catholique et républicain, qui fournissent quatre parrains et marraines - en même temps qu'ils apaisent d'éventuelles divergences de vue religieuses dans la parenté[165].

Enfin, Antoine Mandret-Degeilh, à la suite d'une vaste enquête menée au milieu des années 2000, a suggéré que le baptême civil constitue « un rite d'alliance, entre les deux parents de l'enfant baptisé et entre leurs entourages familiaux et amicaux ». En somme, il aurait aussi pour vocation de célébrer la conjugalité[166]. Ce chercheur en donne plusieurs preuves, à commencer par la part conséquente de baptêmes républicains - 17 % au moins de ceux célébrés dans le territoire de Belfort en 2005-2007 - qui accompagnent la cérémonie de mariage civil des parents (ce qui contribue à expliquer, comme dans les baptêmes catholiques, la présence d'enfants plus âgés ou de fratries). Dans ces cas précis, le rite baptismal constituerait une sorte de répétition immédiate du mariage civil (jusque d'ailleurs dans sa liturgie et son cadre habituel, la salle des mariages) et en redoublerait la fonction d'alliance. Le second argument est la forte proportion de couples non mariés parmi les parents des baptisés civils - 39 % dans la mairie du XIXe arrondissement en 1998-2007. En l'espèce, la cérémonie du baptême civil permet, pour la première fois - et peut-être la dernière si aucun mariage civil n'est envisagé et si d'autres cérémonies baptismales n'ont pas lieu -, de publiciser la relation existant entre conjoints et de réunir dans un cadre officiel leurs deux entourages familiaux et amicaux.

Ne pourrait-on d'ailleurs prolonger cette analyse en considérant que ce n'est pas simplement la conjugalité mais parfois l'existence de la famille elle-même qui est ainsi mise en valeur par le rite baptismal ? Il suffit de rappeler ici les analyses sociologiques qui considèrent que nous assistons depuis les dernières décennies au remplacement du mariage comme fondement de la famille par la venue de l'enfant. En toute logique, si l'enfant désormais « fait la famille[167] », son baptême proclame mieux encore le désir d'engagement pérenne des conjoints-parents qu'une célébration matrimoniale.

Selon Antoine Mandret-Degeilh, la logique de célébration de la conjugalité vaudrait *a fortiori* pour le cas spécifique des baptêmes républicains effectués dans un contexte familial homoparental, comme l'a évoqué Martine Gross dans un article de 2004 qui précède l'expansion des cérémonies de Pacs en mairie[168]. À cette époque, le baptême républicain, du fait de son absence de définition légale, constitue l'une des rares cérémonies publiques à caractère civil permettant de mettre en scène une relation conjugale homosexuelle - par le biais d'une signature de registres dans la salle des mariages de l'hôtel de ville - mais aussi l'homoparentalité, soit par reconnaissance des homoparents dans le déroulement de la cérémonie, soit par inscription du conjoint homosexuel du parent légal comme parrain ou marraine.

Il ne faut pas exagérer la fréquence de cet usage du baptême civil, mais ce dernier exemple démontre l'étonnante plasticité du rite. Son absence de caractère légal le dégage de bien des contraintes et autorise une négociation entre familles et représentants de l'institution municipale. Elle lui permet de s'adapter à des contextes variés tout en lui donnant une coloration républicaine et une saveur quasi juridique.

Lorsque le mouvement de refonte du baptême s'enclenche dans les années 1940-1950 en France au sein de l'Église catholique, ses promoteurs s'appuient sur un point fort, le quasi-unanimisme baptismal, qui contraste avec d'autres pratiques religieuses prescrites bien moins suivies par la masse des fidèles. C'est d'ailleurs l'universalité du baptême qui interroge les réformateurs. Elle implique en effet que de nombreuses demandes émanent de familles dont l'esprit authentiquement chrétien est jugé douteux et que la célébration est souvent moins perçue comme l'administration du sacrement d'entrée dans l'Église que comme un rite de passage et une cérémonie familiale. Il convient donc de rectifier ces conceptions laïques en prônant une vision plus communautaire du premier sacrement et en adoptant une attitude moins laxiste vis-à-vis des demandes familiales.

Un demi-siècle plus tard, le paysage a radicalement changé. Les enfants baptisés dans la foi catholique sont devenus minoritaires, et ce phénomène de déclin, qui touche presque tous les pays européens de tradition catholique, est particulièrement avancé en France. L'unanimisme baptismal a vécu.

Ce bouleversement a de multiples causes qui dépassent la seule question des sacrements. Il s'inscrit de toute évidence dans un processus de sécularisation ou de « sortie du catholicisme[169] » bien plus large. Mais il est patent que les tentatives réformatrices, en discréditant le « catholicisme festif » traditionnel et en valorisant l'authenticité et la « liberté » de l'engagement chrétien dans la démarche sacramentelle, ont miné l'évidence socioreligieuse du recours au baptême comme rite de passage, sans parvenir pour autant à contrer le phénomène de privatisation de la cérémonie parmi les familles restées demandeuses.

On ne saurait négliger l'impact des transformations sociétales des dernières décennies sur la pratique baptismale. Sur un plan général, la frilosité de l'Église en la matière a, on le sait, contribué à éloigner nombre d'anciens fidèles[170] qui, devenus parents, n'ont plus demandé le baptême pour leurs enfants. À un deuxième niveau, les mutations de l'entrée dans l'âge adulte et l'affirmation de l'enfant comme véritable fondement de la famille au détriment du mariage ont pu, dans une partie de la population, transformer le baptême en véritable rite d'institution de la famille plus qu'en fête de la naissance. Quant à la reconnaissance croissante de l'autonomie de la personne de l'enfant dans sa famille, elle a fragilisé l'idée d'un baptême assimilé à une coutume sociale et familiale héritée.

Le déclin du baptême catholique en France n'annonce pas pour autant l'inéluctable disparition de toute ritualité baptismale. Depuis les années 1980, le baptême civil est sorti de son ornière de folklore anticlérical. Il est parvenu à attirer une multitude de parents qui, sans être toujours hostiles à l'Église, ne se reconnaissent pas dans la proposition rituelle du catholicisme, mais ressentent le besoin de marquer symboliquement, à leurs yeux et face à autrui, la venue d'un enfant, la pérennité de leur couple et l'affermissement de leur construction familiale, et/ou désirent offrir à leur progéniture une protection quasi officielle par le biais d'une désignation publique de parrains. Ils s'adressent alors à une autre institution, la municipalité – et derrière elle, la République –, pour que, se comportant en « institution de services[171] », elle assure la prestation rituelle attendue, en lieu et place de l'ancien acteur monopolistique de type religieux, l'Église.

Conclusion

En 2008 et 2009, une affaire de baptême défraie la chronique en Loire-Atlantique, avant de devenir un sujet d'interrogation dans les médias nationaux[1]. Le conflit éclate lorsque le curé du village de Saint-Jean-de-Boiseau, à l'ouest de Nantes, refuse de baptiser le bébé d'une mère catholique de 37 ans au motif que la fille aînée de cette paroissienne ne fréquente pas le catéchisme. Le prêtre considère que l'absence de garanties sur l'instruction religieuse de l'enfant ne l'autorise pas à répondre à la demande sacramentelle de la mère. Celle-ci lui rétorque qu'elle attache une grande importance au baptême mais qu'elle ne veut pas imposer une éducation chrétienne à sa fille, par ailleurs inscrite à l'école privée locale. La tentative de dialogue tournant court, la mère s'adresse aux prêtres des villages environnants. Ceux-ci refusent d'intervenir sans l'aval du curé légitime de l'enfant, tout en jugeant recevable la demande maternelle. De son côté, le curé reçoit en février 2009 le soutien de sa hiérarchie, en la personne du vicaire épiscopal, René Pennetier. Pour ce dernier, la norme catholique est claire : le baptême « n'est pas là pour répondre à une demande des parents, mais pour éveiller la foi ». Si l'enfant est baptisé, alors « il faut [lui] imposer une éducation chrétienne ». Si on refuse cette éducation, alors mieux vaut surseoir au baptême : « Le baptême n'est pas un droit. Je comprends la souffrance de [la maman]. Mais puisqu'elle privilégie avant tout la liberté de sa fille, qu'elle laisse son enfant s'engager dans la foi quand il le décidera. » Interrogé quelques jours plus tard sur ce conflit lors d'un reportage télévisé de la chaîne publique France 2, l'archevêque d'Évry développe un point de vue similaire en invoquant la nécessaire « cohérence » des parents. Questionné à son tour, le représentant de la revue *Golias* (qui fédère une partie de la mouvance chrétienne de gauche) regrette en revanche le blocage, considérant que cette attitude traduit une fermeture identitaire de la part de l'Église. Quant aux journalistes de France 2 et aux participants de nombreux forums internet, cent ans après la loi de séparation de 1905 et plus de deux siècles après la laïcisation des actes d'état civil, ils s'interrogent très sérieusement sur le « droit » légal de l'Église à refuser un sacrement ! L'affaire se termine quand la mère renonce à la cérémonie catholique et choisit, par dépit, de faire procéder au baptême civil de son nouveau-né.

Histoire singulière, dira-t-on. Certes, mais instructive. Elle témoigne d'abord des malentendus existant à l'heure actuelle entre une partie des fidèles et le clergé catholique. Loin d'être isolée, l'attitude de la mère exprime en effet une vision partagée par de nombreux parents. Ceux-ci ne rechignent pas seulement à « imposer » une religion à leurs enfants : ils ne voient plus du tout l'Église comme une instance normative, la concevant davantage comme une institution qui doit se mettre au service de ses membres, en particulier sur le plan rituel. À l'inverse, le vicaire épiscopal du diocèse de Nantes exprime la position majoritaire de la hiérarchie, qui cherche à restaurer un certain nombre de règles et à poser des limites à la négociation avec les familles. René Pennetier est catégorique : « Quand on adhère à une institution, il faut en respecter les règles. Le sacrement du baptême n'est pas en *self-service.* » Comme dans l'affaire de Saint-Jean-de-Boiseau, le risque inhérent à cette fermeté est de voir s'éloigner une partie des familles de tradition catholique, dont la demande festive sera éventuellement assumée par l'institution communale. Il s'agit d'un risque désormais accepté, voire souhaité, par de nombreux prêtres, qui refusent de se transformer en simples animateurs de fêtes familiales. Le curé de Savigny-sur-Orge, en banlieue parisienne, nous confiera ainsi en 2002 : « Je suis archi pour le baptême civil - sans le mot *baptême* - car on en finira avec les baptêmes sans signification qu'on fait aujourd'hui[2]. » Somme toute, beaucoup voient d'un bon œil une telle réorientation du marché du service rituel car elle autorise une concentration de leur action pastorale sur la minorité de fidèles vraiment engagés dans le chemin spirituel proposé par le catholicisme.

Il y a dans cette attitude une rupture évidente avec le projet séculaire de l'Église. La quête de l'unanimisme baptismal catholique fut en effet un objectif permanent depuis le Moyen Âge. On en perçoit encore l'écho dans les débats pastoraux et liturgiques des années 1950 et 1960 sur la réponse à donner aux demandes sacramentelles émanant de parents éloignés de la pratique religieuse. Une étape supplémentaire dans le processus de sécularisation de la société française a donc été franchie récemment. Et avec elle, l'écart se creuse encore davantage avec le modèle baptismal ancien, que nous avons appelé le « baptême d'Ancien Régime » : un modèle caractérisé par la superposition entre les identités individuelle, familiale, sociale, civile et l'identité religieuse, qui implique l'obligation légale du premier sacrement, son universalité et son immédiateté.

L'abandon de ce modèle ne date pas des dernières décennies, loin de là. Il s'est produit selon des chronologies variables suivant les lieux et les milieux. Mais le moment clé est sans conteste la Révolution française. Elle conduit en effet, par un chemin plus tortueux qu'on ne le pense, à la neutralité religieuse de l'État, symbolisée par la mise en place d'un état civil laïcisé en 1792 et la fin de toute imposition baptismale par la loi. Cette neutralité, bientôt confirmée par Bonaparte et qui ne sera jamais remise en cause dans les deux siècles suivants, ouvre la voie aux autres mutations examinées dans cet ouvrage.

Pour autant, l'histoire de la pratique du baptême, de son mode d'administration et de ses usages, ne saurait se lire au seul prisme du processus de sécularisation et d'affirmation de la puissance étatique sur le long terme, en soutien de l'Église durant l'époque moderne, à son détriment par la suite. Elle ne se réduit pas non plus au récit des conceptions sacramentelles des autorités religieuses et de leurs programmes d'application par les clergés.

Le conflit contemporain de Saint-Jean-de-Boiseau le rappelle : pour saisir la manière dont les Français ont été concrètement baptisés pendant ces derniers siècles, il ne suffit pas de connaître les décisions conciliaires, les statuts synodaux, les rituels catholiques, la Discipline ecclésiastique des réformés et tous les textes normatifs religieux ou civils qui ont encadré l'administration du premier sacrement. Il faut aussi se tourner vers les familles, comprendre leurs motivations dans leur diversité et leur complexité, prendre en considération leurs positions et leurs contraintes. À l'évidence, les conceptions et les objectifs des fidèles ne convergent pas forcément avec ceux des clergés - qu'ils soient catholique ou protestant. Certes, pendant des siècles, l'obsession d'assurer au plus vite le salut des nouveau-nés par un baptême immédiat est partagée par les parents, leurs entourages, et les autorités catholiques. Mais cette unanimité se défait peu à peu au cours du XIXe siècle, quand un discours médical concurrent dénonçant les risques mortifères du baptême précoce trouve un écho croissant dans les familles. La date et le lieu d'administration du premier sacrement tendent alors à se « négocier », entre politique parentale du fait accompli et recours moins brutal à des procédures plus ou moins institutionnalisées de contournement de la norme religieuse. De même, les stratégies relationnelles auxquelles donnent lieu les festivités entourant la célébration religieuse ainsi que la sollicitation des parrains et marraines entrent régulièrement en porte-à-faux avec les orientations défendues par les Églises. Phénomène majeur du XIXe siècle, la familialisation du baptême remet en cause son immédiateté tout comme son inscription paroissiale et la logique première de présentation d'un nouveau chrétien auprès des fidèles de sa communauté. Cette tension, permanente, entre les objectifs socio-relationnels du rite et ses motivations religieuses *stricto sensu* se manifeste quelles que soient l'époque et la confession. Bon gré mal gré, les clergés sont conduits à la prendre en compte (à cet égard, les réformateurs protestants qui maintiennent l'institution du parrainage, pourtant absente des Écritures, ne sont guère éloignés des curés post-tridentins qui négocient en douceur, à l'échelon local, la réduction du quorum de parents spirituels). Lorsqu'ils ne le font pas et cherchent, avec une rigueur ou un zèle excessifs, à purger le rite de ses dimensions profanes au nom d'une conception épurée du sacrement, ils suscitent l'incompréhension d'une large part des fidèles. Et entraînent, ce faisant, des formes de résistance passive ou active, voire l'éloignement définitif de certains, comme le constatent avec désarroi les prêtres réformateurs des années 1960 et 1970.

À l'heure actuelle, un peu moins d'un tiers des enfants français reçoivent le premier sacrement dans une paroisse catholique. Il faut y ajouter la petite proportion de baptisés relevant des cultes protestants historiques (luthériens et réformés) ou des Églises orthodoxes et communautés protestantes évangéliques, en expansion quant à elles. Comparée à la situation qui prévalait dans les siècles passés et encore dans les années 1960, la chute de la demande de baptêmes chrétiens est saisissante. Chacun interprètera cette réalité chiffrée selon sa sensibilité personnelle. Beaucoup souligneront la marginalisation du baptême et même sa disparition inéluctable. D'autres préféreront mettre en avant une certaine forme de résistance de cette ritualisation religieuse. Certains y verront une évolution catastrophique, un effondrement civilisationnel, quand leurs adversaires salueront au contraire la fin bienvenue de l'encadrement traditionnel de l'existence individuelle par les Églises, une preuve d'émancipation. Sur cette dernière confrontation, qui engage des points de vue idéologiques globaux, et à tout le moins des rapports personnels à la foi, l'historien n'a pas, me semble-t-il, à se prononcer ès qualités. Le présent ouvrage peut néanmoins éclairer la réflexion sur la place actuelle et future de la pratique du baptême et/ou du parrainage dans la société française. Faut-il croire à un effacement complet à court ou moyen terme ?

Nous avons noté précédemment que le déclin du baptême religieux s'est accompagné depuis les années 1980 d'une progression des baptêmes républicains. En l'absence de tout suivi statistique à l'échelle nationale, il est impossible de mesurer l'ampleur exacte de cette tendance – qui, de toute évidence, est loin de compenser le recul des cérémonies religieuses. Surtout, pour l'heure, nul ne sait si cette vogue va se poursuivre, ou si le parrainage civil régressera à son tour, ayant joué dans ce cas le rôle d'un rite de transition dans un processus de long terme de sortie de la culture chrétienne. Quoi qu'il en soit, l'intérêt récent suscité par ce parrainage civil ne doit pas être analysé uniquement comme un signe du déclin du catholicisme dans la société française : il exprime en même temps la puissance d'un héritage culturel chrétien, porteur de gestes, de rites et de modèles de lien social, celui du parrainage baptismal.

Comme cela a été souligné, ce dernier possède une capacité séculaire à donner une forme publique, institutionnalisée et socialement reconnue à toute une gamme de liens sociaux, conférant par le rite, sinon une « sacralité » au sens strict dans le cas des baptêmes républicains, du moins une sorte de solidité et de pérennité. Cette souplesse instrumentale a fait sa force dans les sociétés médiévales et modernes. Nulle surprise à ce qu'il serve de modèle ou d'instrument lorsque surgit une demande relationnelle inédite. C'est ainsi que pendant la Première Guerre mondiale, le soutien des populations de l'arrière aux soldats du front a pu prendre la figure des « marraines de guerre ». Il a renoué en l'espèce avec un imaginaire de patronage qui convenait bien à une initiative portée à l'origine par des « grandes dames » de la haute bourgeoisie et de l'aristocratie[3]. Aujourd'hui, c'est de nouveau le parrainage qui sert de référent à des initiatives aussi diverses que l'aide aux migrants « sans papiers » afin qu'ils obtiennent des cartes de séjour[4], le soutien scolaire aux enfants du tiers monde, l'aide à l'intégration des nouveaux salariés dans certaines entreprises ou les opérations de valorisation des liens intergénérationnels entre jeunes et seniors lancées par de nombreuses municipalités françaises[5]. Depuis deux décennies, l'Union nationale des acteurs de parrainage de proximité (UNAPP[6]) fait partie des nombreuses associations qui portent un mouvement de reconnaissance institutionnelle de ces formes de soutien social, le plus souvent tourné vers la protection de l'enfance. Un premier succès a été remporté avec la publication en août 2005, par arrêté ministériel, d'une Charte du parrainage[7]. Un deuxième a été obtenu en 2022, quand l'article 9 de la loi Taquet relative à la protection des enfants a intégré explicitement la désignation des parrains et marraines comme instrument mobilisable par les services de l'aide sociale à l'enfance[8].

Nous sommes ici bien loin du baptême, sacrement de l'incorporation à l'Église. Mais ces actions qui empruntent le vocabulaire symbolique du parrainage et s'inscrivent dans sa tradition indiquent que, dans une société française volontiers décrite comme « sortie de la religion », où le catholicisme n'est plus le cadre structurant la vie collective, les lois et les mœurs, un legs culturel chrétien perdure et parvient à inspirer, sans que tout un chacun en ait pleine conscience, quantité d'initiatives privées et publiques.

Notes

Introduction

1. Cf. les *Annuaires statistiques de l'Église*, publiés chaque année à Rome.
2. Une partie de ces recherches est consultable dans Vincent Gourdon, *Les Révolutions du baptême en France de 1789 à nos jours*, mémoire original (inédit) du dossier *Métamorphoses de la famille en France, XVIIe-XXe siècles : hiérarchies, réseau, ritualisation, habilitation à diriger des recherches en histoire*, Paris, Université Paris-Sorbonne, 2014.
3. Pour plus de détails, nous renvoyons au chapitre introductif de Guido Alfani, Philippe Castagnetti et Vincent Gourdon (dir.), *Baptiser. Pratique sacramentelle, pratique sociale (XVIe-XXe siècles)*, Saint-Étienne, PUSE, 2009.
4. Abbé Jules Corblet, *Histoire dogmatique, liturgique et archéologique du sacrement de baptême*, Paris, Société générale de librairie catholique, 1881-1882. Voir également les articles consacrés au baptême dans le *Dictionnaire de théologie catholique*, t. II, Paris, Letouzey et Ané, 1905.
5. Jean-Philippe Revel, *Traité des sacrements*, t. I, *Baptême et sacramentalité*, vol. 1, *Origine et signification du baptême*, Paris, Cerf, 2004.
6. Gabriel Le Bras, « Pour un examen détaillé et pour une explication historique de l'état du catholicisme dans les diverses régions de France », *Revue d'histoire de l'Église de France*, 1931, 77, p. 425-449.
7. Pour une histoire rapide de ce courant de recherches, voir le chapitre « Gabriel Le Bras (1891-1970), un initiateur de la sociologie du catholicisme en France », p. 233-262, *in* Danièle Hervieu-Léger et Jean-Paul Willaime, *Sociologies et religion. Approches classiques*, Paris, PUF, 2001.
8. Par exemple dans Fernand Boulard, « La "déchristianisation" de Paris. L'évolution historique du non-conformisme », *Archives de sociologie des religions*, 1971, 31, p. 69-98.
9. Par exemple dans Fernand Charpin, *Pratique religieuse et formation d'une grande ville. Le geste du baptême et sa signification en sociologie religieuse*, Paris, Centurion, 1964.
10. Fernand Boulard, *Premiers itinéraires en sociologie religieuse*, Paris, Les Éditions ouvrières / Économie et humanisme, 1954, p. 123.
11. Louis Henry, « Une richesse démographique en friche : les registres paroissiaux », *Population*, 1953, 2, p. 281-290 ; Michel Fleury et Louis Henry, *Des registres paroissiaux à l'histoire de la population. Manuel de dépouillement et d'exploitation de l'état civil ancien*, Paris, INED, 1956 ; Isabelle Séguy, *La Population de la France de 1670 à 1829. L'enquête Louis Henry et ses données*, Paris, INED, 2001.

12. Voir l'article synthétique de René Le Mée, « La réglementation des registres paroissiaux en France », *Annales de démographie historique*, 1975, p. 433-473.
13. Le moment clé est le colloque Malher de 1980 consacré à la prénomination (Jacques Dupâquier, Alain Bideau et Marie-Élisabeth Ducreux (dir.), *Le Prénom. Mode et histoire*, Paris, EHESS, 1984).
14. Agnès Fine, *Parrains, marraines. La parenté spirituelle en Europe*, Paris, Fayard, 1994. Voir aussi Guido Alfani et Vincent Gourdon, « Spiritual kinship and godparenthood : an introduction », *in* Guido Alfani et Vincent Gourdon (dir.), *Spiritual Kinship in Europe, 1500-1900*, Londres, Palgrave, 2012, p. 1-43.
15. Arnold Van Gennep, *Manuel de folklore français*, Paris, 1937-1958.
16. Pierre Saintyves, « Les résurrections d'enfants morts-nés et les sanctuaires à répit », *Revue d'ethnographie et de sociologie*, 1911, II, p. 65-74.
17. Philippe Ariès, *L'Enfant et la vie familiale sous l'Ancien Régime*, Paris, Seuil, 1960.
18. Jacques Gélis, Mireille Laget et Marie-France Morel, *Entrer dans la vie. Naissances et enfances dans la France traditionnelle*, Paris, Gallimard, 1978 ; Jacques Gélis, *L'Arbre et le Fruit. La naissance dans l'Occident moderne, XVI*[e]*-XIX*[e] *siècle*, Paris Fayard, 1984 ; Jacques Gélis, *Les Enfants des limbes. Mort-nés et parents dans l'Europe chrétienne*, s.l., Audibert, 2006.
19. Sur ces clivages historiographiques et les points de contacts malgré tout, Bruno Dumons, « Histoire sociale et histoire religieuse, deux sœurs ennemies ? Un essai de relecture historiographique pour la France contemporaine », *Revue d'histoire de l'Église de France*, 2000, 217, p. 561-572.
20. Sur la confirmation, Michaël Gasperoni et Vincent Gourdon (dir.), *Le Sacrement oublié. Histoire de la confirmation, XVI*[e]*-XX*[e] *siècle*, Tours, PUFR, 2022.

À l'attention du lecteur

1. L'orthographe et la ponctuation originelles ont été respectées.
2. Archives municipales d'Aubervilliers, 1 E 1, Baptêmes (1552-1601), mariages (1581-1590), testaments (1560-1574).
3. Archives départementales de Seine-et-Marne, 1 MI 213, Baptêmes, mariages, sépultures (1780-1789), Avon.
4. Archives du diocèse de La Rochelle, 5 G 835, Registre paroissial de Saint-Pierre de Laleu, 1874-1883.
5. Archives du diocèse de La Rochelle, 5 G 1877, Registre de l'hôpital Saint-Louis, 1921-1926.

Chapitre 1. Réformer le baptême médiéval

1. Peter Cramer, *Baptism and Change in the Early Middle Ages c. 200 – c. 1150*, Cambridge, Cambridge University Press, 2002 (1993), p. 120 *sq.* ; article « Pélagianisme », *Dictionnaire de théologie catholique*, t. XII, Paris, Letouzey et Ané, 1935, p. 675-715.
2. Henry Francis Brown, *Le Baptême à travers les siècles*, Dammarie-les-Lys, Éditions sdt, 1972, p. 31-34.

3. Michel Rubellin, « Entrée dans la vie, entrée dans la chrétienté, entrée dans la société : autour du baptême à l'époque carolingienne », in *Les Entrées dans la vie. Initiations et apprentissages*, Nancy, Presses universitaires de Nancy, 1982, p. 31-42, p. 40.
4. Joseph Lynch, *Godparents and Kinship in Early Medieval Europe*, Princeton, Princeton University Press, 1986, p. 120.
5. Chiara Franceschini, *Storia del limbo*, Milan, Feltrinelli, 2017 ; Didier Lett, « De l'errance au deuil. Les enfants morts sans baptême et la naissance du *limbus puerorum* aux XIIe-XIIIe siècles », *in* Robert Fossier (dir.), *La Petite Enfance dans l'Europe médiévale et moderne*, Toulouse, Presses universitaires du Mirail, 1997, p. 77-92.
6. Pierre Chaunu, *Le Temps des Réformes*, Paris, Fayard, 1975, p. 176-177.
7. Pierre Pégeot, « Un exemple de parenté baptismale à la fin du Moyen Âge. Porrentruy 1482-1500 », in *Les Entrées dans la vie..., op. cit.*, p. 53-70, p. 55.
8. Article « Baptême dans l'Église latine depuis le VIIIe siècle », in *Dictionnaire de théologie catholique*, t. II, Paris, Letouzey et Ané, 1905, p. 286.
9. *Ibid.*, p. 267-268.
10. Jacques Toussaert, *Le Sentiment religieux, la vie et la pratique religieuse des laïcs en Flandre maritime et au « West-Hoeck » de langue flamande aux XIVe, XVe et début du XVIe siècles*, Paris, Plon, 1963, p. 90-92.
11. *Ibid.*, p. 95.
12. Voir le cas de Jehan de Fynnes au début du XVIe siècle, à Ypres, en Flandres (*ibid.*, p. 99 et 235-236).
13. Jules Corblet, *Histoire dogmatique, liturgique et archéologique du sacrement de baptême*, t. II, Paris, Société générale de librairie catholique, 1882, p. 212.
14. Nerthard Bulst, « La legislazione suntuaria in Francia », *in* Maria Giuseppina Muzzarelli et Antonella Campanini (dir.), *Disciplinare il lusso. La legislazione suntuaria in Italia e in Europa tra Medioevo ed Età moderna*, Rome, Carocci, 2003, p. 124.
15. Chanoine J. Contrasty, *Histoire de la cité de Rieux-Volvestre et de ses évêques*, Toulouse, Sistac, 1936, p. 95-97.
16. Le désaubage correspond au moment où l'on ôtait la robe blanche portée par l'enfant pour son baptême.
17. Jules Corblet, *Histoire... du sacrement de baptême, op. cit.*, p. 465.
18. Bernhard Jussen, *Patenschaft und Adoption im frühen Mittelalter. Künstliche Verwandschaft als soziale Praxis*, Göttingen, Vandenhoeck und Ruprecht, 1991.
19. Agnès Fine, *Parrains marraines. La parenté spirituelle en Europe*, Paris, Fayard, 1994, p. 17-22.
20. *Ibid.*, p. 20-22.
21. Bernhard Jussen, « Le parrainage à la fin du Moyen Âge : savoir public, attentes théologiques et usages sociaux », *Annales ESC*, 2, 1992, p. 467-502, p. 479.
22. Guido Alfani, *Padri, padrini, patroni. La parentela spirituale nella storia*, Venise, Marsilio, 2006, chap. 2.
23. Paul Adam, *La Vie paroissiale en France au XIVe siècle*, Paris, Sirey, 1964, p. 267-269.
24. Pierre Chaunu, *Le Temps des Réformes, op. cit.*, p. 178.
25. Michel Cassan, *Une famille briviste au XVIe siècle. Le livre des Maillard*, Treignac, Les Monédières, 1996.
26. Christian Maurel, « Prénomination et parenté baptismale du Moyen Âge à la Contre-Réforme. Modèles religieux et logiques familiales », *Revue de l'histoire des religions*, 209, 1992, p. 393-412, p. 407.
27. Pierre Pégeot, « Un exemple de parenté baptismale à la fin du Moyen Âge... », *op. cit.*, p. 56.
28. Bernhard Jussen, « Le parrainage à la fin du Moyen Âge... », art. cité, p. 472-474.

29. Pour l'ensemble de ces analyses sur le baptême réformé, nous nous appuyons sur la remarquable thèse de Margreet Dieleman, *Le Baptême dans les Églises réformées de France (1555-1685) : un enjeu confessionnel. L'exemple des provinces synodales de l'Ouest*, doctorat d'histoire, Université d'Angers, 2018.
30. Jean Calvin, *Institution de la religion chrétienne, mise en quatre livres et distinguee par chapitres en ordre & methode bien propre*, Genève, Jacques Bourgeois, 1562, livre IV, chap. XIV, « Des Sacremens », p. 803 (l'orthographe des citations de Calvin est modernisée).
31. *Ibid.*, p. 811-813.
32. *Ibid.*, chap. XV, « Du baptesme », p. 820-832.
33. *Ibid.*, p. 829 et 833.
34. *Ibid.*, p. 838.
35. *Ibid.*, p. 832.
36. *Ibid.* chap. XVI, « Que le baptesme des petis enfans convient tres bien à l'institution de Jesus Christ, et à la nature du signe » (p. 833-855).
37. Edward Muir, *Ritual in Early-Modern Europe*, Cambridge, Cambridge University Press, 1997 (2e éd.), p. 177-178.
38. Peter Wilcox, « "Églises plantées" and "églises dressées" in the Historiography of Early French Protestantism », *The Journal of Ecclesiastical History*, 4, 1993, p. 689-695.
39. Jean Calvin, *Institution de la religion chrétienne..., op. cit.*, p. 828.
40. Thierry Wanegffelen, *Ni Rome ni Genève. Des fidèles entre deux chaires en France au XVIe siècle*, Paris, Honoré Champion, 1997.
41. Cf. Margreet Dieleman, *Le Baptême dans les Églises réformées de France..., op. cit.*, p. 56-57.
42. Nicolas Fornerod et Philip Benedict, « Les 2 150 "églises" réformées de France de 1561-1562 », *Revue historique*, 651, 2009, p. 529-560.
43. Margreet Dieleman, *Le Baptême dans les Églises réformées de France..., op. cit.*, p. 127. L'orthographe des citations de la Confession de foi et de la Discipline ecclésiastique est modernisée.
44. *Ibid.*, p. 135.
45. Jean Calvin, *Institution de la religion chrétienne..., op. cit.*, p. 803.
46. Margreet Dieleman, *Le Baptême dans les Églises réformées de France..., op. cit.*, p. 801.
47. Jean Calvin, *Institution de la religion chrétienne..., op. cit.*, p. 832.
48. Il en est de même chez les luthériens (*Histoire du christianisme*, t. VIII « Le temps des confessions 1530 - 1620/30 », Paris, Desclée, 1992, p. 947).
49. Margreet Dieleman, *Le Baptême dans les Églises réformées de France..., op. cit.*, p. 100.
50. Jean Calvin, *Institution de la religion chrétienne..., op. cit.*, p. 804.
51. Margreet Dieleman, *Le Baptême dans les Églises réformées de France..., op. cit.*, p. 797-798.
52. Margreet Dieleman, « Le "rituel" du baptême réformé en France, 1595-1685 », *XVIIe siècle*, 293, 2021, p. 295-309.
53. Edward Muir, *Ritual in Early-Modern Europe, op. cit.* p. 158 *sq.*
54. Jean Calvin, *Institution de la religion chrétienne..., op. cit.*, p. 832.
55. Karen E. Spierling, *Infant Baptism in Reformation Geneva. The Shaping of a Community, 1536-1564*, Aldershot, Ashgate, 2005, p. 73 *sq.*
56. Jean Calvin, *Institution de la religion chrétienne..., op. cit.*, p. 831. Le baptême par les sages-femmes d'un nourrisson en péril est en revanche accepté par Luther (*Histoire du christianisme*, t. VIII, *op. cit.*, p. 947).
57. Robert Sauzet, *Contre-Réforme et Réforme catholique en Bas-Languedoc au XVIIe siècle. Le diocèse de Nîmes de 1598 à 1694 (étude de sociologie religieuse)*, Lille, Service de reproduction des thèses, Université de Lille-III, 1978, p. 201 (orthographe modernisée).

58. Ce passage reprend les analyses de Margreet Dieleman, *Le Baptême dans les Églises réformées de France...*, *op. cit.*, p. 212-229 (l'orthographe des citations est modernisée).
59. Robert Sauzet, *Contre-Réforme et Réforme catholique en Bas-Languedoc au XVIIe siècle...*, *op. cit.*, p. 365.
60. Voir « Le prélude de Martin Luther sur la captivité babylonienne de l'Église », *Œuvres*, 1966, t. II, p. 238.
61. Will Coster, *Baptism and Spiritual Kinship in Early Modern England*, Aldershot, Ashgate, 2002.
62. Margreet Dieleman, *Le Baptême dans les Églises réformées de France...*, *op. cit.*, p. 201-202.
63. Karen E. Spierling, *Infant Baptism in Reformation Geneva...*, *op. cit.*, p. 115-119.
64. Voir Guido Alfani et Vincent Gourdon (dir.), *Spiritual kinship in Europe, 1500-1900*, Londres, Palgrave Macmillan, 2012.
65. Karen E. Spierling, *Infant Baptism in Reformation Geneva...*, *op. cit.*, p. 114.
66. Vincent Cousseau, « Sociabilité, parenté baptismale et protestantisme. L'exemple de Preuilly (1590-1683) », *Bulletin de la Société de l'histoire du protestantisme français*, avril-mai-juin 1995, p. 221-246, p. 237. La pratique est un peu plus fréquente dans les toutes dernières années du culte autorisé, peut-être par crainte du prosélytisme catholique du parrain (Margreet Dieleman, « Le parrainage aux baptêmes dans les Églises réformées de l'Ouest de la France (1560-1685). Vocabulaire, modèles et parenté », *Annales de démographie historique*, 1, 2022, p. 1-38, p. 20).
67. Karen E. Spierling, *Infant Baptism in Reformation Geneva...*, *op. cit.*, p. 114.
68. Philip Conner, *Huguenot Heartland. Montauban and Southern French Calvinism during the Wars of Religion*, Aldershot, Ashgate, 2002, p. 34.
69. Margreet Dieleman, *Le Baptême dans les Églises réformées de France...*, *op. cit.*, p. 799.
70. *Ibid.*, p. 582-585.
71. Margreet Dieleman, « Le parrainage aux baptêmes... », art. cité, p. 12-15, et tableau 5, p. 32-33.
72. Philip Conner, *Huguenot Heartland...*, *op. cit.*, p. 34.
73. Marc Venard, *Réforme protestante, Réforme catholique dans la province d'Avignon, XVIe siècle*, Paris, Cerf, 1993, p. 1036.
74. Vincent Cousseau, « Sociabilité, parenté baptismale et protestantisme... », art. cité.
75. Marc Venard, *Réforme protestante, Réforme catholique...*, *op. cit.*, p. 1036.
76. Vincent Cousseau, « Sociabilité, parenté baptismale et protestantisme... », art. cité, p. 239-241.
77. Margreet Dieleman, *Le Baptême dans les Églises réformées de France...*, *op. cit.*, p. 605-609.
78. Marc Venard, *Réforme protestante, Réforme catholique...*, *op. cit.*, p. 1037.
79. Céline Borello, *Les Protestants de Provence au XVIIe siècle*, Paris, Honoré Champion, 2004, p. 223.
80. Margreet Dieleman, *Le Baptême dans les Églises réformées de France...*, *op. cit.*, p. 577 et 622.
81. Jean Aymon, *Tous les synodes nationaux des Églises reformées de France...*, La Haye, chez Charles Delo, 1710, p. 27 (orthographe modernisée).
82. Karen E. Spierling, *Infant Baptism in Reformation Geneva...*, *op. cit.*, p. 140-152.
83. Margreet Dieleman, *Le Baptême dans les Églises réformées de France...*, *op. cit.*, p. 357.
84. Jean Aymon, *Tous les synodes nationaux des Églises reformées de France...*, *op. cit.*, p. 113, 140 et 183 (orthographe modernisée).

85. Pour l'ensemble des données chiffrées sur la prénomination, voir Margreet Dieleman, *Le Baptême dans les Églises réformées de France..., op. cit.*, p. 856-867, ainsi que Margreet Dieleman, « Parrains et marraines aux baptêmes d'enfants protestants à La Rochelle et dans d'autres villes de l'Ouest, 1560-1685 », *Écrits d'Ouest*, 31, 2023, p. 13-36.
86. Phillip Conner, *Huguenot Heartland..., op. cit.*, p. 60-61.
87. Céline Borello, *Les Protestants de Provence au XVII*[e] *siècle, op. cit.*, p. 219-222.
88. Denis Crouzet, *La Genèse de la Réforme française, 1520-1562*, Paris, Sedes, 1996, p. 404.
89. Sur ces décisions conciliaires, voir C. Ruch, « Baptême d'après le concile de Trente », *Dictionnaire de théologie catholique*, t. II, Paris, Letouzey et Ané, 1905, p. 296-328.
90. Thierry Wanegffelen, « La reconnaissance mutuelle du baptême entre confessions catholique et réformée en France au XVIe siècle », *Études théologiques et religieuses*, 69, 1994, p. 185-201.
91. Sur ces sujets, Guido Alfani, *Padri, padrini, patroni..., op. cit.*, p. 97-115.
92. Nous utilisons la traduction française *Rituel ou Cérémonial romain dressé et mis en lumière par le commandement de NSP le Pape Paul V...*, Tolose, Raymond Colomiez, 1621 (l'orthographe des citations est modernisée).
93. *Ibid.*, p. 8.
94. IVe concile provincial de Milan (1576), cité par Guido Alfani, « L'applicazione del Concilio di Trento sotto la guida di carlo Borromeo. Un *case study* : la riforma del padrinato », *Ricerche storiche sulla Chiesa Ambrosiana*, XXIV, 2006, p. 53-76, p. 61.
95. *Rituel ou Cérémonial romain..., op. cit.*, p. 6
96. *Ibid.*, p. 8.
97. *Histoire du christianisme*, t. VIII, *op. cit.*, p. 951.
98. *Rituel ou Cérémonial romain..., op. cit.*, p. 7.
99. *Ibid.*, p. 3.
100. Rite condamné lors du Ier concile provincial de Milan (1564), cité par Guido Alfani, « L'applicazione del Concilio di Trento... », art. cité, p. 59.
101. Guido Alfani, *Padri, padrini, patroni..., op. cit.*, p. 104-115.
102. *Le Saint-Concile de Trente œcuménique et générale célébré sous Paul III, Jules III et Pie IV, souverains pontifes*, nouvellement traduit par M. l'abbé Martial Chanut, Paris, Chez Sebastien Mabre-Cramoisy, 1674, XXIVe session, chap. II : « Des degrez d'alliances spirituelles, qui empeschent qu'on ne puisse contracter Mariage », p. 325-327.
103. Cité par Guido Alfani, « L'applicazione del Concilio di Trento... », art. cité, p. 60.
104. *Rituel ou Cérémonial romain..., op. cit.*, p. 10-11.
105. Adriano Prosperi, *Il Concilio di Trento : una introduzione storica*, Turin, Einaudi, 2001, p. 95-97.
106. *Histoire du christianisme*, t. VIII, *op. cit.*, p. 444.
107. Marc Venard, *Réforme protestante, Réforme catholique..., op. cit.*, p. 516 *sq.*
108. Paul Broutin, *La Réforme pastorale en France au XVII*[e] *siècle*, Paris-Tournai, Desclée et Cie, 1956, t. II, p. 8.
109. *Ibid.*, t. II, p. 8 ; Bernard Peyroux, *La Réforme catholique à Bordeaux, 1600-1719*, 2 vol., Bordeaux, Fédération historique du Sud-Ouest, 1995 ; Estelle Martinazzo, *La Réforme catholique dans le diocèse de Toulouse (1590-1710)*, thèse d'histoire, sous la direction de Serge Brunet, Université Paul-Valéry - Montpellier-III, 2012.
110. Paul Broutin, *La Réforme pastorale en France au XVII*[e] *siècle, op. cit.*, t. I, p. 50.
111. *Ibid.*, t. I, p. 110.

112. René Le Mée, « La réglementation des registres paroissiaux en France », in *Dénombrements, espaces et société. Cahiers des Annales de démographie historique*, n° 1, Paris, SDH, 1999, p. 21-62.
113. Camille Berteau, Vincent Gourdon et Isabelle Robin-Romero, « Réseaux sociaux et parrainage : les conséquences de l'application du concile de Trente dans une paroisse française, Aubervilliers (1552-1631) », *Obradoiro de Historia Moderna*, 19, 2010, p. 279-306, p. 294.
114. Anne Bonzon, *L'Esprit de clocher. Prêtres et paroisses dans le diocèse de Beauvais 1535-1650*, Paris, Cerf, 1999, p. 347.
115. *Actes de l'Église de Paris touchant la discipline et l'administration, publiés par l'ordre de M*[gr] *Sibour*, Paris, Imprimerie de J.-P. Migne, 1854, p. 139 et 146.
116. Élise Denis, *Les Parrains enfants, XVI*[e]*-XIX*[e] *siècles*, mastère 2 d'histoire, Sorbonne-Université, 2020, p. 164-168.
117. Jean-Claude Tillier, « La pré-réforme catholique à Angoulême et les statuts synodaux d'Antoine d'Estaing (1506-1523) », *Mémoires de la Société archéologique et historique de la Charente*, 1972, p. 259-316.
118. Paul Broutin, *La Réforme pastorale en France au XVII*[e] *siècle*, *op. cit.*, t. II, p. 12-13.
119. Décisions citées dans Élise Denis, *Les Parrains enfants*..., *op. cit.*, p. 175 et 178.
120. *Diverses instructions données en divers temps par nos seigneurs, les Archevêques de Tolose*, Tolose, Vve Arnaud Colomiez, 1656, p. 1079.
121. Arnold Van Gennep, *Le Folklore français*, vol. 1, Paris, Robert Laffont, « Bouquins », 1998, p. 135.
122. Jules Corblet, *Histoire du sacrement de baptême*, Paris, Société générale de librairie catholique, 1882, t. II, p. 450.
123. Jeanne Ferté, *La Vie religieuse dans les campagnes parisiennes, 1622-1695*, Paris, Vrin, 1962, p. 304-305.
124. Guido Alfani, *Padri, padrini, patroni*..., *op. cit.*, p. 131.
125. Bruno Restif, « Les synodes du diocèse de Saint-Malo aux XVIe et XVIIe siècles », *Revue d'histoire de l'Église de France*, 2003, p. 345-361.
126. Décisions citées dans Cleto Corrain, *Documenti etnografici nei sinodi francesi*, Rovigo, Istituto Padano di Arti Grafiche, 1976, p. 47 et 88.
127. *Ibid.*, p. 46 et 105.
128. Jeanne Ferté, *La Vie religieuse dans les campagnes parisiennes*..., *op. cit.*, p. 301-302.
129. Voir par exemple *Les Ordonnances synodales pour le diocèse d'Aix*..., Aix, Ch. David, 1672, p. 10.
130. Cité dans *Ordonnances et Constitutions synodales, decrets et reglemens donnés au diocèse de Bordeaux par feus noss. le C*[al] *de Sourdis, H. d'Escoubleau de Sourdis, Henry de Béthune, archev. de Bordeaux, reveus et confirmés... par M*[gr] *L. d'Anglure de Bourlemont*..., Bordeaux, chez la Veuve de G. de la Court, 1686.
131. Anne Bonzon, *La Paix au village. Clergé paroissial et règlement des conflits dans la France d'Ancien Régime*, Ceyzérieu, Champ Vallon, 2022.
132. Anne Bonzon, « Paroisse rêvée, paroisse vécue : le point de vue de curés citadins au temps de la Réforme catholique : l'exemple de Beauvais », *Revue du Nord*, 340, 2001, p. 319-339, p. 325 ; Étienne Couriol, « Godparenthood and social relationships in France under the *Ancien Régime* : Lyons as a case study », p. 128-129, *in* Guido Alfani et Vincent Gourdon (dir.), *Spiritual Kinship in Europe, 1500-1900*, Londres, Palgrave Macmillan, 2012, p. 124-151.
133. Martine Barilly-Leguy, *« Livre de mes anciens grands-pères ». Le livre de raison d'une famille mancelle du Grand Siècle (1567-1675)*, Rennes, Presses universitaires de Rennes, 2006, p. 109-110.

134. Isabelle Séguy, *La Population d'Orléans aux* XVI*e et* XVII*e siècles, 1525-1670*, mémoire de maîtrise d'histoire, Université Paris-I, 1979, p. 124-125.
135. Camille Berteau, Vincent Gourdon et Isabelle Robin-Romero, « Réseaux sociaux et parrainage... », art. cité, p. 283 et 295.
136. Pierre-Yves Quéméner, « Parrainage et solidarités en basse Auvergne au XVIe siècle », *Histoire, Économie et Société*, 4, 2018, p. 18-37, p. 25-30.
137. Sur Aubervilliers, Camille Berteau, Vincent Gourdon et Isabelle Robin-Romero, « Réseaux sociaux et parrainage... », art. cité.
138. Guido Alfani, *Padri, padrini, patroni...*, *op. cit.*, p. 150-160.
139. Camille Berteau, Vincent Gourdon, Isabelle Robin-Romero, « Familles et parrainages : l'exemple d'Aubervilliers entre XVIe et XVIIe siècles », XVII*e siècle*, 249, 2010, p. 597-621.

Chapitre 2. Le baptême d'Ancien Régime

1. Cité par Mireille Laget, « Recherches sur les ondoiements et baptêmes à Lodève et dans son diocèse aux XVIIe et XVIIIe siècles », *Études sur Pézenas et sa région*, 3, 1975, p. 5-18 (citation p. 6).
2. *Rituel ou Cérémonial Romain dressé et mis en lumière par le commandement de NSP le Pape Paul V...*, Tolose, Raymond Colomiez, 1621, p. 8.
3. Marc Venard, « Les délais de baptême dans une paroisse de l'Uzège au XVIIIe siècle », p. 279-288, *in* Jean-Pierre Poussou et Isabelle Robin-Romero (dir.), *Histoire des familles, de la démographie et des comportements*, Paris, PUPS, 2007, p. 282.
4. Bernard Peyroux, *La Réforme catholique à Bordeaux, 1600-1719*, 2 vol., Bordeaux, Fédération historique du Sud-Ouest, 1995, p. 595-596.
5. Jules Corblet, *Histoire dogmatique, liturgique, et archéologique du sacrement de Baptême*, t. I, Paris, Société générale de librairie catholique, 1881, p. 496.
6. Cité par Fernand Charpin, *Pratique religieuse et formation d'une grande ville. Le geste du baptême et sa signification religieuse*, Paris, Centurion, 1964, p. 21.
7. Marc Venard, *Réforme protestante, Réforme catholique...*, *op. cit.*, p. 282.
8. *Ibid.*, p. 282.
9. Anne Bonzon, *L'Esprit de clocher. Prêtres et paroisses dans le diocèse de Beauvais, 1535-1650*, Paris, Cerf, 1999, p. 342.
10. *Recueil des statuts synodaux du diocèse d'Auch, revus et publiés par le synode général tenu à Auch par Monseigneur l'Illustrissime et Reverendissime Anne Tristan de Labaume de Suze, Archevêque d'Auch, l'an 1698*, Toulouse, chez Jean-François Robert, 1770 (nouvelle édition), p. 27-28.
11. Marc Venard, *Réforme protestante, Réforme catholique...*, *op. cit.*, p. 282.
12. *Statuts synodaux du diocèse de Narbonne...*, Narbonne, chez G. Besse, 1706, p. 144. La dérogation pour Pâques et la Pentecôte est un rappel de l'administration privilégiée du baptême lors de ces fêtes dans les premiers siècles du christianisme.
13. Fernand Charpin, *Pratique religieuse et formation d'une grande ville...*, *op. cit.*, p. 20-21 ; *Actes de l'Église de Paris touchant la discipline et l'administration, publiés par l'ordre de Mgr Sibour*, Paris, Imprimerie de J.-P. Migne, 1854, p. 161 ; Jules Corblet, *Histoire... du sacrement de baptême*, *op. cit.*, t. I, p. 496.
14. Cité par Paul Broutin, *La Réforme pastorale en France au* XVII*e siècle*, Paris / Tournai, Desclée et Cie, 1956, t. I, p. 240.

15. *Rituel ou Cérémonial Romain*..., *op. cit.*, p. 8.
16. *Rituel de Toul*..., Nancy, Imprimerie Veuve et C. Leseure, 1700, p. 16.
17. Étienne Couriol, « Baptême et mariage d'un hermaphrodite : le monstrueux est-il compatible avec un sacrement devant l'Église ? », *in* Étienne Couriol et Teresa Hiergeist (dir.), *Monstres et christianisme, monstres du christianisme, XVI*[e]*-XVIII*[e] *siècles*, Berlin, Peter Lang, 2018, p. 195-205.
18. Marcel Bernos, « Anomalies physiques, monstruosités et sacrements », p. 105-118, *in* Régis Bertrand et Anne Carol (dir.), *Le « monstre » humain. Imaginaire et société*, Aix-en-Provence, Publications de l'université de Provence, 2005, p. 108-109.
19. *Rituel ou Cérémonial Romain*..., *op. cit.*, p. 9.
20. Nadia-Maria Filippini, *Generare, partorire, nascere. una storia dall'antichità alla provetta*, Rome, Viella, 2017, p. 159.
21. Nadia-Maria Filippini, *La Naissance extraordinaire. La mère, le prêtre, le médecin face à la césarienne (Italie, XVIII*[e]*-XIX*[e] *siècles)*, thèse, EHESS, 1993, p. 117.
22. Nadia-Maria Filippini, *La nascita straordinaria. Tra madre e figlio : la rivoluzione del taglio cesareo (sec. XVIII-XIX)*, Milan, Franco Angeli, 1995, p. 37 et 242 *sq*.
23. *Ibid.*, p. 37-43.
24. Cité par Gérard Vallet, « Pratiques du baptême en Forez, d'après les livres de raison (XVIe-XVIIIe siècles) », *in* Guido Alfani, Philippe Castagnetti et Vincent Gourdon (dir.), *Baptiser. Pratique sacramentelle, pratique sociale (XVI*[e]*-XX*[e] *siècles)*, Saint-Étienne, PUSE, 2009, p. 185-202, p. 188-189.
25. *Abrégé de l'embryologie sacrée, ou Du traité du devoir des prêtres, des médecins & autres, sur le salut éternel des enfans qui sont dans le ventre de leur mère*, Paris, Nyon, 1762 (traduction par Joseph-Antoine-Toussaint Dinouart), p. 149-150.
26. *Ibid.*, p. 6.
27. *Ibid.*, p. 140-160.
28. Nadia-Maria Filippini, *La nascita straordinaria*..., *op. cit.*, p. 61.
29. *Ibid.*, p. 108-109.
30. René Le Mée, « La réglementation des registres paroissiaux en France », p. 21-62, in *Dénombrements, espaces et société*, Paris, Société de démographie historique, 1999, p. 28-49.
31. Marie-Paule Caire, *Histoire des religions en France (XVI*[e]*-XX*[e] *siècles)*, Paris, Armand Colin, 2000, p. 78.
32. Cité par Jean-Pierre Bardet, « Angelots, famille, patrie : parrains et marraines à Bouafles (Eure) au XVIIIe siècle », p. 167-184, *in* Guido Alfani, Philippe Castagnetti et Vincent Gourdon (dir.), *Baptiser*..., *op. cit.*, p. 168.
33. Nicolas de Saulx-Tavanes, archevêque de Rouen, *Rituale Rothomagense*, Rouen, Chez la Veuve Le Boullenger, 1739, p. 13.
34. Philippe Goujard, *Un catholicisme bien tempéré. La vie religieuse dans les paroisses rurales de Normandie 1680-1789*, Paris, CTHS, 1996, p. 72-73.
35. Paul Broutin, *La Réforme pastorale en France au XVII*[e] *siècle*, *op. cit.*, t. I, p. 237.
36. Marc Venard, « Les délais de baptême... », *op. cit.*, p. 279.
37. Sur les délais baptismaux : Delphine Liégeois, « Essai de démographie historique : naître dans un village ardennais entre 1686 et 1786, l'exemple de Sailly », *Le Pays d'Yvois*, 17, 2020, p. 75-81 ; Yves Blayo et Louis Henry, « Données démographiques sur la Bretagne et l'Anjou de 1740 à 1829 », *Annales de démographie historique*, 1967, p. 91-171, p. 106-107 ; Geneviève Parelon, *Guéret à la fin de l'Ancien Régime. Démographie et société*, Limoges, PULIM, 2000, p. 305 ; Marcel Lachiver, *La Population de Meulan du XVII*[e] *au XIX*[e] *siècle*,

Paris, SEVPEN, 1969, p. 70 ; Alix Favre, *Baptême et parrainage catholiques à La Rochelle (1628-1789) : aspects d'une reconquête ?*, mastère 1 d'histoire, Sorbonne-Université, 2019, p. 52 ; Scarlett Beauvalet, *La Population de Verdun de 1750 à 1790, étude démographique*, Bar-le-Duc, Société des arts et lettres, 1991, p. 23 ; Étienne Gautier et Louis Henry, *La Population de Crulai, paroisse normande. Étude historique*, Paris, PUF-INED, 1958, p. 31 ; Jean-Pierre Bardet, « Angelots, famille, patrie... », *op. cit.*, p. 168.

38. Marc Venard, « Les délais de baptême... », *op. cit.*, p. 286.
39. Marcel Lachiver, *La Population de Meulan...*, *op. cit.*, p. 71 ; Alix Favre, *Baptême et parrainage catholiques à La Rochelle (1628-1789) : aspects d'un retour religieux*, mastère 2 d'histoire, Sorbonne-Université, 2020, p. 79.
40. Alix Favre, *Baptême et parrainage catholiques à La Rochelle...*, *op. cit.*, mastère 2, p. 69.
41. Jean-Pierre Bardet, « Angelots, famille, patrie... », *op. cit.*, p. 176-177 ; Vincent Gourdon et Isabelle Robin, « Parrains et voisins ? Espace et parrainage en banlieue parisienne au XIXe siècle », *Dubrovnik Annals*, 21, 2017, p. 47-72 ; Alix Favre, *Baptême et parrainage catholiques à La Rochelle...*, *op. cit.*, mastère 1, p. 71.
42. Régis Bertrand, « Les enfants "qui remplissent le ciel". Obsèques et sépulture des enfants en Provence aux XVIIe-XVIIIe siècles », p. 193-209, in *Naissance, enfance, éducation dans la France méridionale du XVIe au XXe siècle*, Montpellier, Université Paul-Valéry, 2000, p. 195.
43. *Statuts synodaux du diocèse de Comenges...*, Toulouse, Chez N. Caranove, 1753, p. 59 (orthographe modernisée).
44. Madeleine Lasserre, *Villes et cimetières en France, de l'Ancien Régime à nos jours. Le territoire des morts*, Paris, L'Harmattan, 1997, p. 16.
45. Liste pour le diocèse de Paris dans Jacqueline Thibaut-Payen, *Les Morts, l'Église et l'État. Recherches d'histoire administrative sur la sépulture et les cimetières dans le ressort du parlement de Paris aux XVIIe et XVIIIe siècles*, Paris, Fernand Lanore, 1977, chap. II.
46. Régis Bertrand, « Le cimetière : les morts parmi les vivants », *in* Régis Bertrand et Anne Carol (dir.), *Aux origines des cimetières contemporains. Les réformes funéraires de l'Europe occidentale, XVIIIe-XIXe siècle*, Aix-en-Provence, Presses de l'université de Provence, 2016, p. 19.
47. Jacques Gélis, *Les Enfants des Limbes. Mort-nés et parents dans l'Europe chrétienne*, Paris, L. Audibert, 2006, p. 171-176.
48. Gérard Vallet, « Pratiques du baptême en Forez... », *op. cit.*, p. 187.
49. Jacques Gélis, *Les Enfants des Limbes...*, *op. cit.*, p. 325 *sq*.
50. Mireille Laget, « Recherches sur les ondoiements... », art. cité ; Louis Henry, « Fécondité des mariages dans le quart nord-ouest de la France de 1670 à 1820 », *Population*, 4-5, 1973, p. 873-924, p. 877.
51. Jacques Gélis, *Les Enfants des Limbes...*, *op. cit.*, p. 322. Nous renvoyons à cet ouvrage pour tout le développement sur les sanctuaires à répit.
52. *Ibid.*, p. 332-333.
53. Mireille Laget, « Recherches sur les ondoiements... », art. cité.
54. Jacques Gélis, *Les Enfants des Limbes...*, *op. cit.*, p. 195.
55. Claudia Pancino, « Les relevailles », *in* René Fridman et Myriam Szejer (dir.), *La Naissance. Histoire, cultures et pratiques d'aujourd'hui*, Paris, Albin Michel, 2010, p. 222-231 ; Claudia Pancino, « "Puerpera pura parens". Per una storia del rito di purificazione dopo il parto », p. 55-66, *in* Vincenzo Lavenia et Giovanni Paolin (dir.), *Riti di passaggio, storie di giustizia. Per Adriano Prosperi*, Pise, Edizioni della Normale, 2011.
56. Mireille Laget, *Naissances. L'accouchement avant l'âge de la clinique*, Paris, Seuil, 1982, p. 137-138 ; Yvonne Verdier, *Façons de dire, façons de faire. La laveuse, la couturière, la cuisinière*, Paris, Gallimard, 1979.

57. *Rituel de Toul*..., *op. cit.*, p. 25.
58. François Mauriceau, *Traité des maladies des femmes grosses*, Paris, 1681, p. 370 (orthographe modernisée).
59. René Le Mée, « La réglementation des registres paroissiaux en France », *op. cit.*, p. 39.
60. Alix Favre, *Baptême et parrainage catholiques à La Rochelle*..., *op. cit.*, mastère 2, p. 70.
61. Stéphane Minvielle, *Dans l'intimité des familles bordelaises du XVIIIe siècle : les élites et leurs comportements*, Bordeaux, Éditions « Sud-Ouest », 2009, p. 304.
62. Agnès Fine, *Parrains, marraines. La parenté spirituelle en Europe*, Paris, Fayard, 1994, p. 110.
63. Gérard Ranson, « Le père absent », *Nord Généalogie*, 94, 1988, p. 447-448, cité par Paul Delsalle, *Histoires de familles. Les registres paroissiaux et d'état civil, du Moyen Âge à nos jours*, Besançon, Presses universitaires de Franche-Comté, 2009, p. 107.
64. *Arrest de règlement, qui fait defenses de porter les enfans nouveaux-nés au cabaret*..., Rennes, Vve de François Vatar, 1784.
65. Denise Turrel, *Bourg-en-Bresse au XVIe siècle. Les hommes et la ville*, Paris, Société de démographie historique, 1986, p. 18.
66. Marcel Mauss, *Essai sur le don. Forme et raison de l'échange dans les sociétés archaïques*, Paris, PUF, 2007 (1re éd., 1925).
67. Jules Corblet, *Histoire... du sacrement de baptême*, *op. cit.*, t. II, p. 213.
68. Serge Brunet, *Les Prêtres des montagnes. La vie, la mort, la foi dans les Pyrénées centrales sous l'Ancien Régime*, Aspet, Pyrégraph, 2001, p. 462-463.
69. *Arrest de règlement, qui fait défenses de porter les enfans nouveaux-nés au cabaret*..., *op. cit.*
70. Édit du parlement de Dole le 30 juillet 1626 : « Des dons et presens qui se font aux accouchemens des femmes, baptêmes des enfans et étreines d'iceux », cité p. 35 par Paul Delsalle, « Naissances et baptêmes à Poligny et en Franche-Comté à la Renaissance (XVIe et XVIIe siècles) », *Patrimoine polinois*, 19, 2004, p. 25-36.
71. Agnès Fine, « L'héritage du nom de baptême », *Annales ESC*, 4, 1987, p. 853-877, p. 858.
72. *Actes de l'Église de Paris*..., *op. cit.*, p. 168.
73. Nicolas de Saulx-Tavanes, archevêque de Rouen, *Rituale Rothomagense*, *op. cit.*, p. 14.
74. *Rituel de Toul*..., *op. cit.*, p. 25.
75. Jérôme-Luther Viret, « Un hommage rendu à la parenté charnelle. Les prénoms multiples en Basse-Normandie au XVIIIe siècle », p. 223-241, *in* Guido Alfani, Philippe Castagnetti et Vincent Gourdon (dir.), *Baptiser*..., *op. cit.*, p. 233.
76. Christian Maurel, « Prénomination et parenté baptismale du Moyen Âge à la Contre-Réforme. Modèles religieux et logiques familiales », *Revue de l'histoire des religions*, 209, 1992, p. 393-412.
77. *Catéchisme du concile de Trente*, chapitre seizième « Suite du sacrement du Baptême » (traduction d'Emmanuel Marbeau, Paris, Desclée, Lefebvre et Cie, 1905).
78. Christian Maurel, « Prénomination et parenté baptismale... », art. cité, p. 403-404 ; André Burguière, « Un nom pour soi. Le choix du nom de baptême en France sous l'Ancien Régime (XVIe-XVIIIe siècles) », *L'Homme*, 4, 1980, p. 25-42, p. 40.
79. Cité par Bernard Peyroux, *La Réforme catholique à Bordeaux*..., *op. cit.*, p. 199.
80. *Actes de l'Église de Paris*..., *op. cit.*, p. 168.
81. *Statuts synodaux du diocèse de Comenges*..., *op. cit.*, p. 102.
82. Christian Maurel, « Prénomination et parenté baptismale... », art. cité, p. 410.
83. Scarlett Beauvalet, *La Population de Verdun*..., *op. cit.*, p. 24.
84. Christian Maurel, « Prénomination et parenté baptismale... », art. cité, p. 411.

85. Jean Boutier et Louis Pérouas, « L'évolution des prénoms en Limousin du XIe au XXe siècle », p. 67-77, *in* Jacques Dupâquier, Alain Bideau et Marie-Élisabeth Ducreux (dir.), *Le Prénom, mode et histoire. Les entretiens de Malher 1980*, Paris, EHESS, 1984, p. 74.
86. Cité par Céline Borello, *Les Protestants de Provence au XVIIe siècle*, Paris, Honoré Champion, 2004, p. 223.
87. Stéphane Minvielle, « Baptême et parrainage à Bordeaux sous l'Ancien Régime », p. 259-291, *in* Guido Alfani, Vincent Gourdon et Isabelle Robin (dir.), *Le Parrainage en Europe et en Amérique. Pratiques de longue durée (XVIe-XXIe siècle)*, Bruxelles, Peter Lang, 2016, p. 286.
88. Denise Turrel, *Bourg-en-Bresse au XVIe siècle*..., *op. cit.*, p. 89.
89. Jean-François Delord, « Les prénoms à Fronton (Haute-Garonne) du XVIe siècle à nos jours », p. 85-98, *in* Jacques Dupâquier *et al.* (dir.), *Le Prénom*..., *op. cit.*, p. 88.
90. Camille Berteau, Vincent Gourdon et Isabelle Robin-Romero, « Réseaux sociaux et parrainage : les conséquences de l'application du concile de Trente dans une paroisse française, Aubervilliers (1552-1631) », *Obradoiro de Historia Moderna*, 19, 2010, p. 279-306, p. 290-291.
91. Alix Favre, « La prénomination des catholiques rochelais à l'époque moderne (1628-1789) », *Écrits d'Ouest*, 28, 2020, p. 11-33, p. 14 et 23.
92. Pierre-Yves Quéméner, « Parrainage et nomination en Bretagne aux XVe et XVIe siècles », *Annales de démographie historique*, 1, 2017, p. 145-179, p. 166-167.
93. Christian Maurel, « Prénomination et parenté baptismale... », art. cité, p. 411 ; Philip Niles, « Baptism and the Naming of Children in Late Medieval England », *Medieval Prosopography*, 3, 1, 1982, p. 95-107 ; Will Coster, *Baptism and Spiritual Kinship in Early Modern England*, Aldershot, Ashgate, 2002.
94. Christiane Klapisch-Zuber, « Parrains et filleuls : étude comparative », p. 109-122, in *La Maison et le Nom. Stratégies et rituels dans l'Italie de la Renaissance*, Paris, EHESS, 1990.
95. Jérôme-Luther Viret, « Un hommage rendu à la parenté charnelle... », *op. cit.*, p. 223 *sq.*
96. André Burguière, « Un nom pour soi... », art. cité, p. 38.
97. Benoit Garnot, « Les prénoms populaires à Chartres au XVIIIe siècle », *Revue historique*, 561, 1987, p. 3-11.
98. Stéphane Minvielle, « Le parrainage à Bordeaux... », *op. cit.*, p. 284.
99. André Burguière, « Un nom pour soi... », art. cité, p. 37.
100. Jérôme-Luther Viret, « Un hommage rendu à la parenté charnelle... », *op. cit.*, p. 223-224.
101. John Dickinson, « La prénomination dans quatre villages de la plaine de Caen, 1670-1800 », *Annales de Normandie*, 48, 1, 1998, p. 67-104, p. 74.
102. Scarlett Beauvalet, *La Population de Verdun*..., *op. cit.*, p. 24.
103. Maurice Gresset, « Les prénoms dans le monde judiciaire comtois aux XVIIe et XVIIIe siècles », p. 209-222, *in* Jacques Dupâquier *et al.* (dir.), *Le Prénom*..., *op. cit.* ; Agnès Fine, « L'héritage du nom de baptême », art. cité, p. 859.
104. *Ibid.*, p. 869.
105. Jérôme-Luther Viret, « Un hommage rendu à la parenté charnelle... », *op. cit.*
106. John Dickinson, « La prénomination dans quatre villages de la plaine de Caen... », art. cité, p. 74.
107. Stéphane Minvielle, « Le parrainage à Bordeaux... », *op. cit.*, p. 285-286.
108. Alix Favre, « La prénomination des catholiques rochelais... », art. cité, p. 23-25.
109. Étienne Couriol, « Godparenthood and social relationships in France under the *Ancien Régime* : Lyons as a case study », p. 124-151, *in* Guido Alfani et Vincent Gourdon (dir.), *Spiritual Kinship in Europe, 1500-1900*, Londres, Palgrave Macmillan, 2012, p. 132.

110. Denise Turrel, *Bourg-en-Bresse au XVIe siècle...*, *op. cit.*, p. 20.
111. Geneviève Parelon, *Guéret à la fin de l'Ancien Régime...*, *op. cit.*, p. 306.
112. Gérard Vallet, « Pratiques du baptême en Forez... », *op. cit.*, p. 196-199.
113. Guido Alfani et Vincent Gourdon, « Fêtes du baptême et publicité des réseaux sociaux en Europe occidentale. Grandes tendances de la fin du Moyen Âge au XXe siècle », *Annales de démographie historique*, 1, 2009, p. 153-189 ; Helen Watanabe-O'Kelly et Anne Simon, *Festival and Ceremonies. A Bibliography of Works Relating to Court, Civic and Religious Festivals in Europe 1500-1800*, Londres / New York, Mansell, 2000.
114. Julien Muet, *Les Parrainages de la famille royale française (XVIIe-XVIIIe siècles)*, mastère 2, Sorbonne-Université, 2020, p. 123-125.
115. Stéphane Minvielle, « Le parrainage à Bordeaux... », *op. cit.*, p. 255-256.
116. Pascale Mormiche, « De la grossesse à la naissance : le calendrier et le cérémonial (1638-1789) », *in* Pascale Mormiche et Stanis Perez (dir.), *Naissance et petite enfance à la cour de France*, Villeneuve-d'Ascq, Presses universitaires du Septentrion, 2016, p. 47-77, p. 64.
117. Julien Muet, *Les Parrainages de la famille royale française...*, *op. cit.*, p. 37-38.
118. *Ibid.*, p. 35-36 (orthographe modernisée)
119. Dominique Picco, « Les ondoyées parmi les demoiselles de Saint-Cyr (XVIIe-XVIIIe siècles) », p. 203-222, *in* Guido Alfani, Philippe Castagnetti et Vincent Gourdon (dir.), *Baptiser. Pratique sacramentelle, pratique sociale (XVIe-XXe siècles)*, Saint-Étienne, Publications de l'université de Saint-Étienne, 2009, p. 213.
120. Yves Blayo et Louis Henry, « Données démographiques... », art. cité, p. 106.
121. Scarlett Beauvalet-Boutouyrie, *La Population à Verdun de 1750 à 1790 : étude démographique*, Bar-le-Duc, Société des lettres, sciences et arts de Bar-le-Duc, 1991.
122. Pour tous ces aspects, nous renvoyons à Vincent Gourdon et Isabelle Robin, « Le baptême des illégitimes, XVIe-XXIe siècles », p. 225-241, *in* Carole Avignon (dir.), *Bâtards et bâtardises dans l'Europe médiévale et moderne*, Rennes, PUR, 2016.
123. *Rituale Parisiensis*, 1654, p. 16, cité par Jeanne Ferté, *La Vie religieuse dans les campagnes parisiennes (1622-1695)*, Paris, Vrin, 1962, p. 299.
124. Jeanne Ferté, *La Vie religieuse dans les campagnes parisiennes...*, *op. cit.*, p. 299.
125. Alain Lottin, « Naissances illégitimes et filles-mères à Lille au XVIIIe siècle », p. 15-68, dans Alain Lottin, *Être et croire à Lille et en Flandre, XVIe-XVIIIe siècle*, Arras, Artois Presses Université, 2000, p. 18.
126. Jeanne Ferté, *La Vie religieuse dans les campagnes parisiennes...*, *op. cit.*, p. 299.
127. Alain Lottin, « Naissances illégitimes et filles-mères... », art. cité, p. 20.
128. Ordonnance de la ville de Lille du 14 août 1726, citée in *ibid.*, p. 19. Voir aussi Véronique Demars-Sion, « Naître hors mariage dans le ressort du parlement de Flandre (1668-1790) », p. 157-174, *in* Carole Avignon (dir.), *Bâtards et bâtardises...*, *op. cit.*
129. *Rituel ou Cérémonial Romain...*, *op. cit.*, p. 431.
130. Denise Turrel, *Bourg-en-Bresse au XVIe siècle...*, *op. cit.* p. 19 ; Alain Croix, *Nantes et le pays nantais au XVIe siècle. Étude démographique*, Paris, SEVPEN, 1974, p. 29 ; Alain Lottin, *Être et croire à Lille et en Flandre...*, *op. cit.*, p. 23.
131. Jules Corblet, *Histoire... du sacrement de baptême*, *op. cit.*, t. II, p. 491.
132. François Lebrun, *La Vie conjugale sous l'Ancien Régime*, Paris, Armand Colin, 1975, p. 97.
133. Arnold Van Gennep, *Le Folklore français*, vol. 1, Paris, Robert Laffont, « Bouquins », 1998, p. 133.
134. H. Labourasse, *Anciens us, coutumes, superstitions, préjugés, etc. du département de la Meuse*, Bar-le-Duc, Imprimerie Contant-Laguerre, 1903, p. 25.

135. Vincent Gourdon et Isabelle Robin, « Le baptême des illégitimes... », *op. cit.*
136. Jacques Dupâquier, présentation de « Jean-Claude Polton Coulommiers et Chailly-en-Brie (1557-1715) », *Annales de démographie historique*, 1969, p. 14-32, p. 18.
137. Camille Berteau, *Baptême et parrainage à Aubervilliers. Formation de réseaux et renouveau religieux post-tridentin (XVIe-XVIIIe siècles)*, mémoire de mastère 2, Université Paris-Sorbonne, 2010.
138. Pour tout ce passage, je renvoie à Vincent Gourdon, « Should Abandoned Children Be Baptised ? The French Case, the 16th to the Early 20th Century », p. 39-60, *in* Nicoleta Roman (dir.), *Orphans and Abandoned Children in European History, Sixteenth to Twentieth Centuries*, Oxford, Routledge, 2018.
139. *Rituel ou Cérémonial Romain..., op. cit.*, p. 432 (orthographe modernisée).
140. Pour ces exemples, voir John Boswell, *Au bon cœur des inconnus. Les enfants abandonnés de l'Antiquité à la Renaissance*, Paris, Gallimard, 1993, p. 227-228.
141. Jules Corblet, *Histoire... du sacrement de baptême, op. cit.*, t. I, p. 393.
142. *Ibid.*, p. 392-393.
143. Enquête de Pierre Carel, 14 juillet 1531 (Archives de l'Assistance publique, fonds des Enfants-Rouges, liasse 1, f° 3), cité par Marguerite Marie Le Moulec-Deschamps, « Enfants perdus et orphelins à Paris 1450-1550 », mastère 2 d'histoire médiévale, Université Paris-Sorbonne, 2013.
144. *Mémoire instructif concernant le gouvernement de l'hôpital des Enfans-Trouvez* (s.d., après 1720) f°s 38-52, BNF, manuscrit, Joly de Fleury 1236 (orthographe modernisée).
145. Archives de l'Assistance publique, Enfants-Trouvés, Fonds Valette, liasse 12 : « Délibération du bureau des Enfants-Trouvés, février 1765, gratifications accordées aux commis », f°s 110-111.
146. Sophie Morlot, *Enfants et enfances dans le Dijon révolutionnaire et consulaire*, thèse d'histoire, Université de Dijon, 2006, p. 393-397 ; Scarlett Beauvalet et Marion Trévisi, « Les prénoms des enfants abandonnés à Amiens pendant la Révolution », in *Noms et destins des Sans Famille*, Paris, PUPS, 2007, p. 122.
147. Sonoko Fujita, « L'abandon d'enfants illégitimes à Rennes à la fin de l'Ancien Régime », *Histoire, économie et société*, 3, 1987, p. 329-342.
148. Scarlett Beauvalet et Marion Trévisi, « Les prénoms des enfants abandonnés... », *op. cit.*, p. 122.
149. Guy Florenty, *Une capitale provinciale et sa population : Nevers au XVIIIe siècle*, Nevers, 1991, p. 195.
150. Vincent Danet, *L'Exposition angevine (1660-1765). Causes et conséquences d'un comportement social urbain dans une ville moyenne de l'époque moderne*, maîtrise d'histoire, Université d'Angers, 2003.
151. Hubert Charbonneau, « Colonisation, climat et âge au baptême des Canadiens au XVIIe siècle », *Revue d'histoire de l'Amérique française*, 3, 1985, p. 341-356, p. 344.
152. Mgr de Saint-Vallier, *Rituel du diocèse de Québec*, Paris, Langlois, 1703, cité par Gérard Bouchard et André Larose, « La réglementation du contenu des actes de baptême, mariage, sépulture, au Québec, des origines à nos jours », *Revue d'histoire de l'Amérique française*, 1, 1976, p. 67-84.
153. Vincent Cousseau et Antoine Renon, « Parrainage et intégration dans une population coloniale : l'île Royale, Nouvelle-France (1715-1758) », *Histoire, Économie et Société*, 4, 2018, p. 90-105.
154. Jacques Houdaille, « Trois paroisses de Saint-Domingue au XVIIIe siècle », *Population*, 1, 1963, p. 93-110.

155. Gabriel Debien, « Les Acadiens réfugiés aux petites Antilles 1761-1791 », *Cahiers de la Société historique acadienne*, juin-septembre 1984, p. 57-104, p. 95 ; pour la Martinique, Vincent Cousseau, *Prendre nom aux Antilles. Individu et appartenances (XVIIe-XIXe siècle)*, Paris, CTHS, 2012, p. 182.
156. Prosper Ève, *Naître et mourir à l'île Bourbon à l'époque de l'esclavage*, Paris, L'Harmattan, 2000, p. 93.
157. Hubert Charbonneau, « Colonisation, climat et âge au baptême... », art. cité, p. 343.
158. Vincent Cousseau et Antoine Renon, « Parrainage et intégration dans une population coloniale... », art. cité.
159. Hubert Charbonneau, « Colonisation, climat et âge au baptême... », art. cité.
160. Vincent Cousseau, « Pratiques et enjeux du parrainage dans une société coloniale de la Caraïbe. Martinique, des années 1660 à la première moitié du XIXe siècle », p. 353-376, *in* Guido Alfani, Vincent Gourdon et Isabelle Robin (dir.), *Le Parrainage en Europe et en Amérique...*, *op. cit.*, p. 356.
161. Isambert, Decrusy et Taillandier, *Recueil général des anciennes lois françaises...*, t. XIX, Paris, Belin-Leprieur, 1829, p. 494-495.
162. Vincent Cousseau, *Prendre nom...*, *op. cit.*, p. 58.
163. *Ibid.*, p. 63.
164. Prosper Ève, *Naître et mourir à l'île Bourbon...*, *op. cit.*, p. 10.
165. Vincent Cousseau, « Pratiques et enjeux... », *op. cit.*, p. 359.
166. Léo Élisabeth, « Christianisation et monde colonial à la Martinique sous l'Ancien Régime », *Outre-mers*, 380-381, 2013, p. 35-62, p. 44-45.
167. Vincent Cousseau, *Prendre nom...*, *op. cit.*, p. 183.
168. Cité par Prosper Ève, *Naître et mourir à l'île Bourbon...*, *op. cit.*, p. 95.
169. Vincent Cousseau, *Prendre nom...*, *op. cit*, p. 182-183.
170. *Ibid.*, p. 186-187.
171. *Ibid.*, p. 188-189.
172. Margreet Dieleman, *Le Baptême dans les Églises réformées de France (1555-1685) : un enjeu confessionnel. L'exemple des provinces synodales de l'Ouest*, doctorat d'histoire, Université d'Angers, 2018, p. 658-659.
173. *Ibid.*, p. 690-691.
174. *Ibid.*, p. 702-709.
175. Pierre Blet, « Louis XIV et le baptême des protestants ; la genèse de l'article 8 de l'édit de révocation », *Études européennes. Mélanges offerts à Victor-Lucien Tapié*, Paris, Publications de la Sorbonne, 1973, p. 132-148.
176. Didier Boisson, « Bâtardise et confession religieuse. L'illégitimité des enfants de réformés en France au XVIIIe siècle », p. 101-111, *in* Carole Avignon (dir.), *Bâtards et bâtardises...*, *op. cit.*, p. 103-104.
177. E. M. Braekman, « L'édit de tolérance de Joseph II et l'édit de Louis XVI », p. 359-374, *in* Michel Peronnet (textes recueillis par), *Naissance et affirmation de l'idée de tolérance XVIe-XVIIIe siècles*, Montpellier, Université de Montpellier-III, 1988 ; voir aussi Gilles Mesnil, *Églises wallonnes de la Barrière. Tournai, Armentières, Menin, Ypres et Namur. Registres des baptêmes, mariages et inhumations...*, Paris, Gilles Mesnil auteur éditeur, 2006.
178. Janine Driancourt-Girod, *L'Insolite Histoire des Luthériens de Paris. De Louis XIII à Napoléon*, Paris, Albin Michel, 1992.
179. Tom Ericsson, « Who wants to be a godparent ? Baptisms in a Lutheran Church in Paris, 1755-1804 », p. 227-243, *in* Guido Alfani et Vincent Gourdon (dir.), *Spiritual Kinship...*, *op. cit.*, p. 242.

180. Didier Boisson, « Bâtardise et confession religieuse... », *op. cit.*, p. 106.
181. Nicole Vray, *La Rochelle et les protestants du* XVI*e au* XX*e siècle*, La Crèche, Geste, 1999, p. 172.
182. Danielle Maure, *Tout le portrait de son père. Des paroisses à l'état civil. Marseille 1586-1889. Répertoire des séries GG et E. Étude sur les prénoms révolutionnaires marseillais*, Marseille, Archives de la ville de Marseille, 1991, p. 119.
183. Yves Krumenacker, *Des protestants au siècle des Lumières. Le modèle lyonnais*, Paris, Honoré Champion, 2002.
184. Didier Poton, « La tolérance en action. Saint-Jean-de-Gardonnenque dans la seconde moitié du XVIIIe siècle », p. 383-394, *in* Michel Péronnet (textes recueillis par), *Naissance et affirmation de l'idée de tolérance..., op. cit.*
185. Cité par René Le Mée, « La réglementation des registres paroissiaux en France », *op. cit.*, p. 55-59.
186. Alfred Perrenoud, *La Population de Genève du* XVI*e au début du* XIX*e siècle. Étude démographique*, t. I, Genève, A. Jullien, 1979, p. 394.
187. Yves Krumenacker, *Des protestants au siècle des Lumières..., op. cit.*, p. 178-179.

Chapitre 3. Révolutionner le baptême

1. Albert Mathiez, *Les Origines des cultes révolutionnaires*, Genève, Slatkine reprints, 1977 (1re éd., 1904), p. 64.
2. Albert Mathiez, *La Révolution et l'Église*, Paris, Armand Colin, 1910, chap. 1 : « Les philosophes et la séparation de l'Église et de l'État ».
3. Bernard Plongeron, *Histoire du christianisme*, t. X, *Les Défis de la modernité*, Paris, Desclée, 1997, p. 307 *sq.*
4. Voltaire, *Dictionnaire philosophique*, Paris, Garnier-Flammarion, 1964, p. 335-336, article « Religion ».
5. Albert Mathiez, *Les Origines..., op. cit.*, p. 70-71 ; François Labbé, *Anarchasis Cloots, le Prussien francophile. Un philosophe au service de la Révolution française et universelle*, Paris, L'Harmattan, 1999.
6. Albert Mathiez, *Les Origines..., op. cit.*, p. 72-73.
7. Philippe Daumas, *Familles en Révolution. Vie et relations familiales en Île-de-France, changements et continuités (1775-1825)*, Rennes, PUR, 2003, p. 66-67 et 101.
8. H. Soanen, « Un baptême en 1790 », *Annales historiques de la Révolution française*, 1932, p. 164-165.
9. Cité par Danielle Maure, *Tout le portrait de son père. Des paroisses à l'état civil. Marseille 1586-1889. Répertoire des séries GG et E. Étude sur les prénoms révolutionnaires marseillais*, Marseille, Archives de la ville de Marseille, 1991, p. 126.
10. Cité par Adeline Trombert, *Les Baptêmes de la fraternité. Éléments pour une sociologie historique des parrainages civils et républicains*, mémoire de 3e année de l'IEP Grenoble, 2000, p. 19.
11. Albert Mathiez, *Les Origines..., op. cit.*, p. 25-26.
12. Procès-verbal cité par Albert Mathiez, *Les Origines..., op. cit.*, p. 43-44.
13. Danielle Maure, *Tout le portrait de son père..., op. cit.*, p. 160, annexe I.
14. *Ibid.*

15. L. Roy et P. Navand, « Un baptême civique à Lons-le-Saunier 1792 », *Annales historiques de la Révolution française*, 1932, p. 67-69.
16. Cité par Adeline Trombert, *Les Baptêmes de la fraternité..., op. cit.*, p. 28.
17. Danielle Maure, *Tout le portrait de son père..., op. cit.*, p. 129-131, et Danielle Maure, « Propos subversifs : les prénoms révolutionnaires marseillais (1790-1792) », *Provence historique*, 212, 2003, p. 241-255.
18. Sur cette idée, Bernard Plongeron, *Histoire du christianisme..., op. cit.*
19. Timothy Tackett, *La Révolution, l'Église, la France*, Paris, Cerf, 1986.
20. Jean-Rémy Palanque (dir.), *Le Diocèse de Marseille*, Paris, Letouzey et Ané, 1967, p. 201.
21. Cité par Suzanne Desan, *The Family on Trial in Revolutionnary France*, Berkeley, University of California Press, 2004, p. 53 et 358.
22. Albert Mathiez, *Les Conséquences religieuses de la journée du 10 août 1792 : la déportation des prêtres et la sécularisation de l'état civil*, Paris, Bibliothèque d'histoire révolutionnaire, 1911, p. 15.
23. E. Appolis, « Une curieuse tentative de catholiques de Bédarieux », *Annales historiques de la Révolution française*, 1953, p. 269-270.
24. Jean-Rémy Palanque (dir.), *Le Diocèse de Marseille, op. cit.*, p. 201.
25. Albert Mathiez, « La laïcisation de l'état civil », *Annales révolutionnaires*, 1921, p. 501-504.
26. Patricia Lusson-Houdemon, « La vie sacramentelle des fidèles dans l'Ouest à travers les registres clandestins », p. 216-224, *in* Bernard Plongeron (dir.), *Pratiques religieuses dans l'Europe révolutionnaire, 1770-1820*, Turnhout, Brepols, 1988, p. 220.
27. *Les Constitutions de la France depuis 1789*, Paris, Garnier-Flammarion, 1970, p. 36 et 38.
28. Francis Ronsin, *Le Contrat sentimental. Débats sur le mariage, l'amour, le divorce, de l'Ancien Régime à la Restauration*, Paris, Aubier, 1990, chap. 4.
29. Jean-Baptiste Duvergier, *Collection complète des lois, décrets...*, t. IV, 1791-1792, Paris, Guyot et Scribe, 1834, p. 13.
30. Albert Mathiez, *Les Origines..., op. cit.*, p. 93-101.
31. *Archives parlementaires*, t. XXVI, p. 77-79. Pétition sollicitant une loi qui ordonne qu'à l'avenir les déclarations de naissance, mariage et de mort soient reçues par des officiers civils.
32. Michel Vovelle, *La Révolution contre l'Église. De la Raison à l'Être suprême*, Bruxelles, Complexe, 1988, p. 30.
33. Albert Mathiez, *Les Origines..., op. cit.*, p. 134-135.
34. Intégralement retranscrit dans les *Annales historiques de la Révolution française*, 322, 2000, p. 134.
35. Albert Mathiez, *Les Conséquences religieuses..., op. cit.*, p. 10-13.
36. *Collection Baudouin*, vol. 32, p. 1059-1075 ; en ligne : artflsrv03.uchicago.edu/philologic4/revlawall1119/navigate/43/395/
37. Jean Imbert, « Les témoins de mariage du concile de Trente à 1792, en France », p. 307-313, in *Le Droit de la famille en Europe. Son évolution de l'Antiquité à nos jours*, Strasbourg, Presses universitaires de Strasbourg, 1993.
38. Albert Mathiez, *Les Conséquences religieuses..., op. cit.*, p. 16.
39. Albert Mathiez, « Les curés et les registres de l'état civil après la loi du 20 septembre 1792 », *Annales révolutionnaires*, 1922, p. 504-505.
40. Caroline Chopelin-Blanc, « Les évêques constitutionnels députés à la Législative et à la Convention », p. 17-31, *in* Paul Chopelin (dir.), *Gouverner une Église en révolution. Histoires et mémoires de l'épiscopat constitutionnel*, Lyon, LARHRA, 2017, p. 30.

41. *Discours du citoyen Lejeune, curé de Clerey à ses paroissiens, sur l'exécution de la loi qui détermine le mode de constater l'état civil des Citoyens*, Troyes, Imprimerie de Sainton, 1792, p. 1-3.
42. *Ibid.*, p. 3-4.
43. Mgr Gratien, *Lettre circulaire au Clergé de son Diocèse, sur l'Administration des Sacremens de Baptême et de Mariage*, Rouen, Leclere, 1792.
44. Albert Mathiez, *Les Conséquences religieuses...*, *op. cit.*, p. 51-52.
45. Danielle Maure, *Tout le portrait de son père...*, *op. cit.*, p. 136 ; Albert Mathiez, *Les Conséquences religieuses...*, *op. cit.*, p. 22 et 45-50.
46. *Ibid.*, p. 20-27.
47. Bernard Plongeron (dir.), *Le Diocèse de Paris, des origines à la Révolution*, Paris, Beauchesne, 1987, p. 399-400.
48. Michel Vovelle, *La Révolution contre l'Église...*, *op. cit.*
49. *Ibid.*, p. 80-81, 108, 125.
50. Nigel Aston, *Religion and Revolution in France, 1780-1804*, Washington D.C., The Catholic University of America Press, 2004, p. 249.
51. Patricia Lusson-Houdemon, « La vie sacramentelle des fidèles... », *op. cit.*, p. 217.
52. Laura Maslow Armand, « La bourgeoisie protestante, la révolution et le mouvement de déchristianisation à La Rochelle », p. 489-502, *Revue d'histoire moderne et contemporaine*, juillet-septembre 1984, p. 498-500.
53. Bernard Cousin, « Prêtres et laïcs : les sacrements dans la clandestinité (Avignon 1793-1801) », p. 191-200, *in* Bernard Plongeron (dir.), *Pratiques religieuses...*, *op. cit.*, p. 193 ; autre exemple dans Louis Pérouas et Paul d'Hollander, *La Révolution française, une rupture dans le christianisme ? Le cas du Limousin*, Treignac, Les Monédières, 1988, p. 187.
54. Dominique Varry, « La paroisse de Phaffans, d'après le registre du curé constitutionnel Berdolet (1789-1805) », p. 236-245, *in* Bernard Plongeron (dir.), *Pratiques religieuses...*, *op. cit.*, p. 238-239.
55. Janine Driancourt-Girod, *Ainsi priaient les luthériens. La vie religieuse, la pratique et la foi des luthériens de Paris aux XVIIe et XVIIIe siècles*, Paris, Cerf, 1992, p. 20 et 112.
56. Numéro spécial des *Annales historiques de la Révolution française*, 322, octobre-décembre 2000.
57. Serge Bianchi, *La Révolution culturelle de l'an II*, Paris, Aubier, 1982.
58. Serge Bianchi, « Prénoms révolutionnaires », *in* Albert Soboul (dir.), *Dictionnaire historique de la Révolution française*, Paris, PUF, 1989, p. 857-858.
59. Anne Lefebvre-Teillard, *Le Nom. Droit et histoire*, Paris, PUF, 1990, p. 118-121.
60. Jean-Pierre Pélissier, « Les Romarins ancêtres des Jules. Les prénoms agricoles des ans II et III à Mézilles (Yonne) », p. 435-448, *in* Jean-Pierre Bardet (dir.), *Mesurer et comprendre*, Paris, PUF, 1993, p. 441.
61. Maurice Dommanget, « Débaptisation collective de prénoms », *Annales historiques de la Révolution française*, 1952, p. 326-328.
62. Richard Cobb, « Débaptisations à Perpignan », *Annales historiques de la Révolution française*, 1954, p. 361-362.
63. Cas signalés par Albert Mathiez, *La Théophilanthropie et le culte décadaire, 1796-1801. Essai sur l'histoire religieuse de la Révolution*, Paris, Alcan, 1903, p. 99.
64. A.-M. Duport, « Un baptême civique à Bagnols (Gard) en floréal an II », *Annales historiques de la Révolution française*, 1980, p. 132-133.

65. M. Bénétrix, « Les baptêmes républicains dans le Gers », *Revue de Gascogne*, 1892, p. 485-487.
66. Claude Mazauric, « La fête révolutionnaire, manifestation de la politique jacobine. Rouen, 1793. An II », p. 181-190, *in* Jean Erhard et Paul Viallaneix (dir.), *Les Fêtes de la Révolution*, Paris, Société des études robespierristes, 1977.
67. Albert Mathiez, *La Théophilanthropie*..., *op. cit.*, p. 99.
68. Michel Vovelle, *La Révolution contre l'Église*... *op. cit.*, p. 177.
69. Cité par Adeline Trombert, *Les Baptêmes de la fraternité*..., *op. cit.*, p. 34.
70. Christian-Marc Bosséno, « L'enfant et la jeunesse dans les fêtes révolutionnaires », p. 207-217, *in* Marie-Françoise Lévy (dir.), *L'Enfant, la Famille et la Révolution française*, Paris, Olivier Orban, 1990, p. 214.
71. A.-M. Duport, « Un baptême civique à Bagnols... », art. cité.
72. Cité par Anne Lefebvre-Teillard, *Le Nom. Droit et histoire*, *op. cit.*, p. 119.
73. Cité par M. Bénétrix, « Les baptêmes républicains dans le Gers », art. cité.
74. Cité par Jean-Rémy Palanque (dir.), *Le Diocèse de Marseille*, *op. cit.*, p. 211.
75. Jacques Bernet, « Les limites de la déchristianisation de l'an II éclairées par le retour au culte de l'an III : l'exemple du district de Compiègne », *Annales historiques de la Révolution française*, 2, 1998, p. 285-299.
76. Bernard Plongeron, *Histoire du christianisme*..., *op. cit.*, p. 453-454.
77. Albert Mathiez, *Le Culte privé et le culte public sous la première séparation (1795-1802)*, Paris, Édition de la Revue du mois, 1907, p. 1-2.
78. Dominique Varry, « La paroisse de Phaffans... », *op. cit.*, p. 239.
79. Dominique Prudhomme, « Pratique religieuse et comportements socio-politiques dans le pays de Caux sous le Directoire », p. 230-236, *in* Bernard Plongeron (dir.), *Pratiques religieuses*..., *op. cit.*
80. Nigel Aston, *Religion and Revolution in France*..., *op. cit.*, p. 301.
81. Jean Ladame, « Les "Registres de catholicité de l'église cathédrale et paroissiale de Saint-Charles de Sedan", 1795-1802 », *Annales historiques de la Révolution française*, 1939, p. 97-109.
82. Michèle Schlumberger, « La réaction thermidorienne à Toulouse », p. 265-283, *Annales historiques de la Révolution française*, 1971 ; Germain Sicard, « La politique de "déchristianisation" révolutionnaire à Toulouse. Quelques approches », p. 151-161, in *Christianisation, déchristianisation*, Angers, Presses de l'université d'Angers, 1986, p. 158.
83. Philippe Daumas, *Familles en Révolution*..., *op. cit.*, p. 79-80 et 101-102.
84. Bernard Plongeron, *Histoire du christianisme* *op. cit.*, p. 453 *sq.*
85. Lettre citée dans Bernard Plongeron, *Conscience religieuse en Révolution*, Paris, Picard, 1969, p. 297-299.
86. Jean-René Suratteau, « Le Directoire avait-il une politique religieuse ? », *Annales historiques de la Révolution française*, 283, 1, 1991, p. 79-82.
87. Nigel Aston, *Religion and Revolution in France*..., *op. cit.*, p. 281.
88. Romuald Szramkiewicz, « Boissy d'Anglas, la Constitution de l'an III et la politique religieuse », p. 153-165, *in* Gérard Conac et Jean-Pierre-Machelon (dir.), *La Constitution de l'an III. Boissy d'Anglas et la naissance du libéralisme constitutionnel*, Paris, PUF, 1999, p. 160.
89. Bernard Cousin, « Prêtres et laïcs... », *op. cit.*, p. 193.
90. Patricia Lusson-Houdemon, « La vie sacramentelle des fidèles... », *op. cit.*, p. 218 ; Claude Vandervennet, « Le culte clandestin et l'organisation des missions dans le district de Saint-Pol, 1793-1801 », p. 99-105, *in* Alain Lottin (dir.), *Église, vie religieuse et Révolution dans la France du Nord*, Lille, Centre d'histoire de la région du Nord et de l'Europe du

Nord-Ouest, 1990, p. 101-102 ; Paul Longuet, « Les prêtres réfractaires à Caen pendant la période révolutionnaire (1792-1801) », p. 201-232, *Cahier des Annales de Normandie*, n° 8, 1976, p. 204.

91. Jean-Louis Schumacher,« L'Église déchirée : personnalités révolutionnaires et contre-révolutionnaires dans le Nord pendant la Révolution française », p. 41-51, *in* Alain Lottin (dir.), *Église, vie religieuse et révolution dans la France du Nord*, Lille, Centre d'Histoire de la Région du Nord et de l'Europe du Nord-Ouest, 1990.
92. Thierry Blot, *Reconstruire l'Église après la Révolution. Le diocèse de Bayeux*, Paris, Cerf, 1997, p. 53.
93. Jacques Linsolas, *L'Église clandestine de Lyon pendant la Révolution*, t. I, *1789-1794. Résistance-Siège-Terreur*, Lyon, Éditions lyonnaises d'art et d'histoire, 1985, et t. II, *1794-1799. Mission, séminaires, communautés religieuses*, Lyon, Éditions lyonnaises d'art et d'histoire, 1987 (en particulier les pages 13-27).
94. Albert Mathiez, *Le Culte privé..., op. cit.*
95. *Ibid.*, p. 11.
96. Claude Vandervennet, « Le culte clandestin et l'organisation des missions... », *op. cit.*, p. 104-105.
97. Bernard Sébileau, « Un prêtre charentais aumônier de l'Armée catholique et royale : Jacques-Louis Doussin (1753-1843) », *Écrits d'Ouest*, 7, 1998, p. 115-143, p. 128.
98. Bernard Plongeron, *Conscience religieuse en Révolution*, Paris, Picard, 1969, p. 163-164.
99. Bernard Cousin, « Prêtres et laïcs... », *op. cit.*, p. 193.
100. Patricia Lusson-Houdemon, « La vie sacramentelle des fidèles... », *op. cit.*, p. 216.
101. Bernard Cousin, « Prêtres et laïcs... », *op. cit.*, p. 195.
102. Jacqueline Bayon, « Le baptême en Forez pendant la Révolution française. Une source "grise" : les registres clandestins de catholicité », p. 81-105, *in* Guido Alfani, Philippe Castagnetti et Vincent Gourdon (dir.), *Baptiser. Pratique sacramentelle, pratique sociale (XVIe-XXe siècles)*, Saint-Étienne, Presses universitaires de Saint-Étienne, 2009, p. 94.
103. Claude Vandervennet, « Le culte clandestin et l'organisation des missions... », *op. cit.*, p. 102.
104. Patricia Lusson-Houdemon, « La vie sacramentelle des fidèles... », *op. cit.*
105. Peter Mc Phee, « Counter-Revolution in the Pyrénées : Spirituality, Class, and Ethnicity in the Haut-Vallespir, 1793-1794 », *French History*, 3, 1993, p. 313-343, p. 340.
106. Dominique Varry, « La paroisse de Phaffans... », *op. cit.*, p. 243, pour le cas de Phaffans (constitutionnel) et Banvillars (réfractaire).
107. Jean de Viguerie, « Rapport sur la session "vie religieuse et sacramentalisation des fidèles" », p. 165-174, *in* Bernard Plongeron (dir.), *Pratiques religieuses..., op. cit.*, p. 167.
108. Bernard Cousin, « Prêtres et laïcs... », *op. cit.*, p. 195.
109. Patricia Lusson-Houdemon, « La vie sacramentelle des fidèles... », *op. cit.*, p. 216.
110. Suzanne Grezaud, « Un cas de registres paroissiaux tenus par un prêtre réfractaire », *Annales historiques de la Révolution française*, 200, 1970, p. 346-349.
111. Yves Dreux, « Religion et contre-révolution : la mission laonnoise 1795-1802 », *Annales historiques de la Révolution française*, 297, 3, 1994, p. 547-561.
112. Jacqueline Bayon, « Le baptême en Forez... », *op. cit*, p. 99-100.
113. Louis-Marie de La Révellière-Lépeaux, *Réflexions sur les cultes, sur les cérémonies civiles et les fêtes nationales*, Paris, an VII. Voir l'analyse dans Albert Mathiez, *La Théophilanthropie..., op. cit.*, p. 145.
114. Jean-Baptiste Leclerc, *Rapport sur les institutions relatives à l'état civil*, prononcé le 16 brumaire an VI, Paris, Imprimerie nationale, an VI.
115. *Ibid.*, p. 50-51.

116. Son projet est exposé dans un livre anonyme : *Extrait d'un manuscrit intitulé « le culte des Adorateurs » contenant des fragments de leurs différents livres, sur l'institution du culte, les observances religieuses, l'instruction, les préceptes et l'adoration*, Paris, Imprimerie du Cercle social, an IV.
117. Albert Mathiez, *La Théophilanthropie...*, *op. cit.*, p. 48-61.
118. Romuald Szramkiewicz, « Boissy d'Anglas... », *op. cit.*, p. 161 ; pour plus de détails, Albert Mathiez, *La Théophilanthropie...*, *op. cit.*, en particulier p. 82-99.
119. Pierre Bodineau, « Observations sur l'origine des baptêmes civiques dans l'Yonne », *Mémoires de la Société pour l'histoire du droit et des institutions des anciens pays bourguignons, comtois et romands*, 1972, p. 212.
120. Jules Corblet, *Histoire dogmatique, liturgique, et archéologique du sacrement de Baptême*, Paris, Société générale de librairie catholique, 1881, t. I, p. 70-71).
121. Anne Verjus, *Le Bon Mari. Une histoire politique des hommes et des femmes à l'époque révolutionnaire*, Paris, Fayard, 2010.
122. Suzanne Desan, *Reclaiming the Sacred. Lay Religion and Popular Politics in Revolutionnary France*, Ithaca / Londres, Cornell University Press, 1990, p. 69-70.
123. Albert Mathiez, *La Révolution et l'Église*, *op. cit.*, p. 277.
124. Pierre Bodineau, « Observations sur l'origine des baptêmes civiques dans l'Yonne », art. cité, p. 212.
125. Bernard Plongeron (dir.), *Le Diocèse de Paris...*, *op. cit.*, p. 425-426.
126. Nigel Aston, *Religion and Revolution in France...*, *op. cit.*, p. 316.
127. *Ibid.*, p. 318.
128. Jacques-Olivier Boudon, *Napoléon et les cultes*, Paris, Fayard, 2002, chap. 3.
129. Philippe Boutry, « Pie VII et le rétablissement du catholicisme en France : logiques romaines du Concordat », p. 11-50, *in* Jacques-Olivier Boudon (dir.), *Le Concordat et le retour de la paix religieuse*, Paris, SPM, 2008.
130. Jacques-Olivier Boudon, « La reconstruction des diocèses en 1802 », p. 135-149, in *ibid.*
131. Bernard Plongeron (dir.), *Histoire du christianisme*, *op. cit*, t. X, p. 458.
132. Nigel Aston, *Religion and Revolution in France...*, *op. cit.*, p. 327-328.
133. *Loi qui ordonne de promulguer et exécuter comme Lois de la République 1° la convention du 26 messidor an 9, entre le Pape et le Gouvernement Français, 2° les articles organiques de ladite Convention, 3° les articles organiques des Cultes Protestans...*, Paris, Chez Rondonneau, an X, p. 8. Les textes du Concordat et des soixante-dix-sept articles organiques sont repris dans le chapitre III de Bernard Ardura *et al.*, *Le Concordat entre Pie VII et Bonaparte, 15 juillet 1801. Bicentenaire d'une réconciliation*, Paris, Cerf, 2001.
134. Maurice Agulhon, *La Vie sociale en Provence intérieure au lendemain de la Révolution*, Paris, Société des études robespierristes, 1970, p. 405-409.
135. Propos du sous-préfet de Béziers cité par Gérard Cholvy (dir.), *Histoire du diocèse de Montpellier*, Paris, Beauchesne, 1976, p. 190.
136. Expression utilisée début 1800 dans l'*Adresse de plusieurs curés constitutionnels du Diocèse de Paris, aux autres curés et prêtres constitutionnels de l'Église de France*, rédigée par les curés ou desservants d'Aubervilliers, Romainville et Noisy-le-Sec, et publiée par les *Annales de la Religion*, cité par Rodney J. Dean, *L'Église constitutionnelle, Napoléon et le Concordat de 1801*, Paris, éd. Rodney J. Dean, 2004, p. 87-89).
137. Thierry Blot, *Reconstruire l'Église après la Révolution...*, *op. cit.*, p. 77-78 et 94-95.
138. *Ibid.*, p. 145.
139. Claude Langlois, *Le Diocèse de Vannes au XIXe siècle, 1800-1830*, Paris, Klincksieck, 1974, p. 207.

140. Guy Janssen, *La Petite Église en 30 questions*, La Crèche, Geste, 1999.
141. *Paroisse et paroissiens de Notre-Dame de Bordeaux aux* XIXe *et* XXe *siècles*, Bordeaux, Fédérations historiques du Sud-Ouest, 2003, p. 25-26.
142. Claude Vandervennet, « Le culte clandestin et l'organisation des missions... », *op. cit.*, p. 99.
143. Peter McPhee, *Collioure et la Révolution française*, Perpignan, Le publicateur, 1989, p. 85.
144. Céline Gilbert, « Le martyrologe de la Gaubretière », p. 209-251, *in* Jacques Hussenet (dir.), *« Détruisez la Vendée ! »*, La Roche-sur-Yon, CVRH, 2007, p. 211-213.
145. Jacques Solé, *La Révolution en question*, Paris, Seuil, 1988, p. 288.
146. Clément Tournier, *Les Baptêmes à Toulouse pendant la Révolution*, Toulouse, 1906, p. 47-52 et 78-79.
147. André Damien, « La vie religieuse à Versailles pendant la Révolution », *Mémoires de Paris et de l'Île-de-France*, t. 41, 1990, p. 251-258 (en particulier p. 257).
148. Louis Pérouas et Paul d'Hollander, *La Révolution française, une rupture dans le christianisme ? Le cas du Limousin*, Treignac, Les Monédières, 1988, p. 270.
149. Patricia Lusson-Houdemon, « La vie sacramentelle des fidèles... », *op. cit.*, p. 221.
150. Dominique Varry, « La paroisse de Phaffans... », *op. cit.*, p. 241-242.
151. Philippe Daumas, *Familles en Révolution...*, *op. cit.*, p. 95.
152. Maurice Agulhon, *La Vie sociale...*, *op. cit.*, p. 410.
153. Cité par Philippe Daumas, *Familles en Révolution...*, *op. cit.*, p. 282.
154. Archives départementales de Seine-Saint-Denis, registres de catholicité de la paroisse de Saint-Ouen, reg. 1, 1802-1819.
155. Archives de l'évêché de La Rochelle, carton 5G1, registres de catholicité de La Rochelle, cathédrale, 1803-1833.
156. Bibliothèque d'histoire du protestantisme français, Archives du consistoire de l'Église réformée de Paris, MSS CP. 2, baptêmes 1803-1817.
157. Gérard Cholvy et Yves-Marie Hilaire (dir.), *Histoire religieuse de la France, 1800-1880*, Toulouse, Privat, 2000, p. 24.
158. Fernand Charpin, *Pratique religieuse et formation d'une grande ville...*, *op. cit.*, p. 92.
159. Suzanne Grézaud, « Un cas de registres paroissiaux tenus par un prêtre réfractaire », *Annales historiques de la Révolution française*, 200, 1970, p. 346-349.
160. Fernand Charpin, *Pratique religieuse et formation d'une grande ville...*, *op. cit.*, p. 93.
161. Philippe Daumas, *Familles en Révolution...*, *op. cit.*, p. 94.
162. Ralph Gibson, *A Social History of French Catholicism. 1789-1914*, Londres / New York, Routledge, 1989, p. 163.
163. Gérard Cholvy et Yves-Marie Hilaire (dir.), *Histoire religieuse de la France...*, *op. cit.*, p. 20-24.
164. *Statuts synodaux du diocèse d'Amiens*, Amiens, Chez Caron-Duquenne, 1821, chap. 4, art. II, p. 22-23.
165. *Statuts du diocèse de Bayeux...*, Bayeux, Imprimerie d'A. J. A. Nicolle, 1824, art. 38, p. 20-21.
166. Fernand Charpin, *Pratique religieuse et formation d'une grande ville...*, *op. cit.*, p. 44 ; Vincent Gourdon, « Les familles rochelaises... », art. cité, p. 103.
167. Maurice Agulhon, *La République au village. Les populations du Var de la Révolution à la IIe République*, Paris, Seuil, 1979, p. 164.
168. Claude Langlois, *Le Diocèse de Vannes...*, *op. cit.*, p. 514.
169. Janine Driancourt-Girod, *L'Insolite Histoire des luthériens de Paris. De Louis XIII à Napoléon*, Paris, Albin Michel, 1992, p. 313.

Notes

Chapitre 4. Une nouvelle temporalité des baptêmes xixe - mi-xxe siècle

1. Pour une vision globale, Vincent Gourdon, *Les Révolutions du baptême en France de 1789 à nos jours*, mémoire inédit du dossier « Métamorphoses de la famille en France, xviie-xxe siècles : hiérarchies, réseau, ritualisation », habilitation à diriger des recherches en histoire, Université Paris-Sorbonne, 2014, chap. 4 : « Baptiser sous le régime concordataire ».
2. Madeleine Lassère, *Villes et cimetières en France, de l'Ancien Régime à nos jours. Le territoire des morts*, Paris, L'Harmattan, 1997, p. 263 *sq.* ; Vincent Gourdon et Nathalie Sage-Pranchère, « Entre exclusion principielle et volonté de réintégration : le devenir funéraire des mort-nés (France, époque moderne - xixe siècle) », p. 17-44, *in* Anne Carol et Isabelle Renaudet (dir.), *Des morts qui dérogent. À l'écart des normes funéraires xixe-xxe siècles*, Aix-en-Provence, Presses de l'université de Provence, 2023.
3. Vincent Gourdon, « Should Abandoned Children Be Baptised ? The French Case, the 16th to the Early 20th Century », p. 39-60, *in* Nicoleta Roman (dir.), *Orphans and Abandoned Children in European History, Sixteenth to Twentieth Centuries*, Oxford, Routledge, 2018.
4. Fernand Boulard, *Premiers itinéraires en sociologie religieuse*, Paris, Les Éditions ouvrières / Économie et humanisme, 1954, p. 24.
5. Louis Pérouas, *Refus d'une religion, religion d'un refus en Limousin rural, 1880-1940*, Paris, EHESS, 1985, p. 48-50.
6. Fernand Boulard, « La "déchristianisation" de Paris. L'évolution historique du non-conformisme », *Archives de sociologie des religions*, 31, 1971, p. 69-98.
7. Gérard Cholvy, *Christianisme et société en France au xixe siècle. 1790-1914*, Paris, Seuil, 2001, p. 110 et 113.
8. *Statuts synodaux du diocèse de Lyon*, Lyon, Imprimerie de Rusand, 1827, p. 12.
9. *Manuel pour l'administration du sacrement de baptême aux enfants. Extraits du rituel de Paris, imprimé sur l'ordre de Mgr l'Archevêque*, Paris, Adrien Le Clere et Cie, 1851, p. 11 et 77 (1re éd., 1836).
10. *Statuts synodaux de l'archidiocèse de Sens publiés par Mgr Pierre-Marie-Étienne Ardin, Archevêque de Sens, Évêque d'Auxerre*, Sens, Imprimerie de Paul Duchemin, 1895, p. 119 (art. 289).
11. Cité par Fernand Charpin, *Pratique religieuse et formation d'une grande ville. Le geste du baptême et sa signification en sociologie religieuse*, Paris, Centurion, 1964, p. 22.
12. Cité dans Fernand Boulard (dir.), *Matériaux pour l'histoire religieuse du peuple français, xixe-xxe siècles. Région de Paris, Haute-Normandie, Pays de Loire, Centre*, t. I, Paris, EHESS-CNRS-FNSP, 1982, p. 179.
13. *Statuts synodaux du diocèse de Lyon*, Lyon, Librairie générale catholique et classique, 1899, p. 94 (art. 218).
14. *Statuts synodaux du diocèse de Paris...*, Paris, Librairie Charles Poussielgue, 1902, art. 259.
15. *Statuts synodaux du diocèse de Rennes, Dol et Saint-Malo*, Rennes, Imprimerie Bahon-Rault, 1958, art. 177 ; *Statuts synodaux publiés à la suite du synode de 1946, par S. E. Monseigneur Grente, Archevêque-Évêque du Mans*, Le Mans, Imprimerie Ch. Monnoyer, 1947, art. 174.
16. Mgr Audollent, *Explications du catéchisme à l'usage des diocèses de France*, Paris, Éditions de l'École, 1938, p. 327.

17. Christian Sorrel, *Les Catholiques savoyards. Histoire du diocèse de Chambéry (1890-1940)*, Les Marches, La Fontaine de Siloé, 1995, p. 72.
18. Yves Lambert, *Dieu change en Bretagne*, Paris, Cerf, 2007, p. 272.
19. Données dans Vincent Gourdon, « À propos des pratiques baptismales catholiques dans la France de l'entre-deux-guerres : l'exemple de La Rochelle en 1925 », *Revue de la Saintonge et de l'Aunis*, 2022, p. 187-211 ; Fernand Charpin, *Pratique religieuse et formation d'une grande ville*..., *op. cit.*, p. 63.
20. Fernand Boulard (dir.), *Matériaux pour l'histoire religieuse du peuple français*..., *op. cit.*, p. 547 et 559.
21. Fernand Charpin, *Pratique religieuse et formation d'une grande ville*..., *op. cit.*, p. 63.
22. Archives du presbytère de Saint-Ambroise, registres de baptêmes 1929.
23. Claude Langlois, « Histoire d'un indice, indice d'une histoire : le délai de baptême », p. 59-71, in *Croyances, pouvoirs et société. Études offertes à Louis Pérouas*, Treignac, Les Monédières, 1988, p. 60-62.
24. Danièle Hervieu-Léger et Jean-Paul Willaime, « Gabriel Le Bras (1891-1970). Un initiateur de la sociologie du catholicisme en France », *Sociologies et religion. Approches classiques*, Paris, PUF, 2001, p. 233-262 ; Dominique Julia, « Un passeur de frontières : Gabriel Le Bras et l'enquête sur la pratique religieuse en France », *Revue d'histoire de l'Église de France*, 229, 2006, p. 381-413.
25. Fernand Boulard, *Premiers itinéraires en sociologie religieuse*, *op. cit.*, p. 123.
26. Fernand Charpin, *Pratique religieuse et formation d'une grande ville*..., *op. cit.*, p. 52.
27. *Ibid.*, p. 61.
28. Louis Pérouas, *Refus d'une religion, religion d'un refus*..., *op. cit.*, p. 201-202.
29. Michèle Dubois, *État matériel et moral du diocèse de Versailles d'après l'enquête pastorale de 1834*, maîtrise d'histoire sous la direction de Maurice Agulhon, Paris-I, 1975, p. 106, cité par Fernand Boulard (dir.), *Matériaux pour l'histoire religieuse du peuple français*..., *op. cit.*, p. 95.
30. Vincent Gourdon, « Le geste de baptême catholique dans la "Petite Chine" du diocèse de La Rochelle : le doyenné de Matha au XIXe siècle », *Revue de la Saintonge et de l'Aunis*, 2019, p. 185-222.
31. Yves-Marie Hilaire, *Une chrétienté au XIXe siècle ? Le diocèse d'Arras de 1840 à 1914*, Villeneuve d'Ascq, PUL, 1977, p. 570, 592 et 832.
32. Gérard Cholvy, « Aspects de la vie religieuse dans la vallée de l'Hérault vers 1840 », *Études sur Pézenas et sa région*, 2, 1971, p. 30-34, surtout p. 31.
33. Vincent Gourdon, « Le geste de baptême catholique... », art. cité, p. 209.
34. Liliane Pinard, *Les Mentalités religieuses du Morvan au XIXe siècle (1830-1914)*, Dijon, EUD, 1997, p. 234-235.
35. Christian Sorrel, *Les Catholiques savoyards*..., *op. cit.*, p. 72.
36. Louis Pérouas, *Refus d'une religion, religion d'un refus*..., *op. cit.*, p. 46.
37. Claude Langlois, « Histoire d'un indice, indice d'une histoire... », *op. cit.*, p. 70.
38. Gérard Jacquemet, « Déchristianisation, structures familiales et anticléricalisme. Belleville au XIXe siècle », *Archives de sciences sociales des Rreligions*, 57, 1, 1984, p. 69-82, p. 72-73.
39. Fernand Charpin, *Pratique religieuse et formation d'une grande ville*..., *op. cit.*, p. 53.
40. Louis Pérouas, *Refus d'une religion, religion d'un refus*..., *op. cit.*, p. 41. À Compreignac, vers 1880-1900, Pierre Vallin (*Paysans rouges du Limousin*..., *op. cit.*, p. 214) parvient à montrer à une échelle plus précise que la commune que les délais longs sont une pratique des familles les plus républicaines, dont certaines parviennent à entraîner l'adhésion de leurs hameaux.

41. Gérard Cholvy, *Géographie religieuse de l'Hérault contemporain*, Paris, PUF, 1968, p. 229-230.
42. Gabriel Le Bras, « La pratique religieuse dans les villes et les campagnes », p. 470-489, in *Études de sociologie religieuse*, t. II, Paris, PUF, 1956. Sur ce thème, voir aussi Jean Chélini, *La Ville et l'Église. Premier bilan des enquêtes de sociologie religieuse urbaine*, Paris, Cerf, 1958.
43. Hugh McLeod (dir.), *European Religion in the Age of Great Cities, 1830-1930*, Londres / New York, Routledge, 1995.
44. Lucia Ferretti, *Entre voisins. La société paroissiale en milieu urbain : Saint-Pierre-Apôtre de Montréal, 1848-1914*, Montréal, Boréal, 1992.
45. Jacques-Olivier Boudon, *Paris. Capitale religieuse sous le Second Empire*, Paris, Cerf, 2001, p. 209.
46. Guillaume Cuchet, *Les Voix d'outre-tombe. Tables tournantes, spiritisme et société au XIXe siècle*, Paris, Seuil, 2012.
47. Fernand Boulard, Jean Rémy, *Pratique religieuse urbaine et régions culturelles*, Paris, Éditions ouvrières, 1968.
48. Yves-Marie Hilaire, *Une chrétienté au XIXe siècle ?...*, *op. cit.*, p. 786-787 et 903.
49. Christian Sorrel, *Les Catholiques savoyards...*, *op. cit.*, p. 72.
50. Louis Pérouas, *Refus d'une religion, religion d'un refus...*, *op. cit.*, p. 60.
51. Archives départementales de Seine-Saint-Denis, registres de catholicité de la paroisse de Saint-Ouen, reg. 1 (1802-1819).
52. Gérard Cholvy et Yves-Marie Hilaire, *Histoire religieuse de la France, 1800-1880*, Toulouse, Privat, 2000, p. 63.
53. Ralph Gibson, *A Social History of French Catholicism, 1789-1914*, Londres / New York, Routledge, 1989, p. 178.
54. Barrie Ratcliffe, « Workers and Religion in Mid-Nineteenth-Century Paris : The Evidence from the Timing of Weddings and Baptisms », *Historical Reflections / Réflexions historiques*, 24, 1998, p. 283-327, p. 325.
55. Sébastien Toupin, *La Vie religieuse à Somain, commune du bassin minier, 1839-1914*, maîtrise d'histoire, Lille-III, 1994.
56. Enquête citée par Fernand Charpin, *Pratique religieuse et formation d'une grande ville...*, *op. cit.*, p. 129.
57. Gérard Cholvy, *Christianisme...*, *op. cit.*, chap. IX : « Le monde ouvrier ».
58. Vincent Gourdon, « Les pratiques du baptême... », art. cité, p. 21.
59. Barrie Ratcliffe, « Workers and Religion in Mid-Nineteenth-Century Paris... », art. cité, p. 321-322.
60. Voir le cas de Saint-Germain-l'Auxerrois dans Nicolas Labéjof, *Baptêmes et réseaux de parrainage dans une paroisse parisienne au XIXe siècle*, maîtrise d'histoire, Université Paris-IV, 2002, p. 50.
61. À Saint-Ambroise, en 1821, les baptêmes les plus tardifs sont le fait des enfants de militaires de la caserne Popincourt (Archives du presbytère de Saint-Ambroise, registre de baptêmes de l'année 1821).
62. Pour tout ce passage, voir Fernand Charpin, *Pratique religieuse et formation d'une grande ville...*, *op. cit.*, p. 121-129.
63. Gérard Cholvy, *Christianisme...*, *op. cit.*, p. 99-102.
64. Nicole Lemaitre (dir.), *Histoire des curés*, Paris, Fayard, 2002, p. 277-278.
65. Gérard Cholvy, *Christianisme...*, *op. cit.*, p. 114-115.
66. Yves-Marie Hilaire, *Une chrétienté au XIXe siècle ?...*, *op. cit.*, p. 659-661.

67. *Ibid.*, p. 786-787 et 903.
68. Archives de l'évêché de La Rochelle, série 5G, registres paroissiaux d'Ars-en-Ré, La Flotte-en-Ré et Bois-en-Ré.
69. Archives du presbytère de Saint-Martin-de-Thoiry (données brutes fournies par Annick Delwaulle).
70. Vincent Gourdon, « Le geste de baptême catholique... », art. cité, p. 217.
71. *Manuel pour l'administration du sacrement de baptême aux enfants, op. cit.*, p. 6-7.
72. Archives historiques de l'archevêché de Paris, carton « Saint-Ambroise archevêché », 1-A. L'information est présentée dans les renseignements pratiques de la page de garde.
73. Cité par Fernand Charpin, *Pratique religieuse et formation d'une grande ville..., op. cit.*, p. 196.
74. *Statuts synodaux du diocèse de Paris..., op. cit.*, art. 259.
75. Robert Beck, *Histoire du dimanche, de 1700 à nos jours*, Paris, L'Atelier, 1997, p. 230 *sq.*
76. *Bulletin de statistique municipale*, Paris, Charles de Mourgues frères, 1866, numéro de janvier 1866, p. 10.
77. *Annuaire statistique de la ville de Paris, 1881*, Paris, Imprimerie nationale, 1882 ; Archives de Paris, collection Archevêché.
78. Vincent Gourdon, « Le baptême à Paris... », art. cité, p. 83 ; Jeanne Gaillard, *Paris, la ville 1852-1870*, Paris, L'Harmattan, 1997, p. 140.
79. Rémi Fabre, *Les Protestants en France depuis 1789*, Paris, La Découverte, 1999, p. 17.
80. Pierre Lestringant, *Visage du protestantisme français*, Tournon, Les Cahiers de Réveil, 1959, p. 190 *sq.* ; Sébastien Fath, *Une autre manière d'être chrétien en France. Socio-histoire de l'implantation baptiste (1810-1950)*, Genève, Labor et Fides, 2001.
81. Gérard Cholvy et Yves-Marie Hilaire, *Histoire religieuse de la France..., op. cit.*, p. 134.
82. François Delétra, « Journal de ma tournée de prédication dans le Vivarais en 1841 », *Bulletin de la Société de l'histoire du protestantisme français*, 1982, p. 389-435, p. 419, cité par André Encrevé, *Protestants français au milieu du* XIX*e siècle. Les réformés de 1848 à 1870*, Genève, Labor et Fides, 1986, p. 1015.
83. Article paru dans *L'Espérance* du 22 octobre 1858, p. 339, col. 1, cité par André Encrevé, *Protestants français au milieu du* XIX*e siècle..., op. cit.*, p. 1016, note 172.
84. Jean-Daniel Roques, « Nouveaux aperçus sur l'Église protestante de Nîmes dans la seconde moitié du XIXe siècle », *Bulletin de la Société de l'histoire du protestantisme français*, 1974, janvier-février-mars, p. 48-96, p. 59.
85. Vincent Gourdon, « Négocier le rite sacramentel... », art. cité, p. 124.
86. Lucien Géminard et Daniel Robert, « Souvenirs du pasteur Théodore Géminard (1807-1854) », *Bulletin de la Société de l'histoire du protestantisme français*, 1982, juillet-août-septembre, p. 371-388, p. 383.
87. Voir, entre autres, A. C., *Le Vrai Baptiste, ou Réponse à plusieurs écrits qui ont paru depuis quelques années contre le baptême des enfants...*, Vervins, Imprimerie de Delonchamps, 1826, qui s'en prend à une « nouvelle brochure qui circule actuellement, et qui a pour titre : *La Famille baptiste, ou Traité accessible au Peuple sur la question du Baptême des enfans, par un Ministre de l'Évangile* ».
88. André Encrevé, *Protestants français au milieu du* XIX*e siècle..., op. cit.*, p. 1015-1016.
89. Gérard Cholvy et Yves-Marie Hilaire, *Histoire religieuse de la France..., op. cit.*, p. 134.
90. Bibliothèque de la Société de l'histoire du protestantisme français (Paris), MSS C.P.7, registre de baptêmes de l'Église réformée de Paris, 1837-1843.
91. Vincent Gourdon, « Négocier le rite sacramentel... », art. cité, p. 126.

92. Vincent Gourdon, « Les pratiques du baptême à Paris et à Rome au XIXe siècle », art. cité, p. 25 ; Carmello D'Agata, « Una indagine sui battesimi in alcune parrocchie di Roma », *Statistica* (Bologna), 1945-1946, p. 112-149, p. 116-121 ; Cristina Munno, « Rinchiudersi in famiglia ? Dinamiche di una transizione nascosta : legami parentali e scelta del padrino di battesimo (un caso veneto - Follina 1834-1888) », p. 119-141, *in* Alessandro Rosina et Pier-Paolo Viazzo (dir.), *Oltre le mura domestiche. Famiglia e legami intergenerazionali dall'Unità d'Italia ad oggi*, Udine, Forum, 2008, p. 133.
93. Pelagia Kwapulińska, « Urodzenia w parafii Kochłowickiej w latach 1801-1900 », p. 35-55, *in* L. Kweśny (dir.), *Śląskie Studie Demograficzne*, t. II, Wrocław, 1995, p. 42 ; Sabina Rejman, *Ludność podmiejska Rzeszowa w latach 1784-1880 : studium demograficzno-historyczne*, Rzeszów, Wydawnictwo Uniwersytetu Rzeszowskiego, 2006, tab. 14.
94. Christine Hudon, *Prêtres et fidèles dans le diocèse de Saint-Hyacinthe 1820-1875*, Sillery, Septentrion, 1996, p. 365-378 ; René Hardy, *Contrôle social et mutation de la culture religieuse au Québec, 1830-1930*, Montréal, Boréal, 1999, p. 229 ; Gérard Bouchard, *Quelques arpents d'Amérique. Population, économie, famille au Saguenay 1838-1871*, Montréal, Boréal, 1996, p. 452 ; Louis-Edmond Hamelin, « Nombre de jours entre la naissance et le baptême dans une paroisse de Rouyn », *Ad Usum Sacerdotum*, 14, 3 (mars 1959), p. 73-76 ; Colette Moreux, *Fin d'une religion ? Monographie d'une paroisse canadienne-française*, Montréal, Presses de l'université de Montréal, 1969, p. 164-165.
95. Gabriel Le Bras, « Secteurs et aspects nouveaux de la sociologie religieuse », p. 397-417, in *Études de sociologie religieuse*, t. II, Paris, PUF, 1956, p. 406.
96. Philippe Boutry, *Prêtres et paroisses au pays du curé d'Ars*, Paris, Cerf, 1986, p. 507 et p. 645-646.

Chapitre 5. Médicalisation et familialisation du geste baptismal

1. Gérard Cholvy (dir.), *Le Diocèse de Montpellier*, Paris, Beauchesne, 1976, p. 296.
2. Claude Langlois, « Histoire d'un indice, indice d'une histoire : le délai de baptême », p. 59-71, in *Croyances, pouvoirs et société. Études offertes à Louis Pérouas*, Treignac, Les Monédières, 1988, p. 66.
3. Stéphane Minvielle, *La Famille en France à l'époque moderne*, Paris, Armand Colin, 2010, p. 259-261.
4. Jacques Vallin, « La mortalité en Europe de 1720 à 1914 », *Annales de démographie historique*, 1989, p. 31-54, p. 39.
5. Chiffres sur la mortalité infantile cités par Catherine Rollet, *La Politique à l'égard de la petite enfance sous la Troisième République*, Paris, INED, 1990, p. 434.
6. Jacques Gélis, *L'Arbre et le Fruit. La naissance dans l'Occident moderne, XVIe-XIXe siècle*, Paris, Fayard, 1984, p. 524.
7. Anne Bonzon, *L'Esprit de clocher. Prêtres et paroisses dans le diocèse de Beauvais 1535-1650*, Paris, Cerf, 1999, p. 345.
8. Cleto Corrain, *Documenti etnografici nei sinodi francesi*, Rovigo, Istituto Padano di Arti Grafiche, 1976, p. 31 et 46.
9. Jules Corblet, *Histoire dogmatique, liturgique et archéologique du sacrement de baptême*, vol. I, Paris, Société générale de librairie catholique, 1881, p. 176.

10. *Rituel ou Cérémonial Romain dressé et mis en lumière par le commandement de NSP le Pape Paul V...*, Tolose, Raymond Colomiez, 1621, p. 6 (orthographe modernisée).
11. John MacManners, *Church and Society in Eighteenth-century France*, vol. 2, Oxford, Clarendon Press, 1998, p. 3.
12. *Rituel de Toul...*, Nancy, Imprimerie Veuve et C. Leseure, 1700, p. 20.
13. Arnold Van Gennep, *Le Folklore français*, vol. 1, Paris, Robert Laffont, 1998, p. 126.
14. *Ibid.*, p. 130. Jacques Gélis, *L'Arbre et le Fruit...*, *op. cit.*, p. 532.
15. *Ibid.*, p. 534.
16. Raymond Doussinet, *Le Paysan saintongeais, « dans ses bots »*, La Rochelle, Rupella, 1963, p. 139.
17. Jacques Gélis, *L'Arbre et le Fruit...*, *op. cit.*, p. 534-535.
18. Croyance attestée en Haute-Bretagne selon Paul Sébillot, *Coutumes populaires de la Haute-Bretagne*, Paris, Maisonneuve et Larose, 1967, p. 18.
19. Agnès Fine, *Parrains, marraines. La parenté spirituelle en Europe*, Paris, Fayard, 1994, p. 76.
20. Raymond Doussinet, *Le Paysan saintongeais...*, *op. cit.*, p. 139.
21. Giordana Charuty, « Le fil de la parole », *Ethnologie française*, 2, 1985, p. 123-152, p. 124-125.
22. *Ibid.*, p. 137-139.
23. C'est ainsi par exemple que Scipione Mercurio, au début du XVIIe siècle, passe en revue dans *De gli errori popolari d'Italia* (1603), les différentes théories en présence sur la température du premier bain du nouveau-né (Aristote, Galien, Averroès) : quant à lui, il récuse à la fois l'eau froide et l'eau chaude, et prône une eau tiède (je cite d'après l'édition de Padoue en 1658, p. 396-397).
24. Georges Vigarello, *Histoire des pratiques de santé. Le sain et le malsain depuis le Moyen Âge*, Paris, Seuil, 1999, p. 156 *sq.*
25. Samuel Tissot, *Avis au peuple sur sa santé*, édition présentée par Daniel Tesseyre et Corinne Verry-Jolivet, Paris, Quai Voltaire, 1993, p. 256.
26. Antoinette Emch-Deriaz, « Auguste Tissot (1728-1797) », p. 9-48, *in* Guy Saudan (dir.), *L'Éveil médical vaudois*, Lausanne, Université de Lausanne, 1987, p. 22-23.
27. Jean-Jacques Rousseau, *Émile, ou De l'éducation*, Paris, Garnier-Flammarion, 1996, p. 49 et 66-67.
28. Pierre Foissac (*De l'influence des climats sur l'homme*, Paris, J.-B. Baillère, 1837, p. 250) récapitule ces différents exemples régulièrement cités.
29. Georges Vigarello, *Histoire des pratiques de santé...*, *op cit.*, p. 158-159.
30. John Floyer, *Psychrolousia or the History of Cold Bathing, both Ancient and Modern...*, Londres, 1709 (cité par Charles-Chrétien-Henri Marc, article « Baptême », p. 1-3, in *Dictionnaire des sciences médicales*, t. III, Paris, Pancoucke, 1812, p. 3).
31. Roy Porter, « Modernité et médecine. Le dilemme de la fin des Lumières », p. 5-24, *in* Vincent Barras et Micheline Louis-Courvoisier (dir.), *La Médecine des Lumières. Tout autour de Tissot*, Genève, Georg, 2001.
32. Sören Edvinsson, Ólöf Gardarsdóttir et Gunnar Thorvaldsen, « Infant mortality in the Nordic Countries 1780-1930 », *Continuity and Change*, 3, 2008, p. 457-485, p. 478.
33. Giovanni-Verardo Zeviani, *Su le numerose morti dei bambini*, Vérone, Moroni, 1775.
34. Article « Enfants (maladie des) », in *Encyclopédie méthodique*, Médecine, t. V.2, Paris, Pancoucke, 1792, p. 824 *sq.*
35. *Ibid.*, p. 829.

36. Cité dans *Mémoires secrets pour servir à l'histoire de la République des Lettres en France...*, t. XXXI, Londres, chez John Adamson, 1788, p. 167-169.
37. M. Boy, *Abrégé sur les maladies des femmes grosses, et de celles qui sont accouchées, avec quelques règles générales sur les Accouchemens et la manière de soigner et traiter les enfans, depuis la naissance jusques vers l'âge de la puberté*, Paris, chez Croullebois, 1788 (je reprends les citations faites dans le compte rendu de la *Gazette de Santé*, 1788, numéro 20, p. 78-79).
38. Louis-Sébastien Mercier, *Tableau de Paris*, t. II, Paris, Mercure de France, 1994, p. 50.
39. Charles-Chrétien-Henri Marc, art. cité.
40. E. Pariset, *Histoire des membres de l'Académie royale de Médecine ou recueil des éloges lus dans les séances publiques*, t. II, Paris, J-B. Baillière, 1850 : « Éloge de C.-C.-H. Marc », p. 362-392.
41. Charles-Chrétien-Henri Marc, art. cité, p. 2.
42. Sur Villermé, voir Bernard Lécuyer, « L'hygiène en France avant Pasteur », p. 67-139, *in* Claire Salomon-Bayet (dir.), *Pasteur et la révolution pastorienne*, Paris, Payot, 1986.
43. Louis-René Villermé et Henri Milne-Edwards, « De l'influence de la température sur la mortalité des enfans nouveau-nés », *Annales d'hygiène publique et de médecine légale*, 1829, t. II, 1re partie, p. 291-307.
44. Alain Desrosières, *La Politique des grands nombres*, Paris, La Découverte, 1993, p. 40 et 199.
45. Sur Toaldo, voir Luisa Pigatto (dir.), *Giuseppe Toaldo e il suo tempo. Nel bicentennario della morte. Scienze e lumi tra Veneto e Europa*, Citadella, Bertoncello Artigrafiche, 2000.
46. Giuseppe Toaldo, *Tavole di vitalità*, Padoue, Stamperia di G. A. Conzatti, 1787.
47. Louis-René Villermé et Henri Milne-Edwards, « De l'influence de la température... », art. cité, p. 299-301.
48. Eugène Bouchut, *Hygiène de la première enfance, comprenant la naissance, l'allaitement, le sevrage et les soins corporels, le changement de nourrice, les maladies et la mortalité du nouveau-né*, Paris, J.-B. Baillère et fils, 1866 (5e édition complétée ; 1re éd., 1845).
49. Cf. l'article « Nouveau-né », rédigé par les docteurs Désormaux et Dubois, *in* Adelon, Beclard, Berard, *et al.* (dir.), *Dictionnaire de médecine ou répertoire général des sciences médicales considérées sous le rapport théorique et pratique*, 2e éd., t. 21, Paris, Béchet jeune, 1840, ou celui écrit par le docteur Depaul dans l'ouvrage dirigé par A. Dechambre, L. Lereboullet et L. Hahn, *Dictionnaire encyclopédique des sciences médicales* (deuxième série), L-P, NEZ-NYS, Paris, Masson / P. Asselin, 1879, p. 456-717, en particulier p. 518.
50. Jean-Marie Jacquemier, *Manuel des accouchements et des maladies des femmes grosses et accouchées, contenant les soins à donner aux nouveau-nés*, 2 tomes, Paris, Germer Baillière, 1846, p. 837.
51. Eugène Bouchut, *Hygiène de la première enfance...*, *op. cit.*, 1862, p. 110.
52. Dr Armand Corre, *Manuel d'accouchement et de pathologie puerpérale*, Paris, Octave Douin, 1885, p. 612.
53. Catherine Rollet, *La Politique à l'égard de la petite enfance...*, *op. cit.*, p. 223.
54. Pierre Budin, *Manuel pratique d'allaitement. Hygiène du nourrisson*, Paris, Octave Douin, 1905, p. 8.
55. Jean-Marie Jacquemier, *Manuel des accouchements...*, *op. cit.*, p. 837.
56. Louis-René Villermé et Henri Milne-Edwards, « De l'influence de la température... », art. cité, p. 305.
57. Jacques Léonard, *La Médecine entre les savoirs et les pouvoirs. Histoire intellectuelle et politique de la médecine française au* XIXe *siècle*, Paris, Aubier-Montaigne, 1981, p. 203.
58. *La Gazette de France*, 6 mars 1829, p. 1.

59. Corinne Delmas, *Instituer des savoirs d'État. L'Académie des sciences morales et politiques*, Paris, L'Harmattan, 2006, p. 64.
60. Circulaire retranscrite dans Jules Corblet, *Histoire... du sacrement de baptême, op. cit.*, t. I, 1881, p. 176-177.
61. Ce mémoire était intitulé « Du service des actes de naissance en France et à l'étranger, nécessité d'améliorer le service » (signalé dans Joseph-Napoléon Loir, *Du baptême considéré dans ses rapports avec l'état civil et l'hygiène publique. Étude pour servir à l'histoire de l'état civil*, Paris, Joubert, 1849, p. 4).
62. Joseph-Napoléon Loir, *De l'exécution de l'article 55 du Code civil relatif à la constatation des naissances*, Paris, Joubert, 1846.
63. Extrait du rapport du préfet de la Seine au ministre de l'Intérieur, daté d'août 1846 (cité par Joseph-Napoléon Loir, *De l'exécution de l'article 55..., op. cit.*, p. 6-7).
64. Signalé par Loir dans *De l'état civil des nouveau-nés au point de vue de l'histoire de l'hygiène et de la loi*, Paris, Cotillon, 1854, p. 253.
65. Joseph-Napoléon Loir, *Du baptême considéré..., op. cit.*
66. Au sens de renforcement de l'encadrement médical de la société et de prise en compte croissante des problématiques de santé publique (Joël Coste, « Le concept de médicalisation en histoire sociale de la médecine et de la santé : une analyse épistémologique et méthodologique », *Archives internationales d'histoire des sciences*, 166-167, 2011, p. 511-524).
67. Keir Waddington, *An Introduction to the Social History of Medicine. Europe since 1500*, Londres, Palgrave Macmillan, 2011, p. 48-49.
68. Emmanuel Betta, *Animare la vita, Disciplina della nascita tra medicina e morale nell'Ottocento*, Bologne, Il Mulino, 2006, p. 10-15.
69. Joseph-Napoléon Loir, *De l'exécution de l'article 55..., op. cit*, p. 22-23.
70. Eugène Bouchut, *Hygiène de la première enfance..., op. cit.*, 1879, p. 138.
71. J. Grasset, *Fonssagrives, sa vie et son œuvre. Première leçon du cours de thérapeutique faite à la faculté de médecine de Montpellier, le 27 mars 1885*, Montpellier, C. Coulet, 1885.
72. Jean-Baptiste Fonssagrives, *Leçons d'hygiène infantile*, Paris, Delahaye, 1882, p. 64-65.
73. Pierre Guillaume, *Médecins, Église et foi, XIXe-XXe siècles*, Paris, Aubier, 1990, p. 47 *sq.*
74. Jacques Léonard, *Les Médecins de l'Ouest au XIXe siècle*, Lille, Atelier de reproduction des thèses, 1978, p. 1346-1347.
75. Sur ce thème, Lion Murard et Patrick Zylberman, *L'Hygiène dans la République. La santé publique en France ou l'utopie contrariée*, Paris, Fayard, 1996, notamment p. 41 *sq.*
76. Charles Monot, *De la mortalité excessive des enfants pendant la première année de leur existence, ses causes et des moyens de la restreindre*, Paris, J.-B. Baillière, 1872, p. 32-33. De même pour les citations suivantes.
77. Même idée chez Pierre Budin en 1905 (*Manuel pratique d'allaitement, op. cit.*, p. 97).
78. Eugène Bouchut, *Hygiène de la première enfance..., op. cit.*, 1862, p. 111 : « Quelques évêques ont fait administrer le baptême à domicile ; mais toutes ces mesures sont exceptionnelles et s'inspirent du privilège de la haute naissance, de la fortune, de l'amitié, en un mot de la faveur. En pareille matière, le privilège est particulièrement blâmable et ne se justifie point. »
79. Émile Zola, *L'Assommoir*, Paris, Fasquelle, 1906, p. 110 (1re parution en 1877).
80. Guy de Maupassant, « Le baptême », p. 692-695, in *Contes et nouvelles, 1884-1890 ; Bel-ami*, Paris, Robert Laffont, 1988.
81. Jean de Bonnefon, *Les Cas de conscience modernes*, 4e édition, Paris, Ambert, 1904, p. 150-157.

82. Pierre Budin, *Manuel pratique d'allaitement, op. cit.*, p. 98.
83. Christian Chevandier, *L'Hôpital dans la France du XXe siècle*, Paris, Perrin, 2009, p. 69-70.
84. Alphonse Honoré, « Le baptême dans les cliniques », *La Maison-Dieu*, 32, 1952, p. 129-142, p. 133.
85. Pierre Guillaume, *Les Hospices de Bordeaux au XIXe siècle 1796-1855*, Bordeaux, Les Études hospitalières, 2000, p. 143. À la maternité de Tulle en 1877, les veuves et femmes mariées ne restent en général que de deux à six jours dans l'établissement après l'accouchement. C'était moins encore en 1850 (Nathalie Sage Pranchère, *Mettre au monde. Sages-femmes et accouchées en Corrèze au XIXe siècle*, Tulle, Archives départementales de la Corrèze, 2007, p. 634-636).
86. *L'Assistance publique en 1900*, Paris, Masson, 1900, p. 68.
87. Jean-Pierre Chaline, « Sociabilité féminine et "maternalisme". Les sociétés de Charité maternelle au XIXe siècle », p. 69-78, *in* Alain Corbin, Jacqueline Lalouette et Michèle Riot-Sarcey (dir.), *Femmes dans la Cité (1815-1871)*, Grâne, Créaphis, 1997 ; Christine Adams, *Poverty, Charity, and Motherhood. Maternal Societies in Nineteenth-Century France*, Champaign, University of Illinois Press, 2010.
88. Pierre Budin, *Manuel pratique d'allaitement, op. cit.*, p. 97.
89. Dr Ernest Monin, *Hygiène et médecine journalières : causeries pour tous*, Paris, E. Dentu, 1893.
90. Comtesse de Bassanville, *Code du cérémonial...*, Paris, Lebigre-Duquesne, 1867, p. 81-82.
91. Berthe Bernage, *Le Savoir-vivre et les usages du monde*, Paris, Gauthier-Languereau, 1928, p. 172.
92. « Causerie du docteur. Le Froid », *La Jeune mère, ou L'Éducation du premier âge. Journal illustré de l'enfance*, Lyon, 1874, 1re année, n° 3, janvier, p. 33-36 (citation p. 34).
93. « Mémoires d'un bébé d'un an. XXe chapitre : Huitième mois », *La Jeune Mère, ou L'Éducation du premier âge. Journal illustré de l'enfance*, Lyon, 1898, 25e année, 1er janvier, p. 173-174.
94. Anne Martin-Fugier, « Les rites de la vie privée bourgeoise », p. 175-241, *in* Philippe Ariès et Georges Duby (dir.), *Histoire de la vie privée. De la Révolution à la Grande Guerre*, Paris, Seuil, 1999.
95. Alain Montandon, « L'étiquette du deuil dans les traités de savoir-vivre au XIXe siècle », p. 133-154, in *Savoir-mourir*, Paris, L'Harmattan, 1993 ; Vincent Gourdon, *Histoire des grands-parents*, Paris, Perrin, 2001, p. 284-291.
96. *Actes de l'Église de Paris touchant la discipline et l'administration, publiés par l'ordre de Mgr Sibour*, Paris, Imprimerie de J.-P. Migne, 1854, p. 484.
97. Marc Bouyssou, « Du surnaturel au religieux. L'échec de la cléricalisation des campagnes dans les anciens diocèses de Chartres et de Blois, XVIe-XIXe siècles », *Bulletin de la Société archéologique d'Eure-et-Loir*, 90, octobre-novembre-décembre 2006, p. 7-56, p. 42.
98. Arnold Van Gennep, *Le Folklore français, op. cit.*, p. 132-133.
99. Charles Roy, *Us et coutumes de l'ancien pays de Montbéliard et en particulier de ses communes rurales*, Montbéliard, Société d'émulation de Montbéliard, 1886, p. 16.
100. Paul Sébillot (*Coutumes populaires de la Haute-Bretagne*, Paris, Maisonneuve et Larose, 1967, p. 18) indique qu'en Haute-Bretagne vers 1880 les lancers de dragées sont « une coutume récente ».
101. G. Railliet, « Du berceau à la tombe », *Études ardennaises*, 34, juillet-septembre 1963, p. 5-19, p. 5.
102. Arnold Van Gennep, *Le Folklore français, op. cit.*, p. 137-138.
103. Par exemple, Clarisse Juranville, dans *Le Savoir-faire et le savoir-vivre dans les circonstances de la vie*, Paris, A. Boyer, 1879, p. 222.

104. Paul Burani, *Guide-manuel de la civilité française, ou Nouveau code de la politesse et du savoir-vivre*, Paris, Le Bailly, 1879, p. 82 ; Clarisse Juranville, *Le Savoir-faire et le savoir-vivre...*, *op. cit.*, p. 222.
105. Comtesse de Bassanville, *La Science du monde. Politesses, usages, bien-être*, Paris, L. Lecoffre, 1859, p. 147.
106. Comtesse de Gencé, *Savoir-vivre et usages mondains*, Paris, Bibliothèque des ouvrages pratiques, 1908, p. 87.
107. Berthe Bernage, *Le Savoir-vivre...*, *op. cit.*, p. 172.
108. Baronne Staffe, *Usages du monde. Règles du savoir-vivre dans la société moderne*, Paris, Victor-Havard, 1891, p. 43 (1re éd., 1889).
109. *Ibid.*, p. 41 ; baronne d'Orval, *Usages mondains. Guide du savoir-vivre moderne dans toutes les circonstances de la vie*, Paris, Victor-Havard et Cie, 1901 (6e éd.), p. 342.
110. *Ibid.*, p. 343.
111. Baronne Staffe, *Usages du monde...*, *op. cit.* p. 41.
112. Paul Burani, *Guide-manuel de la civilité française...*, *op. cit.*, p. 81 ; Clarisse Juranville, *Le Savoir-faire et le savoir-vivre...*, *op. cit.*, p. 222 ; baronne d'Orval, *Usages mondains...*, *op. cit.*, p. 343.
113. Pour Paris, voir Mlle E. Dufaux de La Jonchère, *Le Savoir-vivre dans la vie ordinaire et dans les cérémonies civiles et religieuses*, 6e éd., Paris, Garnier, 1888, p. 359.
114. Baronne d'Orval, *Usages mondains...*, *op. cit.*, p. 343.
115. Paul Burani, *Guide-manuel de la civilité française...*, *op. cit.*, p. 82.
116. Baronne Staffe, *Usages du monde...*, *op. cit.*, p. 41-42.
117. Aline Raymond, *Le Savoir-vivre et les usages du monde*, Paris, Librairie de Paris, 1906, p. 235.
118. Arnold Van Gennep, *Le Folklore français*, *op. cit.*, p. 138-139.
119. Raymond Engelbreit, *L'Histoire des familles de Forbach de 1789 à 1870*, Forbach, Imprimerie Pierron, 2000, p. 550.
120. « Les dragées de baptême sur la voie publique », *Revue d'hygiène et de police sanitaire*, 21, 1899, p. 1129.
121. Arnold Van Gennep, *Le Folklore français*, *op. cit.*, p. 136.
122. Cf. Nicole Belmont, « La fonction symbolique du cortège dans les rituels populaires du mariage », *Annales ESC*, 3, 1978, p. 650-655, p. 652.
123. Cf. les articles « Baptême » et « Couche », in *Dictionnaire des sciences médicales*, Paris, Panckoucke, 1812, t. III, p. 1-3 et p. 155-170.
124. Arnold Van Gennep, *Le Folklore français*, *op. cit.*, p. 136.
125. Guido Alfani et Vincent Gourdon, « Fêtes du baptême et publicité des réseaux sociaux. Grandes tendances de la fin du Moyen Âge au XXe siècle », *Annales de démographie historique*, 1, 2009, p. 153-189.
126. Claire Delannoy, *Histoire de l'éducation d'après les manuels de savoir-vivre (XIXe-XXe siècles)*, maîtrise d'histoire, Université Paris-IV, 2002, p. 99.
127. Baronne Staffe, *Usages du monde...*, *op. cit.*, p. 43.
128. *Savoir-vivre moderne : nouveau guide des convenances*, Paris, Deux-Trois, 1932, p. 110.
129. Louise Clermont, *Le Savoir-vivre*, Tours, Mame et fils, 1931, p. 296.
130. Baronne d'Orval, *Usages mondains...*, *op. cit.*, p. 344.
131. Vicomtesse de Cressanges, *Savoir-vivre et bonnes manières*, Paris, Dauphin, 1946, p. 64.
132. Catherine Pellissier, *La Vie privée des notables lyonnais*, Lyon, Éditions lyonnaises d'art et d'histoire, 2e éd., 2001, p. 91.

133. Cité par Nicolas Labejof, *Baptêmes et réseaux de parrainage dans une paroisse parisienne au XIXe siècle*, maîtrise d'histoire, Université Paris-IV, 2002, p. 70-71.
134. Vincent Gourdon, *Les Révolutions du baptême en France de 1789 à nos jours*, mémoire d'habilitation à diriger des recherches, Paris-Sorbonne, 2014, p. 377.
135. Pour toutes les données à venir sur Samois, voir archives du presbytère de Samois-sur-Seine, registres des baptêmes.
136. Vincent Gourdon et Isabelle Robin, « Parrains et voisins ? Espace et parrainage en banlieue parisienne au XIXe siècle », *Dubrovnik Annals*, 21, 2017, p. 47-72, p. 53-54.
137. *Lettre de Mgr l'Archevêque d'Auch aux fidèles de son archidiocèse sur le baptême des petits enfants*, Auch, Léonce Cocharaux, 1910, p. 5.
138. Vincent Gourdon, *Les Révolutions..., op. cit.*, p. 330-340.
139. *Statuts synodaux donnés au clergé du diocèse d'Angers...*, Angers, Imprimerie E. Barassé, 1862. Ire partie, p. 10.
140. Vincent Gourdon, *Histoire des grands-parents, op. cit.*, p. 286-290.
141. *Statuts synodaux de l'archidiocèse de Sens publiés par Mgr Pierre-Marie-Étienne Ardin, Archevêque de Sens, Évêque d'Auxerre*, Sens, Imprimerie de Paul Duchemin, 1895, p. 119-120.
142. Pour les données sur Thoiry, voir Annick Delwaulle, *Baptêmes contemporains dans la paroisse Saint-Martin-de-Thoiry (Seine-et-Oise)*, 1 vol. + annexes, maîtrise d'histoire, Université Paris-IV, 2001.
143. Fernand Charpin, *Pratique religieuse et formation d'une grande ville. Le geste du baptême et sa signification en sociologie religieuse*, Paris, Centurion, 1964, p. 304.
144. Jean Delumeau (dir.), *La Première Communion. Quatre siècles d'histoire*, Paris, Desclée de Brouwer, 1987 ; Laurence Hérault, *La Grande Communion. Transformations et actualité d'une cérémonie catholique en Vendée*, Paris, CTHS, 1996.
145. Vincent Gourdon, « À propos des pratiques baptismales catholiques dans la France de l'entre-deux-guerres : l'exemple de La Rochelle en 1925 », *Revue de la Saintonge et de l'Aunis*, 2022, p. 187-211, p. 203-205.
146. *Dictionnaire de théologie catholique*, t. XI, Paris, Letouzey et Ané, 1931, article « Ondoiement », p. 998-999.
147. *Statuts synodaux du diocèse de Toulouse, op. cit.*, p. 122.
148. *Statuts synodaux de l'archidiocèse de Sens..., op. cit.*, p. 125.
149. *Statuts synodaux du diocèse de Paris, promulgués dans le synode de 1902*, Paris, Librairie Ch. Poussielgue, 1902, art. 260.
150. Vincent Gourdon, « Négocier le rite sacramentel... », art. cité, p. 115.
151. *Statuts synodaux du diocèse d'Autun, Chalon et Macon*, 1re partie : *De l'administration spirituelle du diocèse*, Autun, Michel Dejussieu, 1866, p. 178-180 et chapitre XI.
152. Louis Chevalier, *La Formation de la population parisienne au XIXe siècle*, Paris, PUF, 1949, p. 95.
153. Pour les données parisiennes sur l'ondoiement, Vincent Gourdon, Céline Georges et Nicolas Labéjof, « L'ondoiement en paroisse à Paris au XIXe siècle », *Histoire urbaine*, 10, 2004, p. 141-179.
154. Vincent Gourdon, « Négocier le rite sacramentel... », art. cité, p. 117.
155. Archivio Segreto Vaticano, Congregatio Consistorialis, Relationes Dioecesium, 262 : « Mais, suivant l'usage qui a pris force dans notre diocèse de la même manière que dans de nombreux diocèses français, souvent, avec l'autorisation de l'évêque, le baptême est conféré le plus tôt possible, mais les cérémonies sont solennellement accomplies dans leur intégralité après quelques semaines » (traduction du latin par nos soins).

156. Luc Boisnard, *La Noblesse en Touraine de Louis XVI à Mac Mahon*, thèse d'histoire, Université Paris-IV, 1989, p. 573.
157. Mgr Pie, *Œuvres complètes*, t. I, 9e éd., Poitiers / Paris, Oudin, 1887, p. 540.
158. *Statuts synodaux du diocèse d'Alger...*, Alger, Typographie A. Jourdan, 1872, p. 57.
159. Évêché de Beauvais, *Circulaire relative aux permissions d'ondoiement*, n° 325, Beauvais, Imprimerie D. Père, 1868.
160. Voir, en 1894, l'article 300 des *Statuts synodaux de l'archidiocèse de Sens* (*op. cit.*).
161. Auguste Boudinhon, « Ondoiement et supplément des cérémonies », *Le Canoniste contemporain, ou La Discipline actuelle de l'Église. Bulletin mensuel de consultations canoniques et théologiques*, numéro de juin-juillet 1914, p. 321.
162. *Acta Apostolicae Sedis*, vol. IV, n° 22, 30 décembre 1912, p. 725.
163. *Acta Apostolicae Sedis*, vol. VI, n° 2, 7 février 1914, p. 32, et n° 3, 24 février 1914, p. 75-76.
164. Vincent Gourdon, « À propos des pratiques baptismales... », art. cité, p. 195.
165. Fernand Boulard, « La "déchristianisation" de Paris. L'évolution historique du non-conformisme », *Archives de sociologie des religions*, 31, 1971, p. 69-98, p. 72 (courbe 1).
166. John Bossy, « Blood and Baptism : Kinship, Community and Christianity in Western Europe from the Fourteenth to the Seventeenth Century », *Studies in Church History*, 10, 1973, p. 129-143 ; *idem*, « Padrini e madrine : un'istituzione sociale del Cristianesimo popolare in Occidente », *Quaderni Storici*, 41, 1979, p. 440-449.
167. Vincent Gourdon, *Histoire des grands-parents*, *op. cit.*, chap. X.
168. Sur l'idée d'un « catholicisme à la carte » au XIXe siècle, voir Jacques-Olivier Boudon, « Être chrétien dans une ville déchristianisée : Paris au XIXe siècle », p. 181-195, *in* Jacques-Olivier Boudon et Françoise Thelamon (dir.) *Les Chrétiens dans la ville*, Mont-Saint-Aignan, PURH, 2006.
169. Emmanuel Betta, « La morale familiare », p. 701-712, in *Cristiani d'Italia. Chiesa, società, stato, 1861-2011*, Rome, Istituto della Enciclopedia italiana, 2011.

Chapitre 6. La victoire du parrainage familial

1. Voir le chapitre premier. Une parenté spirituelle unit également le baptisant, généralement un prêtre, à celui qu'il baptise.
2. Agnès Fine, *Parrains, marraines. La parenté spirituelle en Europe*, Paris, Fayard, 1994.
3. Benjamin D. Paul, *Ritual Kinship : with Special Reference to Godparenthood in Middle America*, Ph.D. Thesis, University of Chicago, 1942.
4. Sur les différents critères utilisés par Patrinus, le réseau européen d'histoire sociale et culturelle du baptême et du parrainage, voir Guido Alfani et Vincent Gourdon, « Historical demography and the social history of godparenthood », p. 63-66, *in* Koen Matthijs, Saskia Hin, Jan Kok et Hideko Matsuo (dir.), *The Future of Historical Demography. Upside down and inside out*, Louvain / La Haye, Acco, 2016. La plupart des travaux italiens, espagnols ou anglais se contentent de l'homonymie patronymique.
5. Vincent Gourdon et Isabelle Robin, « Parrainage catholique et liens familiaux à La Rochelle (XVIIe-XXe siècles) », *Écrits d'Ouest*, 30, 2022, p. 89-108.
6. Vincent Cousseau, « Sociabilité, parenté baptismale et protestantisme. L'exemple de Preuilly 1590-1683 », *Bulletin de la Société de l'histoire du protestantisme français*, 141, 1995, p. 221-246, p. 235.

Notes

7. Vincent Gourdon, *Les Révolutions du baptême en France de 1789 à nos jours*, mémoire original du dossier d'habilitation à diriger des recherches en histoire, Paris, Université Paris-Sorbonne, 2014, chap. 6.
8. Camille Berteau, Vincent Gourdon et Isabelle Robin, « Trois siècles de parrainages à Aubervilliers : de la Réforme catholique au temps des banlieues industrielles », p. 39-68, *in* Guido Alfani, Vincent Gourdon et Isabelle Robin (dir.), *Le Parrainage en Europe et en Amérique. Pratiques de longue durée, XVIe-XXIe siècles*, Bruxelles, Peter Lang, 2015 ; pour Beignon, Plumenec, Arbois : Pierre-Yves Quémener, « Parrainage et solidarités en basse Auvergne au XVIe siècle », *Histoire, Économie et Société*, 4, 2018, p. 18-37, p. 34 ; pour Preuilly : Vincent Cousseau, « Sociabilité, parenté baptismale et protestantisme... », art. cité ; Cécile Alexandre, « Parrainer à Charleville au XVIIIe siècle », *in* Guido Alfani, Vincent Gourdon et Isabelle Robin (dir.), *Le Parrainage en Europe et en Amérique*..., *op. cit.*, p. 315-331, p. 321 ; Philippe Salvadori, « Communauté catholique et société : fabriques et parrainages dans trois paroisses de Dijon (vers 1650 – vers 1750) », *Annales de Bourgogne*, t. 71, 1-2, janvier-juin 1999, p. 139-156, p. 150-152 ; Stéphane Minvielle, « Baptême et parrainage à Bordeaux sous l'Ancien Régime », p. 259-291, *in* Guido Alfani, Vincent Gourdon et Isabelle Robin (dir.), *Le Parrainage en Europe et en Amérique*..., *op. cit.*, p. 291 ; pour La Rochelle : Vincent Gourdon et Isabelle Robin, « Parrainage catholique et liens familiaux à La Rochelle... », art. cité ; pour Lyon, Étienne Couriol, « La place de la parenté dans les baptêmes d'une paroisse lyonnaise d'Ancien Régime », p. 293-313, dans Guido Alfani, Vincent Gourdon et Isabelle Robin (dir.), *Le Parrainage en Europe et en Amérique*..., *op. cit.*, p. 296-297 ; pour Caen et la Tremblade : Margreet Dieleman, « Le parrainage aux baptêmes dans les Églises réformées de l'ouest de la France (1560-1685) », *Annales de démographie historique*, 1, 2022, p. 1-38, p. 18.
9. Françoise Zonabend, « La parenté baptismale à Minot (Côte-d'Or) », *Annales ESC*, 3, 1978, p. 656-676, p. 665 ; Mireille Laget, *Naissances. L'accouchement avant l'âge de la clinique*, Paris, Seuil, 1982, p. 317.
10. André Burguière, « Prénoms et parenté », p. 29-35, *in* Jacques Dupâquier, Alain Bideau et Marie-Élisabeth Ducreux (dir.), *Le Prénom. Mode et histoire*, Paris EHESS, 1984.
11. Guido Alfani, « I padrini : patroni o parenti ? Tendenze di fondo nella selezione dei parenti spirituali in Europa (XV-XX secolo) », p. 275-296, *in* Giovanni Levi et Raimundo Rodriguez Pérez (dir.), *Familias, jerarquización y movilidad social*, Murcie, Universidad de Murcia, 2012.
12. Tamara González López, *El padrinago bautismal en la diócesis de Lugo (ss. XVI-XIX)*, Saint-Jacques de Compostelle, Andavira editora, 2019, p. 99.
13. Pierre-Yves Quémener, *Le Nom de baptême aux XVe et XVIe siècles*, Rennes, PUR, 2023, p. 218.
14. *Ibid.*, p. 218.
15. Philippe Salvadori, « Communauté catholique et société... », art. cité, p. 153.
16. Jean-Marc Moriceau, *Les Fermiers de l'Île-de-France. Ascension d'un groupe social (XVe-XVIIIe siècles)*, thèse de doctorat d'histoire, Paris-I, 1992, vol. 1, p. 227-228.
17. Camille Berteau, Vincent Gourdon et Isabelle Robin-Romero, « Réseaux sociaux et parrainage : les conséquences de l'application du concile de Trente dans une paroisse française, Aubervilliers (1552-1631) », *Obradoiro de Historia Moderna*, 19, 2010, p. 279-306, p. 303.
18. Pierre Le Verdier, *Les Prénoms dans le canton de Longueville (Seine-Inférieure) aux XVIe et XVIIe siècles*, Rouen, 1896, p. 25.
19. André Burguière, « Prénoms et parenté », *op. cit.*, p. 30.

20. Étienne Couriol, « Godparenthood and social relationships in France under the Ancien Régime : Lyons as a case study », *in* Guido Alfani et Vincent Gourdon (dir.), *Spiritual Kinship in Europe, 1500-1900*, Londres, Palgrave, 2012, p. 124-151, p. 138.
21. Vincent Cousseau, « Sociabilité, parenté baptismale et protestantisme... », art. cité.
22. Bénédicte Gady, « La construction des réseaux professionnels et artistiques à Paris au XVIIe siècle : Charles Le Brun parrain et compère », *in* Guido Alfani, Philippe Castagnetti et Vincent Gourdon (dir.), *Baptiser. Pratique sacramentelle, pratique sociale (XVIe-XXe siècles)*, Saint-Étienne, Presses universitaires de Saint-Étienne, 2009, p. 369-392.
23. Geneviève Bresc-Bautier, « Les réseaux des sculpteurs parisiens sous Henri IV et Louis XIII », *in* Jacques Verger (dir.), *La Forme des réseaux. France et Europe (Xe-XXe siècle)*, Paris, Éditions du Comité des travaux historiques et scientifiques, 2017 (en ligne).
24. Jean-Marc Moriceau, *Les Fermiers de l'Île-de-France..., op. cit.*
25. André Burguière, « Prénoms et parenté », *op. cit.*, p. 31.
26. Vincent Cousseau et Antoine Renon, « Parrainage et intégration dans une population coloniale : l'île Royale, Nouvelle-France, 1715-1758 », *Histoire, Économie et Société*, 4, 2018, p. 90-105, p. 101.
27. Julien Muet, *Les Parrainages de la famille royale française (XVIIe-XVIIIe siècles)*, mastère 2, Sorbonne -Université, 2020, p. 109-120.
28. Stéphane Minvielle, « La place du parrain et de la marraine dans la vie de leur filleul(e). L'exemple des élites bordelaises du XVIIIe siècle », p. 243-260, *in* Guido Alfani, Philippe Castagnetti et Vincent Gourdon (dir.), *Baptiser..., op. cit.*, p. 247.
29. John Pitt-Rivers, « Le parrain de Montesquieu », *in* Françoise Héritier-Augé et Élisabeth Copet-Rougier (dir.), *La Parenté spirituelle*, Paris, Éditions des Archives contemporaines, 1995, p. 1-16.
30. Julie Hardwick, *The Practice of Patriarchy. Gender and the Politics of Household Authority in Early Modern France*, University Park, The Pennsylvania University Press, 1998, p. 169.
31. André Burguière, « Prénoms et parenté », *op. cit.*, p. 31.
32. Vincent Cousseau et Antoine Renon, « Parrainage et intégration dans une population coloniale... », art. cité, p. 99-100.
33. Geneviève Bresc-Bautier, « Les réseaux des sculpteurs parisiens... », *op. cit.*
34. Stéphane Minvielle, « Baptême et parrainage... », *op. cit.*, p. 272.
35. Guido Alfani et Vincent Gourdon, « Entrepreneurs, formalisation of social ties and trust-building in Europe (fourteenth to twentieth centuries) », *The Economic History Review*, 65, 3, 2012, p. 1005-1028.
36. Sur cet exemple, Serge Chassagne, *Oberkampf. Un entrepreneur capitaliste au siècle des Lumières*, Paris, Aubier, 1980, p. 44-48, 76-82, 105 ; *Une femme d'affaires au XVIIIe siècle. La correspondance de Madame de Maraise, collaboratrice d'Oberkampf*, présentée par Serge Chassagne, Toulouse, Privat, 1981, p. 25-26.
37. Philip T. Hoffman, Gilles Postel-Vinay et Jean-Laurent Rosenthal, *Priceless Markets. The Political Economy of Credit in Paris, 1660-1870*, Chicago / Londres, University of Chicago Press, 2000.
38. Étienne Couriol, « Godparenthood... », *op. cit.*, p. 131-132.
39. Pierre-Yves Quémener, *Le nom de baptême..., op. cit.*, p. 206.
40. Camille Berteau, Vincent Gourdon et Isabelle Robin-Romero, « Réseaux sociaux et parrainage... », art. cité, p. 301 ; Étienne Couriol, « Godparenthood... », *op. cit.*, p. 131.
41. Pierre-Yves Quémener « Le parrainage, rouage essentiel des processus de prénomination », *Kaïer ar Poher*, 41, 2013, p. 4-17, p. 9-10.

42. Abbé Berthet, « Un réactif social : le parrainage. Du xvie siècle à la révolution. Nobles, bourgeois et paysans dans un bourg perché du Jura », *Annales ESC*, 1, 1946, p. 43-50.
43. Jehan d'Ivry, *Les Secrets et Loix de mariage*, cité par Pierre-Yves Quémener, *Le Nom de baptême...*, *op. cit.*, p. 182.
44. Guido Alfani, *Padri, padrini, patroni. La parentela spirituale nella storia*, Venise, Marsilio, 2006, chap. 6.
45. Étienne Couriol, « La place de la parenté... », *op. cit.*, p. 296-297.
46. Philippe Salvadori, « Communauté catholique et société... », art. cité.
47. Jean-Pierre Bardet, « Angelots, famille, patrie : parrains et marraines à Bouafles (Eure) au xviiie siècle », p. 167-184, *in* Guido Alfani, Philippe Castagnetti et Vincent Gourdon (dir.), *Baptiser...*, *op. cit.*
48. Camille Berteau, Vincent Gourdon et Isabelle Robin, « Trois siècles... », *op. cit.*, p. 66.
49. Cécile Alexandre, « Parrainer à Charleville... », *op. cit.*, p. 329.
50. Camille Berteau, Vincent Gourdon et Isabelle Robin, « Trois siècles... », *op. cit.*, p. 52.
51. Chiffres recalculés à partir des données de Bernard Cousin, « Le prénom des ancêtres », p. 103-114, *in* Jean-Noël Pelen (dir.), *La Quête des ancêtres*, Grenoble, Musée dauphinois, 2009, p. 108-109.
52. Bernard Cousin, « Prénommer en Provence (xvie-xixe siècle) », *Provence historique*, 212, 2003, p. 193-224, p. 221.
53. Vincent Gourdon et Isabelle Robin, « Parrainage catholique... », art. cité.
54. Mary-Jo Maynes, « Culture di classe e modelli di vita familiare », p. 284-324, *in* Marzio Barbagli, et David I. Kertzer (dir.), *Storia della famiglia in Europa. Il lungo Ottocento*, Bari, Laterza, 2003, p. 292-293.
55. Guy de Maupassant, « L'Héritage », 1884.
56. Eugène Grangé et Victor Bernard, *Le Baptême du petit Oscar*, Paris, Michel Lévy frères, 1873.
57. Émile Zola, *L'Assommoir*, Paris, Fasquelle, 1906, p. 110 (1re parution, 1877).
58. Voir John Bossy, « Blood and Baptism : Kinship, Community and Christianity in Western Europe from the Fourteenth to the Seventeenth Century », *Studies in Church History*, 10, 1973, p. 129-143 ; *id.*, « Padrini e madrine : un'istituzione sociale del Cristianesimo popolare in Occidente », *Quaderni Storici*, 41, 1979, p. 440-449 ; *id.*, *Christianity in the West*, Oxford, Oxford University Press, 1985, p. 57-75). Voir le liturgiste Jean Beleth au xiie siècle : « Il n'est pas bon que l'on parraine des membres de sa parenté, puisque l'amour de charité doit être étendu par le baptême » (cité par Anita Guerreau-Jalabert, « *Spiritus* et *Caritas*. Le baptême dans la société médiévale », p. 133-203, *in* Françoise Héritier-Augé et Élisabeth Copet-Rougier (dir.), *La Parenté spirituelle*, *op. cit.*).
59. Abbé Charpentier, *Le Livre de la famille*, Paris / Lyon, Delhomme et Briguet, 1891, p. 30.
60. Gérard de Néranval, *Le Carnet des mamans*, 2e éd., Paris, Éditions de La Bonne Presse, 1950, p. 27.
61. Pierre Boitard, *Guide manuel de la bonne compagnie*, Paris, Passard, 1852, p. 467.
62. Louis-Sébastien Mercier, *Tableau de Paris*, t. II, Paris, Mercure de France, 1994, p. 49.
63. Agnès Fine, « Parrainage et relations familiales dans la société française contemporaine », p. 273-294, *in* Tiphaine Barthélémy et Marie-Claude Pingaud (dir.), *La Généalogie entre science et passion*, Paris, CTHS, 1997, p. 278.
64. Horace Raisson, *Code des gens honnêtes, ou L'Art de ne pas être dupes des fripons*, Paris, J.-N. Barba, 1825, p. 126-127.
65. Horace Raisson, *Code civil. Manuel complet de la politesse...*, 2e édition revue et augmentée, Paris, J.-P. Roret, 1828, p. 55-57.

66. Comtesse de Bassanville, *Code du cérémonial...*, Paris, Lebigre-Duquesne, 1867, p. 77 et 85.
67. Baronne Staffe, *Usages du monde. Règles du savoir-vivre dans la société moderne*, Paris, Texto, 2007, p. 41 (réimpression de l'édition de 1891 du livre paru en 1889).
68. *Ibid.*, p. 41.
69. Pour plus de détails, Guido Alfani et Vincent Gourdon, « Il ruolo economico del padrinato : un fenomeno osservabile ? », *Cheiron*, 45-46, 2006, p. 129-177, p. 149-152.
70. Baronne Staffe, *Usages du monde...*, *op. cit.*, p. 41.
71. Mathilde Bourdon, *Politesse et savoir-vivre : aux jeunes personnes*, Paris, P. Lethielleux, Tournai, Casterman, 1864, p. 37.
72. Marguerite de Saint-Genes, *Traité de savoir-vivre, ou Usages et coutumes*, Paris, Maison de La Bonne Presse, 1915, p. 129.
73. Louise d'Alq, *Le Nouveau Savoir-vivre universel*, vol. 1, Paris, Bureau des causeries familières, 1881, p. 153.
74. Jonas Frykman et Orvar Löfgren, *Culture Builders. A Historical Anthropology of Middle-Class Life*, New Brunswick, Rutgers University Press, 1987, p. 27.
75. Pierre Boitard, *Guide manuel de la bonne compagnie*, *op. cit.*, p. 467.
76. Mme Celnart, *Manuel complet de la bonne compagnie*, Paris, Roret, 1832, p. 309.
77. Comtesse de Bassanville, *Code du cérémonial...*, *op. cit.*, p. 74.
78. Luc Boisnard, *La Noblesse en Touraine de Louis XVI à Mac Mahon*, thèse d'État sous la direction de François Bluche, Université Paris-IV, 1989, p. 574.
79. Comtesse de Bassanville, *Code du cérémonial...*, *op. cit.*, p. 74. Pour d'autres exemples, voir Vincent Gourdon, *Histoire des grands-parents*, Paris, Perrin, 2012, p. 458-461.
80. Par exemple dans le roman historique d'Ernest Daudet, *Au temps de l'Empereur. Récits d'une grand-mère*, Paris, Maison de La Bonne Presse, 1907.
81. Éric Mension-Rigau, *Aristocrates et grands-bourgeois. Éducation, traditions, valeurs*, Paris, Plon, 1994.
82. Aline Raymond, *Le Savoir-vivre et les usages du monde...*, Paris, Librairie de Paris, 1906, p. 231.
83. Catherine Pélissier, *La Vie privée des notables lyonnais*, Lyon, Éditions lyonnaises d'art et d'histoire, 2e éd., 2001, p. 90.
84. Raymond Lhopiteau, *Soixante-deux années de ma vie. Récits intimes et commerciaux, suivis du tableau généalogique de la famille Lhopiteau le 1er août 1890*, Paris, Imprimerie Michels et fils, 1890, p. 324.
85. Lucile Le Verrier, *Journal d'une jeune fille du Second Empire*, Paris, Zulma / Calmann-Lévy, 1994, p. 22-23.
86. Synthétisés dans Arnold Van Gennep, *Le Folklore français*, vol. 1, Paris, Robert Laffont, 1998, p. 126.
87. Pour le Pays bigouden fin XIXe, voir Martine Segalen, *Quinze générations de Bas-Bretons...*, Paris, PUF, 1985, p. 345.
88. Arnold Van Gennep, *Le Folklore français*, *op. cit.*, p. 128.
89. Chiffres globaux dans Vincent Gourdon, « What's in a name ? Choosing kin godparents in nineteenth-century Paris », p. 155-182, *in* Guido Alfani et Vincent Gourdon (dir.), *Spiritual Kinship in Europe, 1500-1900*, Londres, Palgrave Macmillan, 2012.
90. Phénomène également observable pour le choix des témoins de mariage. Voir Roger Gould, *Insurgent Identities. Class, Community and Protest in Paris from 1848 to the Commune*, Chicago / Londres, University of Chicago Press, 1995, p. 85-86 et Vincent Gourdon, « Les témoins de mariage civil dans les villes européennes du XIXe siècle : quel intérêt pour l'analyse des réseaux familiaux et sociaux ? », *Histoire, Économie, Société*, 2, 2008, p. 61-87.

91. *L'Athée*, numéro du 5 avril 1894.
92. Françoise Zonabend, « La parenté baptismale... », art. cité, notamment p. 666-667.
93. André Burguière, « Prénoms et parenté », *op. cit.*, p. 31.
94. Agnès Fine, « Transmission des prénoms... », *op. cit.*, p. 114 *sq.*
95. Jean-Claude Sangoï, *op. cit.*, p. 280 *sq.*
96. Comtesse de Bassanville, *Code du cérémonial...*, *op. cit.*, p. 75.
97. Nous renvoyons ici aux analyses de François de Singly, *Sociologie de la famille contemporaine*, Paris, Nathan, 1993, p. 52-53.
98. Clarisse Juranville, *Le Savoir-vivre et le savoir-faire dans les diverses circonstances de la vie*, Paris, A. Boyer, 1879, p. 222-223.
99. Baronne Staffe, *Usages du monde...*, *op. cit.*, p. 40-42.
100. Jules Clément, *Traité de la politesse et du savoir-vivre, augmenté des devoirs des parrains et marraines, des demoiselles et des garçons d'honneur*, Paris, Bernardin-Béchet, 1878, p. 64-65.
101. Baronne d'Orval, *Usages mondains. Guide du savoir-vivre moderne dans toutes les circonstances de la vie*, Paris, Victor-Havard et Cie, 1901 (6e éd.), p. 345.
102. Nicolas Labéjof, *Baptêmes et réseaux de parrainage dans une paroisse parisienne au XIXe siècle*, maîtrise d'histoire, Université Paris-IV, 2002, p. 123-136.
103. Bernard Cousin, « Le prénom des ancêtres », *op. cit.*, p. 107-108. Un grand merci à Bernard Cousin pour la communication de ses résultats précis.
104. Jean Boutier et Louis Pérouas, « L'évolution des prénoms en Limousin du XIe au XIXe siècle », p. 67-77, *in* Jacques Dupâquier *et al.* (dir.), *Le Prénom...*, *op. cit.*, p. 74-75. La concordance imparfaite correspond à plusieurs situations : modification du prénom du parrain (Léonard devient Léon) ; féminisation du prénom du parrain pour une fille ; addition d'un prénom, le cas le plus fréquent.
105. Jean-François Delord, « Les prénoms à Fronton (Haute-Garonne) du XVIe siècle à nos jours », p. 85-98, *in* Jacques Dupâquier *et al.* (dir.), *Le Prénom...*, *op. cit.*
106. Catherine Rollet, *Les Enfants au XIXe siècle*, Paris, Hachette, 2001, chap. 7.
107. *Le Savoir-vivre et les bonnes manières. Manuel de la bonne tenue, de la politesse et des usages du monde*, Paris, Vermot, 1897, p. 23-24.
108. Claire Delannoy, *Histoire de l'éducation d'après les manuels de savoir-vivre XIXe-XXe siècles*, maîtrise d'histoire, Université Paris-IV, 2002, p. 74-75.
109. Baronne Staffe, *Usages du monde...*, *op. cit.*, p. 37.
110. Berthe Bernage, *Le Savoir-vivre et les usages du monde*, Paris, Gautier-Languereau, 1928, p. 173.
111. Jeanne de Bargny, *Code de la femme du monde ; journal d'une Américaine*, Paris, Bureau de la « Mode pour tous », 1882, p. 262-263.
112. Berthe Bernage, *Le Savoir-vivre...*, *op. cit.*, p. 173.
113. Pierre Chanlaine, *Savoir vivre et bonnes manières*, Paris, Dauphin, 1953, p. 130.
114. Vincent Gourdon et Isabelle Robin, « Parrainage catholique... », art. cité, p. 106.
115. Françoise Zonabend, « La parenté baptismale... », art. cité.
116. Céline Georges, *La Pratique du baptême dans une paroisse parisienne au XIXe siècle, Notre-Dame-de-Bonne-Nouvelle*, maîtrise d'histoire, Université Paris-IV, 2002, p. 142.
117. *Statuts synodaux du diocèse de Paris, promulgués dans le synode de 1902*, Paris, Librairie Charles Poussielgue, 1902, p. 175, art. 266.
118. *Statuts synodaux du diocèse de Lyon*, Lyon, Librairie générale catholique et classique, 1899, p. 94.
119. Agnès Fine, « Parrainage et relations familiales... », *op. cit.*, p. 273-274.

120. David W. Sabean, *Kinship in Neckarhausen, 1700-1870*, Cambridge, Cambridge University Press, 1998 ; Asbjørn Romvig Thomsen, « Le parrainage dans la société rurale danoise entre 1750 et 1830 », p. 227-257, *in* Guido Alfani, Vincent Gourdon et Isabelle Robin (dir.), *Le Parrainage en Europe et en Amérique..., op. cit.*, p. 251-256.
121. Louis-Sébastien Mercier, *Tableau de Paris*, t. II, *op. cit.*, p. 49.
122. David W. Sabean, Simon Teuscher et Jon Mathieu (dir.), *Kinship in Europe. Approaches to Long-Term Development (1300-1900)*, Oxford, Berghahn Books, 2007.
123. Nous reprenons ici de manière très synthétique le chapitre introductif rédigé par David W. Sabean et Simon Teuscher (*Kinship in Europe..., op. cit.*, p. 1-33). Voir aussi Sandro Guzzi-Heeb, *Sexe, impôt et parenté. Une histoire sociale à l'époque moderne, 1450-1850*, Paris, CNRS éditions, 2022, chap. 5.
124. Guido Alfani, Vincent Gourdon et Agnese Vitali, « Social Customs and Demographic Change : The Case of Godparenthood in Catholic Europe », *Journal for the Scientific Study of Religion*, 51, 3, 2012, p. 482-504.
125. Une vieille intuition de Philippe Ariès, déjà présente en 1948 dans son *Histoire des populations françaises* : « La famille ancienne était centrée autour de l'autorité paternelle et de la gestion domaniale. La famille moderne s'organise en fonction de l'enfant et de son avenir » (Philippe Ariès, *Histoire des populations françaises*, Paris, Point Seuil, 1979, p. 330 ; 1re éd., 1948).
126. Agnès Fine, « Parrainage et relations familiales... », *op. cit.*, p. 275. Rappelons que la plupart des travaux historiques, en France ou à l'étranger, ne montrent aucune tendance particulière des parrains et marraines à recueillir leurs filleuls orphelins ou à en devenir les tuteurs (Sylvie Perrier, *Des enfances protégées. La tutelle des mineurs en France, XVIIe-XVIIIe siècles*, Saint-Denis, Presses universitaires de Vincennes, 1998, p. 98 ; Markéta Skořepová, « Le parrainage en Bohême dans le milieu rural, du XVIe au XIXe siècle », *Histoire, Économie et Société*, 4, 2018, p. 106-119, p. 119).
127. Guido Alfani, *Padri, padrini..., op. cit.*, p. 243.
128. Celui-ci ôte aux parents spirituels la mission de demander le baptême pour le nouveau-né ou celle de renoncer à Satan en son nom, pour les confier aux parents charnels (Jean-Philippe Revel, *Traité des sacrements*, t. I, *Baptême et sacramentalité*, Paris, Cerf, 2004, p. 332).

Chapitre 7. La dernière révolution du baptême
Des années 1940 à nos jours

1. Christiane Marcilhacy, *Le Diocèse d'Orléans au milieu du XIXe siècle*, Paris, Sirey, 1964, p. 294.
2. Claude Langlois, « Histoire d'un indice, indice d'une histoire : le délai de baptême », p. 59-71, in *Croyances, pouvoirs et société. Études offertes à Louis Pérouas*, Treignac, Les Monédières, 1988, p. 62.
3. Denis Pelletier, *La Crise catholique. Religion, société, politique en France (1965-1978)*, Paris, Payot, 2005, p. 121-122.
4. François Wernert, *Vie liturgique et mouvement liturgique en Alsace, de 1900 à nos jours*, Strasbourg, Ercal, 1991, p. 41-43.
5. *Ibid.*, p. 71-76.
6. *Ibid.*, p. 80-88.

7. Jean Évenou, « Le 40e anniversaire de la fondation du Centre de pastorale liturgique (13 décembre 1983) », *La Maison-Dieu*, 157, 1984, p. 7-14 ; A.-G. Martimort, « Du Centre de pastorale liturgique à la Constitution liturgique de Vatican II », *La Maison-Dieu*, 157, 1984, p. 15-31.
8. Nathalie Malabre, « Baptême et renouveau paroissial à Notre-Dame de Saint-Alban (Lyon) de 1944 à 1949 », p. 45-61, *in* Guido Alfani, Philippe Castagnetti et Vincent Gourdon (dir.), *Baptiser. Pratique sacramentelle, pratique sociale (XVIe-XXe siècles)*, Saint-Étienne, Presses universitaires de Saint-Étienne, 2009.
9. Honoré-Charles Chéry, *Communauté paroissiale et liturgie. Notre-Dame de Saint-Alban*, Paris, Cerf, 1947, p. 75.
10. Description et citations issues d'Honoré-Charles Chéry, *Communauté paroissiale et liturgie..., op. cit.*, p. 71-77.
11. Cité par l'abbé Michonneau (et l'équipe sacerdotale du Sacré-Cœur de Colombes), *Paroisse, communauté missionnaire*, 2e éd., Paris, Cerf, 1946 (1re éd., 1945), p. 85.
12. Luc Perrin, *Paris à l'heure de Vatican II*, Paris, L'Atelier, 1997, p. 171-175.
13. Luc Perrin, « Rites et réformes dans les paroisses parisiennes au temps de Vatican II, 1959-1968 », p. 123-132, in *Rites et vie quotidienne. Colloque de l'association française d'histoire religieuse contemporaine (Paris, Sorbonne, 28 septembre 1991)*, Lille, Centre d'histoire de la région du Nord et de l'Europe du Nord-Ouest de l'université Charles-de-Gaulle III, 1993, p. 127.
14. François Wernert, *Vie liturgique..., op. cit.*, p. 230. Le titre exact du livre, publié chez Alsatia en 1951, est *Manuale parvum ad usum diocesis argentinensis*.
15. Émile Pin, *Pratique religieuse et classes sociales dans une paroisse urbaine, Saint-Pothin de Lyon*, Paris, Spes, 1956, p. 66.
16. Abbé Michonneau, *Paroisse, communauté missionnaire, op. cit.*, p. 84-85.
17. Marcel Albert, *L'Église catholique en France sous la Quatrième et la Cinquième République*, Paris, Cerf, 2004, p. 89-90. Signalé aussi dans Antoine Delestre, *35 ans de mission au Petit-Colombes 1939-1974*, Paris, Cerf, 1977, p. 41-42.
18. Henri Godin et Yvan Daniel, *La France, pays de mission ?*, Paris, Cerf, 1950, p. 104-105 (1re éd., 1943).
19. Abbé Michonneau, *Paroisse, communauté missionnaire, op. cit.* Sur cette expérience, voir aussi Antoine Delestre, *35 ans de mission au Petit-Colombes..., op. cit.*
20. Abbé Michonneau, *Paroisse, communauté missionnaire, op. cit.*, p. 274-276.
21. *Ibid.*, p. 279.
22. Henri Godin et Yvan Daniel, *La France, pays de mission ?, op. cit.*, p. 124.
23. Abbé Michonneau, *Paroisse, communauté missionnaire, op. cit.*, p. 274-277.
24. *Ibid.*, p. 277-278.
25. *Ibid.*, p. 278.
26. Roger Etchegaray, « La législation de l'Église sur le baptême d'enfants de catholiques non pratiquants », *La Maison-Dieu*, 32, 1952, p. 90-117, ici p. 106-107 (nous soulignons).
27. Charles de Clercq, *Traité de droit canonique*, t. II, Paris, Letouzey et Ané, 1948, p. 32-33.
28. *Directoire pour la pastorale des sacrements à l'usage du clergé, adopté par l'assemblée plénière de l'épiscopat pour tous les diocèses de France*, s.l., 1951, p. 6. Sur le contexte, Bruno Dumons, *Un catholicisme en rupture. Sacrements et ministères en France depuis 1950*, Paris, Cerf, 2024, p. 51-54.
29. Synthèse dans Roger Etchegaray, « La législation de l'Église... », art. cité, p. 109.
30. *Directoire pour la pastorale des sacrements..., op. cit.*, p. 13-20.
31. C'est notamment le sens de l'article déjà cité de Roger Etchegaray.

32. *Statuts synodaux du diocèse de Rennes, Dol et Saint-Malo...*, Rennes, Imprimerie Bahon-Rault, 1958, p. 6, art. 177 ; *Diocèse de Meaux. Statuts synodaux promulgués dans le synode de 1960...*, Meaux, Imprimerie André-Pouyé, 1961, p. 51, art. 191.
33. Giuseppe Alberigo, *Breve storia del concilio Vaticano II*, Bologne, Il Mulino, 2005, p. 90.
34. Jean-Philippe Revel, *Traité des sacrements*, t. I, *Baptême et sacramentalité*, Paris, Cerf, 2004, p. 331.
35. Luc Perrin, *Paris à l'heure de Vatican II, op. cit.*, p. 193.
36. *Ibid.*, p. 203-204.
37. Commission théologique internationale, *L'Espérance du salut pour les enfants qui meurent sans baptême*, Paris, Téqui, 2008, p. 8.
38. Yvonne Knibiehler et Françoise Thébaud, « La médicalisation de l'accouchement des années 1920 aux années 1970 », p. 101-101, in *L'Heureux Événement. Une histoire de l'accouchement*, Paris, Musée de l'AP-HP, 1995.
39. Roger Etchegaray, « La législation de l'Église... », art. cité, p. 112.
40. Luc Perrin, *Paris à l'heure de Vatican II, op. cit.*, p. 204-206.
41. Odette Sarda, « L'évolution de la demande religieuse : observations concernant le baptême des petits enfants », *La Maison-Dieu*, 167, 1986, p. 7-42, p. 16.
42. *Ordo Baptismi Parvulorum*, Rome, Typis polyglottis Vaticanis, 1969.
43. *Rituel du Baptême des petits enfants*, Paris, 1969.
44. Jean-Philippe Revel, *Traité des sacrements, op. cit.*, p. 332-334.
45. Pour le cas parisien, voir Luc Perrin, *Paris à l'heure de Vatican II, op. cit.*, p. 204-206.
46. Par exemple, Jean-Philippe Bonnard, « Le temps du baptême », *Études*, 1970, p. 431-442 ; Daniel Boureau, *L'Avenir du baptême*, Paris, Chalet, 1970 ; Joseph Moingt, *Le Devenir chrétien. Initiation chrétienne des jeunes*, Paris, Desclée de Brouwer, 1973 (cités par Odette Sarda, « L'évolution de la demande religieuse... », art. cité, p. 17).
47. Antoine Delestre, *35 ans de mission au Petit-Colombes..., op. cit.*, p. 184.
48. Sur cet argumentaire, voir le mémoire du père Blay, curé de la paroisse parisienne Notre-Dame-d'Espérance, *Évangélisation et sacramentalisation. Quelques réflexions sur un aspect très actuel de ce problème* (Paris, 1969). La proposition du père Blay est présentée dans Luc Perrin, *Paris à l'heure de Vatican II, op. cit.*, p. 260-261.
49. Denis Pelletier, *La Crise catholique..., op. cit.*, p. 185-188 ; Humberto Cucchetti, « Pierre Debray et le Rassemblement des silencieux de l'Église », *Archives de sciences sociales des religions*, 198, 2022, p. 109-132.
50. Antoine Delestre, *35 ans de mission au Petit-Colombes..., op. cit.*, p. 185.
51. Cité dans *ibid.*, p. 185.
52. En 1972, les silencieux de l'Église font échouer un essai de « baptême par étapes » dans le diocèse d'Arras (signalé dans Luc Perrin, *Paris à l'heure de Vatican II, op. cit.*, p. 263). En 1975, les mêmes silencieux signalent à Mgr Decourtray les prises de positions du père jésuite Joseph Moingt qui, dans la revue *Études*, appelle à ne plus baptiser les enfants. Mgr Decourtray condamne les positions du père Moingt. Il s'attire les critiques de Mgr Riobé, évêque d'Orléans, preuve de l'existence de quelques divergences au sein de l'épiscopat (Marcel Albert, *L'Église catholique en France..., op. cit.*, p. 157). Un sondage Ifop de 1972, commandé par la *Vie catholique illustrée*, indique que 9 % des personnes interrogées sont « très favorables » à une célébration du baptême en plusieurs étapes, 15 % « plutôt favorables » ; en revanche, 29 % et 25 % y sont « plutôt » ou « très opposées » (24 % ne répondent pas) (cité par Jacques Sutter, *La Vie religieuse des Français, à travers les sondages d'opinion 1944-1976*, t. II, Paris, CNRS, 1984, p. 907).

53. Assemblée plénière de l'Épiscopat, « Lettre aux catholiques de France », *Documentation catholique*, t. LXXIII, 1976, c. 960-962.
54. Tous ces exemples sont cités dans Odette Sarda, « L'évolution de la demande religieuse... », art. cité, p. 18. Même analyse dans Marcel Albert, *L'Église catholique en France..., op. cit.*, p. 137.
55. Denis Pelletier, *La Crise catholique..., op. cit.*, notamment p. 265.
56. Jean-Philippe Revel, *Traité des sacrements, op. cit.*, p. 340.
57. *Ibid.*, p. 352 *sq. Rituel de l'initiation chrétienne des adultes*, Paris, Desclée-Mame, 1997.
58. François Wernert, *Vie liturgique..., op. cit.*, p. 53.
59. Lien affirmé par la Constitution sur la liturgie de Vatican II (cf. Catherine Aubin, « Les enjeux christologiques de la date du baptême », *La Maison-Dieu*, 210, 1997, p. 67-96, p. 94).
60. Bruno Dumons, « Les diacres et la paroisse en France : une histoire compliquée », *in* Anne Bonzon, Philippe Guignet et Marc Venard (dir.), *La Paroisse urbaine*, Paris, Cerf, 2014, p. 455-467.
61. Sur ce sujet, voir Céline Béraud, *Prêtres, diacres, laïcs. Révolution silencieuse dans le catholicisme français*, Paris, PUF, 2007, p. 196-197.
62. Nathalie Malabre, « Baptême et renouveau paroissial... », *op. cit.*, p. 51-58.
63. Émile Pin, *Pratique religieuse et classes sociales..., op. cit.*, p. 66, note 3.
64. Luc Perrin, *Paris à l'heure de Vatican II, op. cit.*, p. 205-207.
65. Antoine Delestre, *35 ans de mission au Petit-Colombes..., op. cit.*, p. 186.
66. Yves Lambert, *Dieu change en Bretagne*, Paris, Cerf, 2007, p. 272.
67. Julien Potel, *Moins de baptêmes en France. Pourquoi ?*, Paris, Cerf, 1974, p. 28 et tableaux annexes.
68. *Ibid.*, p. 19.
69. *Ibid.*, p. 66.
70. De même, dans les années 1980, pour les enfants de migrants portugais baptisés dans les villages d'origine (Yves Charbit, Marie-Antoinette Hily et Michel Poinard, *Le Va-et-vient identitaire. Migrants portugais et villages d'origine*, Paris, INED, 1997, p. 47-53).
71. Julien Potel, *Moins de baptêmes en France..., op. cit.* p. 24-25.
72. Les ondoiements « dans la couveuse » ou « dans la cloche d'air » représentent plus de la moitié des 255 baptêmes administrés à l'hôpital de La Rochelle en 1957 (Archives du diocèse de La Rochelle, 5G2364, registre de la paroisse de l'hôpital de La Rochelle, 1957-1960).
73. Julien Potel, *Moins de baptêmes en France..., op. cit.*, p. 60.
74. Béatrice Jacques, *Sociologie de l'accouchement*, Paris, PUF, 2007, p. 12-14 ; Michelle Fellous, *La Première Image*, Paris, Nathan, 1991.
75. Béatrice Jacques, *Sociologie de l'accouchement, op. cit.*, p. 152-153.
76. Sur cette idée d'un processus rituel étalé qui se clôt par le baptême, voir Agnès Fine, *Parrains, marraines. La parenté spirituelle en Europe*, Paris, Fayard, 1994, p. 335.
77. Archives des deux presbytères.
78. Voir certains des témoignages de parents cités dans *Les Parents et le Baptême*, Paris, Cerf, « Dossiers libres », 1974.
79. *Ibid.*, p. 31-32.
80. Entretien avec le père Gambard, curé de la paroisse Saint-Ambroise, le 25 mars 2003.
81. *Les Parents et le Baptême, op. cit.*, p. 32.
82. Julien Potel, « Identités catholiques et comportements religieux. Sondages, comptages et ritualisations récentes », p. 49-127, *in* Guy Michelat, Julien Potel, Jacques Sutter et Jacques Maître, *Les Français sont-ils encore catholiques ?*, Paris, Cerf, 1991, p. 69-70.

83. Père ***, curé de Savigny-sur-Orge, entretien du 31 octobre 2002.
84. Vague 5 de la *World Values Survey*, question V19 (en ligne : www.worldvaluessurvey.org).
85. Expressions utilisées en 1974 dans *Les Parents et le Baptême, op. cit.*, p. 32-34.
86. La Convention des droits de l'enfant de 1989 reconnaît en effet au mineur la liberté d'opinion, la liberté d'expression, la liberté de pensée, la liberté de conscience et de religion. Cette dernière idée n'était pas présente dans les déclarations internationales de protection de l'enfance de 1924 et 1959.
87. Alessandro Cavalli et Olivier Galland (dir.), *L'Allongement de la jeunesse*, Paris, Actes Sud, 1993.
88. Odette Sarda, « L'évolution de la demande religieuse... », art. cité, p. 28.
89. Voir Guy Michelat, Julien Potel, Jacques Sutter et Jacques Maître, *Les Français sont-ils encore catholiques ?*, Paris, Cerf, 1991, p. 32.
90. Guillaume Cuchet, *Comment notre monde a cessé d'être chrétien. Anatomie d'un effondrement*, Paris, Seuil, 2018, p. 13.
91. Marcel Albert, *L'Église catholique en France..., op. cit.*, p. 186.
92. Argument présent dans Fernand Charpin, « Témoignage de foi des nouveaux chrétiens en 1982 », *Religion et Société*, 22, 3e trimestre 1984, p. 7-10 (cité et contesté par Jacques Maître dans Guy Michelat *et al.*, *Les Français sont-ils encore catholiques ?, op. cit.*, p. 32).
93. Selon la *World Values Survey*, en France en 2006, 4,7 % des adultes déclarent appartenir à la religion musulmane, 9,4 % parmi les moins de 30 ans (en ligne : www.worldvaluessurvey.org, question V185). L'enquête REDCo menée en 2006-2009 auprès d'élèves de 14 à 16 ans indique que 13 % d'entre eux se disent « musulmans » (chiffres cités, avec d'autres, par Patrick Cabanel, *Le Droit de croire. La France et ses minorités religieuses, XVIe-XXIe siècle*, Paris, Passés Composés, 2024, p. 309-310).
94. Pour une synthèse des débats sociologiques sur cette notion, voir Jean-Paul Willaime, « La sécularisation, une exception européenne ? Retour sur un concept et sa discussion en sociologie des religions », *Revue française de sociologie*, 47, 4, 2006, p. 755-783.
95. Enquête CSA, « Les Français et leurs croyances », mars 2003.
96. Voir Guillaume Cuchet, *Le catholicisme a-t-il encore de l'avenir en France ?*, Paris, Seuil, 2021, chap. 4.
97. *World Values Survey*, question V185.
98. Jean-Marie Donegani, « Idéologies, valeurs, cultures », p. 213-244, *in* Olivier Galland et Yannick Lemel (dir.), *La Nouvelle Société française. Trente années de mutation*, Paris, Armand Colin, 1998, p. 236.
99. En France en 2017, seuls 25,2 % des adultes déclarent croire en l'existence de l'enfer, selon l'*European Values Survey* (www.atlasofeuropeanvalues.eu).
100. Jean-Marie Donegani, « Idéologies, valeurs, cultures », *op. cit.*, p. 238-241.
101. Jacques Maître, *in* Guy Michelat *et al.*, *Les Français sont-ils encore catholiques ?, op. cit.*, p. 31.
102. Réélaboration des données fournies par les *World Values Surveys*. Les réponses « Ne sait pas » et « Pas de réponse » ont été exclues des calculs.
103. Par exemple Max Gluckman (dir.), *Essays on the Ritual of Social Relations*, Manchester, Manchester University Press, 1962.
104. Michelle Fellous, *À la recherche de nouveaux rites. Rites de passage et modernité avancée*, Paris, L'Harmattan, 2001 ; Martine Segalen, *Rites et rituels contemporains*, Paris, Nathan Université, 1998 ; Pascal Lardellier, *Les Nouveaux Rites. Du mariage gay aux Oscars*, Paris, Belin, 2005.
105. Michelle Fellous, *À la recherche de nouveaux rites..., op. cit.*, p. 37.

106. Pascal Lardellier, *Les Nouveaux Rites...*, *op. cit.*, p. 65 *sq.* et p. 201.
107. *Panorama*, hors-série n° 30, « Un baptême, ça se prépare », 2001, p. 42-50.
108. Pratique notamment signalée par le curé de Savigny-sur-Orge en octobre 2002.
109. Site du diocèse catholique de Nanterre, rubrique « Rôle du parrain et de la marraine », question 9 : « Une personne non catholique peut-elle avoir un certain rôle de parrainage ? ». (en ligne : catholique-nanterre.cef.fr/faq/bapteme_parrain.htm).
110. Martine Segalen, *Éloge du mariage*, Paris, Gallimard, 2003, p. 94-95.
111. Entretien le 31 octobre 2002.
112. Martine Segalen, *Rites et rituels contemporains*, *op. cit.*, p. 105-106.
113. Ces rites sont décrits et analysés dans le livre déjà cité de Michelle Fellous.
114. Elle est signalée par exemple dans la proposition de loi « relative au baptême républicain » déposée sur le site de l'Assemblée nationale le 29 janvier 2008, et rédigée par Richard Maillé, Patrick Balkany, etc.
115. Cette loi n'a jamais existé, comme le rappelle Rachel Guidoni, « Le parrainage civil : une pratique française revisitée », *Ateliers*, 28, 2004, p. 9-38.
116. Maurice Agulhon, *Une ville ouvrière au temps du socialisme utopique, Toulon de 1815 à 1851*, Paris / La Haye, Mouton, 1970, p. 225.
117. Bruno Benoit, « La République des Voraces », *L'Histoire*, 222, 1998, p. 19.
118. Jacqueline Lalouette, *La Libre Pensée en France, 1848-1940*, Paris, Albin Michel, 1997, p. 368.
119. *Ibid.*, p. 369.
120. Article « Un baptême civil à Saint-Denis », *Paris-Journal*, 19 octobre 1876.
121. Jacqueline Lalouette, *La Libre Pensée en France...*, *op. cit.*, p. 369.
122. Joseph Ramonéda, *La République concordataire et ses curés dans les Pyrénées-Orientales (1870-1905)*, Perpignan, Presses universitaires de Perpignan, 2011, p. 78.
123. Jacqueline Lalouette, *La Libre Pensée en France...*, *op. cit.*, p. 369.
124. Voir les deux premiers numéros du journal *L'Athée*, en mars et avril 1894.
125. Dominique Vincenot, *La Libre Pensée à Alfortville de 1890 à 1905*, maîtrise d'histoire sous la direction de MM. Boutry et Prévotat, Université de Paris-XII, 1996, p. 82-85.
126. Louis Pérouas, *Refus d'une religion, religion d'un refus en Limousin rural, 1880-1940*, Paris, EHESS, 1985, p. 88.
127. Jacqueline Lalouette, *La Libre Pensée en France...*, *op. cit.*, p. 74.
128. *Ibid.*, p. 370.
129. Louis Pérouas, *Refus d'une religion, religion d'un refus...*, *op. cit.*, p. 177-178.
130. Jacqueline Lalouette, *La Libre Pensée en France...*, *op. cit.*, p. 370-371.
131. Étienne Fouilloux et Claude Langlois, « Les parrainages civils à Ivry-sur-Seine au XXe siècle », p. 193-210, in *Libre Pensée et religion laïque en France de la fin du Second Empire à la fin de la Troisième République*, Strasbourg, Cerdic-publications, 1980
132. Jacqueline Lalouette, *La Libre Pensée en France...*, *op. cit.*, p. 380-382.
133. Joseph Ramonéda, *La République concordataire...*, *op. cit.*, p. 77-78. Plus largement sur ce débat, Jacqueline Lalouette, *La Libre Pensée en France...*, *op. cit.*, p. 378-380.
134. *Ibid.*, p. 68 *sq.*
135. Par exemple à Elne en 1894 (Joseph Ramonéda, *La République concordataire...*, *op. cit.*, p. 78).
136. Jacqueline Lalouette, *La Libre Pensée en France...*, *op. cit.*, p. 372 *sq.*
137. Jacqueline Lalouette cite des éléments allant en ce sens, tout en se voulant prudente (*ibid.*, p. 373-374).

138. Par exemple à Pollestres en 1882 (Joseph Ramonéda, *La République concordataire...*, *op. cit.*, p. 78).
139. Jacqueline Lalouette, *La Libre Pensée en France...*, *op. cit.*, p. 371.
140. Antoine Mandret-Degeilh, « Le baptême républicain, un baptême catholique comme les autres ? Une histoire des pratiques baptismales séculières en France depuis la Révolution française », p. 459-482, *in* Guido Alfani, Vincent Gourdon et Isabelle Robin (dir.), *Le Parrainage en Europe et en Amérique. Pratiques de longue durée (XVIe-XXIe siècle)*, Bruxelles, Peter Lang, 2015, p. 474.
141. Pierre Bodineau, « Observations sur l'origine des baptêmes civiques dans l'Yonne », *Mémoires de la Société pour l'histoire du droit et des institutions des anciens pays bourguignons, comtois et romands*, 1972, p. 209-216, p. 209).
142. Louis Pérouas, *Refus d'une religion, religion d'un refus...*, *op. cit.*, p. 175.
143. Vincent Gourdon, « L'affirmation d'un rite familial. Premiers résultats d'une enquête sur les baptêmes civils auprès des municipalités de Charente-Maritime », *Écrits d'Ouest*, 13, 2005, p. 169-198.
144. Antoine Mandret-Degeilh, « S'unir en mairie. Les rites d'alliance dans la France du 21e siècle », p. 151-165, *in* Jacques Cherblanc (dir.), *Rites et symboles contemporains. Théories et pratiques*, Montréal, Presses de l'université du Québec, 2011.
145. Caroline Bonenfant, *La Cérémonie du baptême civil dans le Toulousain depuis les années soixante-dix*, maîtrise d'histoire sous la direction d'Agnès Fine, Université de Toulouse - Le Mirail, 1997.
146. *Ibid.*, p. 70.
147. Rachel Guidoni, « Le parrainage civil... », art. cité.
148. Mairie du XIe arrondissement de Paris, archives des dossiers d'inscription au parrainage républicain (1995-2002), recherche effectuée en 2003.
149. Mairie de La Rochelle, archives du service d'état civil, cartons « Parrainage civil », recherche effectuée en avril 2003.
150. « Le premier baptême civil a eu lieu samedi - Quessoy », article publié sur le site *Ouest-France*, édition Bretagne, Saint-Brieuc, le 9 avril 2012.
151. Rachel Guidoni, « Le parrainage civil... », art. cité.
152. *Ibid.*
153. Effet confirmé par un interlocuteur municipal de Caroline Bonenfant (*La Cérémonie du baptême civil dans le Toulousain...*, *op. cit.*, p. 70).
154. Rubrique d'inscription au parrainage républicain, sur le site de la mairie de Port-la-Nouvelle (www.portlanouvelle.fr).
155. Entretien avec Mme Libert, l'adjointe communiste à l'origine des premiers baptêmes civils de La Rochelle à la fin des années 1970 (4 avril 2003).
156. Vincent Gourdon, « L'affirmation d'un rite familial... », art. cité, p. 185-186 ; Caroline Bonenfant, *La Cérémonie du baptême civil dans le Toulousain...*, *op. cit.*, p. 114.
157. Entretien avec M. Liberge, responsable du service de l'état civil de la mairie de La Rochelle (avril 2003).
158. Entretien avec M. Lagrange (28 juin 2003).
159. Même constat à Avion (Pas-de-Calais), *in* Antoine Mandret-Degeilh, « Le baptême républicain... », *op. cit.*, p. 478.
160. *Ibid.*, p. 478.
161. Voir l'enquête sur la Charente-Maritime.
162. Pour l'heure, aucun projet de loi évoquant un lien entre parrainage civil et tutelle n'a été adopté.

163. Agnès Fine, *Parrains, marraines. La parenté spirituelle en Europe*, Paris, Fayard, 1994, p. 48-49.
164. Entretien mené le 4 avril 2003.
165. Antoine Mandret-Degeilh, « Le baptême républicain... », *op. cit.*, p. 480-481.
166. Antoine Mandret-Degeilh, « S'unir en mairie... », *op. cit.*
167. Irène Théry, *Couple, filiation et parenté aujourd'hui. Le droit face aux mutations de la famille et de la vie privée. Rapport à la ministre de l'Emploi et de la Solidarité et au garde des Sceaux, ministre de la Justice*, Paris, Odile Jacob, 1998, p. 42.
168. Martine Gross, « Baptêmes catholiques en contexte homoparental », p. 179-194, *in* Erwan Dianteill, Danièle Hervieu-Léger et Isabelle Saint-Martin (dir.), *La Modernité rituelle. Rites politiques et religieux des sociétés modernes*, Paris, L'Harmattan, 2004.
169. Danièle Hervieu-Léger, *Catholicisme. La fin d'un monde*, Paris, Bayard, 2003.
170. Voir le chapitre conclusif de Bruno Dumons dans *Un catholicisme en rupture*..., *op. cit.*
171. Voir l'opposition proposée par Charles Taylor entre « institutions de services » et « institutions identificatrices » (Charles Taylor, « Les institutions dans la vie nationale », *Esprit*, 3-4, 1994, p. 90-102).

Conclusion

1. Sur cette affaire, voir l'article de Pauline Laverton, « Huit mois de dialogue : le curé refuse le baptême », mis en ligne le 12 février 2009 sur le site d'informations de *Ouest-France*, ainsi que le journal télévisé de France 2, le soir du 23 février 2009.
2. Père ***, curé de Savigny-sur-Orge, entretien du 31 octobre 2002.
3. Jean-Yves Le Naour, « Les marraines de guerre : l'autre famille des soldats », *Les Chemins de la mémoire*, 181, 2008, p. 7-10.
4. Voir les parrainages républicains de jeunes adultes « sans papiers », organisés régulièrement par des mouvements tels que le Réseau éducation sans frontières (RESF).
5. Voir l'opération « Grands-parrains » mise en place il y a une décennie à Besançon (cf. l'article « Besançon : parrains et marraines d'un nouveau type », *L'Est républicain*, 24 janvier 2012).
6. L'UNAPP a été fondée en 2005, à la suite de l'adoption de la Charte nationale du parrainage ; ce collectif a pris la suite d'un premier rassemblement d'associations, le Collectif du parrainage, fondé au début des années 2000. Voir le site Internet de l'Union : unapp.org.
7. Cette charte fait suite à la création en mai 2003 par arrêté du ministre de la Justice et du ministre délégué à la Famille d'un Comité national du parrainage, auquel ont participé des associations membres du Collectif du parrainage (*Enfance et parrainage. Guide du parrainage d'enfants*, Paris, La Documentation française, 2005).
8. Loi n° 2022-140 du 7 février 2022 relative à la protection des enfants, en ligne : www.legifrance.gouv.fr/jorf/article_jo/JORFARTI000045133788

Remerciements

Un ouvrage comme celui-ci n'est jamais le fruit d'une démarche purement individuelle. Il s'inscrit dans une dynamique académique faite d'échanges et de collaborations. C'est pourquoi je tiens à remercier les membres de *Patrinus*, le réseau européen d'histoire sociale et culturelle du baptême et du parrainage. En particulier Guido Alfani, Cristina Munno, Étienne Couriol, Antoine Mandret-Degeilh et Pierre-Yves Quémener, qui ont été des interlocuteurs décisifs.

Les encouragements et remarques de mes collègues, parmi lesquels Bruno Dumons, François-Joseph Ruggiu et Nathalie Sage-Pranchère, m'ont aussi été d'une aide précieuse. Je n'oublie pas les étudiants du Centre Roland-Mousnier, que j'ai encadrés avec grand plaisir ces deux dernières décennies. Je pense notamment à Annick Delwaulle, Nicolas Labejof, Céline Georges, Camille Berteau, Cécile Alexandre, Élise Denis, Alix Favre et Julien Muet. Leurs travaux et données ont largement nourri mes analyses.

Enfin, je tiens à dire toute ma reconnaissance à celles et ceux qui ont accepté de relire ces pages d'un œil aussi amical qu'avisé : Fabrice Boudjaaba, Marie-Paule Caire, Margreet Dieleman, Michaël Gasperoni, Corinne Gomez-Le Chevanton, Cyril Grange, Isabelle Robin. Et à Fred, bien sûr, qui a été un soutien de chaque instant et à qui je dédie ce livre.

Table des matières

Composition et mise en pages
Nord Compo à Villeneuve-d'Ascq

PEFC
10-31-3532
Par nos approvisionnements en papier certifié PEFC, nous soutenons la gestion forestière durable au niveau mondial
www.pefc-france.org

Imprimé en France sur papiers issus de forêts gérées durablement

Sepec Numérique

1, rue de Prony - ZA des Bruyères
01960 Peronnas

IMPRIM'VERT®

Achevé d'imprimer en septembre 2024
Numéro d'impression : N17932240855